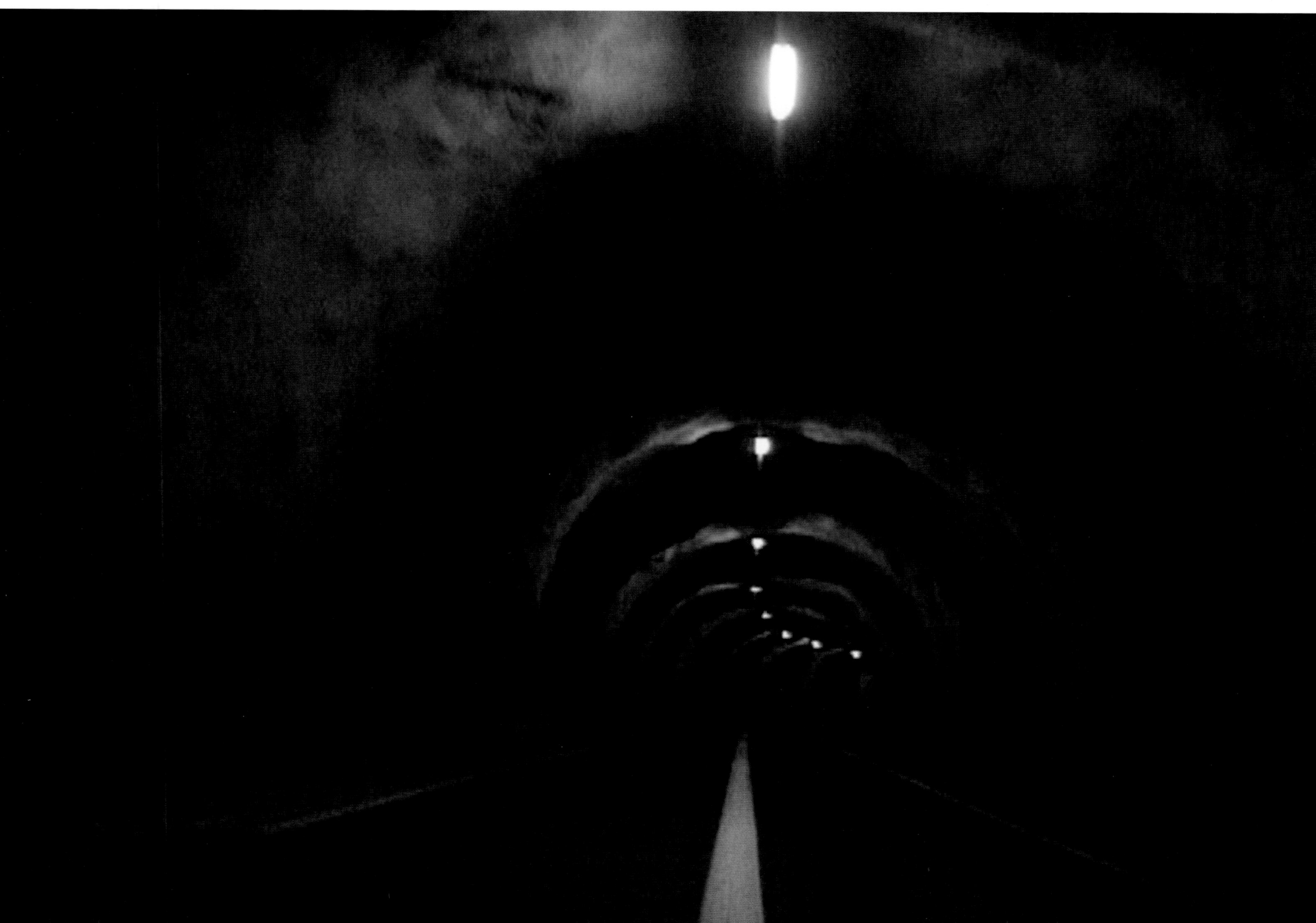

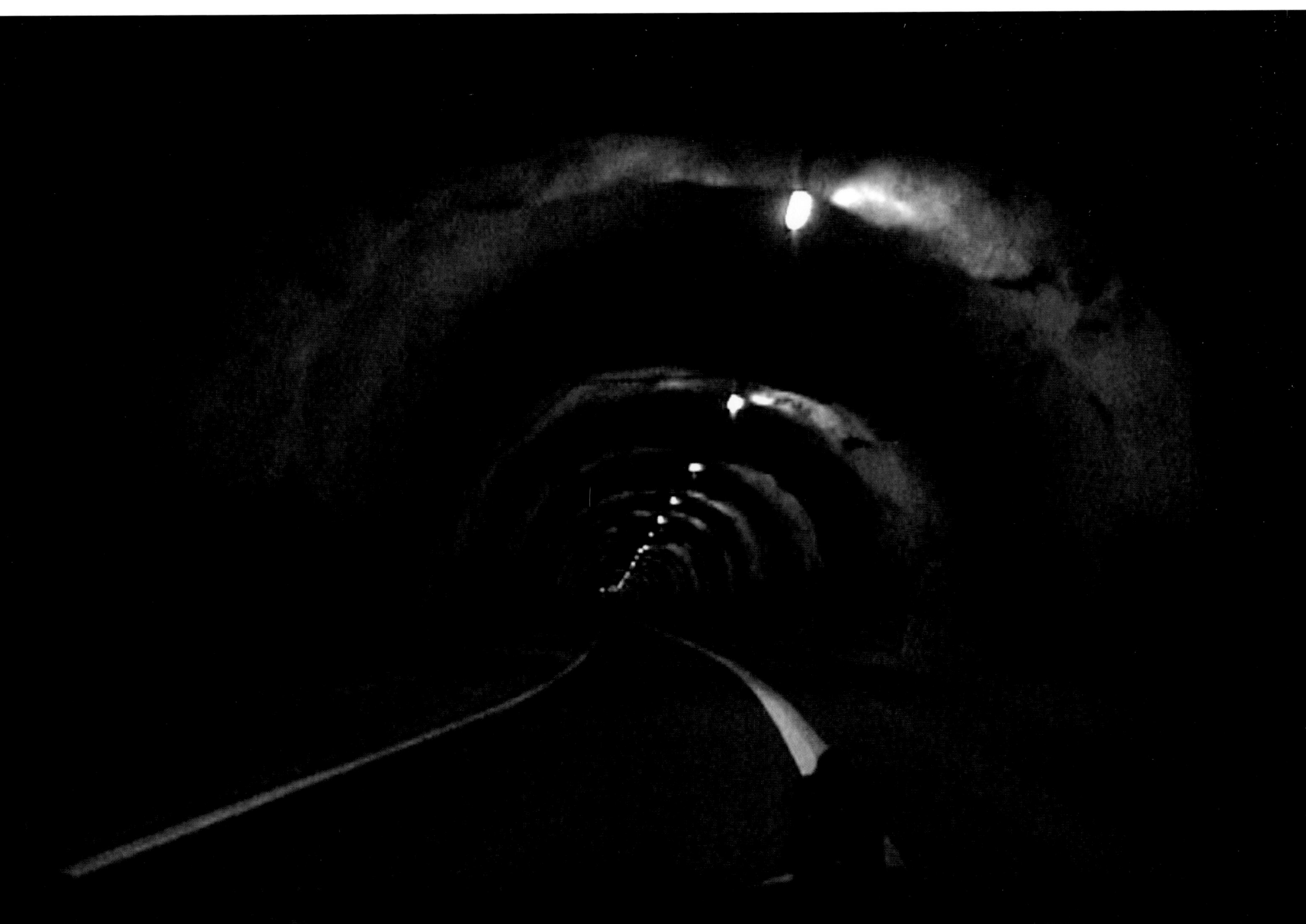

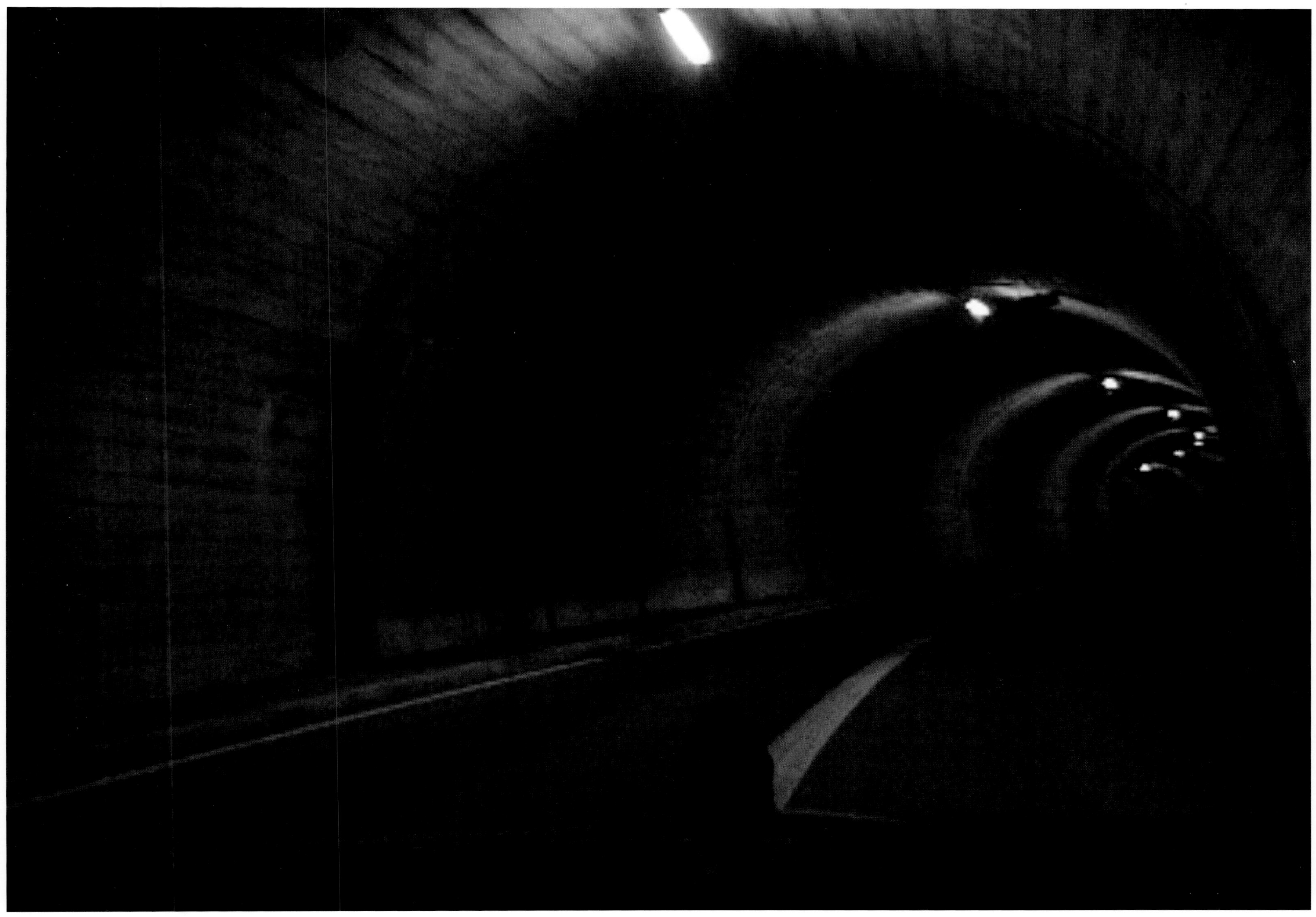

Eine Geschichte der Gegenwart

Die Gegenwart hat eine Geschichte. Diese muss jedoch mit ihrer Vergangenheit nicht korrelieren. Wenn es etwa einen Punkt in dieser gab, an dem man sich eine bestimmte Zukunft vorstellte, die rein zeitlich mit der nun zur Gegenwart gewordenen Zukunft von damals zusammenfiele, kann es vorkommen, dass diese Zukunft von damals radikal anders ausgesehen hat als das Bild, das die Gegenwart nun davon repräsentiert. In dieser Differenz zwischen vorgestellter Zukunft und tatsächlich eingetretener Realität liegt die Geschichte der Vergangenheit. So hätte es werden sollen, und so ist es geworden.

Das Paradoxon liegt darin, dass die Gegenwart, die anders aussieht als die Zukunft, die man sich in der Vergangenheit von ihr gemacht hat, nicht nur ihr Ziel von damals verfehlt hat, sondern auch ihre Vergangenheit. Die Tatsache, dass die Vergangenheit ein völlig anderes Bild der Zukunft zeichnete als jenes, das sich nun als Gegenwart repräsentiert, lässt den Gedanken zu, dass die Vergangenheit überhaupt keine Vorstellung von der real gewordenen Gegenwart beinhaltete. Wenn diese Zukunft von damals als heutige Gegenwart nicht vorstellbar war, dann verliert auch die Gegenwart ihre Vergangenheit. Die Geschichte der Gegenwart markiert die Differenz zwischen der Vergangenheit und ihrer Unvorstellbarkeit von der Zukunft, die sich wider Erwarten und letztlich als Gegenwart vergegenwärtigt hat.

Die Arbeiten von Maix Mayer folgen im Prinzip dieser Geschichte einer Gegenwart. Sie dokumentieren, was in der Vergangenheit als Zukunft vorgestellt wurde, und zugleich die Differenz, die sich dazu ergab. Ein zentrales Motiv für diese Dokumentation einer Gegenwart als versäumter Zukunft einer Vergangenheit liefert ihm die Architektur.

Die Architektur repräsentiert ob ihrer Aufgaben die jeweiligen Vorstellungen, die sich eine Zeit von den Anforderungen an die Infrastruktur für soziale, kulturelle, ökonomische und politische Prozesse macht. Die entsprechenden Raumgestaltungen und -formen sind Ausdruck dieser für notwendig erachteten Infrastruktur. Darin liegt ihr wesentlicher Funktionalismus, ungeachtet der Frage, wie funktional, maniert oder dysfunktional ihre Sprache erscheinen mag. In diesem Funktionalismus liefert sie jeweils ein spezifisches Abbild der Gesellschaft, die sie zu beherbergen sucht. Ihr imaginärer Charakter tritt umso klarer hervor, je mehr es sich dabei um eine vorgestellte und zukünftige Gesellschaft handelt. Hier kehrt sich der implizite Abbildcharakter jeder Architektur ins Bildhafte. Was dann als Architektur erscheint, ist das Phantasma einer imaginären Gesellschaft.

Gebaute Architektur tendiert dazu, ob ihrer Materialität und Augenscheinlichkeit ein Stück Realität zu repräsentieren, um damit ihren imaginären Charakter zu maskieren. Was zuvor noch als Entwurf und Idee existierte, tritt als manifeste Realität in Erscheinung und dokumentiert damit nicht weniger als die Paradoxie, dass sich eine Idee schon verwirklichen lässt, bevor noch die mit dieser Idee identifizierten Bedingungen vorhanden wären. Was dann bleibt, ist die Realität einer Gesellschaft, die eingeladen wird, sich in den manifest gewordenen Räumen einer Idee einzurichten. Der Prozess dieser Einrichtungsversuche im Imaginären und allzu Realen wird begleitet von Anpassungsproblemen an die neuen Bedingungen, von Missverständnissen, von Übersetzungsschwierigkeiten zwischen imaginärer Nutzung und realer Inanspruchnahme, kurz: von Differenzen zwischen der vorgestellten Zukunft und der Geschichte der Gegenwart.

Maix Mayer konzentriert sich in seinen Arbeiten wesentlich auf die Architekturgeschichte der 1960er- und 1970er-Jahre, d. h. auf eine Zeit, die seine eigene Jugend und Geschichte beinhaltet. Seine Biografie kennt diesen Zeitraum aus beiden Perspektiven: als Vergangenheit und mit den entsprechend assoziierten Vorstellungen einer Zukunft und jene Geschichte, die sich daraus zur aktuellen Gegenwart entwickelte. Die Differenz aus beiden ist nur das Produkt verschiedener Blicke auf die gleiche Architektur. In der Vergangenheit implizierte dieser Blick ein Versprechen, der Architektur etwas anheim zu stellen, das sich mit ihr als Rahmenbedingung realisieren könnte. Aus der Perspektive einer Geschichte der Gegenwart erzählt das gleiche Gebäude von dem Sedimentationsprozess, in dessen Verlauf sich die vorgestellte Zukunft in manifeste Geschichte verwandelte.

Maix Mayer dokumentiert diesen Prozess, fotografisch wie filmisch. Wesentlich ist dabei nicht der Nachweis oder das Urteil darüber, inwieweit sich die Vergangenheit ob ihrer vorgestellten Zukunft geirrt hat, sondern allein der Mechanismus des Versprechens einer Zukunft als Legitimation einer Gegenwart. Prekär ist dieser Mechanismus deshalb, weil er im Vorgriff auf die eigene Zukunft eine zukünftige Geschichte seiner selbst vorwegnimmt. Geschichte ist dann nicht mehr als das Warten darauf, dass sich die Gegenwart auf die vorgezeichnete Zukunft zu bewegt, um mit dieser identisch zu werden. Diese ideologische Verknüpfung von Gegenwart und Zukunft erklärt Geschichte zu einem Übergang, der die eine von der anderen trennt. Ist er vollzogen und hat sich die Zukunft in Gegenwart verwandelt, dann erscheint die Geschichte retrospektiv als Zeitspur, die es zu überwinden galt. Aus dieser Perspektive bedeutet Geschichte immer nur eine Krise, die zwischen einer glorreichen Vergangenheit und ihrer vorgestellten Zukunft liegt, glorreich deshalb, weil sie in der Lage war, eine Zukunft zu versprechen.

Um diesen prekären Mechanismus des Versprechens zu dokumentieren, gibt es zwei Möglichkeiten: Entweder man greift auf Archivmaterial zurück und stellt dann historische Aufnahmen neben gegenwärtige, oder – und dies ist die Qualität von Maix Mayers Arbeiten – man blickt auf die aktuelle Situation, um darin die impliziten Zukunftsversprechen der Vergangenheit in ihrer Gleichzeitigkeit mit der Gegenwart sichtbar zu machen. In seinen Fotografien zeigt der Künstler meist menschenleere Architekturen, die damit in der Gegenwart so erscheinen wie zu dem Zeitpunkt, an dem sie noch vor der Übergabe an ihre zukünftige soziale Bestimmung Raum verkörpert haben – gewissermaßen einen protorealistischen Zustand, der zugleich die unvorhergesehene Zukunft als Geschichte der Gegenwart repräsentiert. In ihrer aktuellen Verlassenheit kehrt das Phantasma der noch nicht bezogenen Vergangenheit spiegelbildlich wieder. Die Gesellschaft, die in diesen Architekturen noch keinen Platz gefunden hat, kehrt wieder als solche, die keinen Platz mehr darin finden kann. Was bleibt, sind Spuren von Aneignungsversuchen und Bemühungen um etwaige Korrekturen, die auf die Distanz zwischen vorgestellter Zukunft und realer Geschichte verweisen.

In seinen filmischen Arbeiten verwendet Maix Mayer die Architekturen oder die entsprechende Umgebung als Drehort. Seine Protagonisten haben ob dieser Rahmenbedingungen wenig zu sagen. Was gesagt werden könnte, kehrt sich in Sprachlosigkeit, und was bleibt, sind Bewegungen, ein Schauspiel der Körper, die versuchen, sich irgendwo in diesen Räumen zu positionieren. Sie gehen auf und ab, blicken aus einem Fenster, lehnen sich kurz gegen eine Wand und gehen wieder weiter auf der Suche nach einem verlorenen Ort. Aus diesen Perspektiven erscheint jeder Ort als falsch – als Mechanismus eines Versprechens, das nicht eingelöst werden kann. In der Reduktion der filmischen Handlung auf ein paar Bewegungsabläufe vermittelt sich das architektonische Ambiente umso dringlicher, als Akteur, der nur Raum repräsentiert, ohne Raum zu gewähren.

Der Eindruck, der sich daraus ergibt, lässt die Protagonisten immer abwesend erscheinen, selbst ihre Anwesenheit ist nur ein Versprechen, das jede weitere Sprache oder Beredsamkeit verschlingt. Es gibt buchstäblich keinen Grund dafür, etwas zu sagen. Allein die Schweigsamkeit der Protagonisten eröffnet den Blick auf die Rhetorik des architektonischen Versprechens. In diesem Sinne gelingt es Maix Mayer mit seiner künstlerischen Sprache, die Objekte seiner Dokumentation selbst zu thematisieren. Was aussieht wie Filme über Personen an exponierten Orten, gibt sich als filmisches Interview dieser Orte selbst zu erkennen. Seine Kamera übernimmt so gesehen die Rolle des Mikrofons. Was als visuell betont wird, ist von akustischer Natur.

Der Mechanismus des Versprechens äußert sich aber nicht nur in der Differenz zwischen einer in der Vergangenheit vorgestellten Zukunft und einer Geschichte der Gegenwart, sondern auch in der Gegenwart selbst. Was damit zur Diskussion steht, ist die Frage, ob die von Maix Mayer skizzierten Divergenzen nicht gleichermaßen für die Gegenwart symptomatisch sind. Wie sich dieser den historischen Modellen einer versprochenen Zukunft gewidmet hat, so gilt sein Blick auch den aktuellsten Versionen einer verwandten Rhetorik. Wie bei jenen erscheinen diese entweder menschenleer und analog dazu als vorzukünftige Figuren, oder sie dienen ihm als Handlungsraum für Begehungen, die auch hier nur nach dem verlorenen Ort Ausschau halten.

Vor dem Hintergrund einer nie erreichten Zukunft erweist sich die Flucht in die Gegenwart selbst als Versprechen. Die Paradoxie besteht dann darin, dass es für das gegenwärtige Subjekt keine Möglichkeit gibt, in dieser Gegenwart selbst anzukommen. Bezogen auf die Zeitachse, bewegt es sich in der Gegenwart; bezogen auf den Raum, gibt es keinen Ort, an dem es verweilen könnte. Was dann vom Subjekt bleibt, ist eine Zeitspur – eine Geschichte der Gegenwärtigkeit. Was im Vergleich zur vorgestellten Zukunft in der Vergangenheit als allzu reale Geschichte der Gegenwart erscheint, erweist sich selbst als Fiktion. Mayer hat dieser etliche Arbeiten gewidmet, die im Kern nur darauf abzielen, die symptomatische Abwesenheit des allzu Sichtbaren zu vermitteln. Das Hier und Jetzt im Raum entpuppt sich darin als Chimäre. Dass konsequent auch Filmplakate zu Filmen von ihm existieren, die es gar nicht gibt, sei hier nur angemerkt.

Betrachtet man Mayers Suche nach den verlorenen Orten methodisch, so verbirgt sich hinter diesen Dokumentationen einer fiktiven Realität eine sehr präzise Recherchearbeit. Der Künstler sucht gezielt nach Dokumenten dieses Mechanismus eines Versprechens – in historischen Territorien gleichermaßen wie in aktuellen Manifestationen dieser Politik. Die Tatsache, dass er diese Dokumente über den Globus verstreut zusammensucht, markiert die geopolitische Dimension seines Unterfangens. Der Mechanismus des Versprechens ist keine Frage von Ost und West, sondern ein globales Symptom, das sich kulturell variabel artikuliert. Die komplexe Referenzialität, die hinter seinen Arbeiten und Motiven zum Vorschein kommt, reicht in wissenschaftliche Praktiken hinein: Er nennt die Quellen seiner Informationen, bezieht sich klar auf die historischen Rahmenbedingungen und Konsequenzen.

Mit diesem wissenschaftlich nachvollziehbaren Material und einer Methode, die das jeweils Fiktive der ideologischen Implikationen herausstreicht, liegt eine Beschreibung von Maix Mayer als Science-Fiction-Autor nahe. Im Unterschied zu dem klassischen Genre jedoch skizziert er keine Zukunftsfantasien, die als Korrektiv oder Warnung für die Gegenwart gelesen werden sollten, sondern als Dokumente einer Gegenwart, für die das Fiktive zum einzig Realen geworden ist. Aus dieser Perspektive bleibt für die Geschichte der Gegenwart nur die Vergangenheit dieses Mechanismus des Versprechens, der bis heute überlebt hat, auch wenn sich die damals vorgestellte Zukunft nie verwirklicht hat.

Andreas Spiegl

A history of the presence

The present has a history. But this history need not correlate with its past. If there was a point in the past that imagined a certain future that coincided purely temporally with the future that has now become the present, then it may be that this future of that time looked radically different at that time from the image that the present now presents of it. In this difference between the imagined future and the reality that actually occurred lies the history of the past. This is how it was supposed to happen, and this is how it turned out. The paradox is that the present, which looks different from the future envisioned in the past, misses not only its goal as set at that time, but also its past. The past drew a completely different picture of the future from the one the present represents; this fact permits the thought that the past had no idea of the present that has become real. If this future of the past was not imaginable as today's present, then the present also loses its past. The history of the present marks the difference between the past and its inability to imagine the future, which unexpectedly ultimately presented itself as the present.

In principle, the works of Maix Mayer follow this history of a present. They document what, in the past, was imagined as future and, at the same time, the difference from it that emerged. Architecture provides Mayer with a central motif for this documentation of a present as omitted future of a past.

By virtue of its tasks, architecture represents the respective ideas that a time conceives of the demands on the infrastructure for social, cultural, economic, and political processes. The corresponding spatial designing and forms are an expression of this seemingly necessary infrastructure. In this lies architecture's essential functionalism, quite apart from the question of how functional, mannered, or dysfunctional its languages may appear. In this functionalism, it pro-

vides a respectively specific mirror of the society that it seeks to house. Its imaginary character appears all the clearer, the more this society is an imagined, future society. Here the implied reproducing character of every architecture turns image-like. What then appears as architecture is the phantasm of an imaginary society.

By virtue of its materiality and manifestness, built architecture tends to represent a piece of reality, in order to mask its imaginary character. What existed before as design and idea appears as manifest reality and thereby documents nothing less than the paradox that an idea can be realized even before the conditions identified with this idea exist. What then remains is the reality of a society that is invited to take up quarters in the manifested spaces of an idea. The process of these attempts to take up quarters in the imaginary and in the all-too real is accompanied by problems in adjusting to the new conditions, by misunderstandings, by translation difficulties between imaginary use and real utilization, in short: by differences between the imagined future and the history of the present.

In his works, Maix Mayer concentrates on the history of architecture in the 1960s and 1970s, i.e., on a time that comprises his own youth and history. He knows this period from two perspectives: he knows it as past and thereby also the correspondingly associated imaginings of a future, and he knows the history that developed from it into the current present. The difference between them is merely the product of different views of the same architecture. In the past, this view embodies a promise by architecture that suggests something that could be realized with it as framework conditions. From the perspective of a history of the present, the same building tells a story of the process of sedimentation, in whose course the imagined future metamorphosed into manifest history. Maix Mayer documents this process pho-

tographically and cinematically. What is essential thereby is not proof that or a judgment whether the past erred about its imagined future, but solely the mechanism of promising a future as the legitimization of a present. This mechanism is precarious because, in anticipating its own future, it presumes a future history of itself. History is then nothing but a waiting for the present to converge with the presaged future and become identical to it. This ideological connection between present and future declares that history is a transition separating the one from the other. Once the transition is carried out and the future has transformed into the present, then history appears retrospectively as a trail in time that was to be overcome. From this perspective, history always means nothing but a crisis lying between a glorious past and the future it imagined. The past is glorious because it was in a position to promise a future.

There are two ways to document this precarious mechanism of the promise: either one resorts to archive material and places historical photos beside current ones, or – and this is the quality of Maix Mayer's works – one looks at the current situation in order to make the past's implicit promises of a future visible in their simultaneity with the present. In his photographs, Mayer usually shows deserted architectures, which thereby appear in the present as they did at the time when they embodied space before their transferal to their future social purpose – in a way a proto-realistic state that at the same time represents the unforeseen future as the history of the present. In their current desertion, the phantasm of the not yet inhabited past returns as mirror image. The society that had not yet found a place in these architectures returns as a society that can no longer find a place in them. What remains are traces of attempts at appropriation and possibly efforts to correct, which indicate the distance between imagined future and real history.

In his cinematic works, Maix Mayer uses the architectures or corresponding surroundings as locations. These framework conditions mean that his protagonists have little to say. What could be said turns into speechlessness. What remains are movements, a theater of bodies that try to position themselves somewhere in these spaces. They walk to and fro, look out a window, lean briefly against a wall, and continue again in search of a lost place. From this perspective, every place seems a false place – as the mechanism of a promise that cannot be fulfilled. In the reduction of the film plot to a few processes of motion, the architectural ambience conveys itself all the more urgently, as itself an actor that only represents space, without providing space. The resulting impression is itself only a promise. And this promise devours every further speech or eloquence. There is literally no reason to say something. The silence of the protagonists, alone, opens up the view onto the eloquence of the architectonic promise. In this sense, Maix Mayer's artificial language manages to bring the objects of his documentation to speak for themselves. What look like films about persons in highly visible places reveal themselves as cinematic interviews of these places themselves. Seen in this way, Mayer's camera takes the role of a microphone. What is underscored as visuality is acoustic in nature.

But the mechanism of the promise expresses itself not only in the difference between a future imagined in the past and a history of the present, but also in the present itself. What is thereby up for discussion is the question whether the divergences that Maix Mayer sketches are not equally symptomatic of the present. Just as Mayer devoted himself to the historical models of a promised future, his gaze is also on the most current versions of a related rhetoric. As with the former, the latter either appear as uninhabited and analogous to them as pre-future figures, or they serve him as a

sphere of activity for inspections that, here too, only look for the lost place. Against the background of a never-reached future, the flight into the present itself proves to be a promise. The paradox then consists in the fact that the current subject has no possibility of arriving in this present itself. In relation to the axis of time, the subject moves in the present; in relation to space, there is no place where it could linger. What then remains of the subject is a trail in time – a history of present-ness. What, in comparison with the past's imagined future, appears to be the all-too real history of the present, proves to be fiction itself. Mayer has devoted many works to this fiction; at bottom, they aim merely to convey the symptomatic absence of the all-too visible. In these works, the here-and-now in space turns out to be a chimera. Incidentally: consistently enough, there are film posters for nonexistent Mayer films.

If one considers Maix Mayer's search for the lost places in terms of method, then extremely precise research work is concealed behind these documentations of a fictitious reality. Mayer consciously seeks documents of this mechanism of a promise – in historical territories as well as in current manifestations of this policy. The fact that he gathers together these documents that are scattered around the world marks the geopolitical dimension of his undertaking. The mechanism of the promise is not a question of East and West, but a global symptom that articulates itself in cultural variations. The complex referentiality that appears behind his works and motifs extends as far as scientific practices. He names the sources of his information and clearly refers to the historical framework conditions and consequences. This scientifically verifiable material and a method that underscores the fictitious aspect of ideological implications suggest that Maix Mayer can be described as a science fiction author. Unlike the classical genre, Mayer does not sketch fantasies of the

future that are to be read as a corrective for or a warning to the present; he offers documents of a present for which the fictitious has become the only reality. From this perspective, the only thing remaining for the history of the present is the past of this mechanism of the promise, which has survived until today, even if the future imagined back then was never realized.

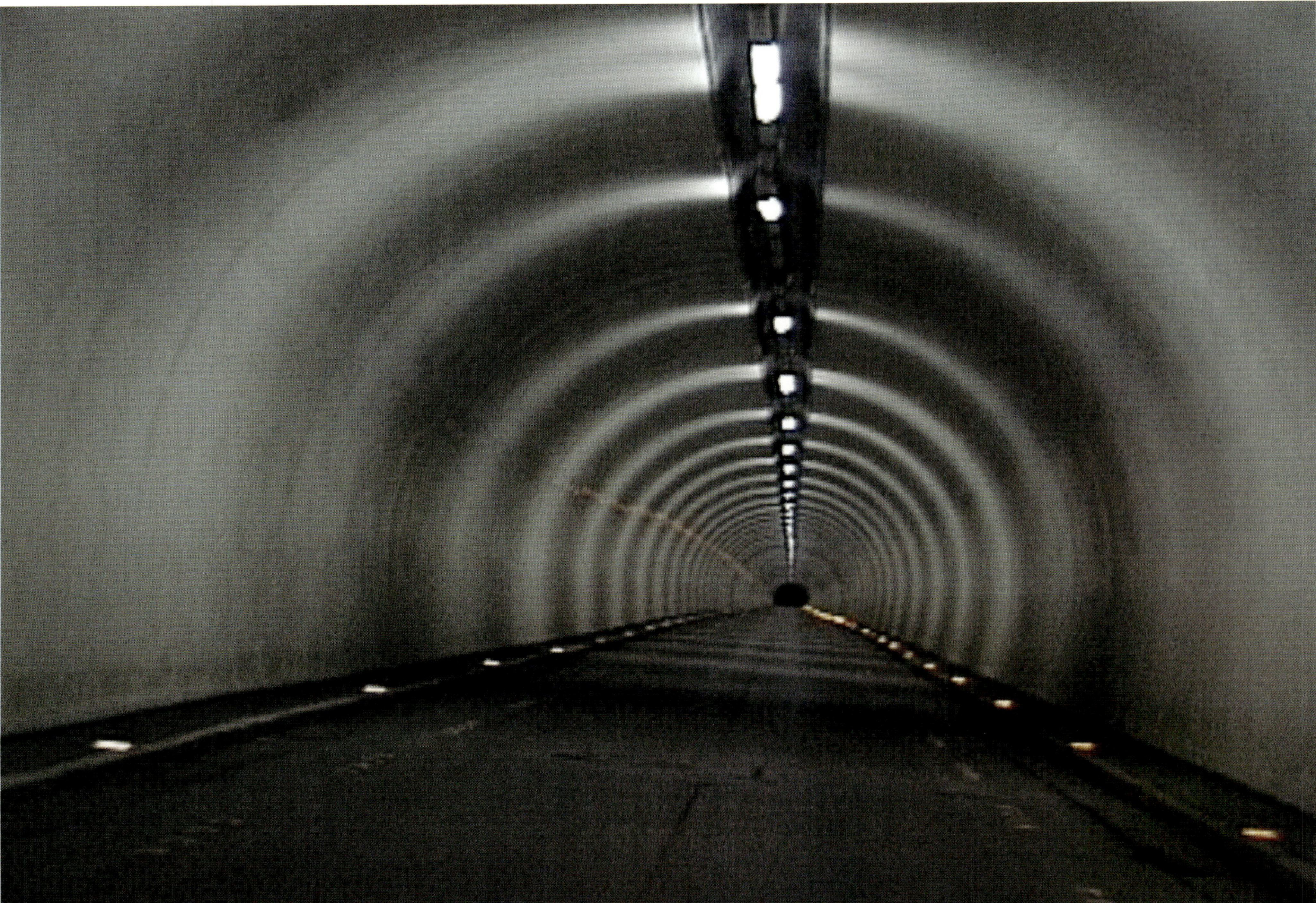

Z.

autokino

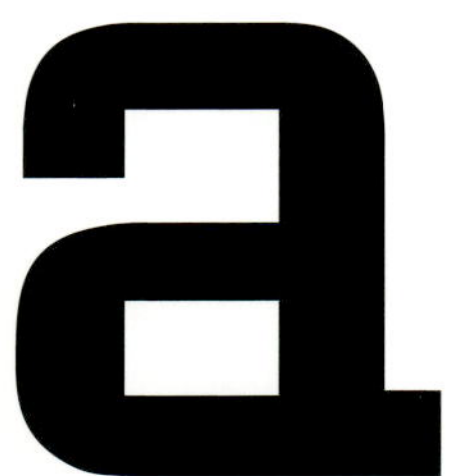

2001
Galerie EIGEN+ART, Leipzig
Siebdruck auf Pappe

2001
Galerie EIGEN+ART, Leipzig
Silk screen on cardboard

Bei Synästhesie (gr. „Zugleichempfinden") treten vielfältige und ungewöhnliche Wahrnehmungsmuster auf. So kann der Klang von Buchstaben oder gesprochenen Worten in Farbfolgen umgewandelt werden. Die Synästhetikerin Sabine Schneider, die sich im Institut für Psychologie Leipzig mit solchen Phänomenen wissenschaftlich beschäftigt, zeichnete die Farbfolge auf, die bei dem Klang des Wortes „Autokino" für sie entsteht. Die Zeichnung wurde für Vorschläge zur öffentlichen Präsentation und Gestaltung des Autokinos auf dem Gelände der Alten Messe, Leipzig, verwendet.

1. Auf dieser Vorlage basiert das Farbdesign der Werbung in Zeitungen und für Plakate in der Stadt Leipzig.

2. Die farbigen Stellflächen ermöglichen dem Besucher im Autokino eine schnelle Orientierung und setzen gleichzeitig das Design der Werbung in der räumlichen Situation des Parkplatzes fort.

3. Die Zeichnung war Ausgangspunkt für den Prototypen eines Sonnenschutzes, der serienmäßig in die Frontscheibe von Kraftfahrzeugen eingebaut werden kann.

In synesthetics, various and unusual patterns of perception appear. In one case, the sound of letters or spoken words is transformed into sequences of color. Synesthetics specialist Sabine Schneider, who researches these phenomena at the Institute of Psychology in Leipzig, records the color sequence that comes up for her when she hears the word "Autokino" (drive-in cinema). This drawing was used in proposals for the public presentation and design of the drive-in cinema at the former trade-fairgrounds in Leipzig.

1. This forms the model for the color scheme of the advertising campaign in newspapers and on posters in the city of Leipzig.

2. The colored parking spaces at the drive-in cinema allow the visitor to find his or her way around easily; they also carry the advertising design over into the three-dimensional space of the parking lot.

3. The drawing also formed the starting-point for the prototype of a sunshield which can be fitted onto standard vehicle windscreens.

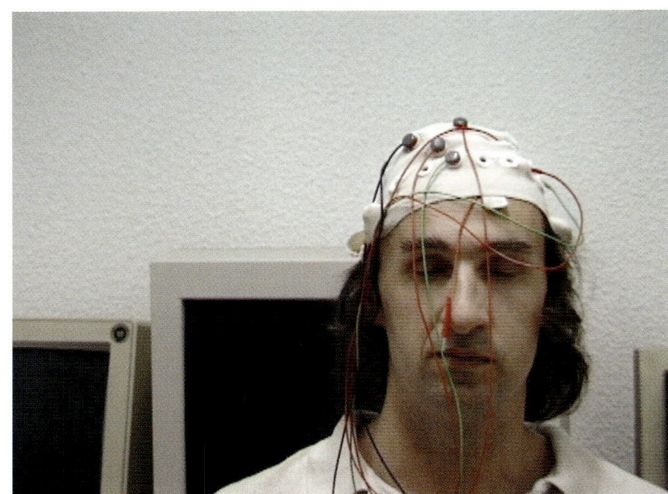

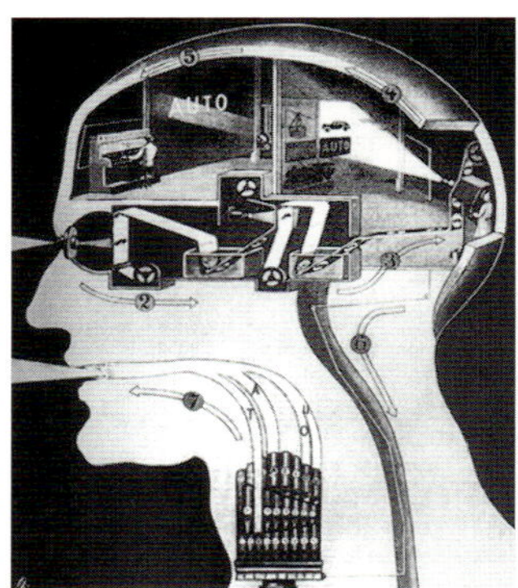

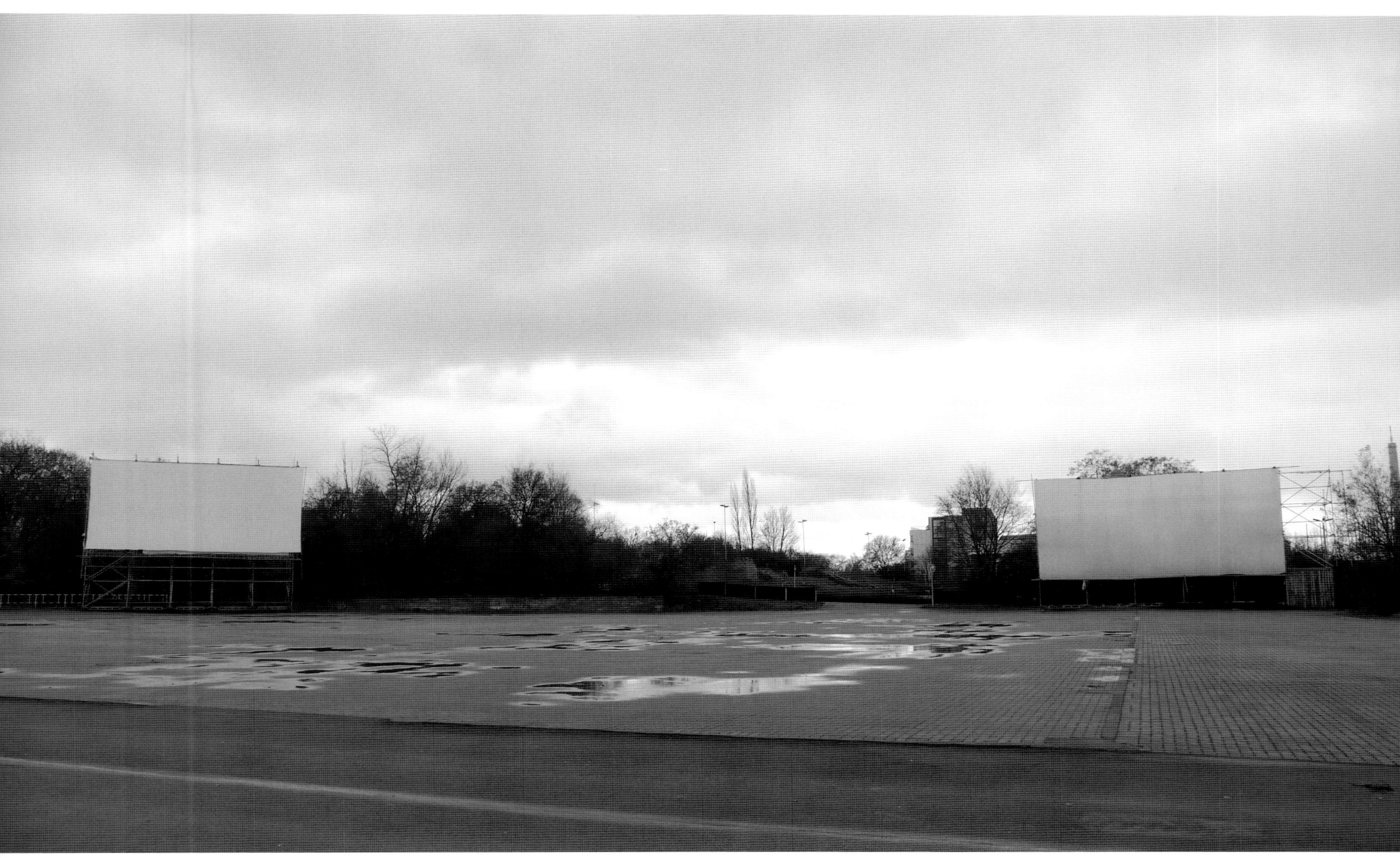

Siebdruck, 51 cm × 128 cm
Silk screen, 20.1 × 50.4 in.

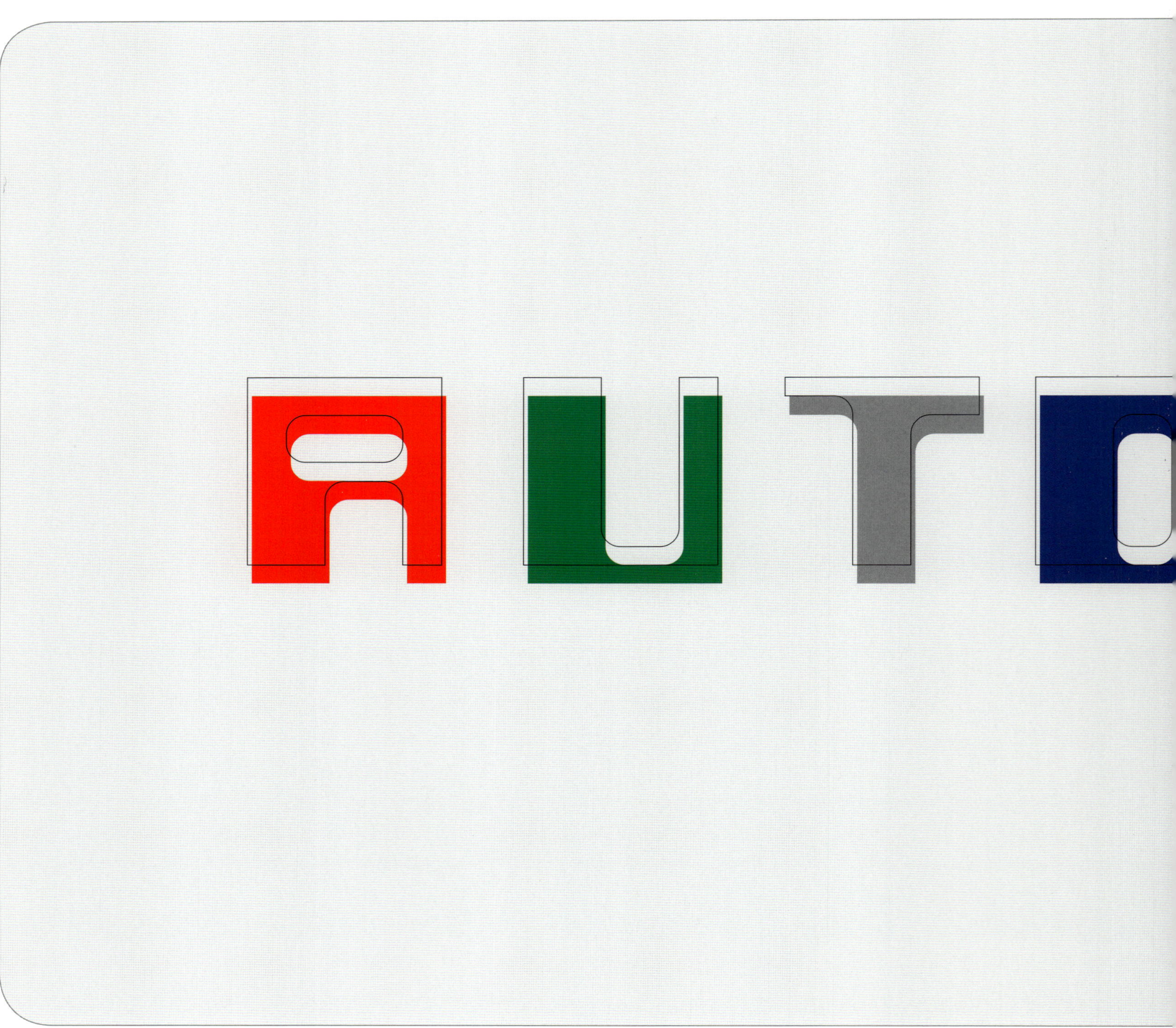

KINO

abg

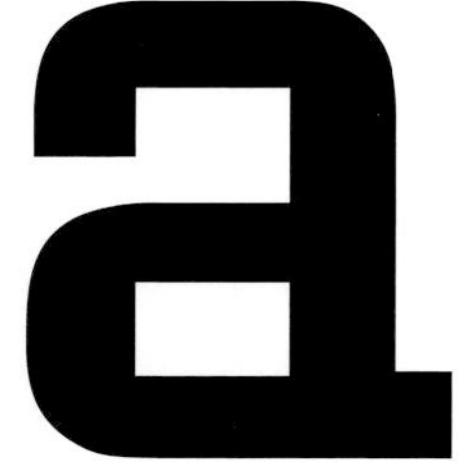

2007

Lindenau-Museum Altenburg

Film
HDV-Überspielung auf DVD-PAL/16:9
9 min 43 sec (Loop)
Regie: Maix Mayer
Kamera: Jens Pfuhler, Holger Berg
Montage: Thomas Reichl
Sound: Simone Danaylowa, Robin
Rimbaud
Darsteller: Berit Mücke, Simone
Danaylowa, Frank Birke

2007

Lindenau-Museum Altenburg

Film
HDV transferred to DVD-PAL/16:9
9 min 43 sec (loop)
Directed by: Maix Mayer
Camera: Jens Pfuhler, Holger Berg
Editing: Thomas Reichl
Sound: Simone Danaylowa, Robin
Rimbaud
Actors: Berit Mücke, Simone
Danaylowa, Frank Birke

Der Film *abg* entstand im Rahmen des Ausstellungsprojekts „Altenburg – Provinz in Europa" im Lindenau-Museum Altenburg/Thüringen. Dieser Ort in einer Art toten Winkel zwischen den Großstädten Leipzig, Dresden und Erfurt ist dennoch überregional an die europäische Metropole London angebunden. Vom Flugplatz Altenburg/Nobitz fliegt die Fluggesellschaft Ryanair täglich einmal nach London und zurück.

Diese Verbindung stellt die Ausgangslage der Filmhandlung dar, die an Originalschauplätzen in und um Altenburg und London spielt. Es ist eine Reise zwischen Provinz und Metropole, die in einer Art Traum stattfindet und dabei teilweise alptraumhafte Züge annimmt. Der Schwarz-Weiß-Film selbst enthält keine Dialoge, Geräusche und Sounds stammen vielmehr von den einzelnen Drehorten. In London waren dies u. a. die U-Bahn sowie Bauten der modernen Architektur, wie das Lords Media Centre der Architektengruppe Future Systems (1994) oder das Terminal des Flughafens London-Stansted (1991) und The Gherkin, die britische Hauptverwaltung der Swiss Re, ein von den Londonern als „Gurke" bezeichneter Wolkenkratzer des Stararchitekten Sir Norman Forster.

Die Szenen in Altenburg zeigen dagegen andere Bezugspunkte in der Landschaft. So dokumentiert der Film das bei Altenburg gelegene Heuersdorf, das durch den Braunkohlentagebau zerstört wird. In anderen Szenen sieht man die gewaltigen Türme des Kraftwerks Lippendorf-Böhlen, das Lindenau-Museum oder Ausgrabungen in der Altenburger Innenstadt, wo auch der Hauptdarsteller als Stadtarchäologe arbeitet. Traumsequenzen wechseln mit realen Orten und bilden eine endlose Kreisbewegung, wodurch der Film weder Anfang noch Ende besitzt. Die Figuren scheinen in Raum und Zeit gefangen. Die Konstellationen zwischen den drei Akteuren sind in den Spielszenen offen angelegt, wodurch bei mehrfacher Betrachtung der Film in unterschiedlicher Weise gedeutet werden kann.

The film *abg* came into being as part of the exhibition project "Altenburg – Provinz in Europa" (Lindenau Museum Altenburg). The town of Altenburg is located in a kind of blind spot between the cities of Leipzig, Dresden, and Erfurt and is nonetheless linked to a world capital, London. From the Altenburg/Nobitz airfield, budget carrier Ryanair flies once a day to and from London. This link forms the starting-point for the film, which takes place on location in and around Altenburg and London. It is a journey between the provinces and the big city. It happens in a kind of dream, which in places takes on a nightmarish quality. This black-and-white film has no dialogue. The sounds and noises are the original sounds of each shooting location. In London, they include the underground and the modern buildings, such as the Lord's Media Centre (1994) by the Future Systems group of architects, the terminal at London-Stansted airport, and the "Gherkin," as Londoners call it – the skyscraper designed by star architect Sir Norman Foster. By contrast, the Altenburg scenes reveal different points relating to the landscape. Among other things, the film documents the nearby village of Heuersdorf, which was obliterated by open-cast brown coal mining. In other scenes, we see the towering power station at Lippendorf-Böhlen, the Lindenau Museum, and excavations in the historical center of Altenburg, where the main protagonist works as the town archaeologist. Dream sequences alternate with real places, forming an endless cycle of movement. Thus, the film has no beginning and no end. The characters seem to be trapped in time and space. The relationships between the three actors are revealed in acted scenes – but, in seeing the film several times, you could interpret them in different ways.

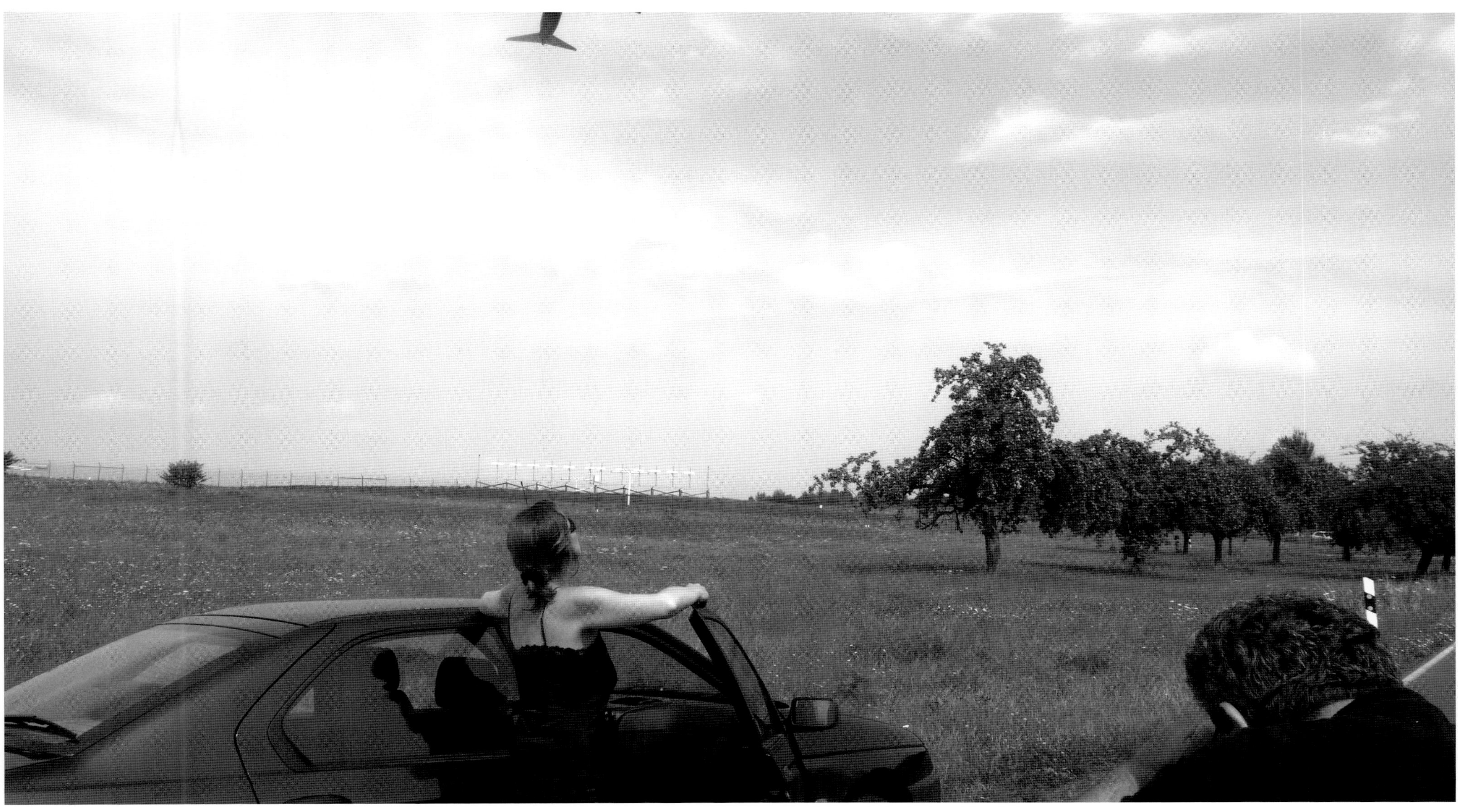

Produktionsfotos
Production stills

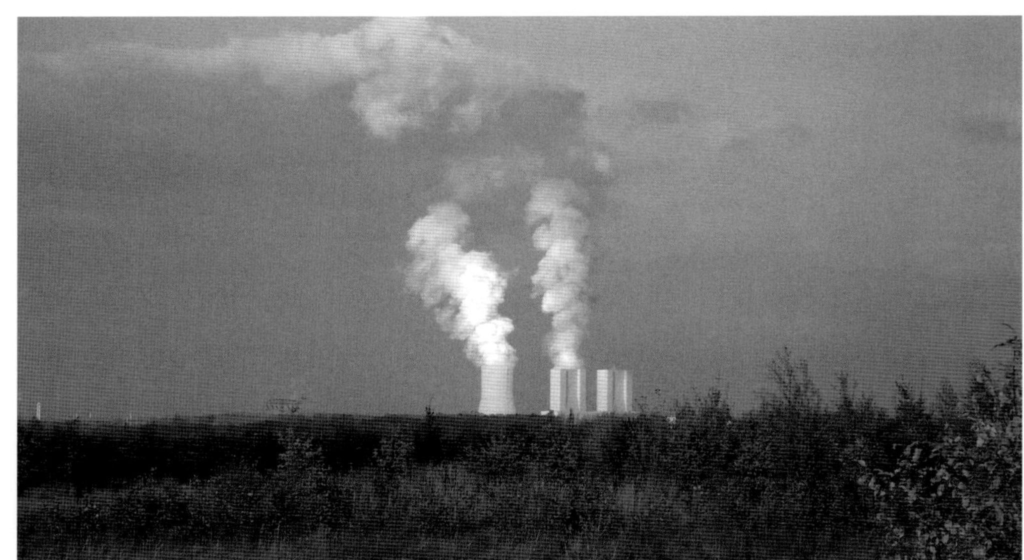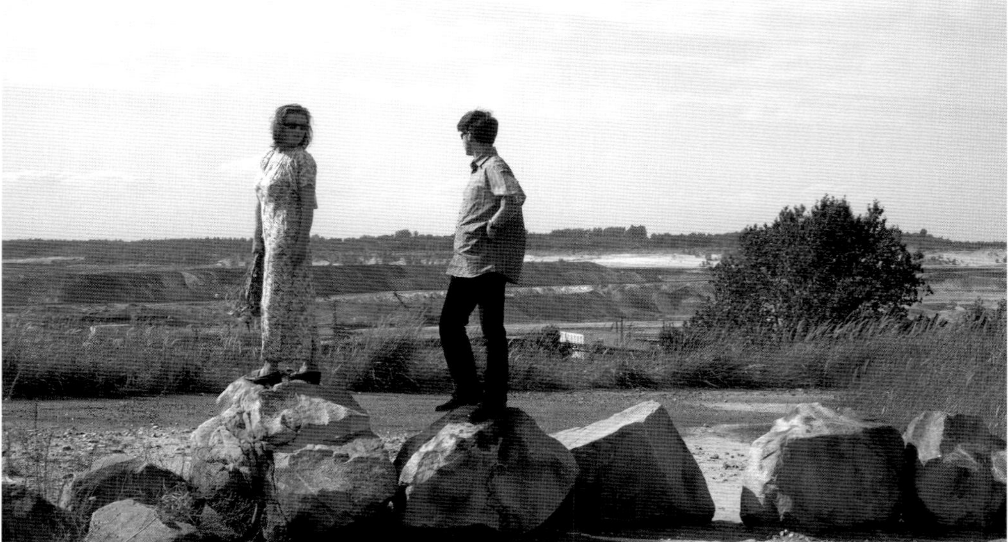

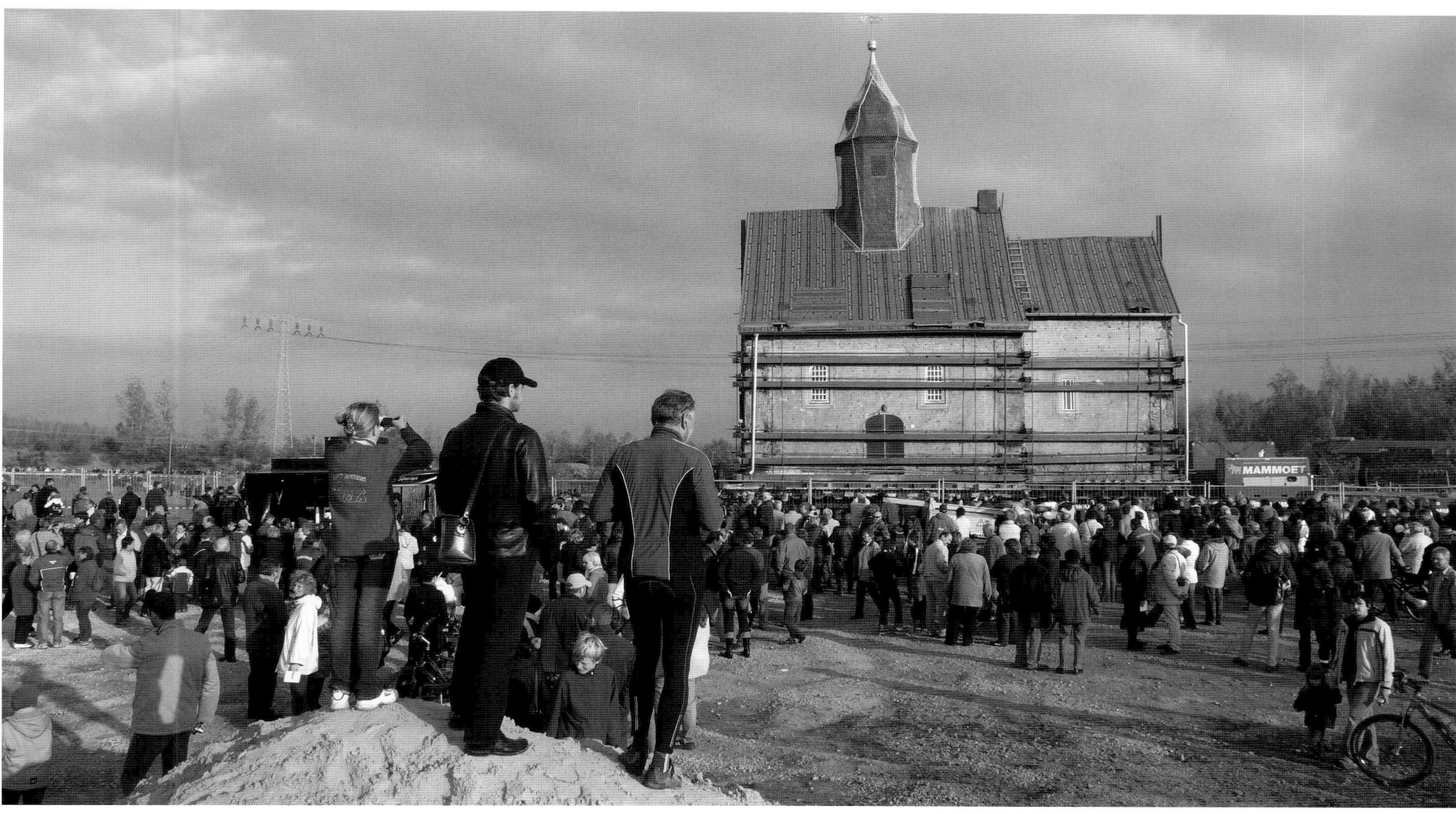
MAMMOET

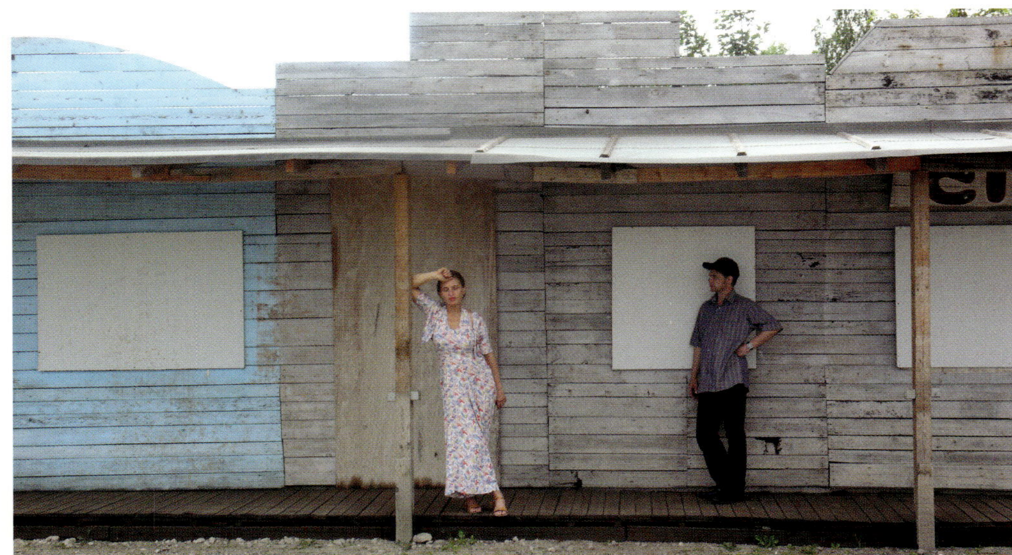

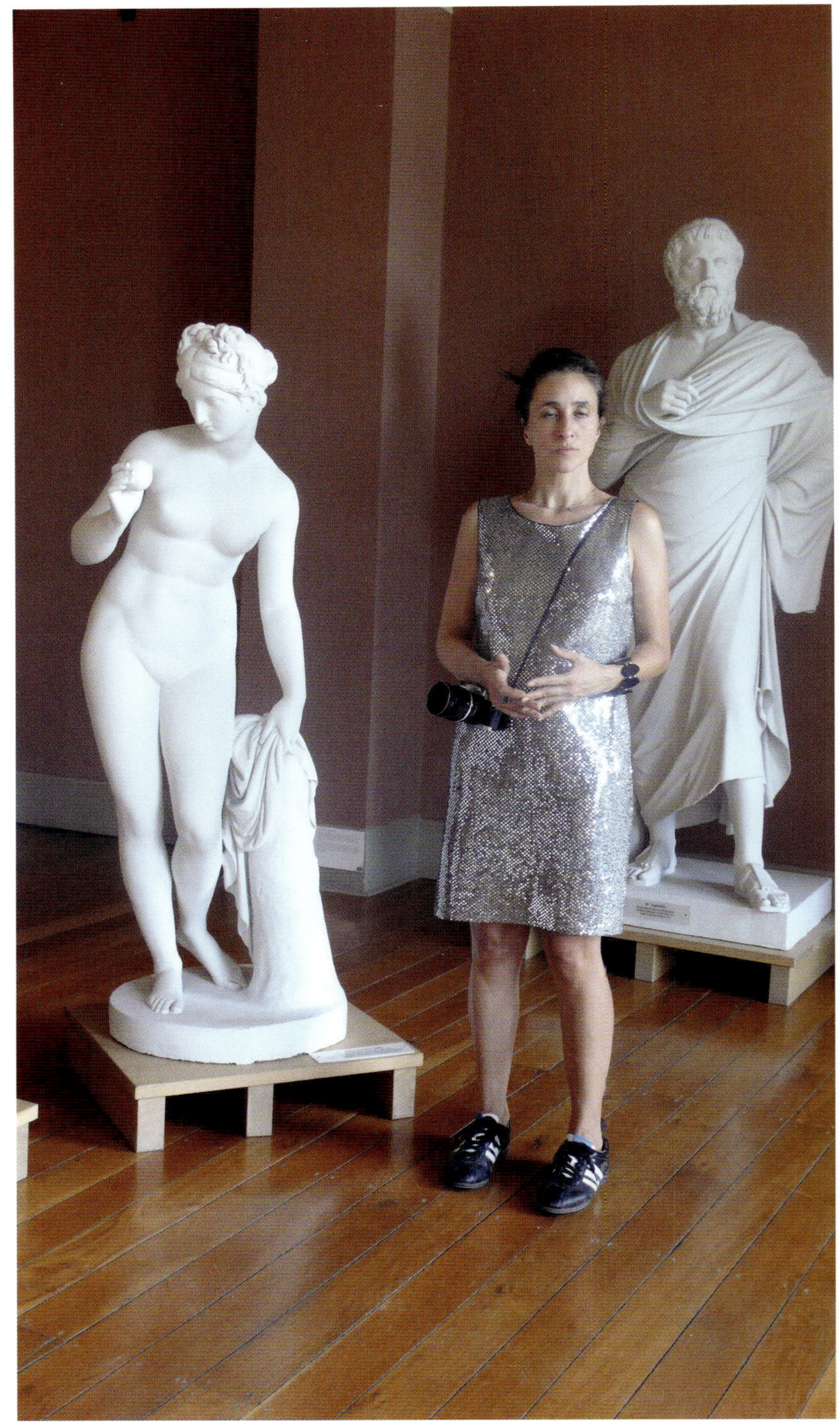

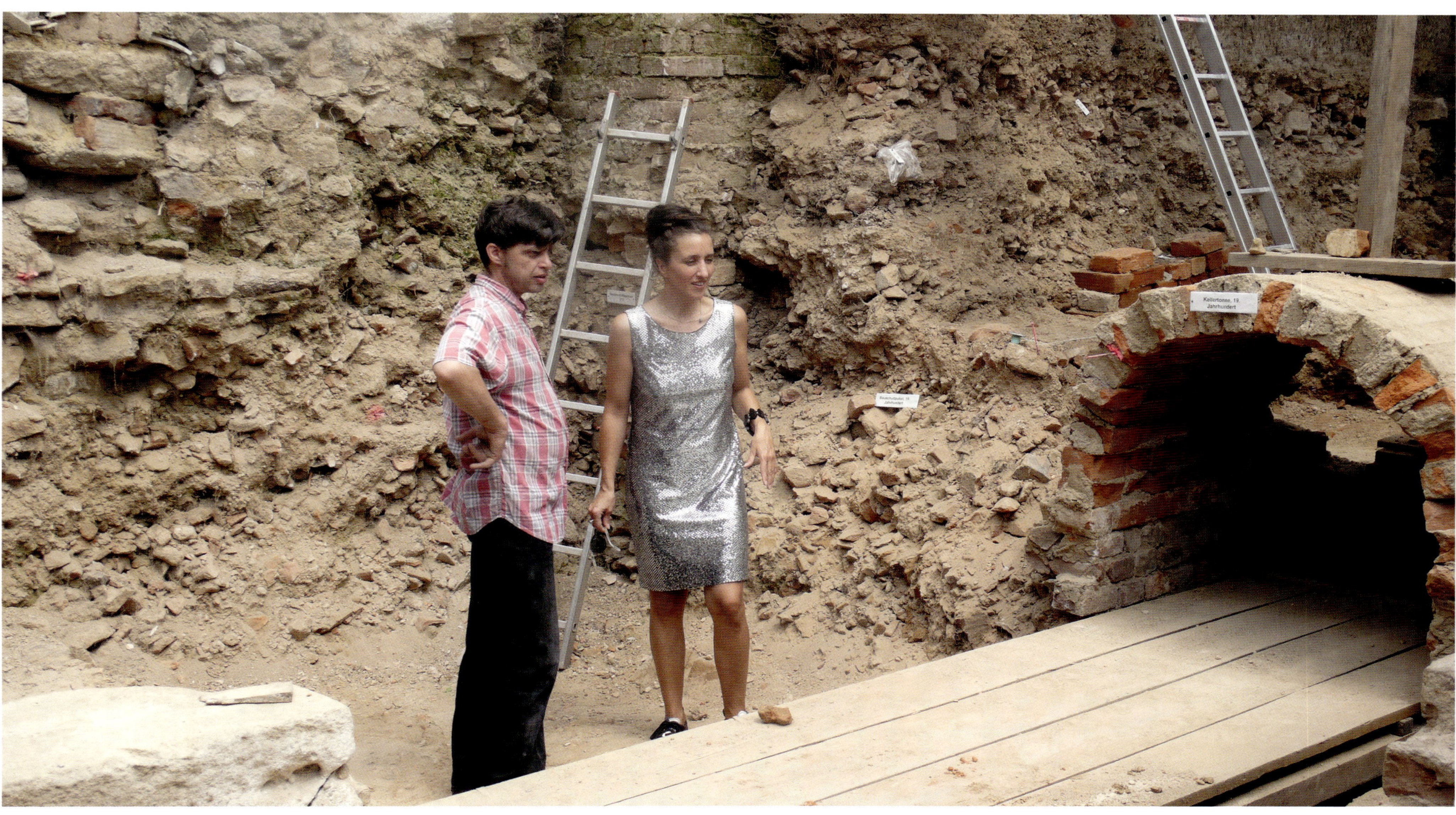
Kellertonne, 19.
Jahrhundert

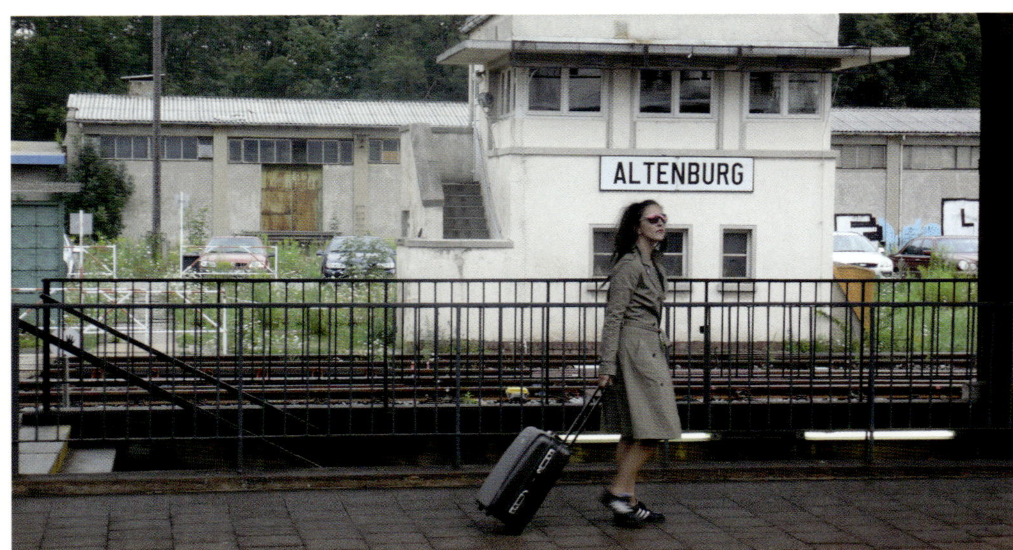
ALTENBURG

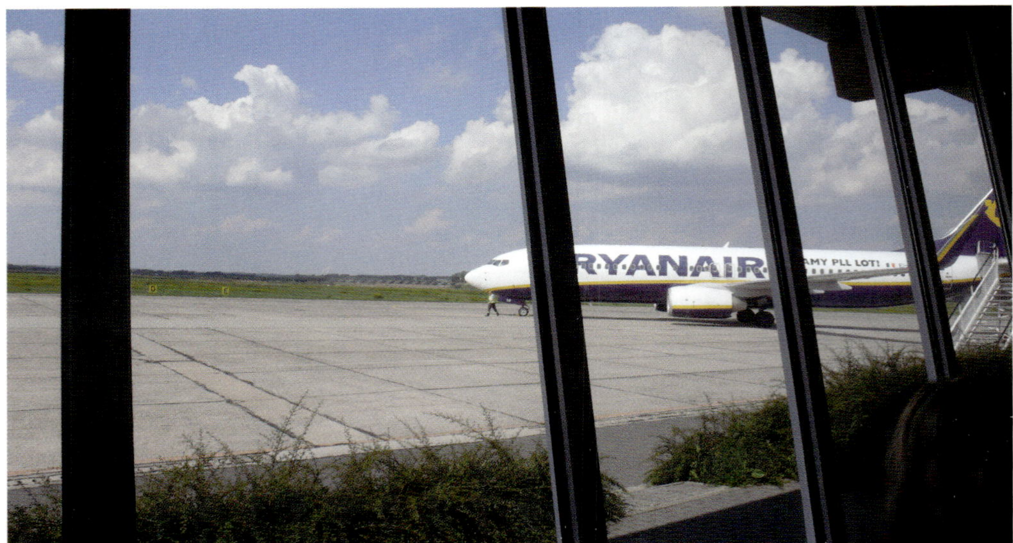
RYANAIR

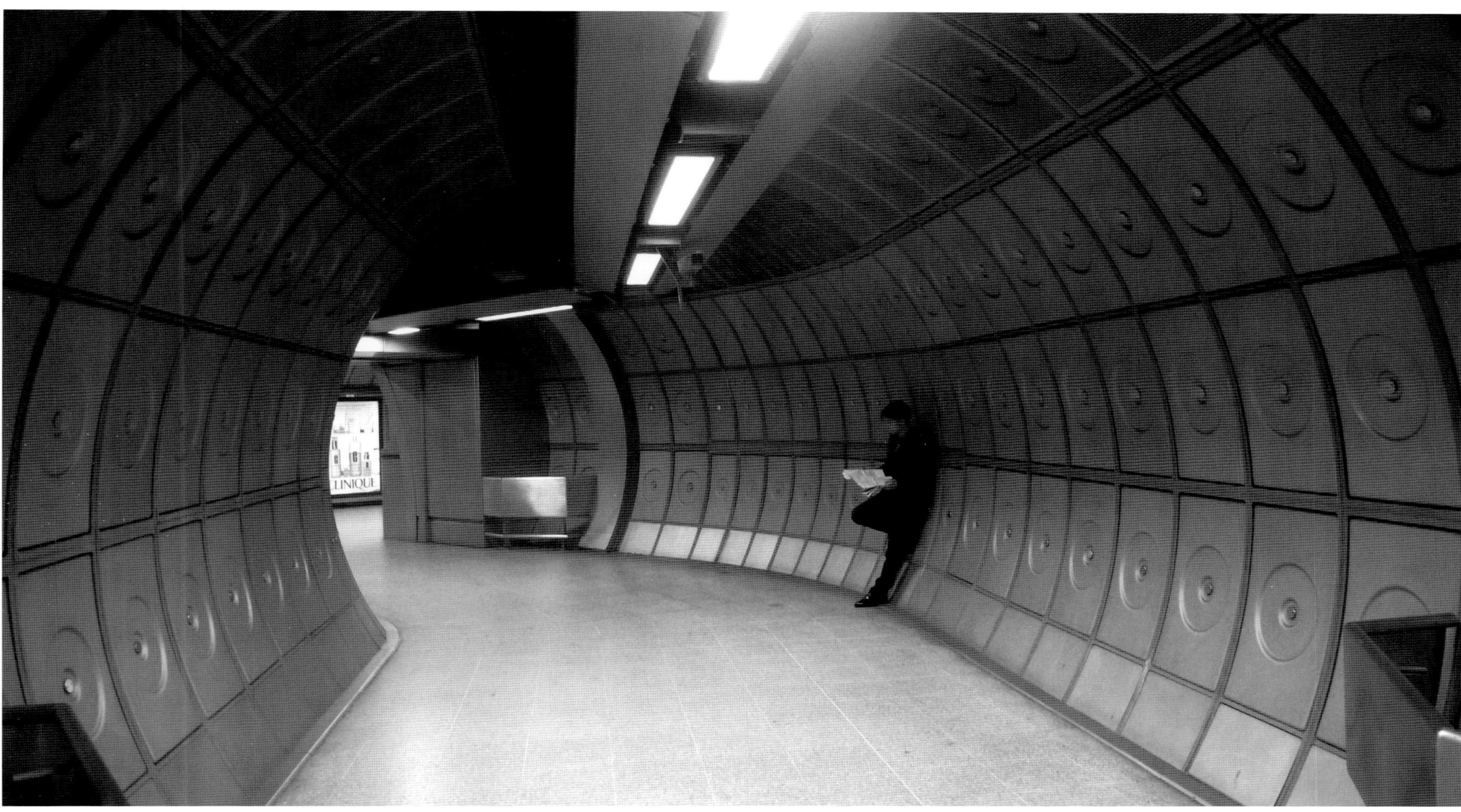
LINIQUE

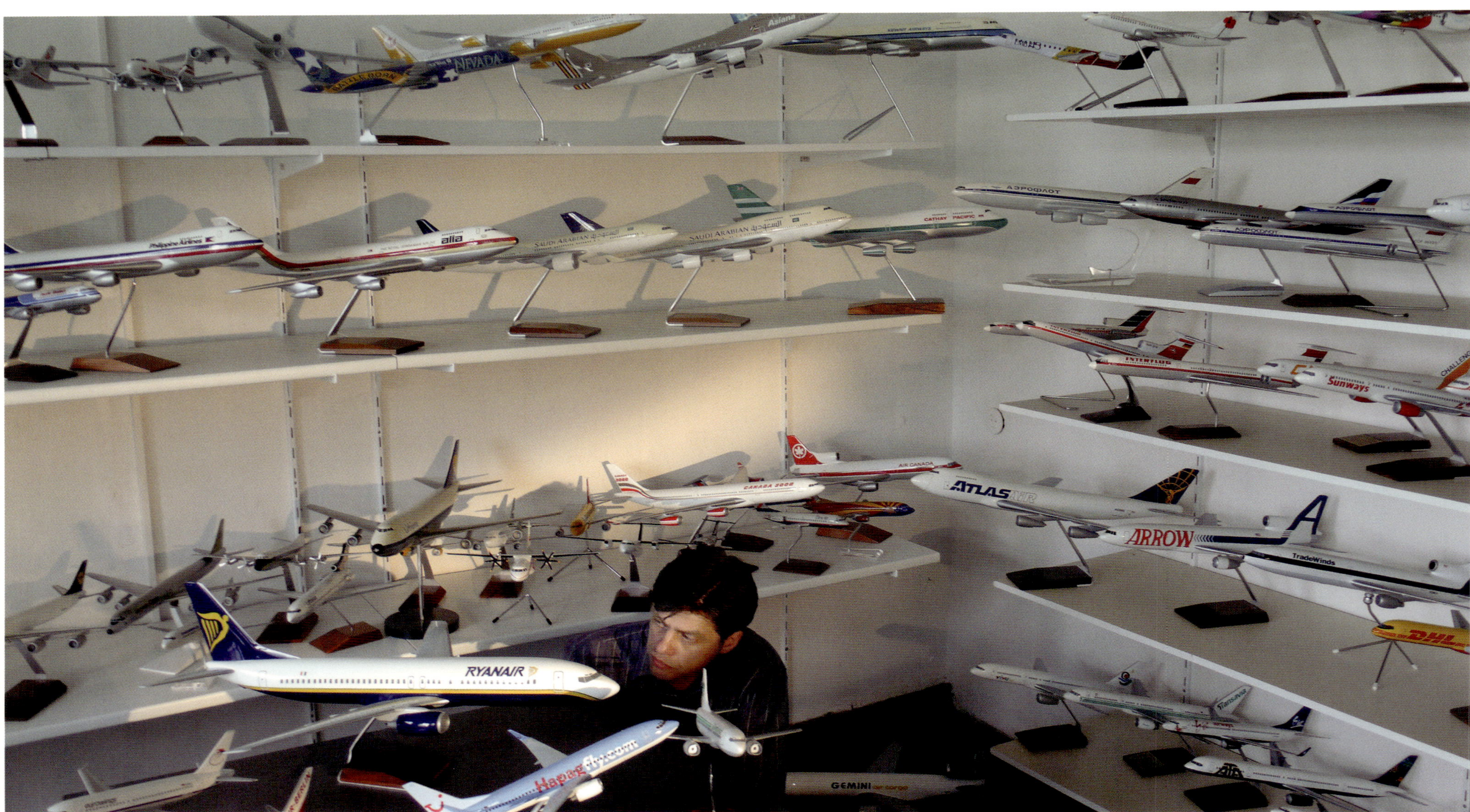

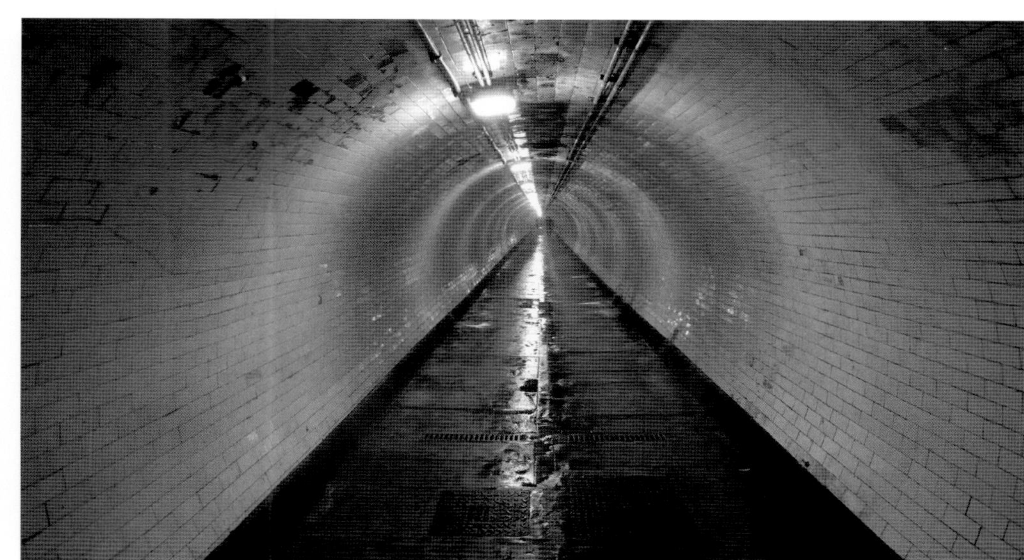

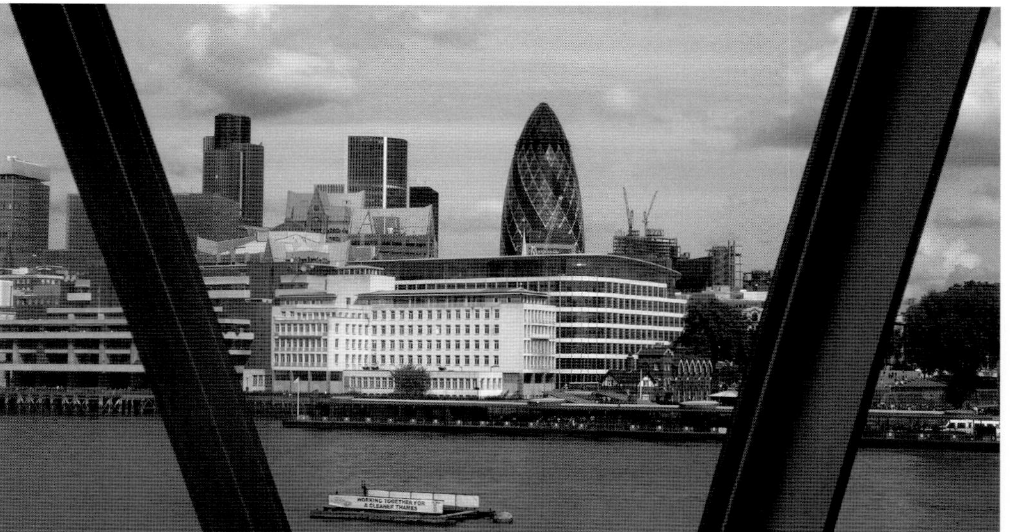

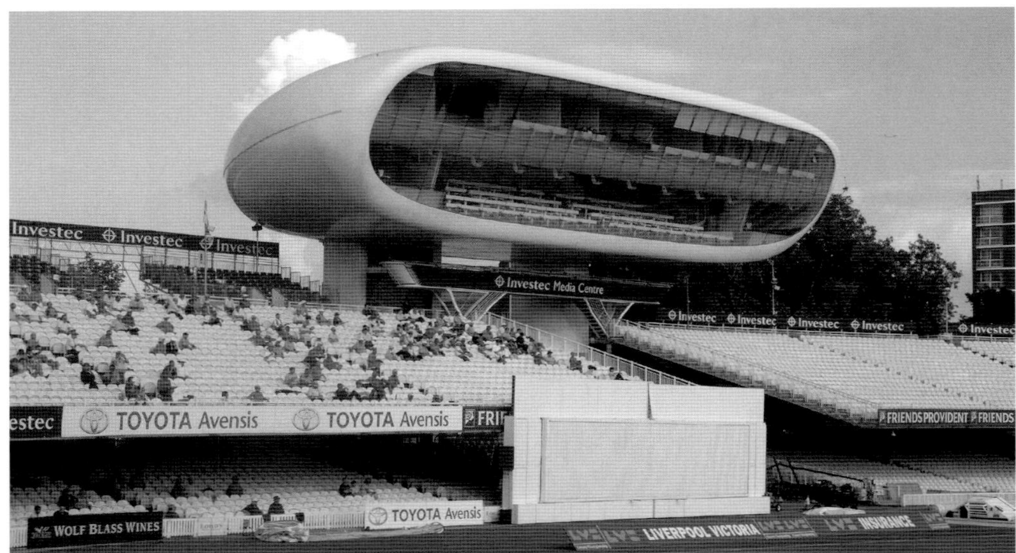

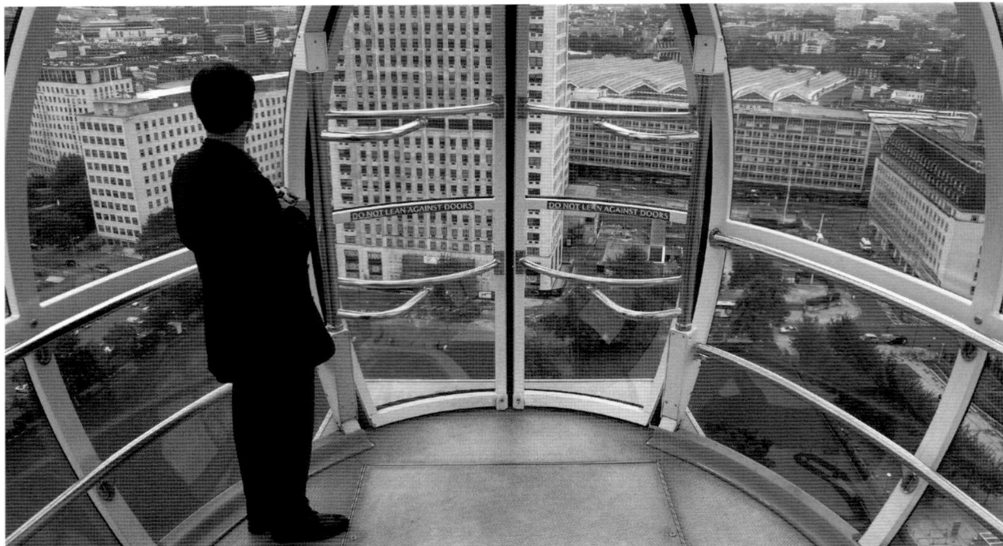

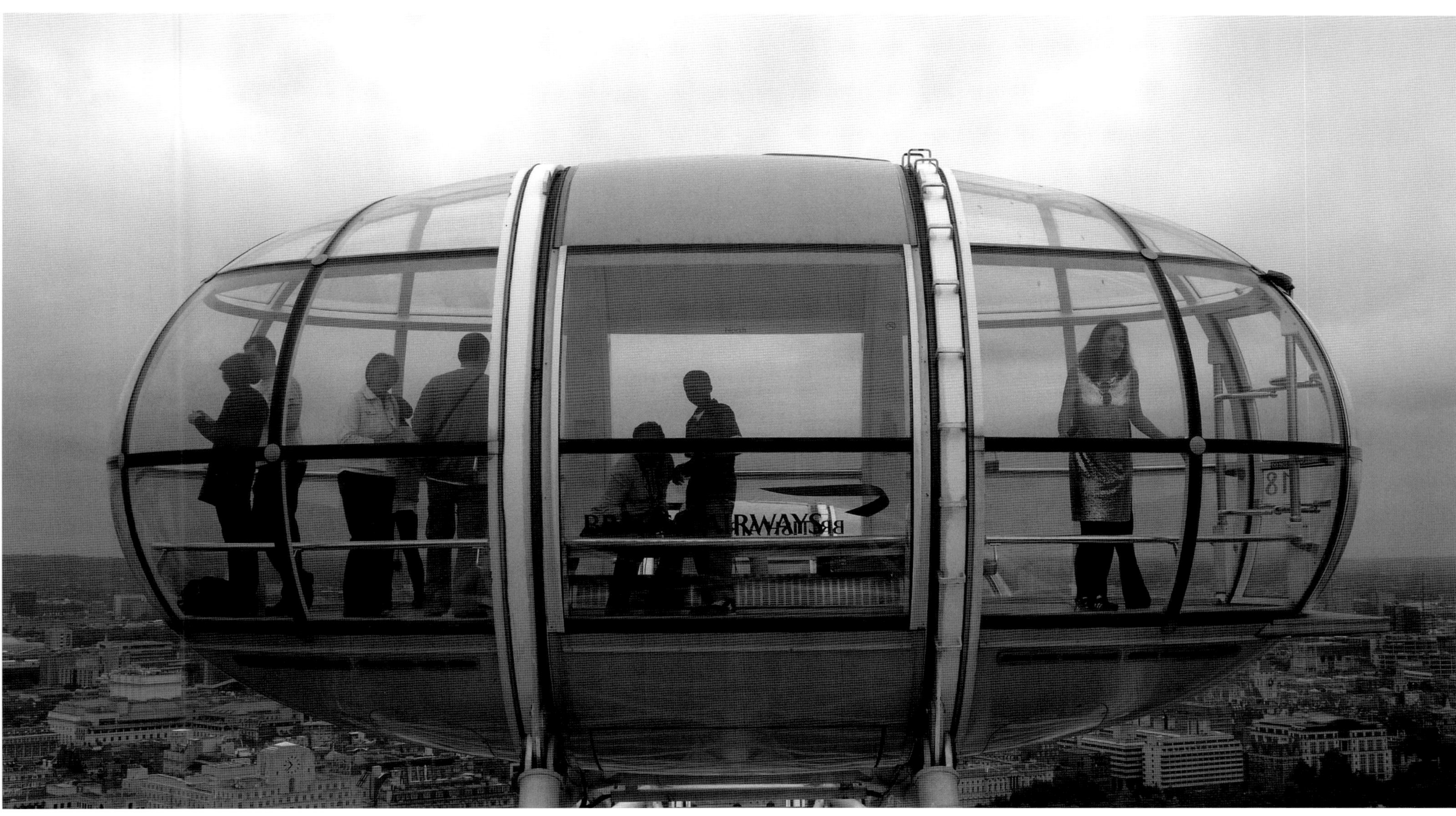
BRITISH AIRWAYS

biotop

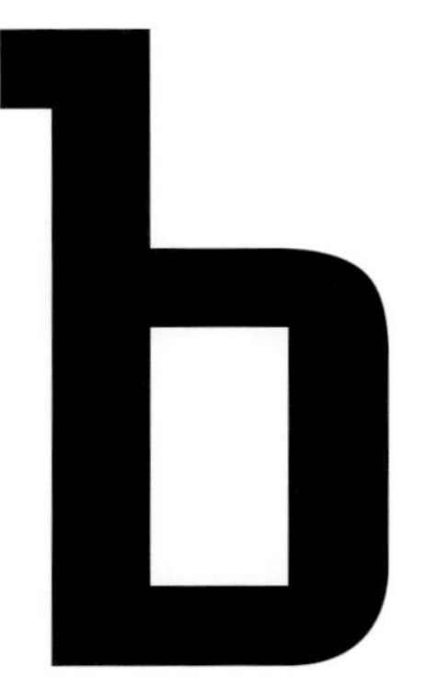

Diese Arbeit begann der Künstler im April 1999 in einem Urwald-Gebiet, am Orinoco-Fluss in Venezuela. Die Kollektion beinhaltet Fotografien aus drei weiteren Ländern – Italien, der Bundesrepublik Deutschland und Taiwan.

The artist began this work in April 1999 in a jungle region on the Orinoco River in Venezuela. The collection contains photographs from three other countries – Italy, the Federal Republic of Germany, and Taiwan.

1999–2008
Fotografien

1999–2008
Photographs

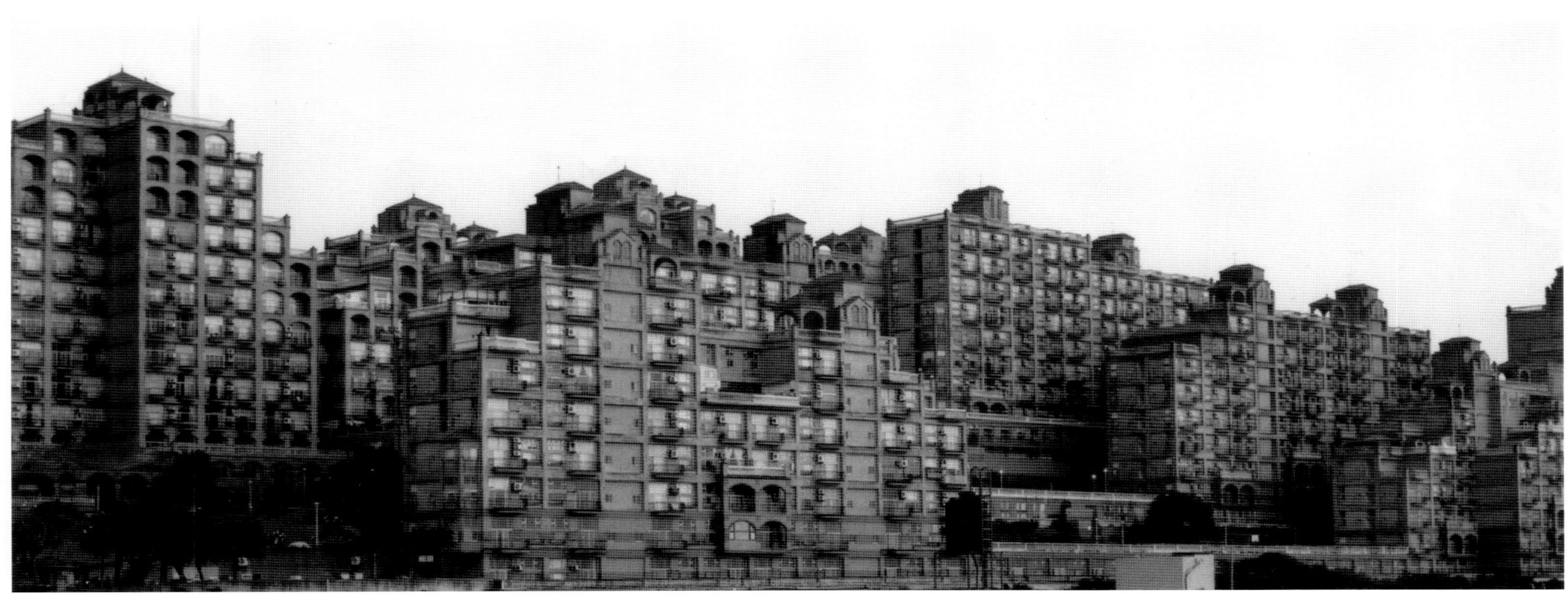

Fotografie, 28 × 35 cm
Photograph, 11 × 13.8 in.

la_01

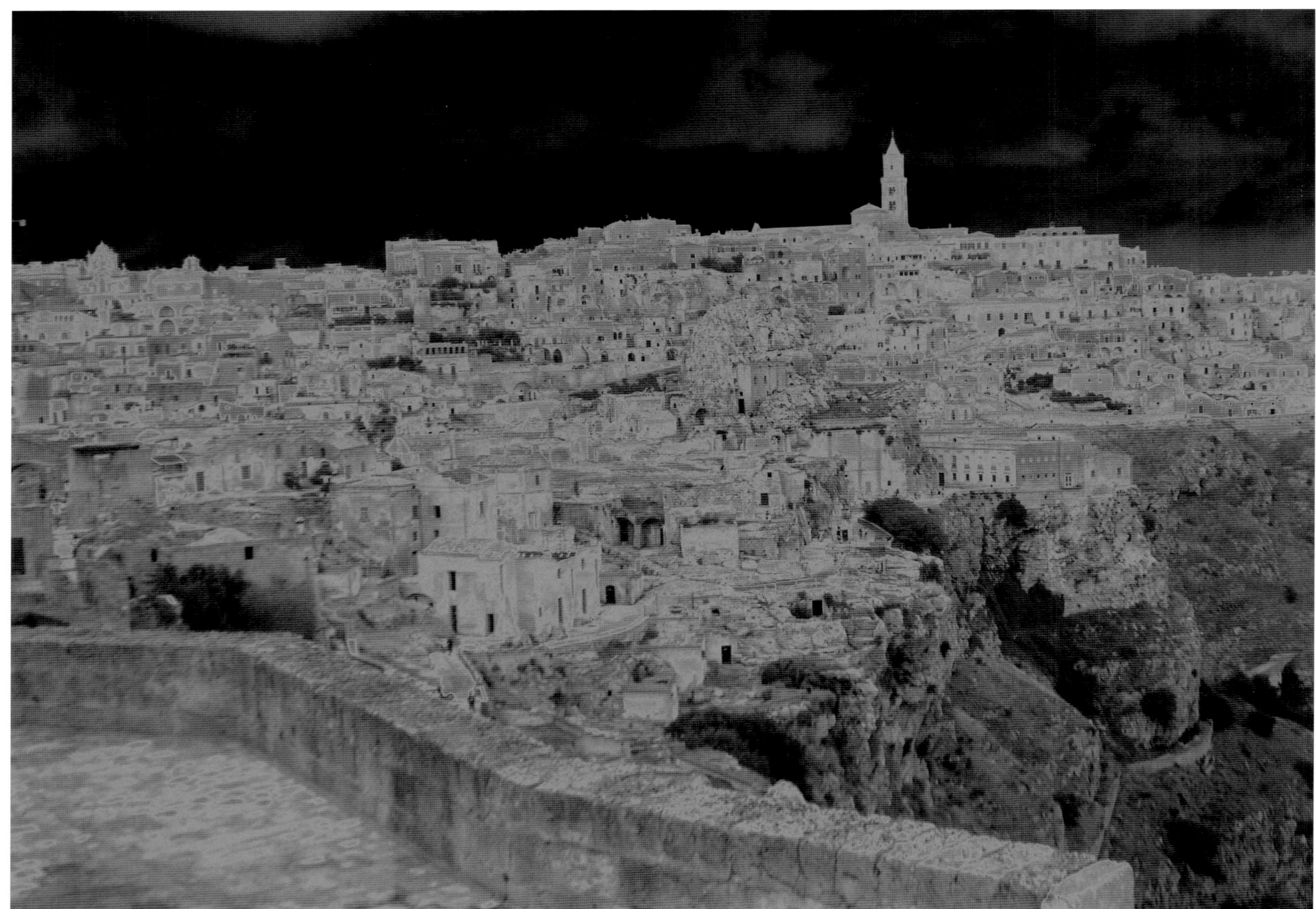

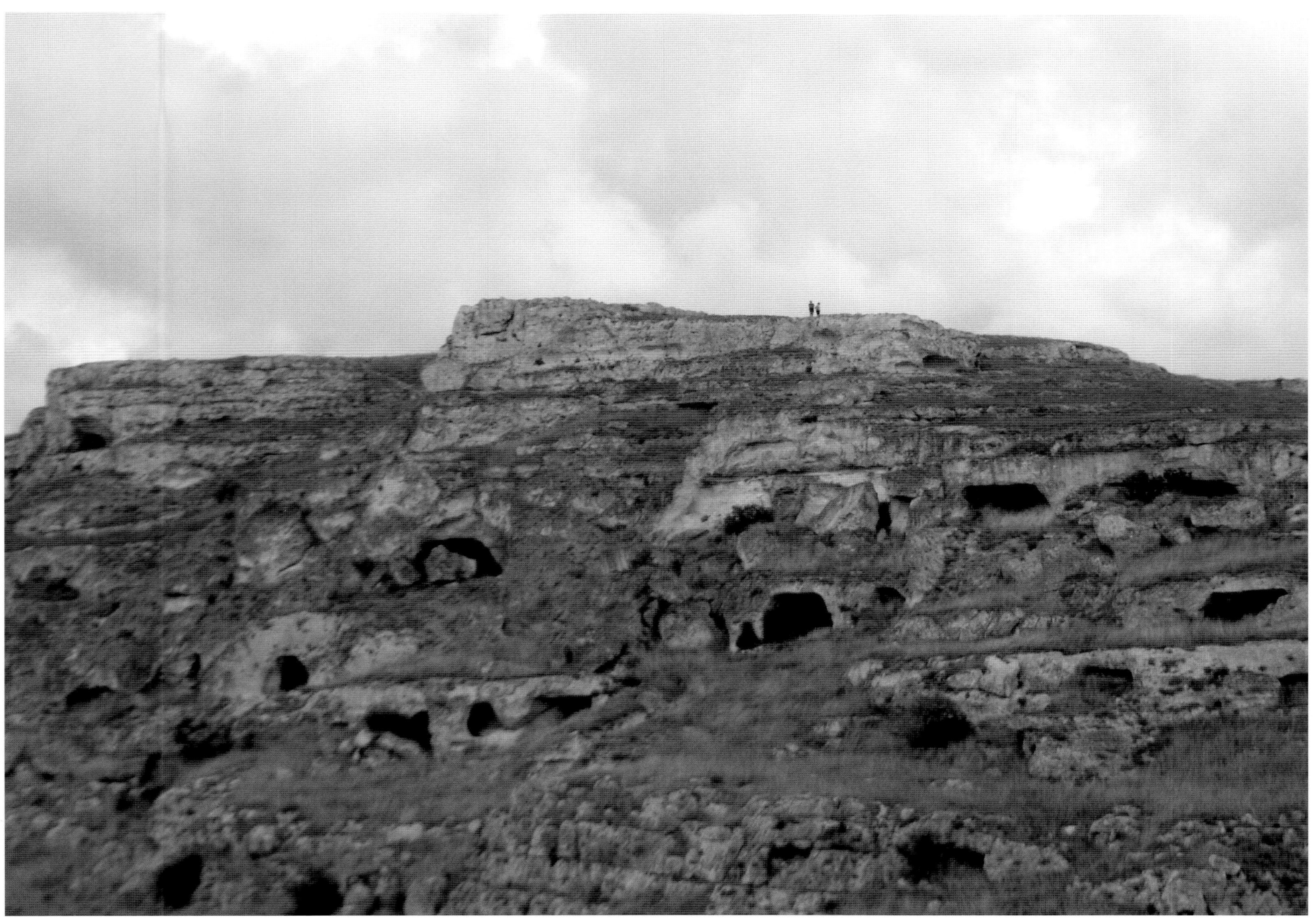

Fotografie, 28 × 34 cm
Photograph, 11 × 13.4 in.   va_01

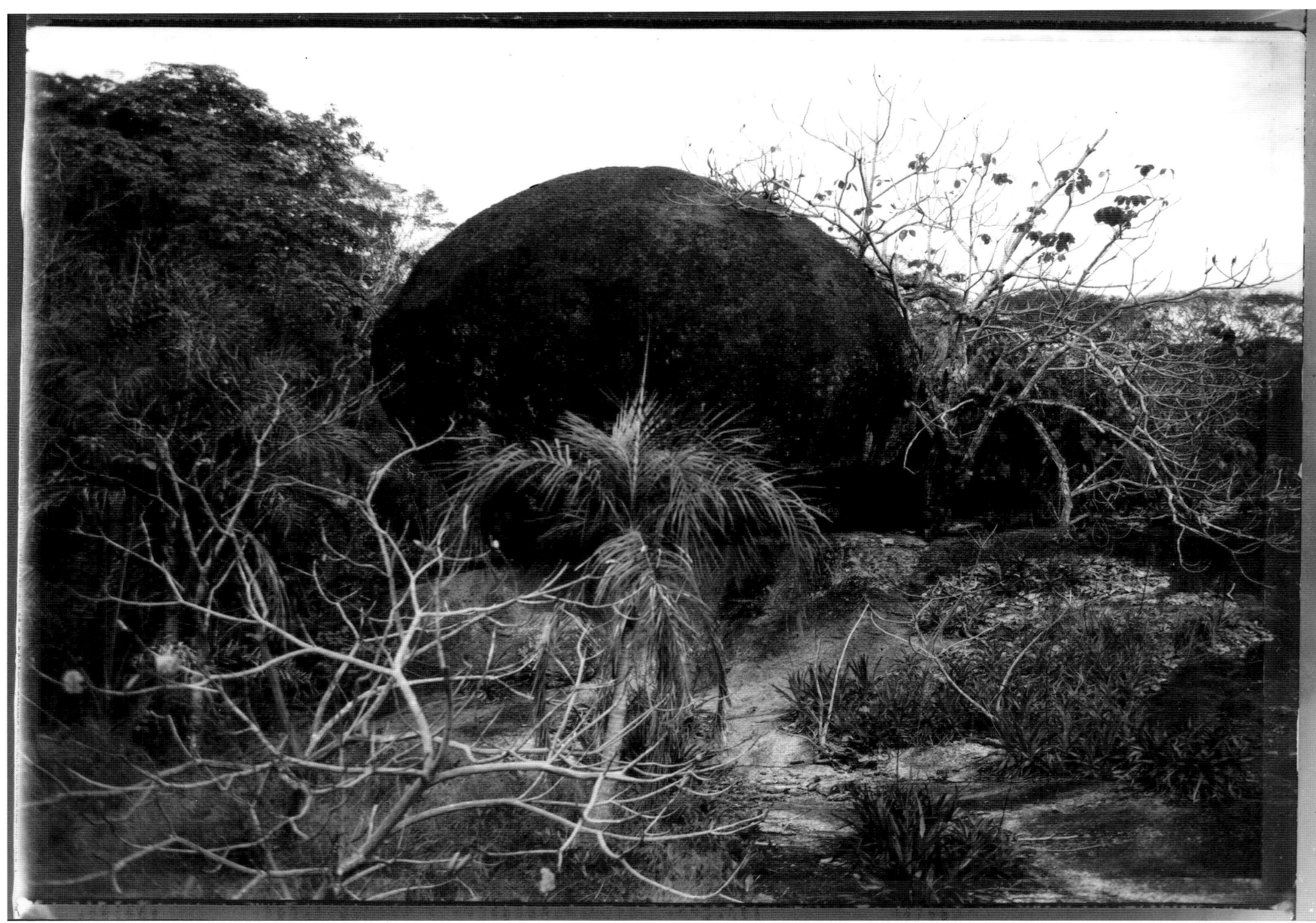

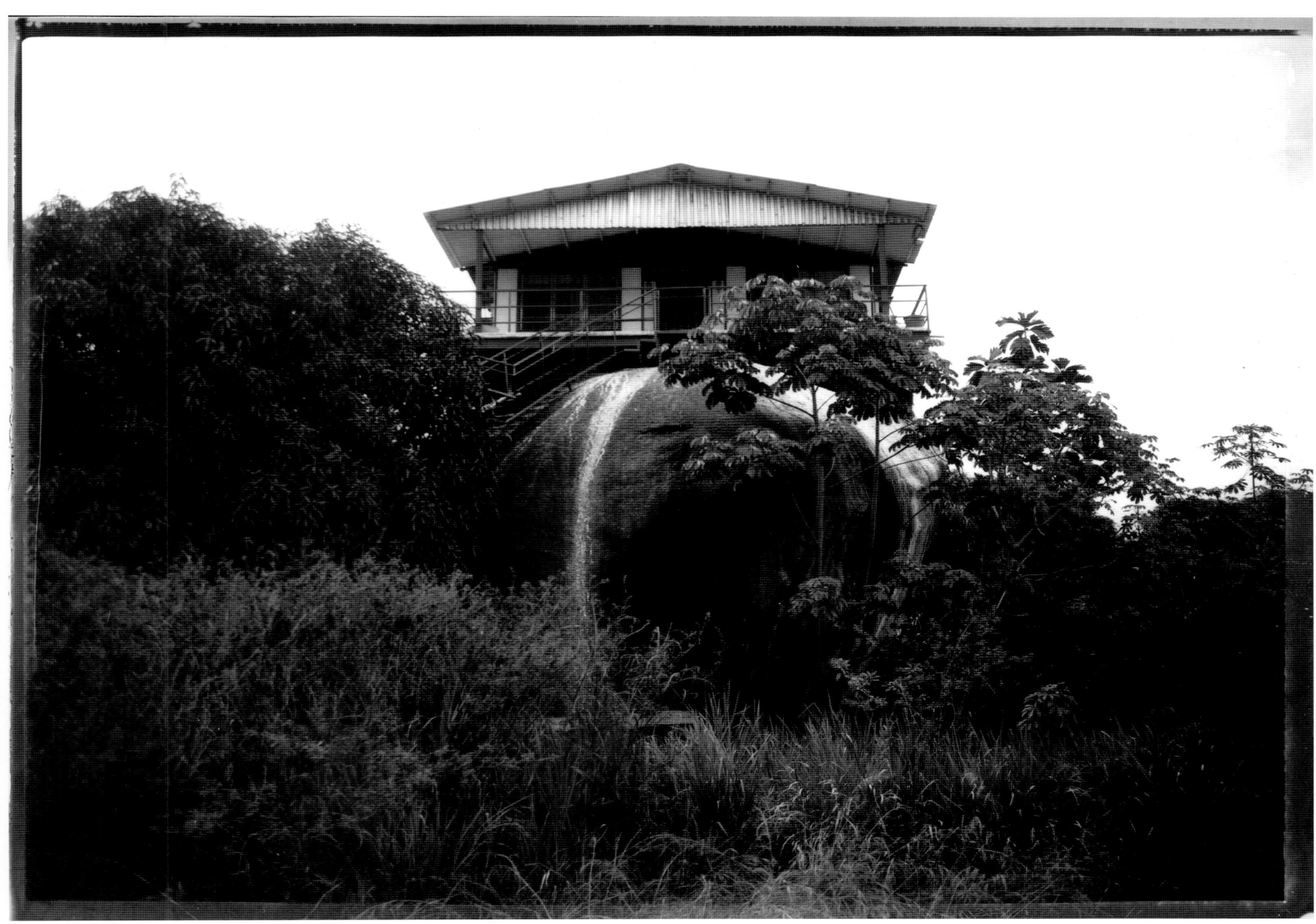

Fotografie, 28 × 79 cm
Photograph, 11 × 31.1 in.

rg_01

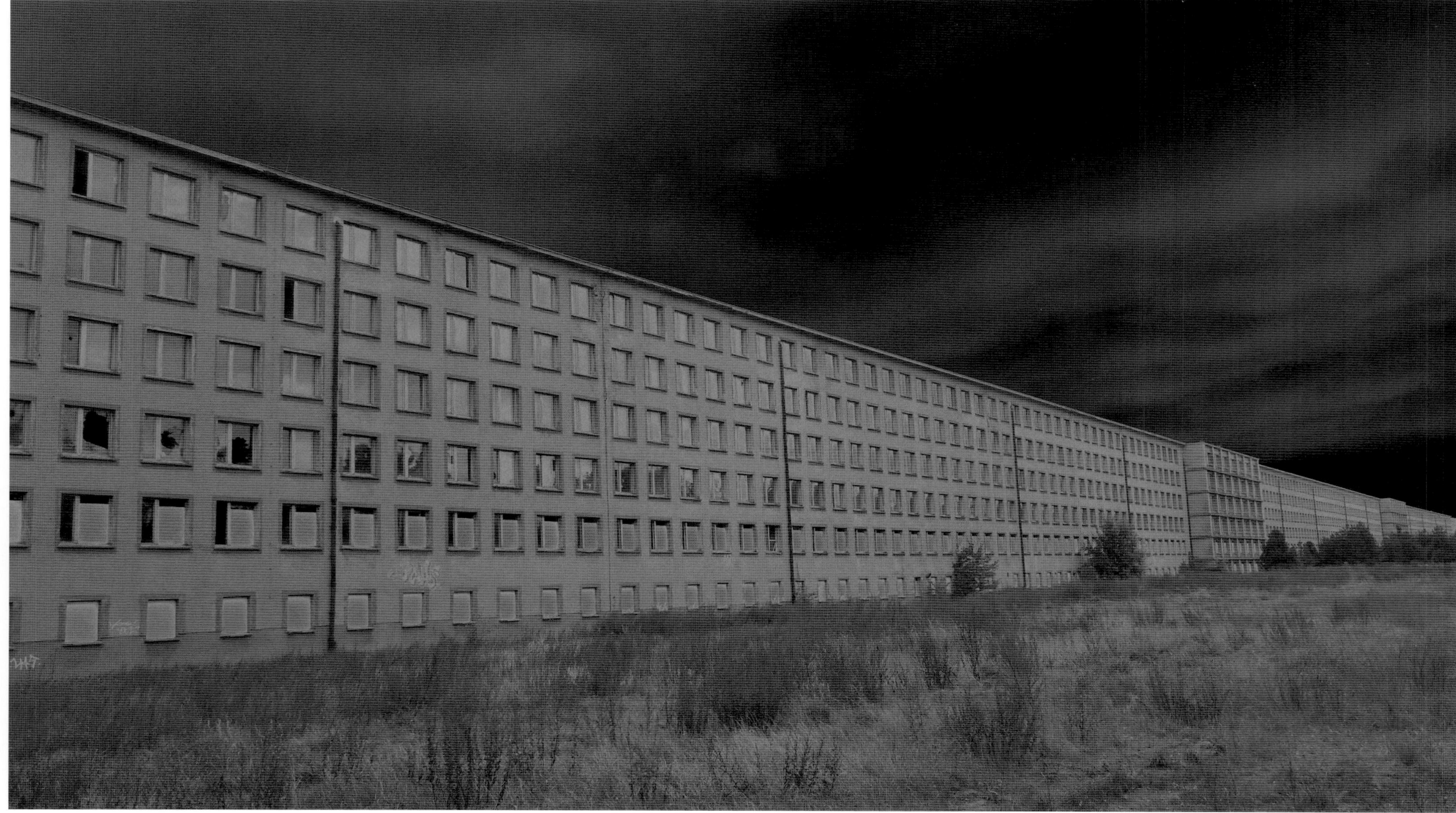

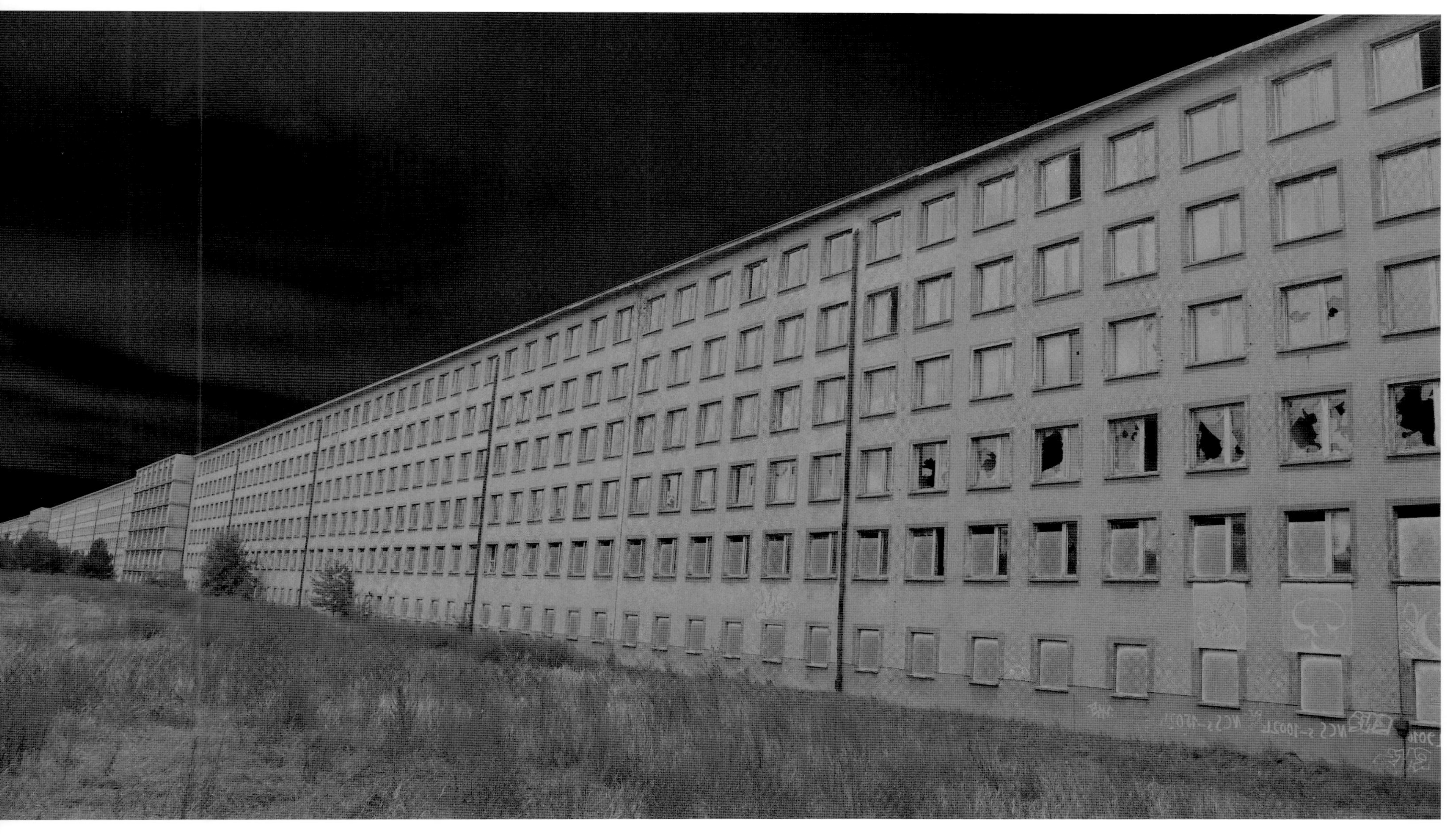

canyon

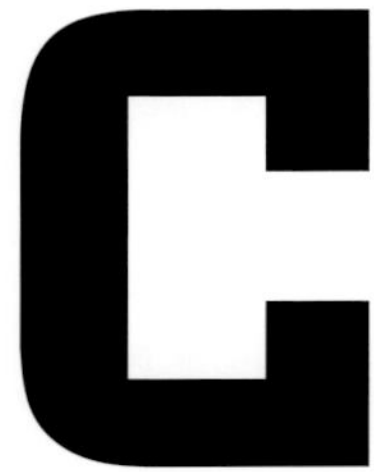

2006

Installation
Galerie EIGEN+ART, Berlin

Filmstills als Puzzle
(je 30 × 45 cm)

Film
HDV auf DVD-PAL/16:9
8 min 48 sec (Loop)
Regie: Maix Mayer
Kamera: Jens Pfuhler
Montage: René Frölke
Sound: Robin Rimbaud, Simone
Danaylowa
Schauspieler: Berit Mücke, Frank
Birke, Maix Mayer

2006

Installation
Galerie EIGEN+ART, Berlin

Movie stills as puzzle
(11.8 × 17.7 in. each)

Film
HDV on DVD-PAL/16:9
8 min 48 sec (Loop)
Directed by: Maix Mayer
Camera: Jens Pfuhler
Editing: René Frölke
Sound: Robin Rimbaud, Simone
Danaylowa
Actors: Berit Mücke, Frank Birke,
Maix Mayer

Canyon folgt realen Architekturen, die in verschiedenen Ländern realisiert wurden. Im Film erscheinen diese Gebäude als Bestandteile einer idealen Stadt und idealen Filmlandschaft. Die Auswahl der Drehorte bezog sich dabei auf eine ausgewählte moderne Architekturposition, die ohne rechte Winkel baut und durch die Gleichzeitigkeit unterschiedlicher Perspektiven die gewohnte Wahrnehmung der Nutzer irritieren und damit erweitern will. Es ist kein Zufall, dass diese Architekten sich auf Diskussionen innerhalb der modernen Kunst (u. a. zu Installation und Performance) beziehen, die sich mit der Aneignung von Räumen und dem Entstehen von Bedeutungen sowie Handlungscodes beschäftigen. Die räumliche Multiperspektive der vorhandenen Architektur überträgt *canyon* in eine zeitliche der Filmhandlung, bei der drei Protagonisten mit minimalen Gesten handeln. Im Film wird mit Standkadrierungen, langsamen Kamerafahrten und harten Schnitten durch Schwarzblende gearbeitet. Der Sound wirkt als akustisches Gewebe aus Originaltönen, unterlegten elektronischen Sequenzen und tonlosen Abschnitten. Sie bewirken beim Betrachter verschiedene Möglichkeiten der Wahrnehmung des Films. Eine Referenz an die Verbindung von Kunst und Architektur ist die Detailaufnahme eines Covers der internationalen Kunstzeitschrift *Art*. Dort wird mit moderner Architektur geworben und diese in das Ambiente der heutigen Kunst einbezogen. Gleichzeitig basiert *canyon* auf der langen Tradition der Filmgeschichte, bei der zeitgenössische Architektur selbst zum Thema der Handlung wurde. Darüber hinaus ist sie Filmkulisse und zeigt visuelle Muster der Wahrnehmung von Landschaft, Stadt und Raum.

Canyon follows real works of architecture that have been built in various countries. In the film, the buildings appear as components of an ideal city in an ideal landscape. The selection of shooting locations was related to a specifically modern architectural standpoint, namely that of building without right angles and whose different perspectives are, at the same time, aimed at irritating the perception of the user, thereby expanding it. It is no coincidence that this kind of architecture is linked to debate in the world of modern art (including installation and performance art) regarding the use of spaces and the creation of meaning and of codes of conduct. *Canyon* communicates the multiple spatial perspectives of the existing architecture in one section of the film, in which the three protagonists use minimalist gestures. The film uses static shots, slow pans, and hard cuts together with fades to black. The sound functions as an acoustic tissue of original sound, added electronic sequences, and silent sections. They give the observer various options when it comes to perception of the film. One reference to the link between art and architecture in *canyon* is the close-up of the cover of the international art magazine *Art*, which promotes modern architecture and thereby makes it part of the territory of the modern art scene. At the same time, *canyon* is based on a long tradition of film history, in which contemporary architecture itself becomes the subject. In addition, it forms the backdrop of the film and reveals visual patterns in the perception of landscape, city, and space.

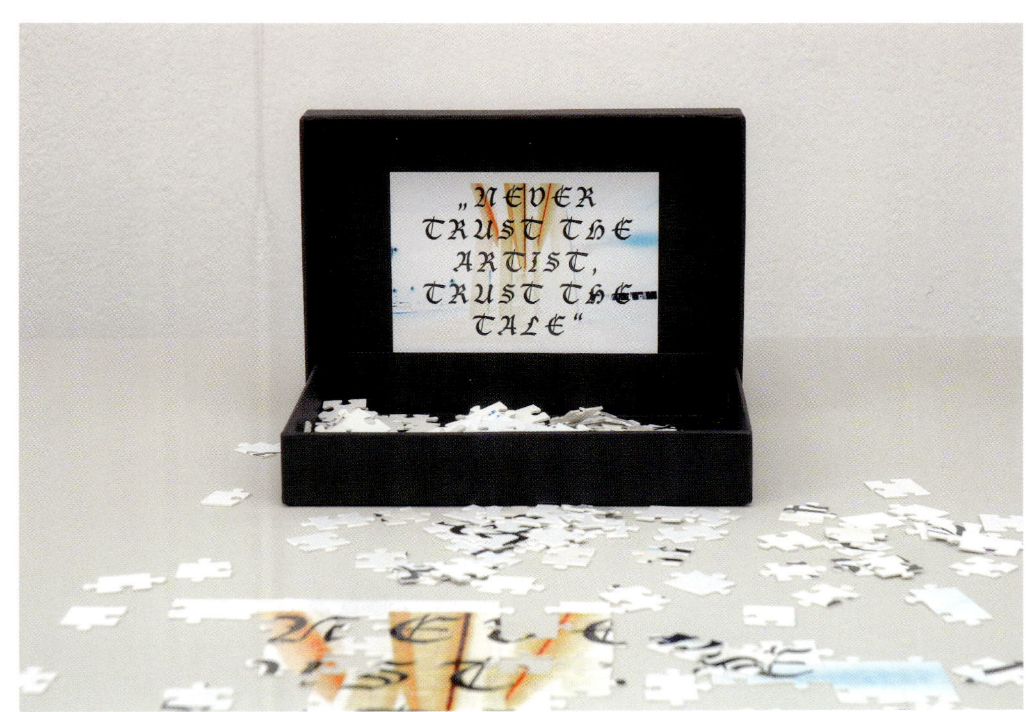
„NEVER
TRUST THE
ARTIST,
TRUST THE
TALE "

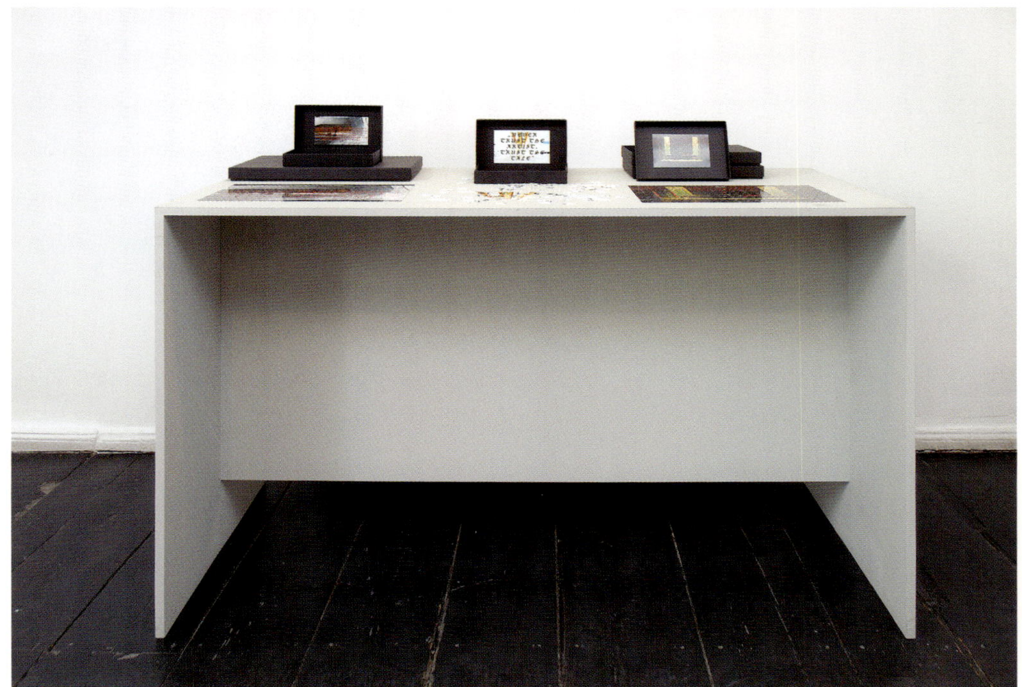

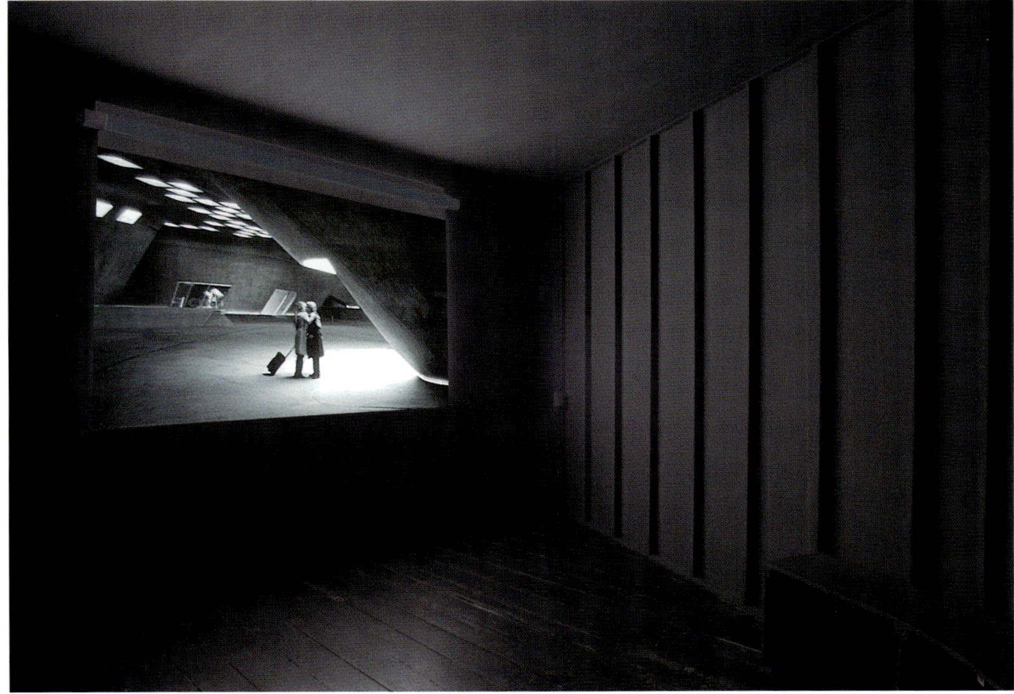

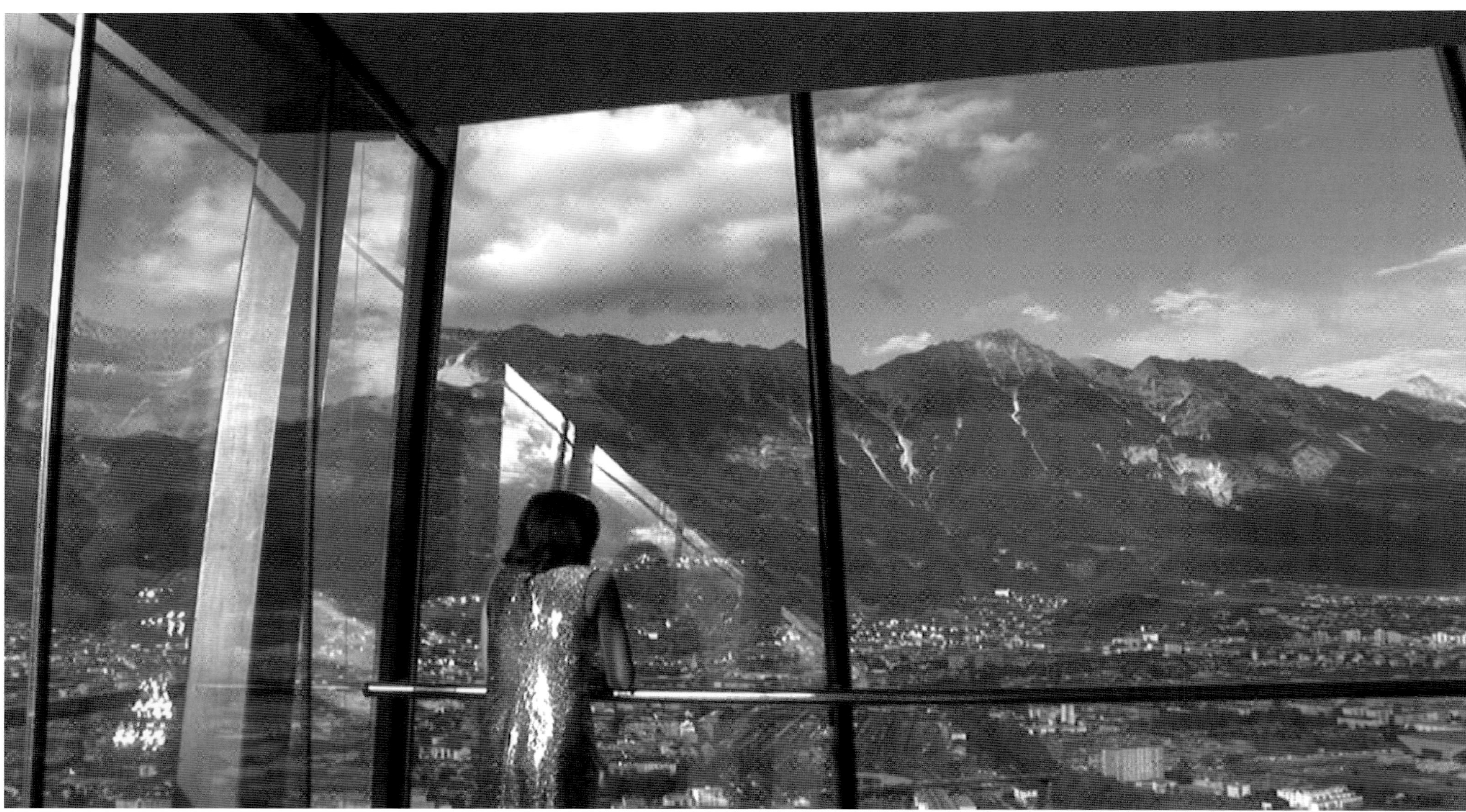

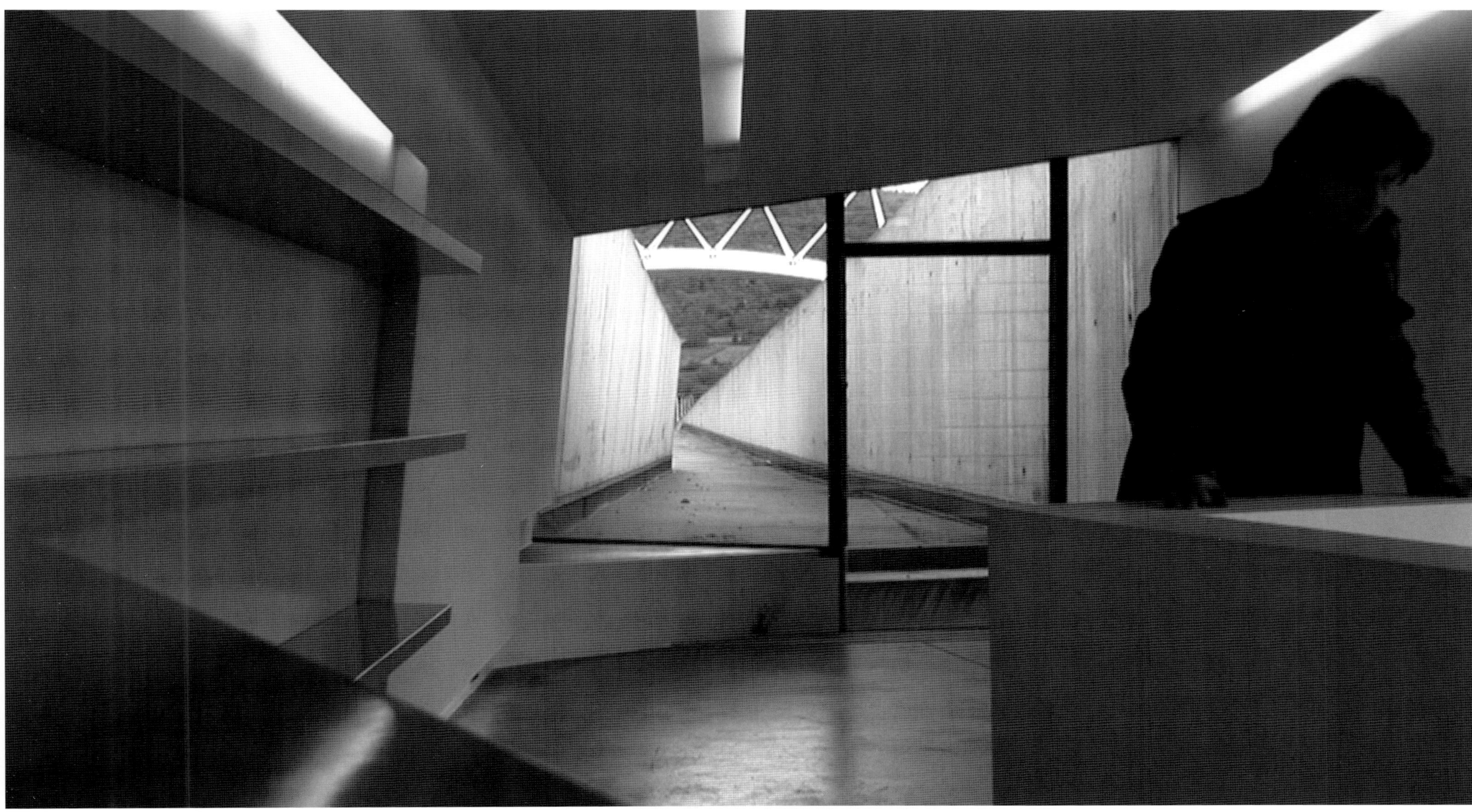

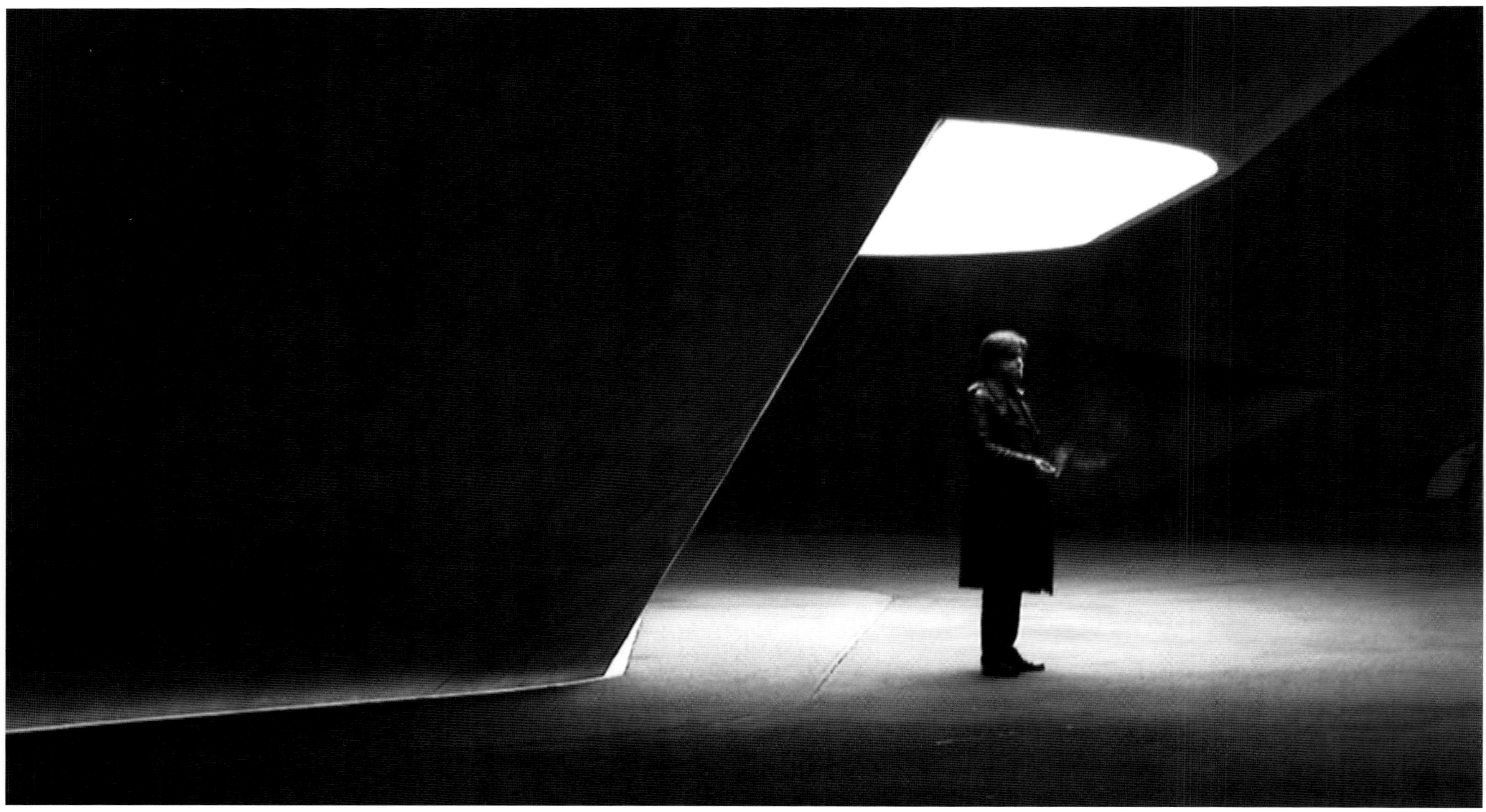

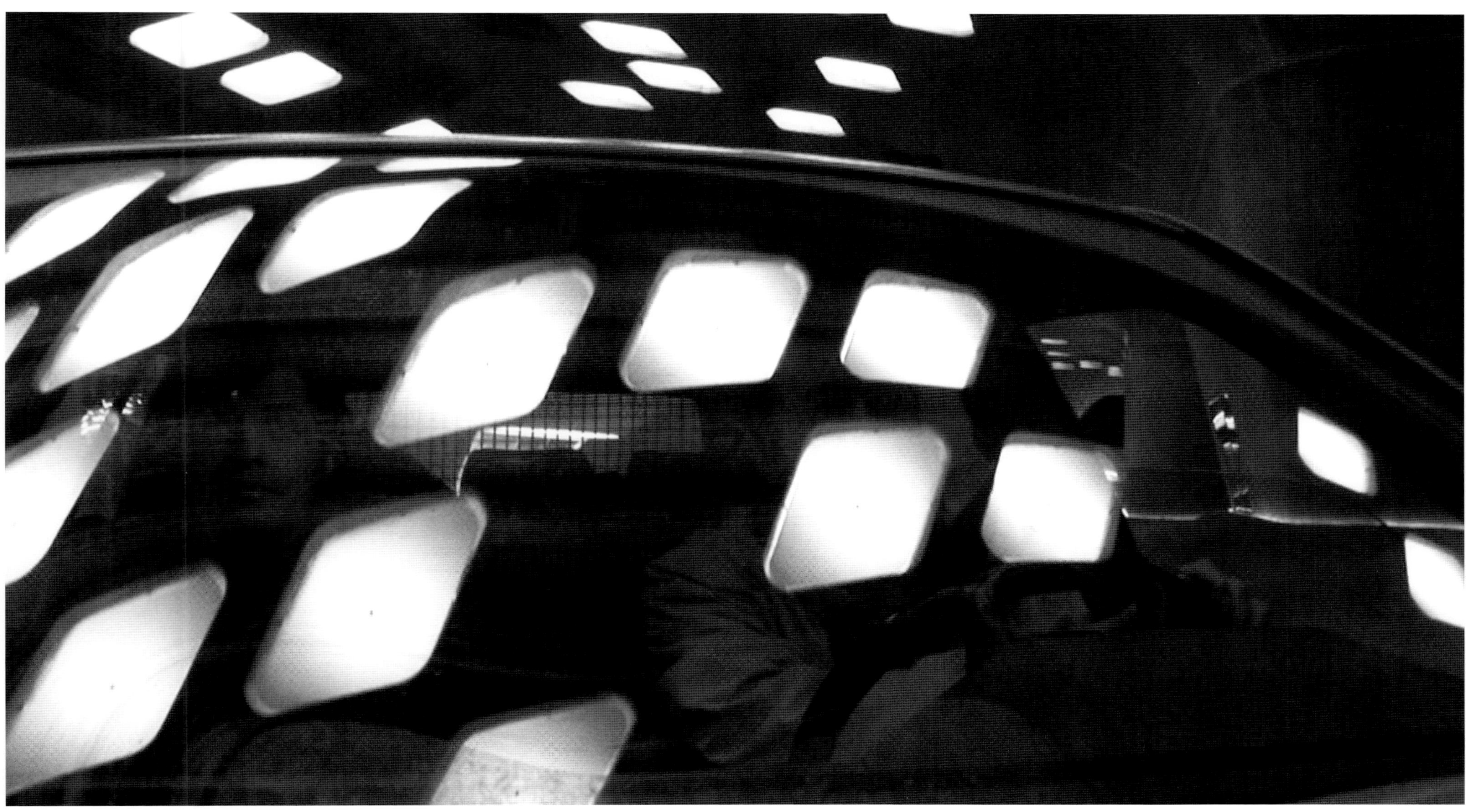

Filmstill
Movie still

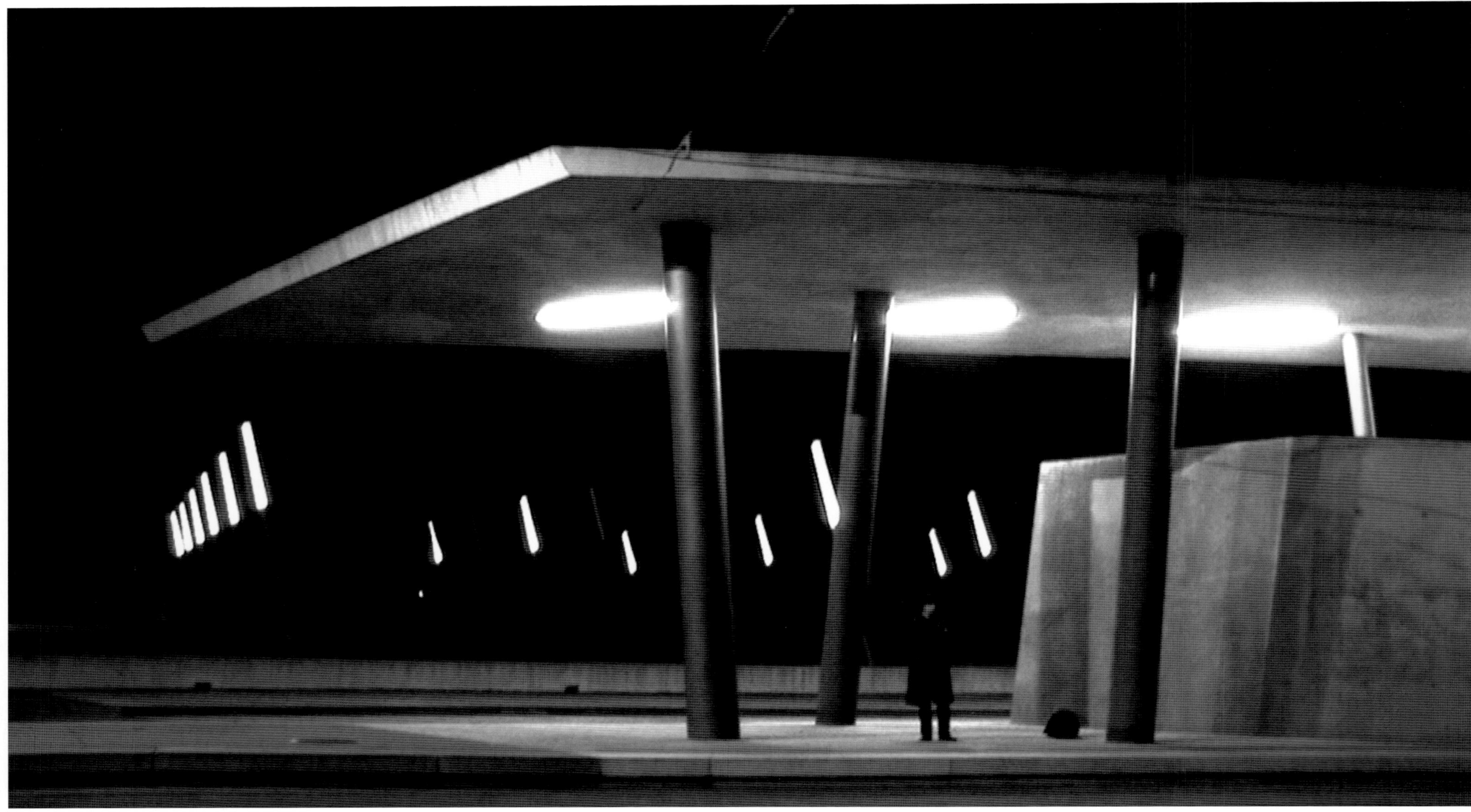

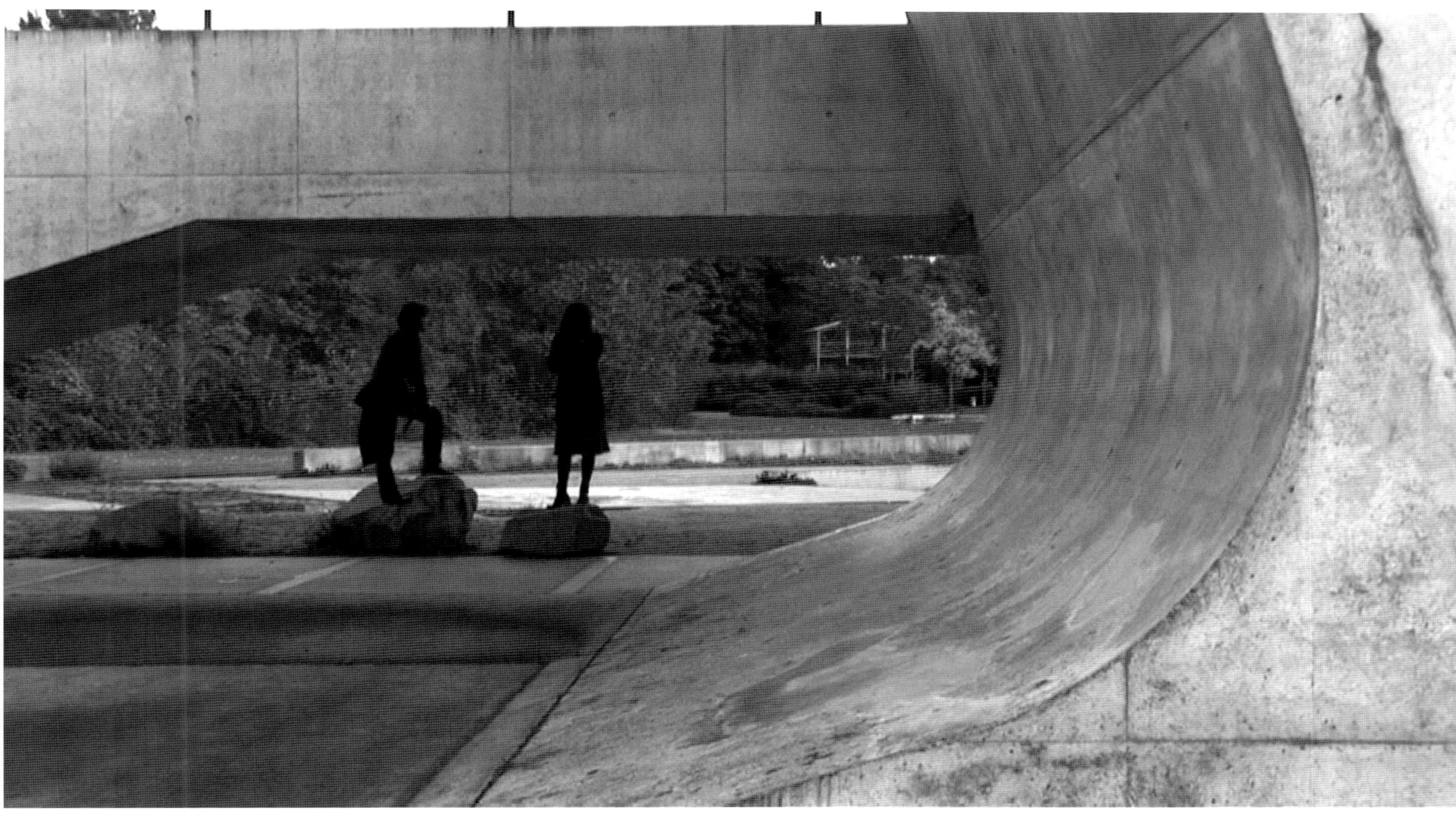

die ideale stadt

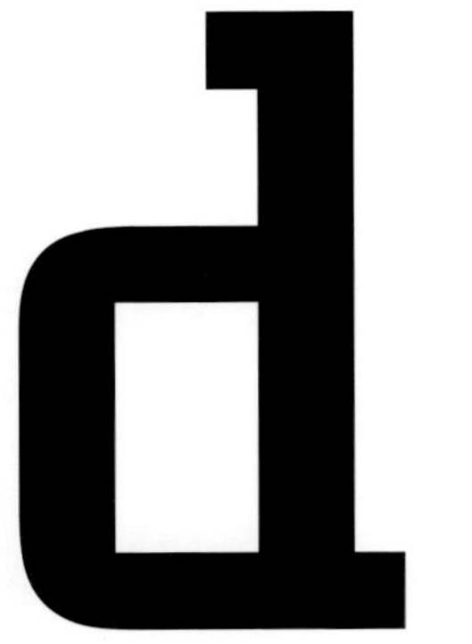

Das Technische Museum Hongkong besitzt ein mechanisches Diorama, das den Ausstieg von zwei Raumfahrern aus ihrer Basisstation darstellt. Während die Figuren durch den abgedunkelten Raum gleiten und verschiedene Aufgaben erfüllen, ist der Sprechfunkverkehr zwischen ihnen in chinesischer Sprache zu hören.

Der Film zeichnet diese Szenen in einem Ausschnitt auf, der das Diorama verfremdet und als Filmanimation erscheinen lässt. Die gesamte mechanische Animation des Ausstiegs und der Rückkehr wurde gefilmt, wodurch im Material die Präsentation als Loop („Schleife") angelegt ist. Bei der Bearbeitung des Materials erfolgte eine akustische Inszenierung.

In die Filmbilder wurde ein Fließtext eingefügt, der scheinbar im Rhythmus des Originaltons ein Gespräch über „die ideale Stadt" wiedergibt. Die Untertitel erscheinen als Übersetzungen, die mechanische Animation als eine Art Science-Fiction-Film.

The technical museum in Hong Kong is home to a mechanical diorama showing two astronauts leaving their base station. While these figures glide through the darkened space, carrying out various tasks, the radio communication between them can be heard in Chinese.

The film records these scenes in one section that creates an alienating effect between the viewer and the diorama, showing it as an animation. The entire mechanical animation of the departure and return was filmed, and in this material, the presentation is shown in a loop. An acoustic element was added, with subtitles that seem to be in the rhythm of the original sound, of a conversation about "die ideale Stadt." The subtitles appear in translation, the mechanical animation as a kind of science fiction movie.

2004
Aktivist, Eisenhüttenstadt (2007)

Film
DV auf DVD-PAL/16:9
5 min (Loop)
Regie: Maix Mayer
Text: Jan Kuhlbrodt, Maix Mayer
Montage: Peter Schüler

2004
Aktivist, Eisenhüttenstadt (2007)

Film
DV on DVD-PAL/16:9
5 min (loop)
Directed by: Maix Mayer
Text: Jan Kuhlbrodt, Maix Mayer
Editing: Peter Schüler

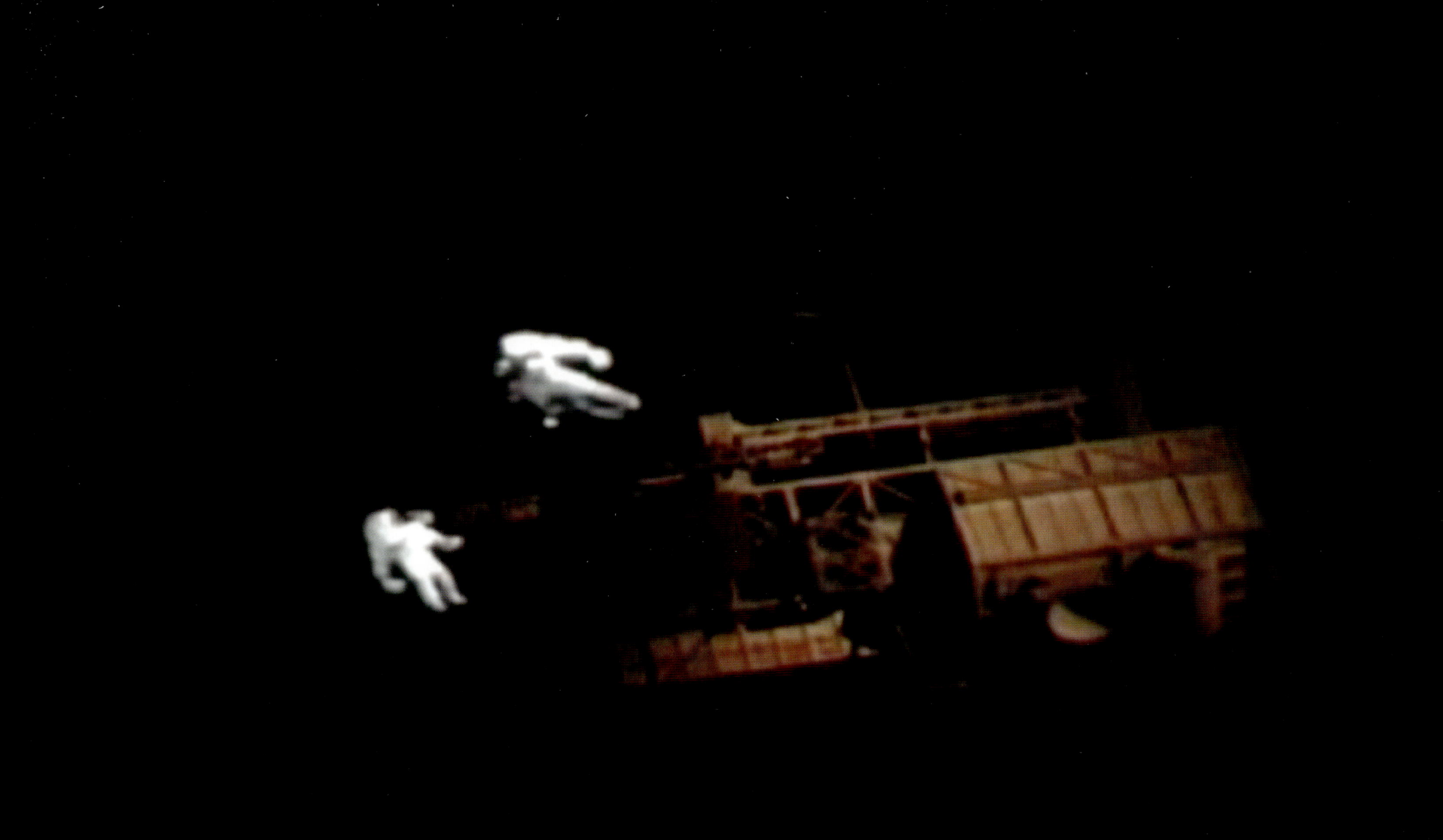
Durchgeplant nach allen möglichen Gesichtspunkten. Ökonomisc

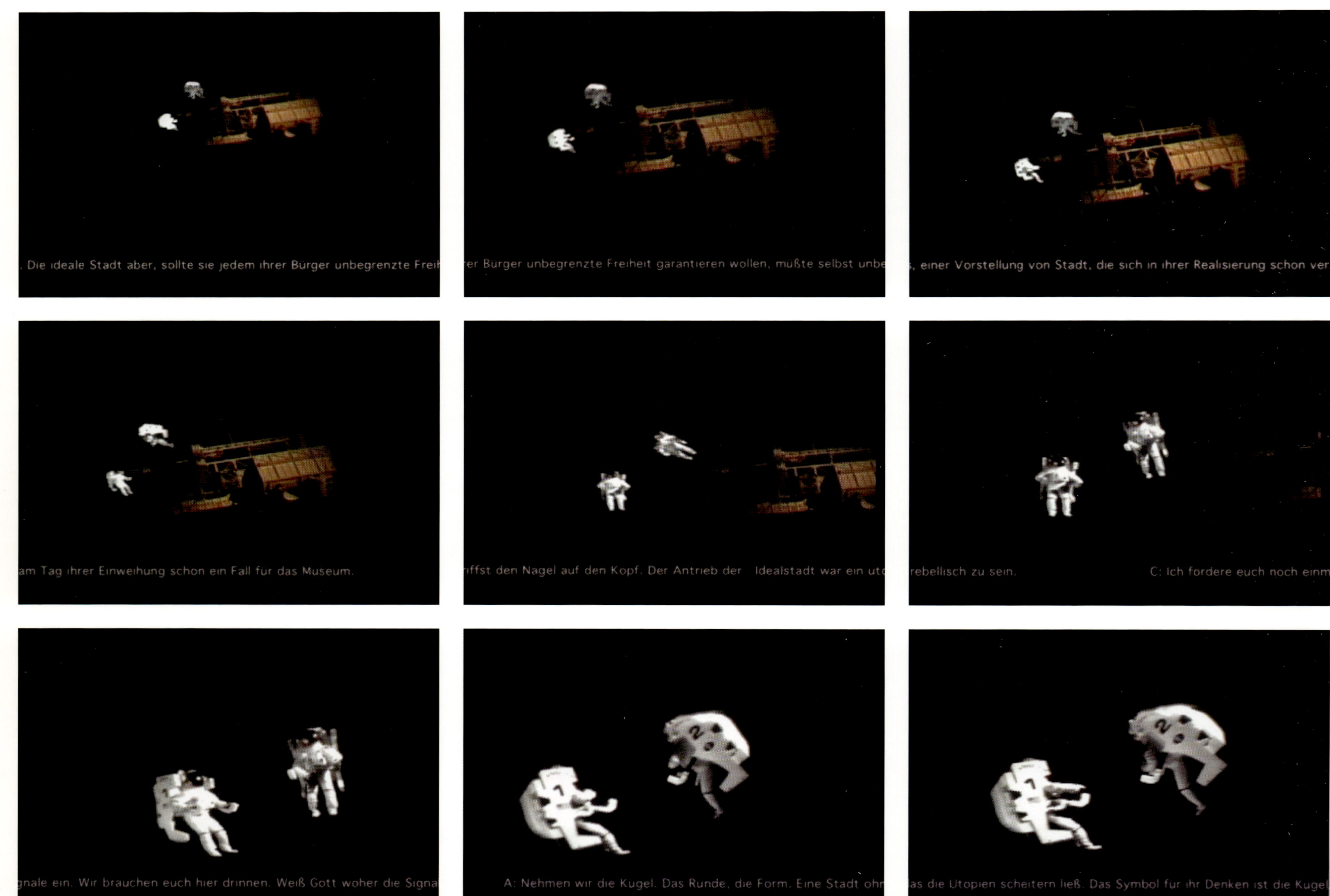

. Die ideale Stadt aber, sollte sie jedem ihrer Bürger unbegrenzte Freih
rer Bürger unbegrenzte Freiheit garantieren wollen, müßte selbst unbe
s, einer Vorstellung von Stadt, die sich in ihrer Realisierung schon ver
am Tag ihrer Einweihung schon ein Fall für das Museum.
riffst den Nagel auf den Kopf. Der Antrieb der   Idealstadt war ein uto
rebellisch zu sein.   C: Ich fordere euch noch einm
gnale ein. Wir brauchen euch hier drinnen. Weiß Gott woher die Signa
A: Nehmen wir die Kugel. Das Runde, die Form. Eine Stadt ohn
as die Utopien scheitern ließ. Das Symbol für ihr Denken ist die Kugel

A, B: Stimmen der beiden Kosmonauten im Weltraum
C: Funkstimme aus dem Kontrollcenter

Die ideale Stadt

A: Es ist und bleibt paradox. Der Stadtraum ist ein begrenzter Raum. Die ideale Stadt aber, sollte sie jedem ihrer Bürger unbegrenzte Freiheit garantieren wollen, müsste selbst unbegrenzt sein. Die ideale Stadt gibt es weder, noch ist sie denkbar. Denn die Konstruktion der Utopie folgt einem historisch determinierten Impuls, einer Vorstellung von Stadt, die sich während ihrer Realisierung schon verändert hat. Anders gesagt ist die fertiggestellte Idealstadt am Tag ihrer Einweihung schon ein Fall für das Museum.

C: Eure Sophistereien bringen uns nicht weiter, wir haben konkrete Aufgaben zu lösen. Macht euren Job.

B: Du denkst zu kurz, Jimmy. Du gehst deiner eigenen Vorstellung von Zeitlichkeit auf den Leim. Die heute gültige Mode kennt keine Utopie, weil sie sich ihrer eigenen verweigert. Aber das ist nur ein Reflex auf misslungene Umsetzung. Ein postutopischer Kater sozusagen.

A: Aber sind nicht alle Versuche der Verwirklichung einer Utopie in autoritäre Systeme gemündet? Ist nicht jede Idealstadt zu einem Vorort verkommen und rottet nun langsam vor sich hin?
Nehmen wir Brasilia. Durchgeplant nach allen möglichen Gesichtspunkten. Ökonomisch, sozial, repräsentativ. Eine solche Stadt kann einen sensiblen Künstler doch nur zu einer Satire wie Brazil inspirieren.

B: Du triffst den Nagel auf den Kopf. Der Antrieb der Idealstadt war ein utopischer. Ihr Haken war die angestrebte Idealität. Es war der Versuch, gleichzeitig sauber und rebellisch zu sein.

C: Ich fordere euch noch einmal auf, eure Arbeit zu machen. Hier gehen ständig fremde Signale ein. Wir brauchen euch hier drinnen. Weiß Gott, woher die Signale kommen. Ich habe so etwas noch nie gesehen.

A: Nehmen wir die Kugel. Das Runde, die Form. Eine Stadt ohne Ecken und Kanten gewissermaßen. Eine Stadt ohne Reibung, eine Stadt, wo eines ins andere greift. Es war das mechanistische Denken der Ingenieure, das die Utopien scheitern ließ.
Das Symbol für ihr Denken ist die Kugel. Ein Ort, der inmitten aller Begrenztheit einen Akt der Freiheit suggerieren will. Es ist aber nur die Freiheit des Spießers, die sich hier zeigt. Eine Scheinfreiheit. Eine virtuelle Grenzenlosigkeit, die sich, tritt man einen Schritt zurück, als kugelrunder Knast zu erkennen gibt oder bestenfalls als kuriose Episode.

B: Genau das meine ich, wenn ich sage, dass die ideale Stadt schlicht nicht denkbar ist.

C: Kommt rein Leute, ich glaube, wir haben es geschafft. Jimmy, wir haben Kontakt. Kommt rein jetzt.

A, B: voices of two cosmonauts in space
C: voice of mission control

The ideal city

A: It is a paradox and will remain so. A city occupies a limited space. But the ideal city, if it aims to guarantee unlimited freedom to every one of its citizens, has to be unlimited itself. The ideal city does not exist, nor can it be imagined. Because the construction of the utopia follows a historically determined impulse, an idea of a city, which has already changed its own realization. In other words, the completed ideal city belongs in a museum on the very day it is opened.

C: Your sophistry gets us nowhere, we have specific tasks to do. Get on with them.

B: You don't think ahead, Jimmy. You are fooled by your own perception of the temporal. Today's fashion does not recognize any utopia because it refuses to accept its own. But that is nothing more than a reflex against failed implementation. A post-utopian hangover, so to speak.

A: But haven't all the attempts at creating an earthly utopia ended in authoritarian systems. Hasn't the ideal city degenerated into a suburb and is rotting slowly away.
Take Brasilia. It was thoroughly planned in every way possible – to be economical, social, and imposing. But a city like that can only inspire a sensitive artist to make a satire like Brazil.

B: You've hit the nail on the head. The impetus behind the ideal city was a utopian one. The problem was the ideal character it strove for. It was the attempt to be clean and rebellious at the same time.

C: I call on you again to do your work. We keep getting strange signals. We need you in here. God knows where the signals are coming from. I've never seen anything like it.

A: Take the sphere. The round, the shape. A city without corners and edges, more or less. A city without friction, a city, where each thing is integrated into another. It was the mechanistic thinking of engineers that made the utopias fail. The symbol for their thinking is the sphere. A place, which in the middle of all the limitations, suggests an act of freedom. But it is only the freedom of the petit bourgeois that we see here. It only appears to be freedom. It is a virtual unlimitedness, which, if you take a step back, reveals itself to be a perfectly round prison, or at best, a curious episode.

B: That's exactly what I mean when I say that the ideal city simply cannot be imagined.

C: Come in you guys, I think we've made it. Jimmy, we have made contact. Now come in.

A: If you think of the city and of freedom statically and mechanistically. But freedom and the city are a dynamic process. The ideal city is not a collection of any kind of buildings. It is a cosmos, reaching to the infinite by only ever comprehending its limitations as temporary.

A: Wenn man die Stadt und die Freiheit statisch und mechanistisch denkt. Aber Freiheit und Stadt sind ein dynamischer Prozess. Die ideale Stadt ist keine Ansammlung wie auch immer gearteter Gebäude. Sie ist ein Kosmos, reicht ins Unbegrenzte, indem sie ihre Begrenzung immer nur als temporäre begreift. Der Abriss ist der utopischen Stadt genauso wichtig wie der Aufbau. Die Entsorgung verworfener Gedanken ist ihr so essenziell wie die Müllabfuhr. Ich möchte sie die entfesselte Stadt nennen.

C: Kommt endlich rein jetzt.

B: Die entfesselte Stadt. Dieser grauenhafte Begriff lässt mich an Smog und Verkehrstote denken.

A: Du bist ein Kind des vergangenen Jahrhunderts, Jimmy. Entfesselt heißt unbegrenzt. Die entfesselte Stadt stellt das Universum selbst als potenziellen Stadtraum vor. Sie ist die Überwindung der Paradoxie, indem sie ihre Begrenztheit dynamisiert.

The tearing-down of the utopian city is just as important as the construction. Disposing of rejected ideas is just as essential to it as the collection of garbage. I would like to call it the unfettered city.

C: Come in now, it's time.

B: The unfettered city. That sounds horrible - it makes me think of smog and traffic deaths.

A: You are a child of the last century, Jimmy. Unfettered means unlimited. The unlimited city imagines the universe itself as its potential space. It overcomes the paradox because it makes its limitations dynamic.

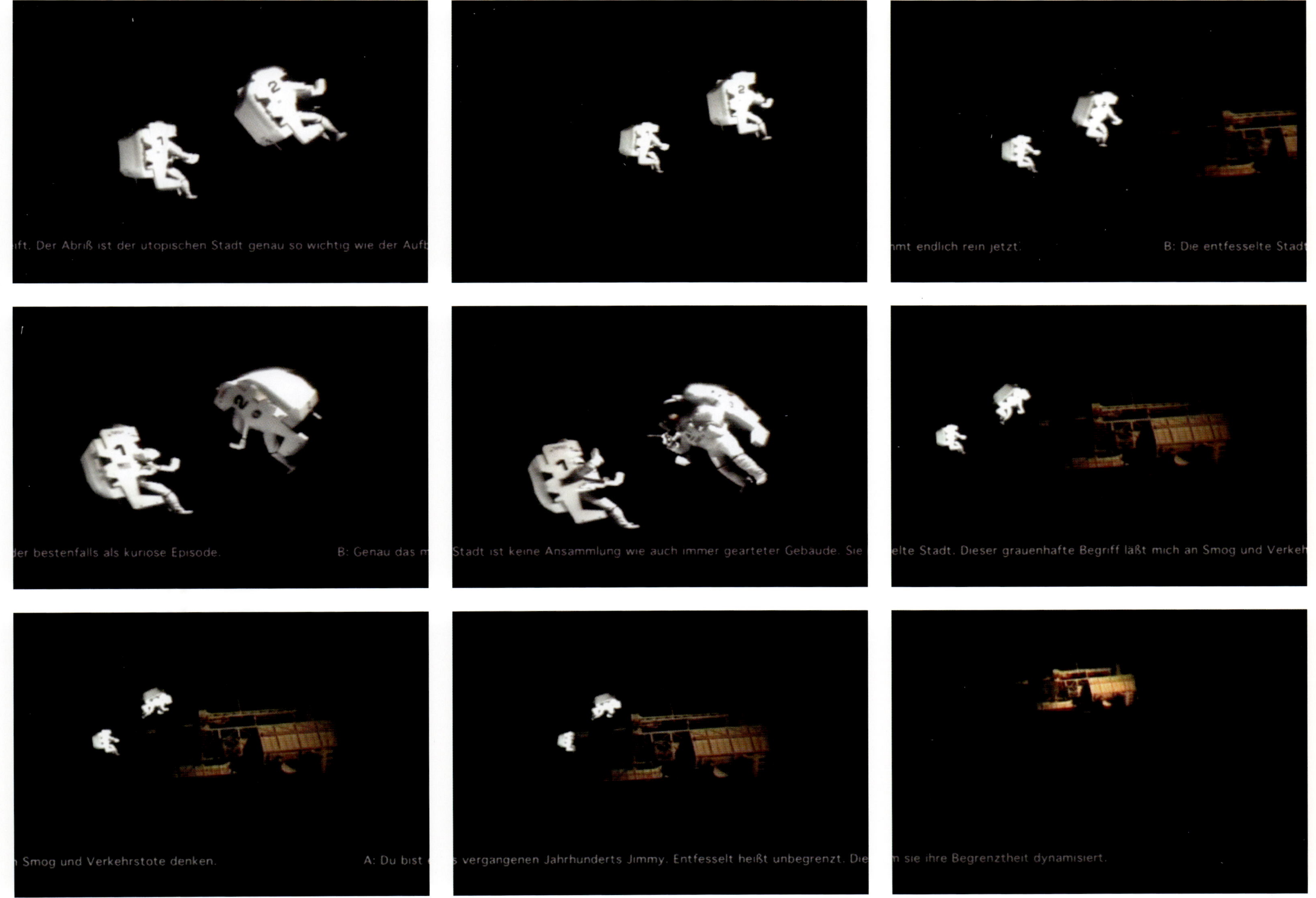
ift. Der Abriß ist der utopischen Stadt genau so wichtig wie der Aufb
mt endlich rein jetzt.
B: Die entfesselte Stadt
der bestenfalls als kuriose Episode.
B: Genau das m
Stadt ist keine Ansammlung wie auch immer gearteter Gebaude. Sie
elte Stadt. Dieser grauenhafte Begriff läßt mich an Smog und Verkeh
Smog und Verkehrstote denken.
A: Du bist e   s vergangenen Jahrhunderts Jimmy. Entfesselt heißt unbegrenzt. Die   n sie ihre Begrenztheit dynamisiert.

direct cinema

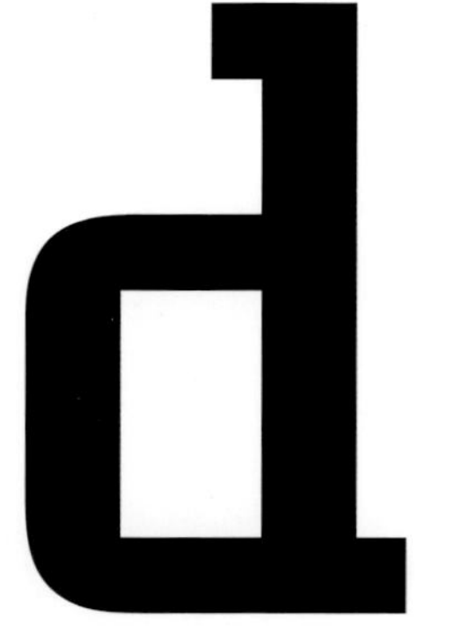

2005
Installation
Mobile Kunsthallen, Mainz

2005
Installation
Mobile Kunsthallen, Mainz

Die Stadt Mainz organisierte ein Kunstprojekt unter dem Titel *Kunst und Wissenschaft*, bei dem im öffentlichen Raum Normcontainer von 12 Meter Länge als „mobile Kunsthallen" dienten. Der Innenraum eines Containers wurde durch eine Kinoleinwand geteilt. Hinter dieser Wand befand sich auf einem Tisch ein Mikrofon mit Equalizer, davor waren Kinosessel mit Kopfhörern installiert. Während der festgelegten „Öffnungszeiten" des Containers wurde permanent aus der Publikation *Wissenschaft als Kunst* des österreichischen Wissenschaftstheoretikers Paul Feyerabend (1924–1994) gelesen, wobei die für ihre Arbeit bezahlten Vorleser hinter der Leinwand saßen. Die Stimmen, Lautstärke und Modulation wandelte der Equalizer in Frequenzsignale um. Die verschiedenen Modulationen zeigten sich in alternierenden farbigen Lichtstimmungen, die den Raum vor und hinter der Leinwand ausleuchteten. Dabei waren in wechselnden Konstellationen die Schatten des Vorlesers und der Zuschauer auf der Leinwand zu erkennen. Jeder Vorleser konnte die Filter der Lampen individuell festlegen und bestimmte damit die Lichtstimmung seiner Lesung.
Bei *direct cinema* entstand für den Besucher unter Kopfhörern ein sehr intimes Hörspiel mit Schattenbildern. Es thematisiert die elementarsten Mittel des Kinos und verweist auf einen der ersten Texte der Medientheorie – das Höhlengleichnis des griechischen Philosophen Platon. In *direct cinema* sind verschiedene Medien präsent – die Stimme, Schatten, das Buch und vor allem der Computer. Es bezieht sich damit auch auf den modernen Medienstandort Mainz, wo sich die Studios des Zweiten Deutschen Fernsehens (ZDF) befinden, einer der größten öffentlich-rechtlichen Sendeanstalten Europas.

The city of Mainz organized an art project under the title *Kunst und Wissenschaft* (art and science), in which 12-meter-long containers served as mobile art galleries in the public space. The interior of the container was divided by a cinema screen. Behind this was a table, on which was a microphone with an equalizer. Cinema seats with headphones were installed in front of it. During the set opening times of the container, there was a constant reading of the book *Wissenschaft als Kunst* (science as art) by Austrian philosopher of science Paul Feyerabend (1924–1994). The paid readers sat behind the screen. The voices, volume, and modulation were transformed into frequency signals by the equalizer. The different modulations were shown in alternating colors that lit up the room both behind and in front of the screen. The shadows of the reader and the audience alternately were thrown onto the screen. Each reader could individually regulate the filters on the lamps, thereby determining the mood lighting for his or her reading.
Direct cinema created an intimate audio play with silhouettes for each visitor under his or her headphones. The project dealt with the most elementary means of cinema and makes reference to one of the first texts ever on media theory – Plato's cave parable. Various media are present in *direct cinema* – the voice, shadows, the book, and above all, the computer. *Direct cinema* creates a link with Mainz as a modern media city, home to German public broadcaster, ZDF, which is one of the biggest of its kind in Europe.

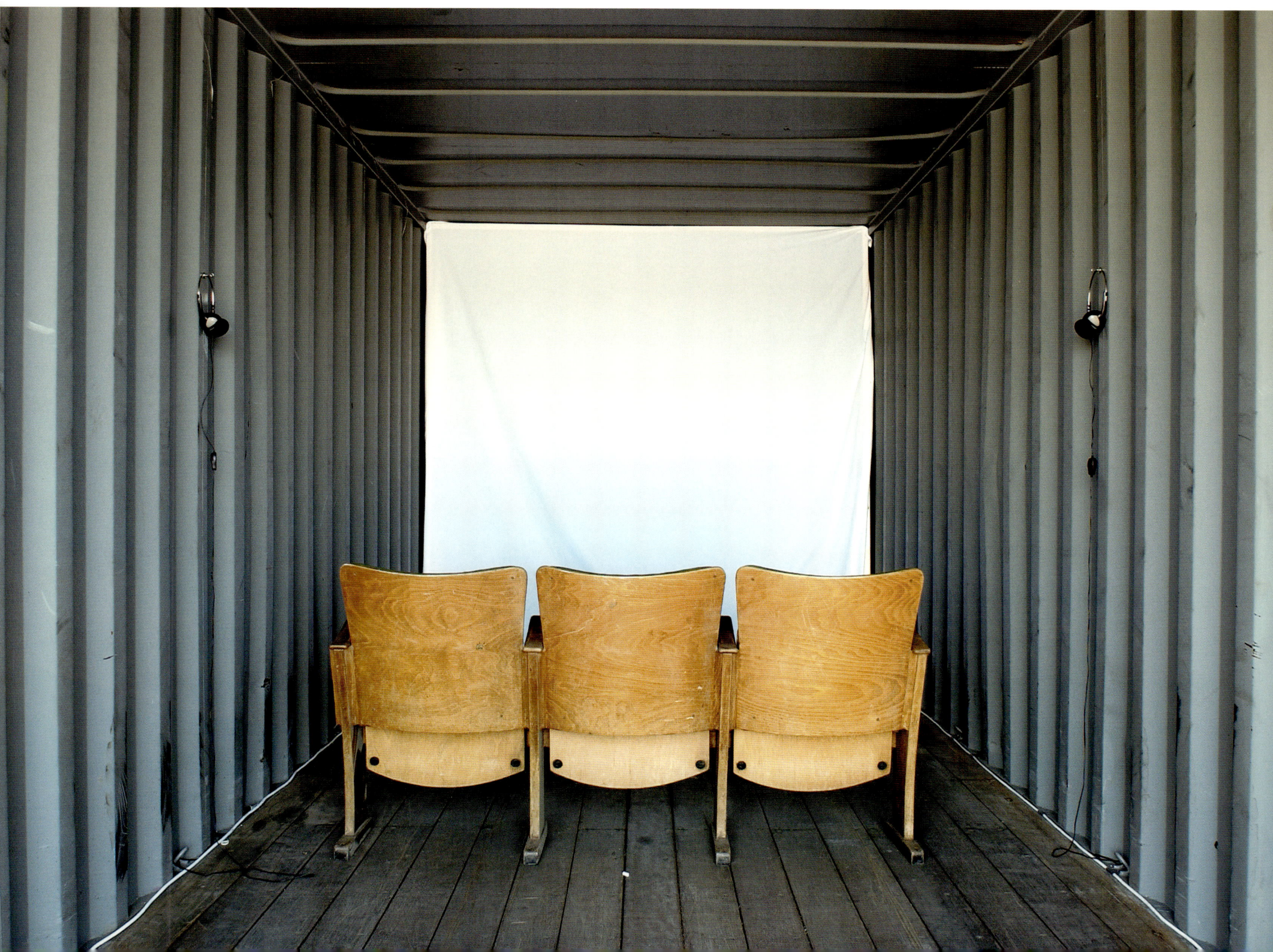

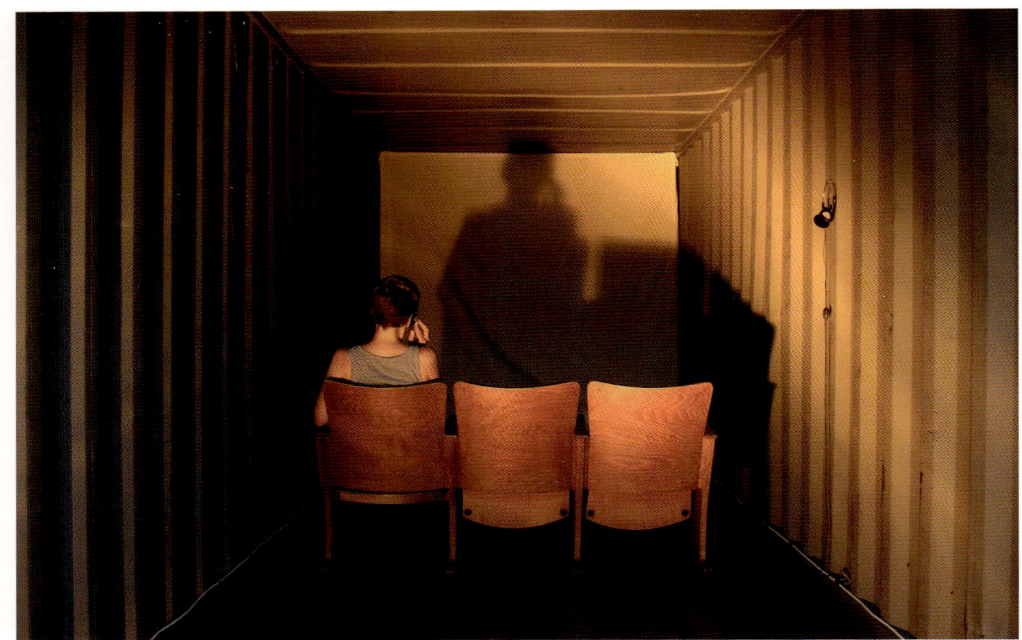

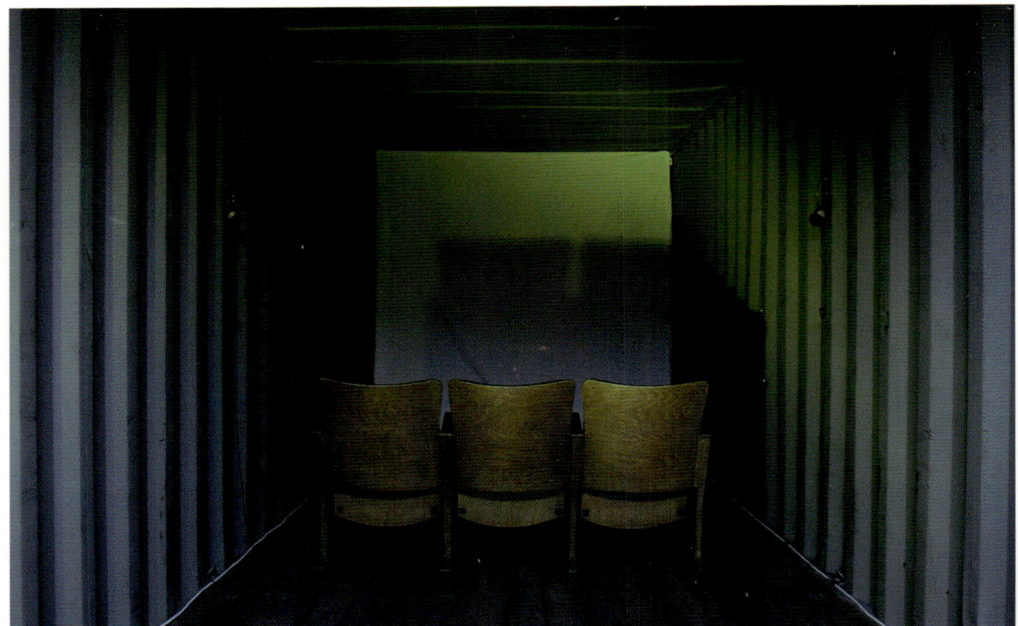

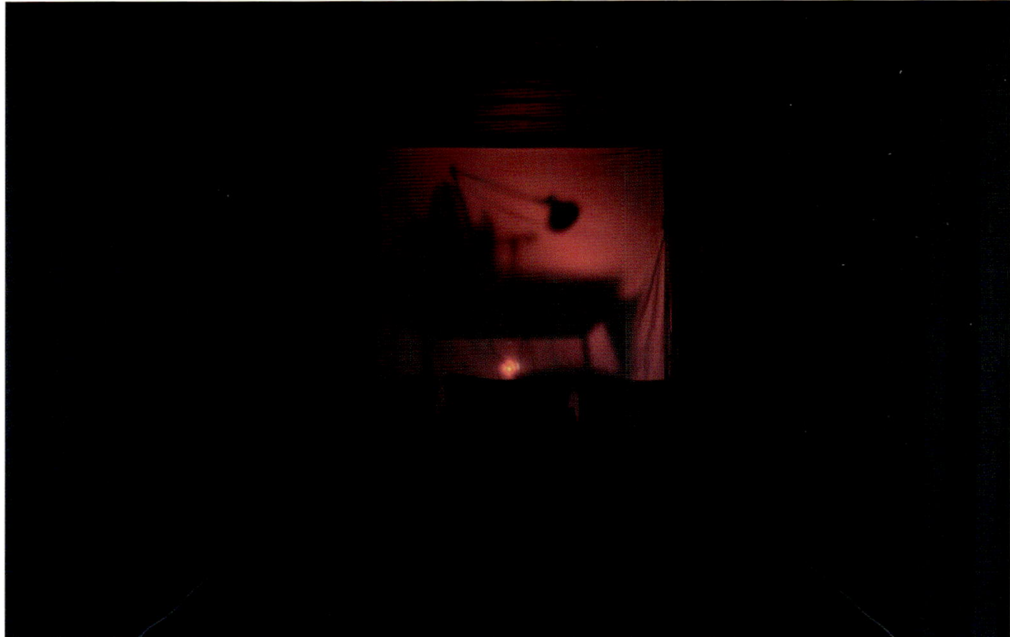

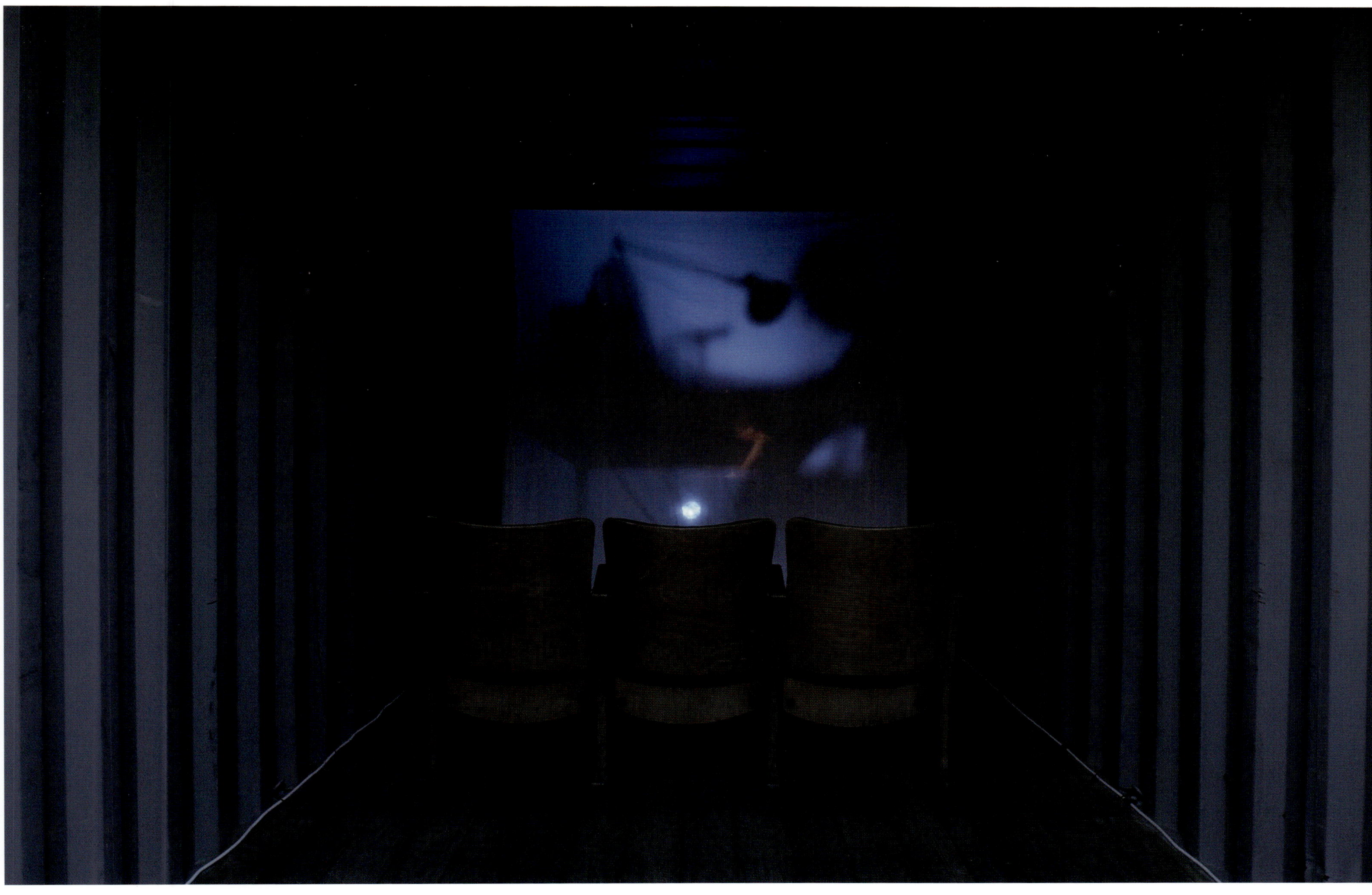

double

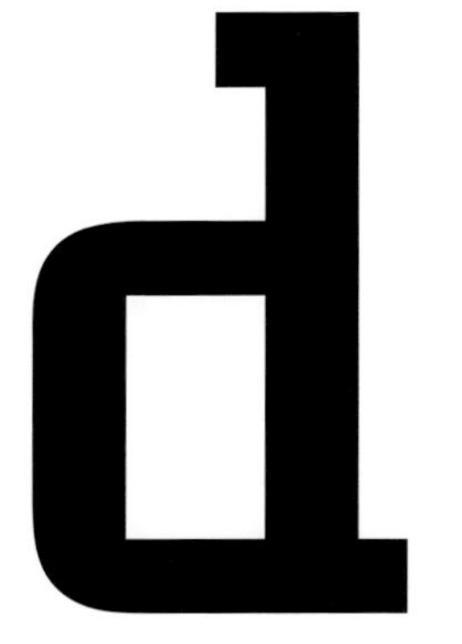

2003

Installation
Galerie EIGEN+ART, Leipzig

Ausstellungsarchitektur

Architekturmodelle

Film
double feature
Digital Betacam-Überspielung auf
DVD-PAL/4:3
22 min
Regie: Maix Mayer
Kamera: Jens Pfuhler, Lutz Knauth,
Holger Teupel
Montage: Dirk Walter
Standfotograf: Matthias Hildebrandt
Darsteller: Maix Mayer, Dirk und
Ulf Ziegner, Denise und Daniela
Trennwolf, Uwe Altus, Stefan Rettich,
Marcus Schwarz, Kai und Susanne
Fiukowski, Simone Danaylowa

2003

Installation
Galerie EIGEN+ART, Leipzig

Exhibition architecture

Architectural models

Film
double feature
BetaSP on DVD-PAL/4:3
22 min
Directed by: Maix Mayer
Camera: Jens Pfuhler, Lutz
Knauth, Holger Teupel
Editing: Dirk Walter
Still: Matthias Hildebrandt
Actors: Maix Mayer, Dirk und
Ulf Ziegner, Denise und Daniela
Trennwolf, Uwe Altus, Stefan Rettich,
Marcus Schwarz, Kai und Susanne
Fiukowski, Simone Danaylowa

Welche Fragestellungen entstehen, wenn die Ausstellungsarchitektur, die man meist in der dienenden Funktion der Kunstpräsentation wahrnimmt, selbst ausgestellt wird? Wie verändern sich Autorenschaft, das Verhältnis von Kunst und Architektur, wenn die eigentlich anonyme Gestaltung und ihre Leistungen, zu Themen einer Ausstellung werden?

Für dieses Experiment wurden für die Räume der Galerie EIGEN+ART in Leipzig Ausstellungsarchitekturen konzipiert, deren Modelle im Rahmen von *double* präsentiert werden sollten. Mit dieser Aufgabenstellung beschäftigten sich Studenten des Fachbereichs Architektur an der Hochschule für Technik, Wirtschaft und Kultur, Leipzig, in einem von dem Künstler organisierten Wettbewerb. Der „beste" Entwurf, den eine Jury ausgewählt hatte, wurde vollständig in der Galerie realisiert.

Dieser Umbau verbesserte die Raumsituation nachhaltig, und nach dem Ende von *double* wurden Teile der Installation (u. a. die Anordnung der Arbeitsplätze) in der Leipziger Galerie beibehalten. Innerhalb der Ausstellung waren alle Entwürfe des Wettbewerbs zu sehen.

The design of an exhibition is something usually only perceived in its function as a means to present art. What questions arise when the exhibition design itself becomes the subject of an exhibition? What changes occur in the authorship, the relationship of art and architecture, when the anonymous design and what it achieves themselves become themes of an exhibition? For this experiment, exhibition designs were created for the rooms of the Galerie EIGEN+ART in Leipzig; the models of them were presented within the framework of *double*. Architecture students from the Leipzig University of Applied Sciences worked on this project in a competition organized by the artist. The "best" design was chosen by a jury and was constructed in the gallery. This alteration to the gallery made a lasting improvement to the use of the space, and after *double* ended, parts of the exhibition (including the arrangement of work stations) were retained at the Leipzig gallery. All the designs were on display during the exhibition.

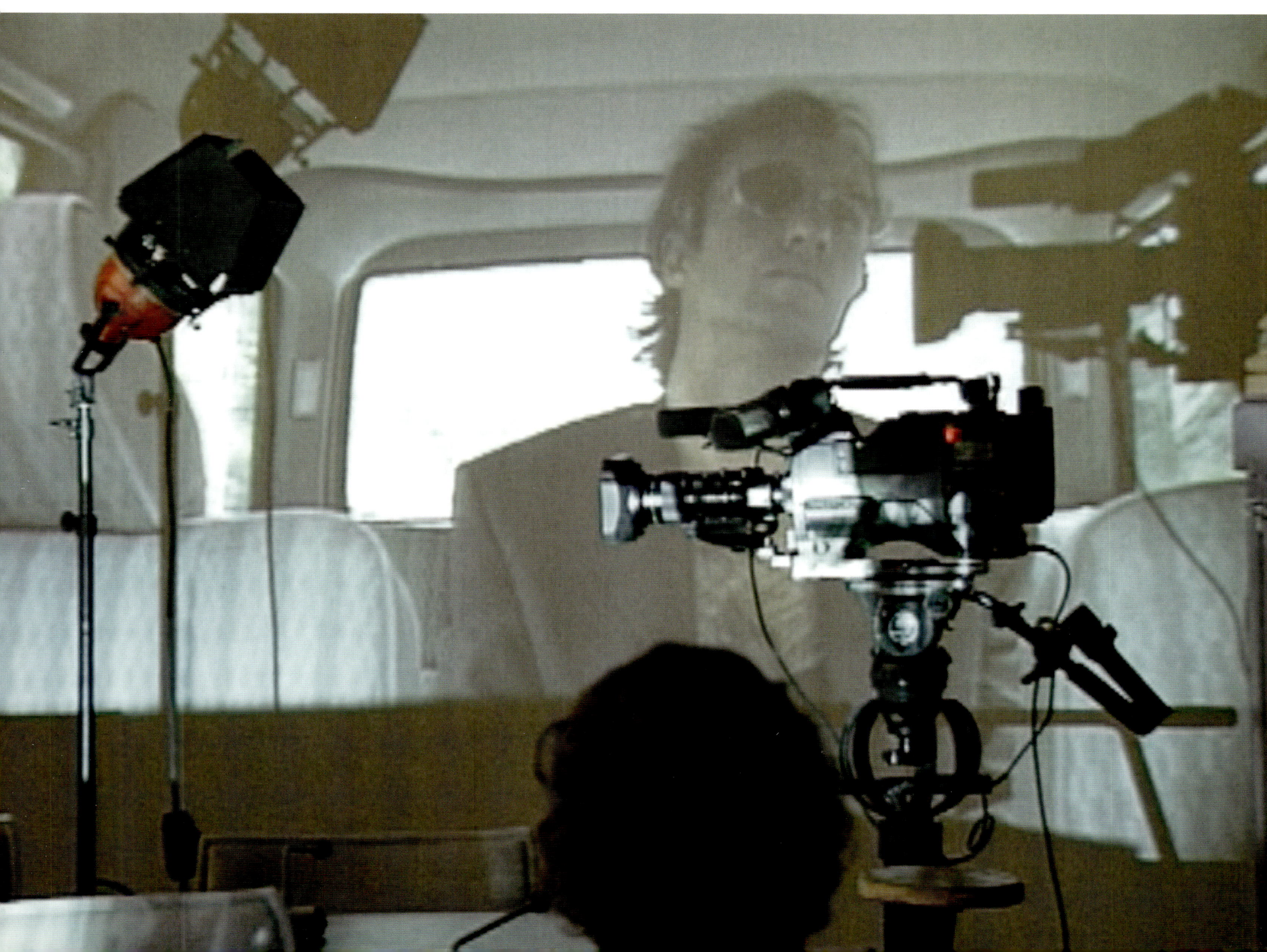

Die Geschichte: Ein Konzeptkünstler war als Student der Fotografie an der Hochschule für Grafik und Buchkunst Leipzig eingeschrieben, erschien jedoch nicht zu den Lehrveranstaltungen. Diese Abwesenheit erstreckte sich auch auf die mündliche Diplomverteidigung und die -übergabe. Während eines Festaktes in der Hochschule nahm die Tochter des Künstlers am 6. Juli 2002 nach Vorlage einer Vollmacht das Diplom entgegen.

Den Normalfall einer mündlichen Diplomverteidigung bildet eine fertige künstlerische Arbeit, die Gegenstand eines wissenschaftlichen Streitgesprächs (Disputation) wird. Der Künstler verzichtete nicht nur auf die eigene Anwesenheit während dieser Diplomverteidigung, sondern auch auf eine Arbeit, die „verteidigt" werden konnte, denn *double feature* wurde erst während der Prüfungszeit produziert. Die Verteidigung selbst wurde zum Modell einer Arbeit, die verteidigt wurde. Mit Unterstützung des Vereines „Kunst und Justiz" konnte sie im Hauptgerichtssaal des Leipziger Landgerichts realisiert werden.

Mit Beginn der Prüfung erfolgten zeitgleich zwei Filmproduktionen. Im Landgericht Leipzig entstand das A-Movie (Studioproduktion) mit drei professionellen Kameraleuten (Standpunkte der Anklage, Verteidigung, Zuschauer/Richter). Im Außenraum wurde das B-Movie produziert, bei dem eine Amateurkamera die Fahrt des Künstlers durch Leipzig während seiner Prüfungszeit im Stil eines Roadmovies aufzeichnete. Am Ende der Prüfung (etwa 20 Minuten) wurden die beiden Produktionen im Hauptsaal des Landgerichtes durch die Zusammenführung der vier Kamerapositionen abgeschlossen. Die Darsteller von *double feature* waren u. a. zwei eineiige Zwillingspaare, die im Gerichtssaal die gegensätzlichen Positionen Anklage und Verteidigung sowie deren Zeugen vor der Prüfungskommission und dem Publikum symbolisch repräsentierten.

Der ein Jahr später fertiggestellte Film *double feature* vereint das A- und B-Movie. Während die Stadtfahrt (B-Movie) ungeschnitten und in Realzeit editiert wurde, entstand das A-Movie als Parallelmontage der drei Kamerapositionen. Die aus deutschen TV-Gerichtsserien entnommenen Dialoge strukturierten den visuellen Schnitt und verschoben den ursprünglichen Kontext in den Bereich medialer Erfahrungen. Dabei wurden die Zuschauer einer Diplomverteidigung zu Darstellern einer Gerichtsshow im TV-Format.

Die Darstellung des Konzeptkünstlers übernahm Maix Mayer selbst.

The story: a conceptual artist was enrolled as a student of photography at the Leipzig Academy of Visual Arts, but did not attend classes. This absence extended to the defense of his diploma thesis and the graduation ceremony. At the ceremony at the Academy on July 6, 2002, the artist's daughter collected the diploma on his behalf after showing a document giving her the authority to do so. Normally, an oral defense of a thesis is carried out with reference to a completed work of art. The artist not only refused to appear for the defense of his thesis, he also failed to have a work of art to defend, because *double feature* was only produced at the time of the examination. The thesis defense itself became the model for a work to be defended. It came into being in the main courtroom of the Leipzig regional court with the support of the "Kunst und Justiz" (art and justice) association. Two film productions started at the beginning of the examination. The A-movie (studio production) was made in the Leipzig regional court, using three professional camera people (showing the standpoint of the prosecution, the defense, the observer/judge). Outside, the B-movie was being produced, in which an amateur cameraperson recorded the journey of the artist through Leipzig in the style of a road movie. At the end of the examination (after 20 minutes) both productions were completed by the joining of the four camera positions in the main hall of the regional court. The actors in *double feature* included two sets of identical twins, who took the opposing positions of prosecution and defense in the courtroom, as well as their witnesses before the examining committee, and symbolically represented the audience.

The film *double feature* – finished one year later – unites the A- and B-movies. While the journey through town (the B-movie) was uncut and edited in real time, the A-movie was made as a parallel montage of the three camera positions. The dialogues, taken from German courtroom drama series, structured the visual cuts and pushed the original context into the area of media experience, turning the audience at a thesis defense into actors in a courtroom series in a TV format.

Note: Maix Mayer played the conceptual artist.

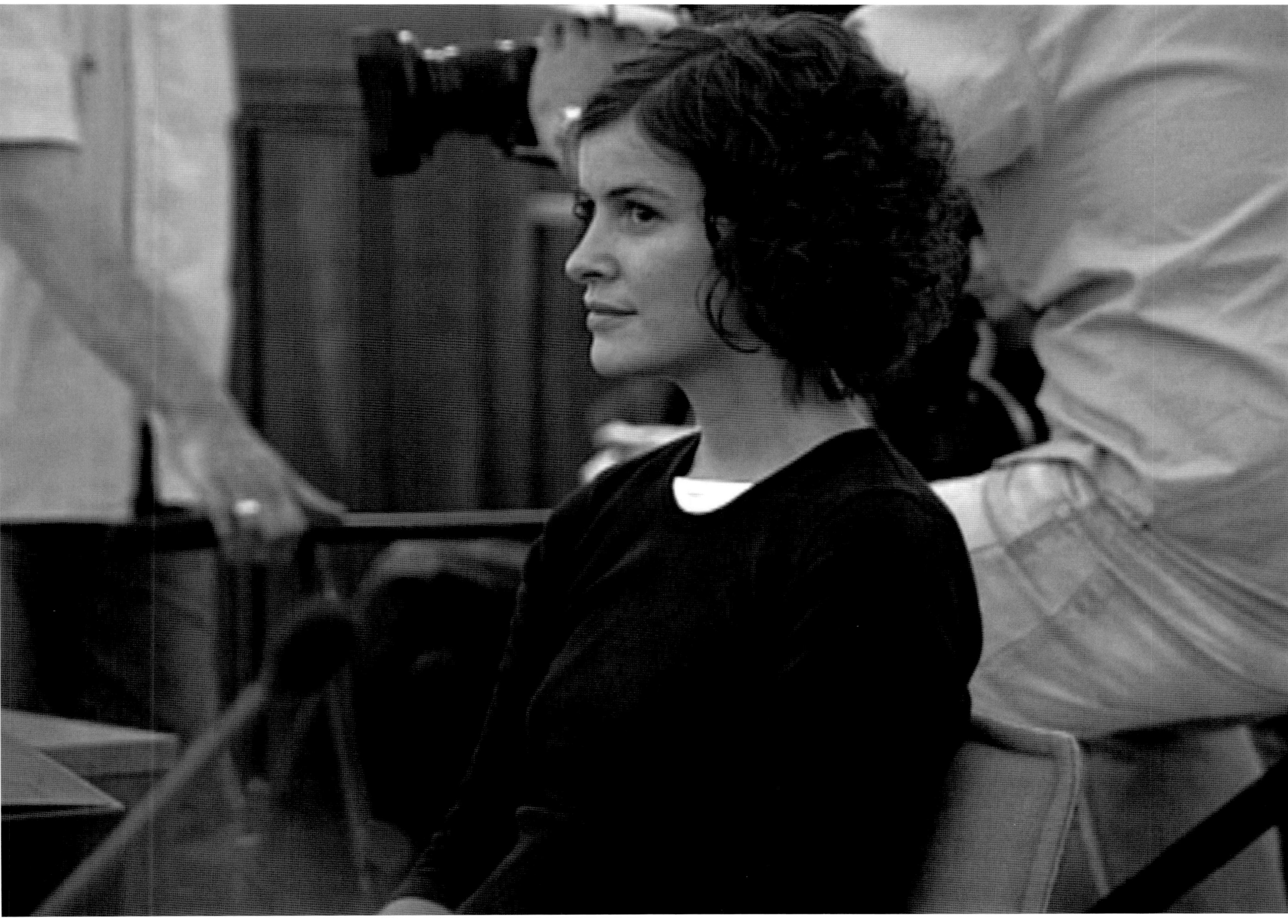

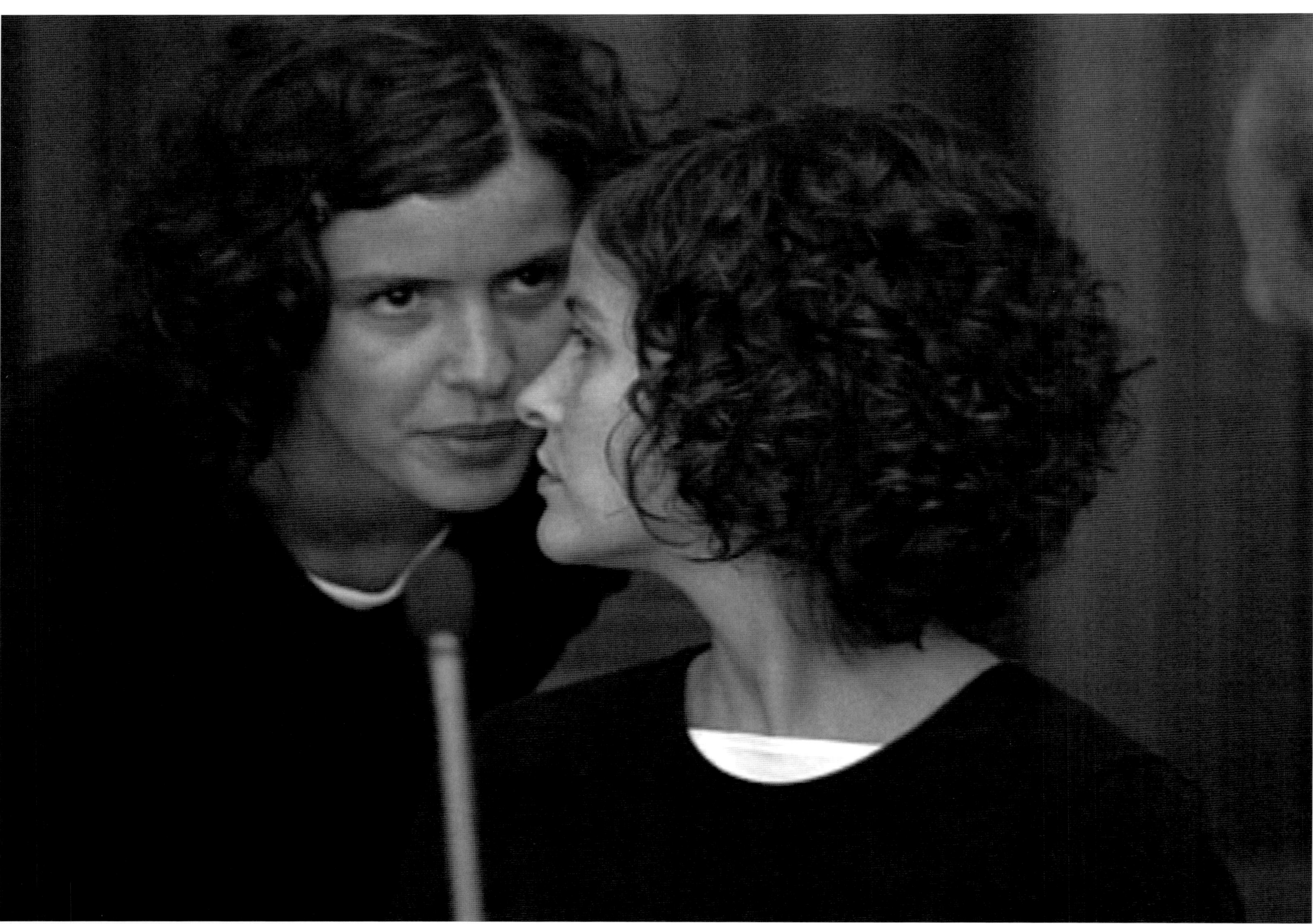

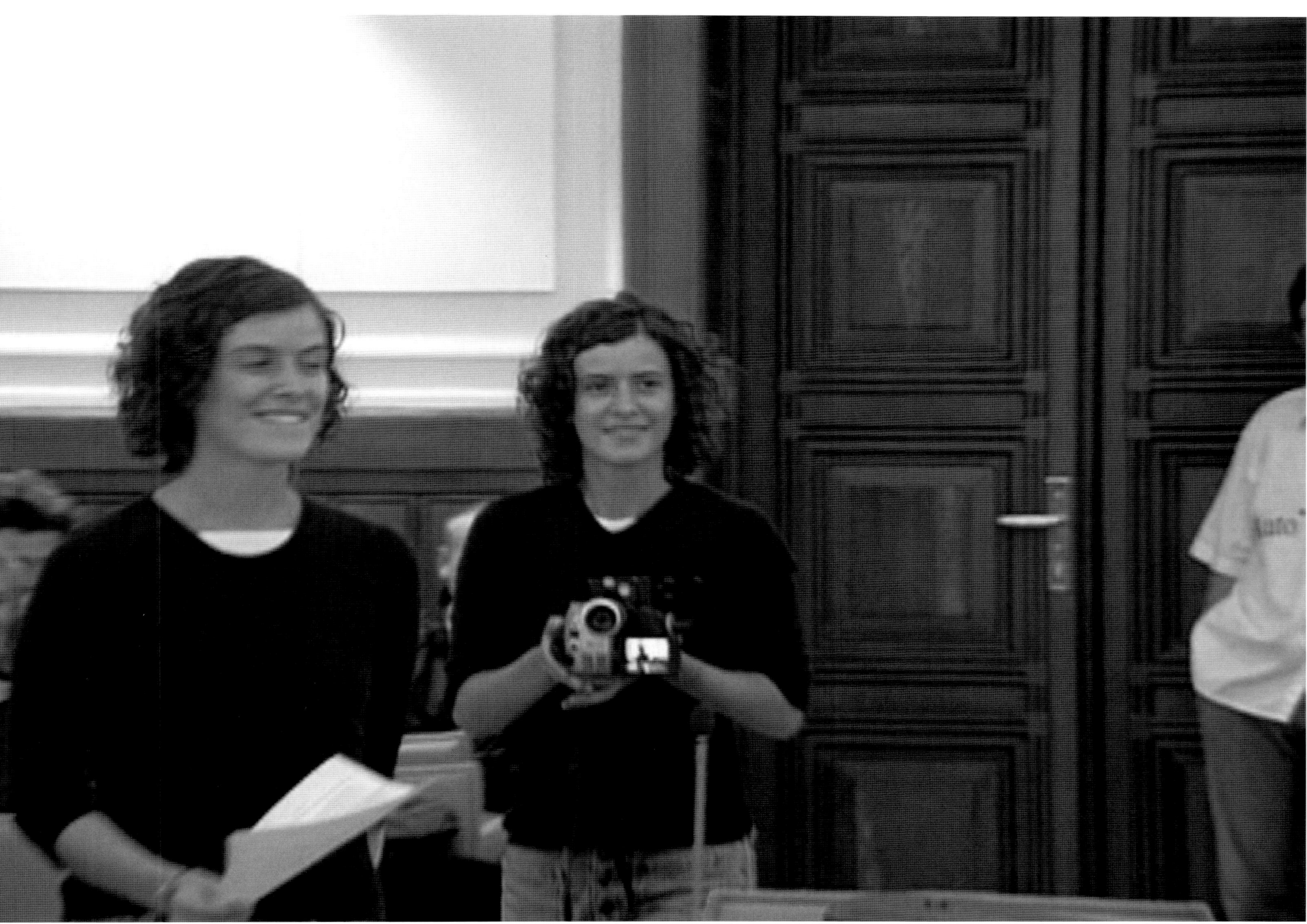

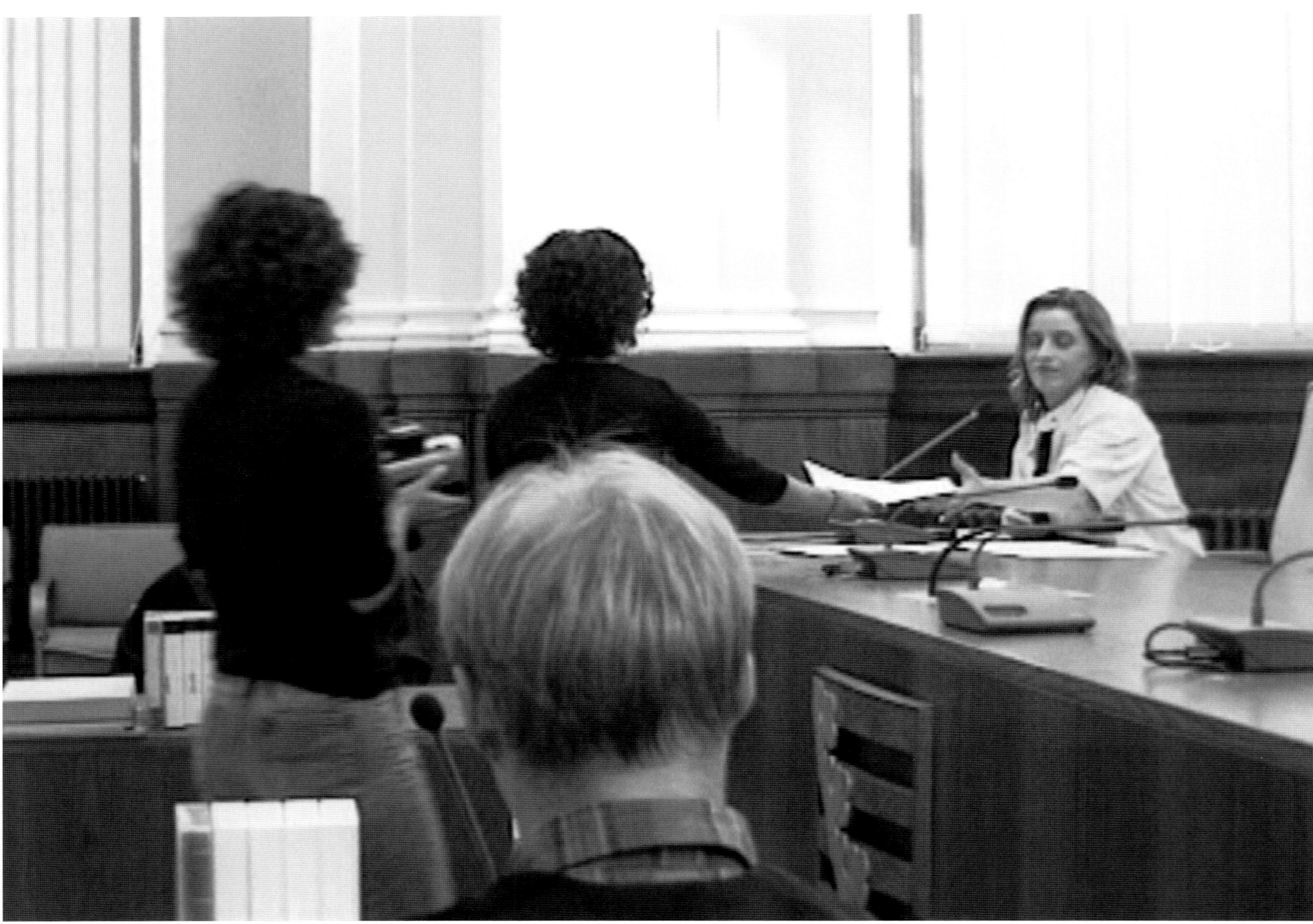

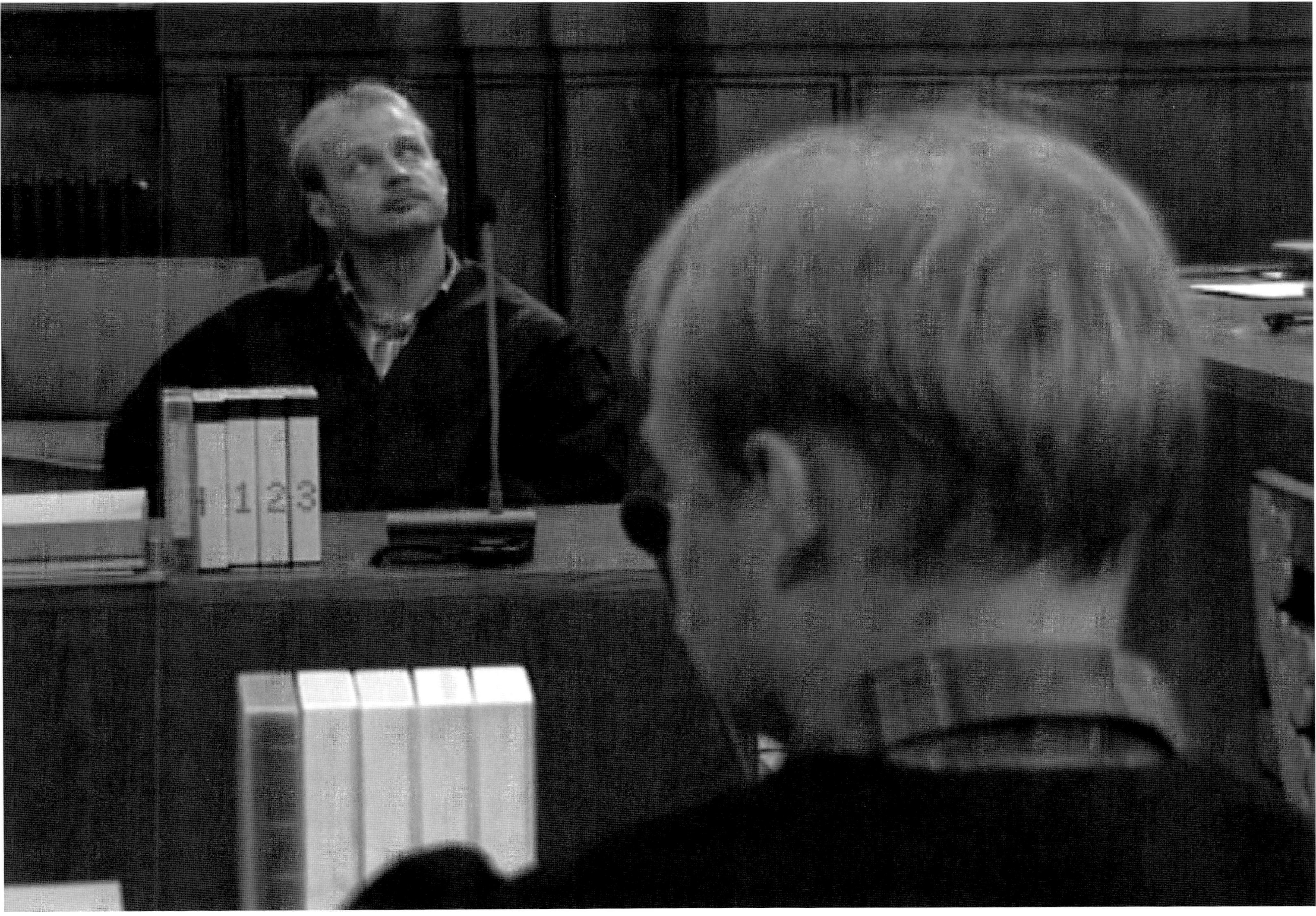

gut2

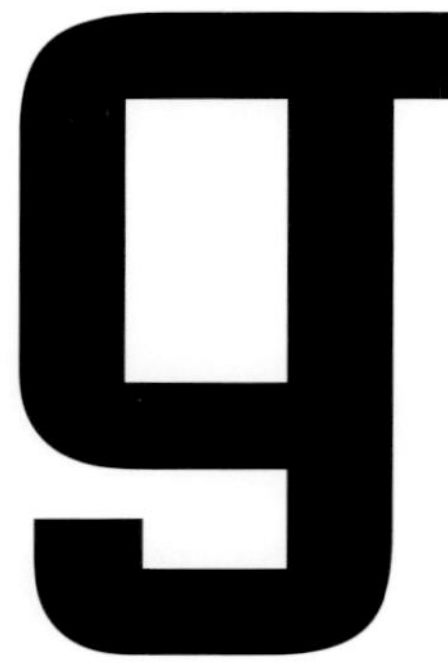

gut2/00

1996
Installation
Galerie EIGEN+ART, Berlin

Bambusvorhang (400 × 550 cm)

1996
Installation
Galerie EIGEN+ART, Berlin

Bamboo curtain (157.5 × 216.5 in.)

Zur Ausstellung *urban twist* in der Galerie EIGEN+ART, Berlin, wurden im Jahr 1996 jeweils ein Künstler und ein Architekt zur Entwicklung einer Gemeinschaftsarbeit eingeladen. Aus dieser Ausstellungsbeteiligung ergaben sich weitere Projekte mit der Architektin Bettina Vismann unter dem Titel *gut2*.

Die Kooperation begann mit der Bestimmung der Arbeitsinhalte und gemeinsamer medialer Forschungsfelder. Auf einen möglichen Rollentausch zwischen Künstler und Architektin wurde verzichtet. Für die Ausstellung nutzte man ein genormtes, im Handel erhältliches Produkt. Die Länge eines vietnamesischen Bambusvorhangs verdoppelten Künstler und Architektin in einer gemeinsamen Performance. Dieser markierte den für die Gemeinschaftsarbeit vorgesehenen Raum in der Ausstellung *urban twist*. Die Handlung zeigte: Wir kommen zusammen – verknüpfen uns – der Raum hinter dem transparenten Vorhang ist markiert – die gemeinsame mediale Forschung kann beginnen.

In the course of the exhibition *urban twist* at the Galerie EIGEN+ART in Berlin in 1996, one artist and one architect were invited to develop a joint project. This participation in the exhibition led to yet further projects with the architect Bettina Vismann, under the title *gut2*.

This cooperation began with the determining of content and common media research fields. The artist and the architect decided not to attempt to swap roles. For the exhibition, they used a standardized product freely available in the stores. The artist and the architect doubled the length of a Vietnamese bamboo curtain in a joint performance. This marked out the space intended for their joint work in the exhibition *urban twist*. This action showed that once they get together – make connections – the space behind the transparent curtain is marked out and the joint exploration of the media can begin.

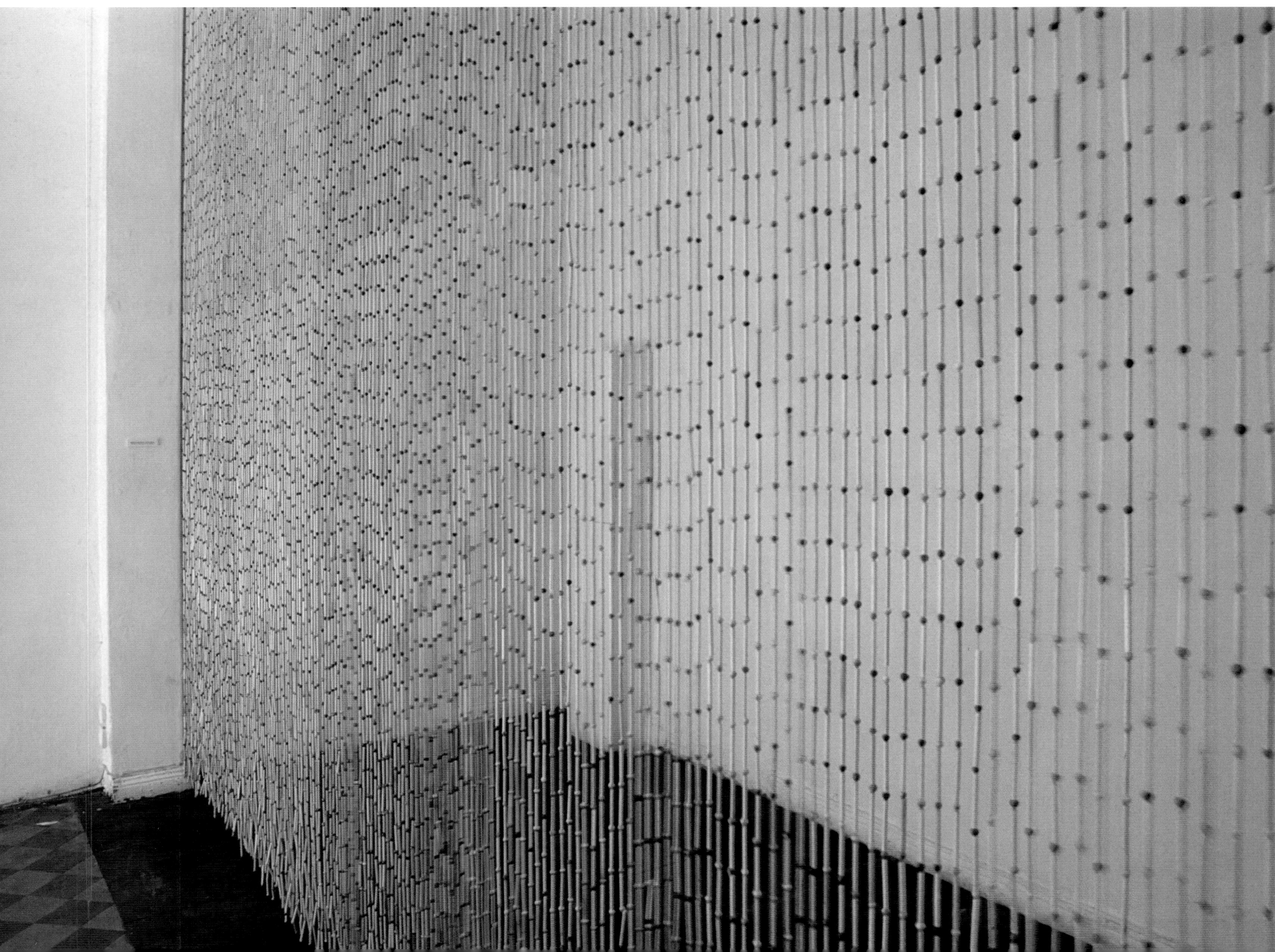

gut2/01

Von dem Ausstellungsraum der Kölner Galerie wurde ein Modell im Maßstab 1:20 hergestellt. Eine in diesem Modell befindliche Videokamera zeichnete in langsamer Fahrt vor einer schwarzen Fläche die Bewegung schwebender Staubteilchen auf. Zu Beginn der Kamerafahrt sind der Rahmen des Modells und damit räumliche Koordinaten zu erkennen, bis sie langsam verschwinden. Eben noch im Bilderstrom mit den vertrauten Raumbezügen, nimmt der Betrachter in dem Standbild nur noch eine unwirkliche schwarze Tiefe mit schwebenden Teilchen wahr.

Den mit einem Soundteppich versehenen Film projizierte man in der Zeit der Ausstellung an die gleiche Wandposition im realen Galerieraum. Die winzigen Partikel wurden dadurch extrem vergrößert, was die Wirkung der Bilder in der Verbindung von Film, Modell im Film und Projektion im realen Raum in eine Art „vierte" Dimension steigerte.

A model was made of the exhibition room at the Cologne gallery on a scale of 1:20. A video camera located in the model recorded the movement of drifting dust particles in front of a black surface. At the start of the camera pan, the frame of the model and the spatial coordinates can be seen. As the camera moves, they slowly disappear. In this flow of images seen while the familiar points of reference are there, the observer in the static frame becomes aware of nothing more than an unreal black depth with floating particles. During the exhibition, the film, which has a sound track of white noise, was projected onto the same position on the wall as in the real gallery space. The tiny particles were vastly enlarged, which intensified the effect of the images in connection with the film, the model in the film, and the projection in real space of a kind of "fourth" dimension.

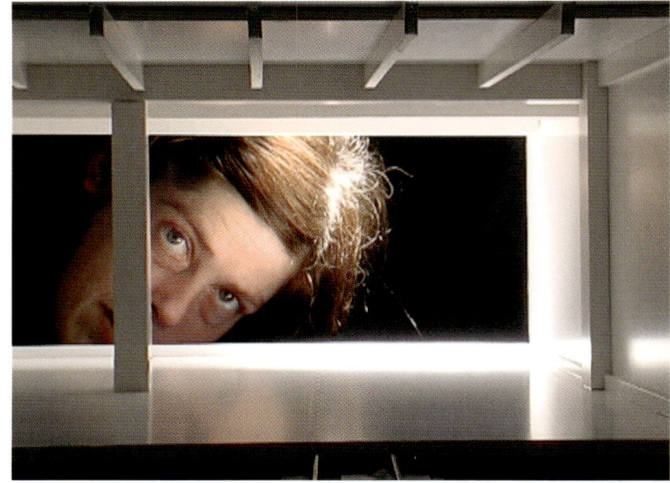

2000

Installation
Galerie Fiebach & Minninger, Köln

Film
DV auf DV-PAL/4:3
3 min
Regie, Kamera, Montage:
Bettina Vismann, Maix Mayer

2000

Installation
Galerie Fiebach & Minninger, Cologne

Film
DV on DV-PAL/4:3
3 min
Directed by, camera, editing:
Bettina Vismann, Maix Mayer

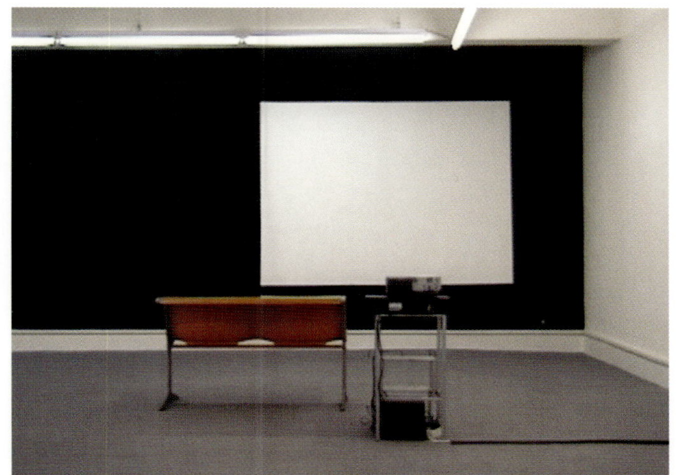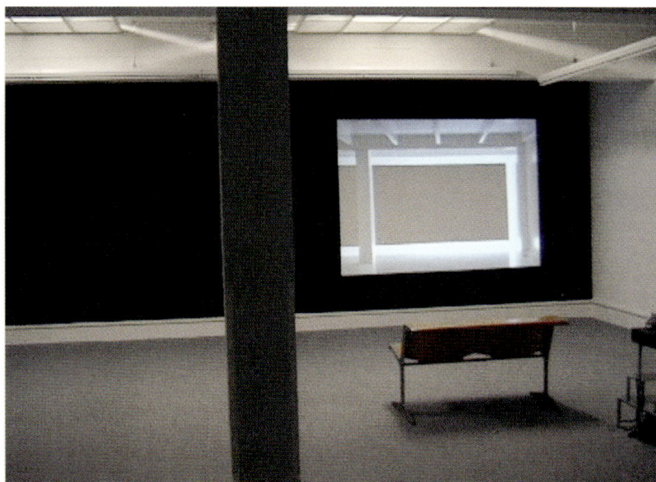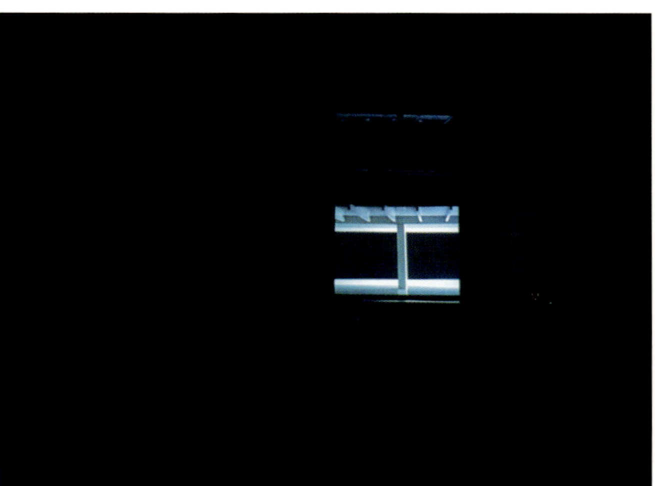

gut2/02

Die Arbeit entstand für die Förderkoje der Kunstmesse in Frankfurt am Main im Jahr 2001. Dafür wurden zwei Modelle gefertigt. Das erste bildete das der Öffentlichkeit nicht zugängliche Büro der Messeleiterin Marianne El Hariri im Maßstab 1:20 ab. Die Filmproduktion erfolgte wie bei *gut2/01* (vgl. S. 62). Im Unterschied zu dieser Arbeit wurde die Projektion in einem Modellraum des Büros im Maßstab 1:1 gezeigt (Förderkoje). Die Verschränkung der Räume (des öffentlich zugänglichen Modells in der Messehalle und des realen Büros im Messeturm) kennzeichnet der Schriftzug „Gut_2 # 02". Das Typoskript war auf dem Ausgangsmodell zu lesen und wurde sowohl an der Eingangstür zu dem Projektraum der Messe als auch im Flur der 18. Etage des Messeturms in Frankfurt am Main in entsprechender Vergrößerung angebracht.

This work was created for the "Förderkoje" of the Kunstmesse art fair in Frankfurt am Main in 2001. To that end, two models were produced. The first model comprised the office – not open to the public – of trade fair director Marianne El Hariri on a scale of 1:20. The film production was carried out as in *gut2/01* (see p. 62). However, in contrast to that work, the projection was shown in a 1:1 model of the office (Förderkoje). The interlocking of spaces (publicly accessible model in the exhibition hall and real office in the tower) characterizes the document "Gut_2 # 02." The typescript could be read at the original model and was also fixed to the entrance of the projection room at the trade fair as well as in the corridor on the eighteenth floor of the tower block in Frankfurt – correspondingly enlarged.

2001

Installation
Förderkoje, Art Frankfurt

Kopie eines Raumes 1:1

Modell 1:20

Film
DV auf DV-PAL/4:3
1 min
Regie, Kamera, Montage:
Bettina Vismann, Maix Mayer

2001

Installation
Förderkoje, Art Frankfurt

Copy of a room 1:1

Model 1:20

Film
DV on DV-PAL/4:3
1 min
Directed by, camera, editing:
Bettina Vismann, Maix Mayer

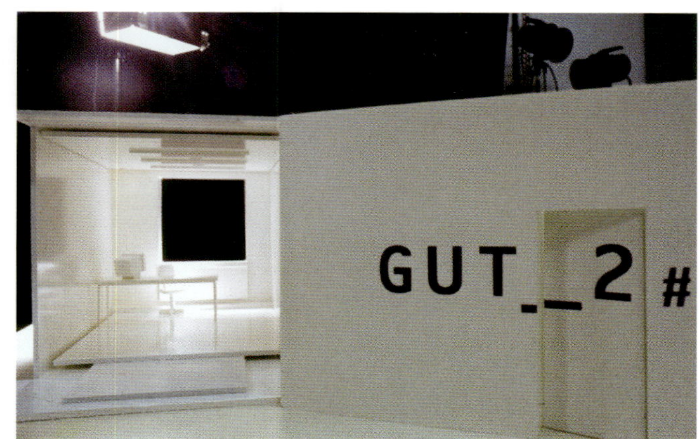
GUT__2 #

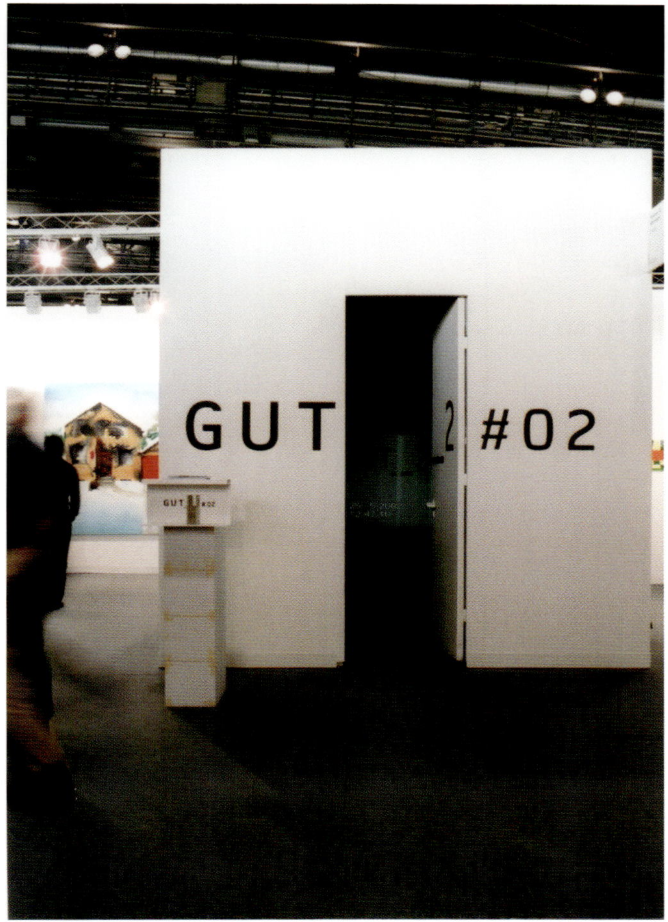
GUT_2 #02
GUT #02

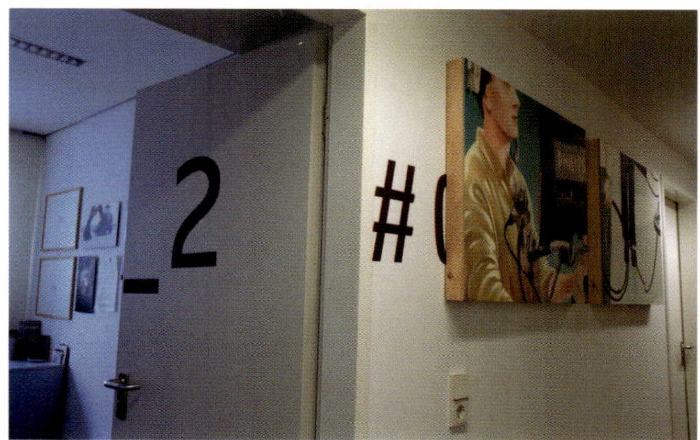
_2 #0

habitat

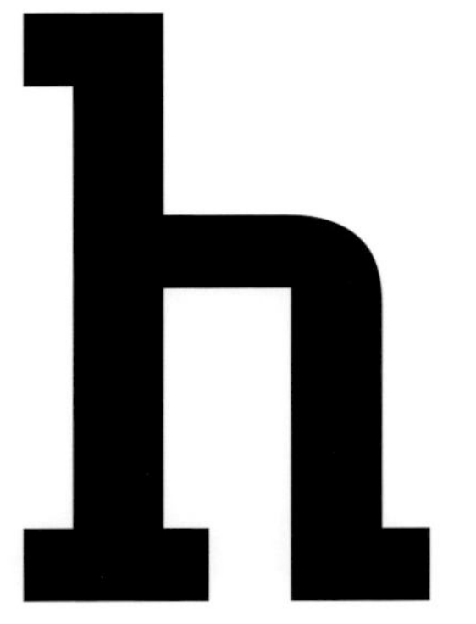

2008

Installation
Galerie EIGEN+ART, Leipzig

Fotografien

Film
HDV auf DVD-PAL/16:9
Regie: Maix Mayer
Kamera: Jens Pfuhler
Montage: Thomas Reichl
Sound: Simone Danaylowa, Scanner,
Flim
Schauspieler: Sandra, Stefani, Frank
Birke

2008

Installation
Galerie EIGEN+ART, Leipzig

Photographs

Film
HDV on DVD-PAL/16:9
Directed by: Maix Mayer
Camera: Jens Pfuhler
Editing: Thomas Reichl
Sound: Simone Danaylowa, Scanner,
Flim
Actors: Sandra, Stefani, Frank Birke

Zwei Inseln auf zwei Kontinenten in zwei Kulturkreisen bilden die beiden komplementären Teilhabitate. Diese so unterschiedlichen Orte werden durch reale und imaginäre Reisen des filmischen Protagonisten miteinander verknüpft. Ein Unterwasserlabor, eine asiatische Metropole, das Meer und die architektonischen Solitäre einer fast unbekannten DDR-Moderne (Ulrich Müther) bilden den Handlungsraum. Der Hauptdarsteller im Film führt seine Suchbewegungen innerhalb dieser Zonen aus. Die offenen und geschlossenen kapselförmigen Filmarchitekturen, zeitgenössische urbane Räume und die landschaftlichen Ausblicke bilden ein komplexes Beziehungsgeflecht. Erhöhte Sichtstandpunkte wandeln sich zu Aussichtsplattformen des Selbst.
Ein Rückblick: Der israelische Architekt Moshe Safdie (geb. 1938) baute für die Weltausstellung 1967 in Montreal die Wohnanlage Habitat. Dieser Bau war inspiriert von japanischen Architekten, die unter Bezeichnung „Metabolisten" zusammengefasst wurden. Sie übertrugen den Gedanken des Lebenszyklus, von Geburt und Wachstum auf Städtebau und Architektur, was in schwimmenden Städten und anderen städtebaulichen Utopien endete. Maix Mayers *habitat* bindet dieses geschichtliche Potenzial an die Gegenwart zurück.

Two islands on two continents in two cultural spheres form two complementary partial habitats. These very different locations are linked by real and imaginary journeys by the film protagonists. An underwater laboratory, an Asian city, the sea, and the architectural gems of an almost completely unknown East German Modernism (Ulrich Müther) make up the backdrop. The main character in the film is searching for something within these zones. The open and closed capsule shapes of the film's architecture, contemporary urban spaces, and the views of landscapes comprise a complex interweaving of relationships. Raised points of view transform into viewing platforms of the self.
A look back: Israeli architect Moshe Safdie built the residential complex "Habitat" for Expo '67 in Montreal. This building was inspired by Japanese architects grouped under the label of Metabolists. They worked on the principle of life as a cycle of birth and growth in their urban planning and architecture, which in turn led to floating cities and other city planning utopias. Maix Mayer's *habitat* links this historical potential back to the present.

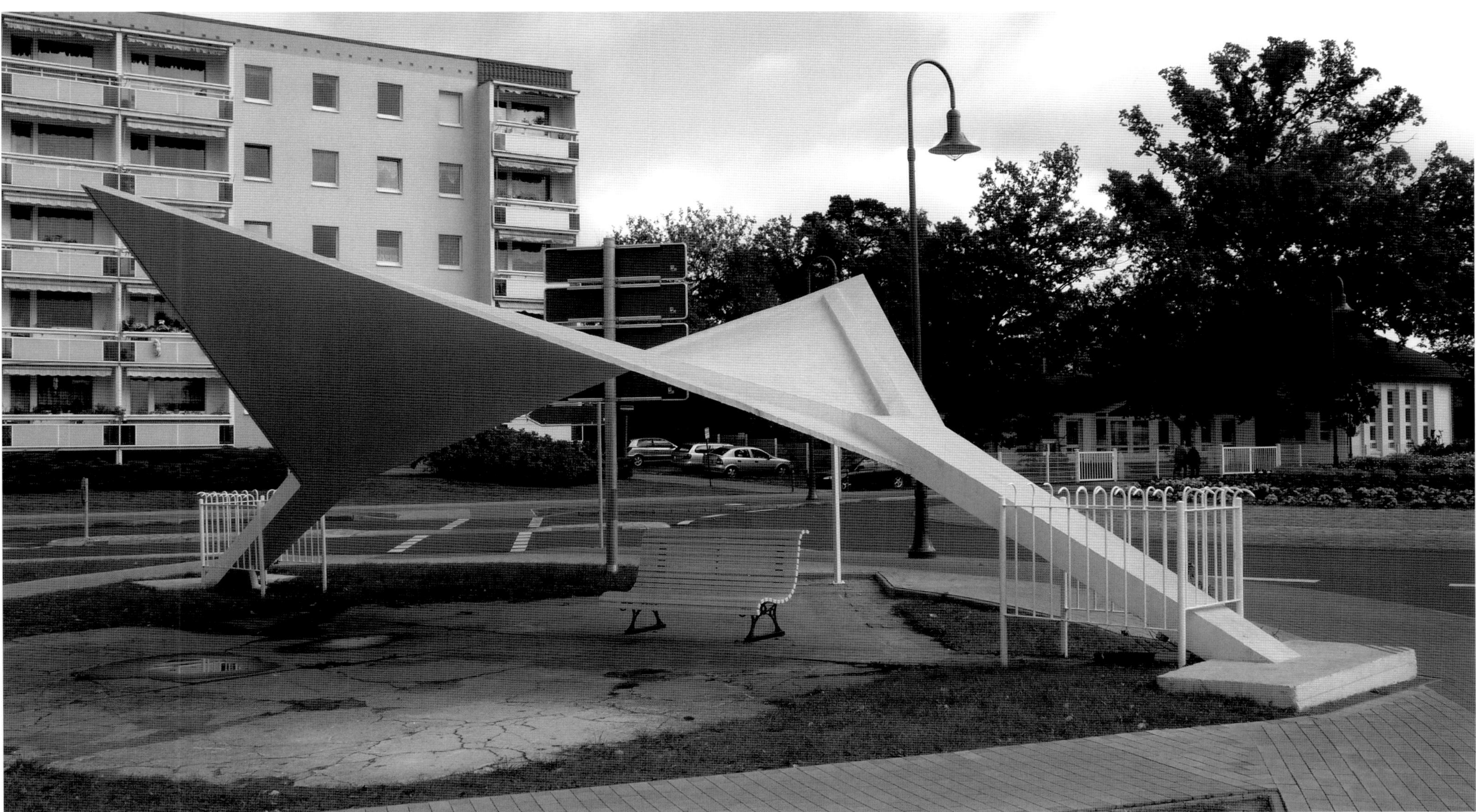

Fotografie, 28 × 44 cm
Photograph, 11 × 17.3 in.   rg_03

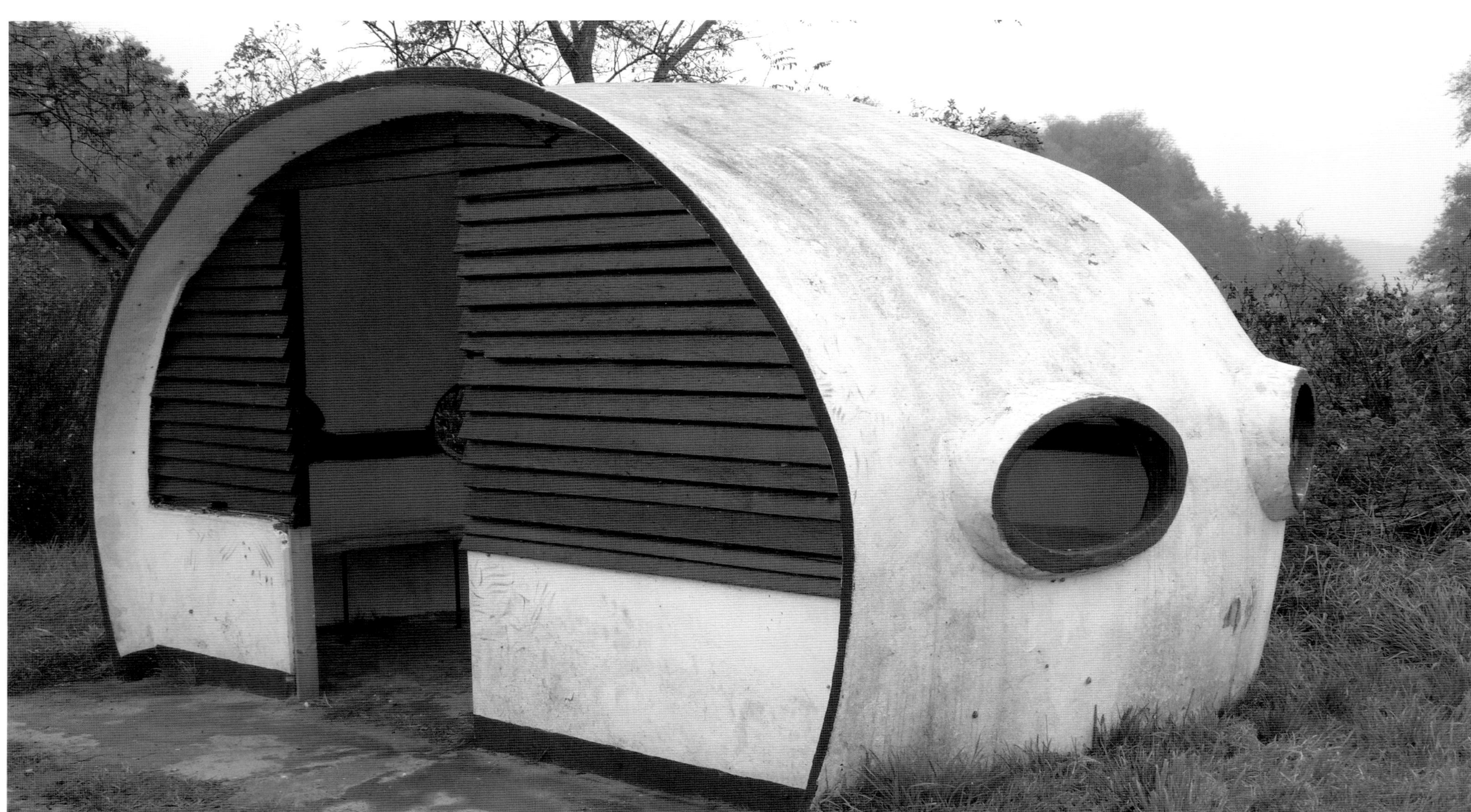

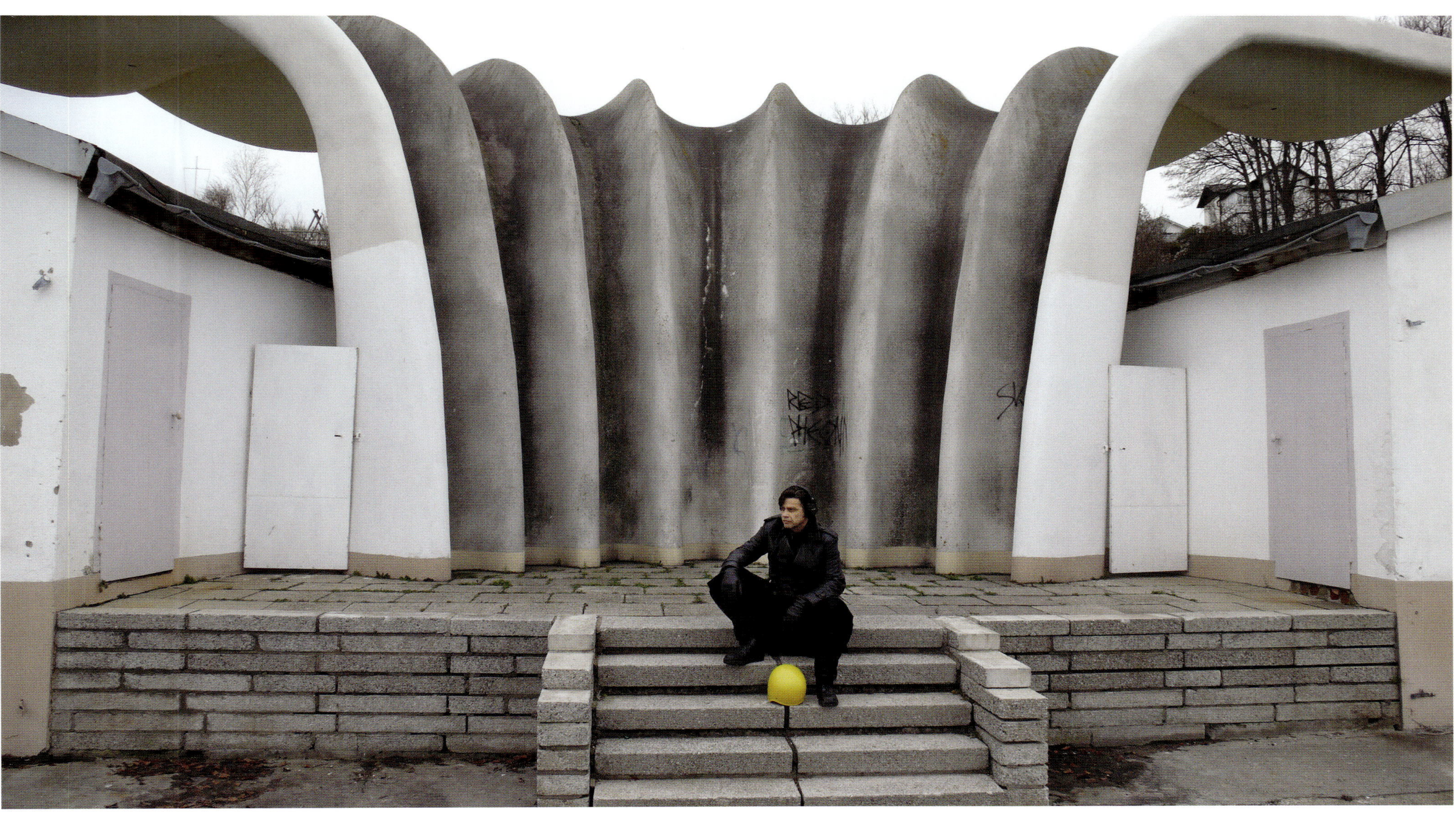

Fotografie, 28 × 44 cm
Photograph, 11 × 17.3 in.

rg_04

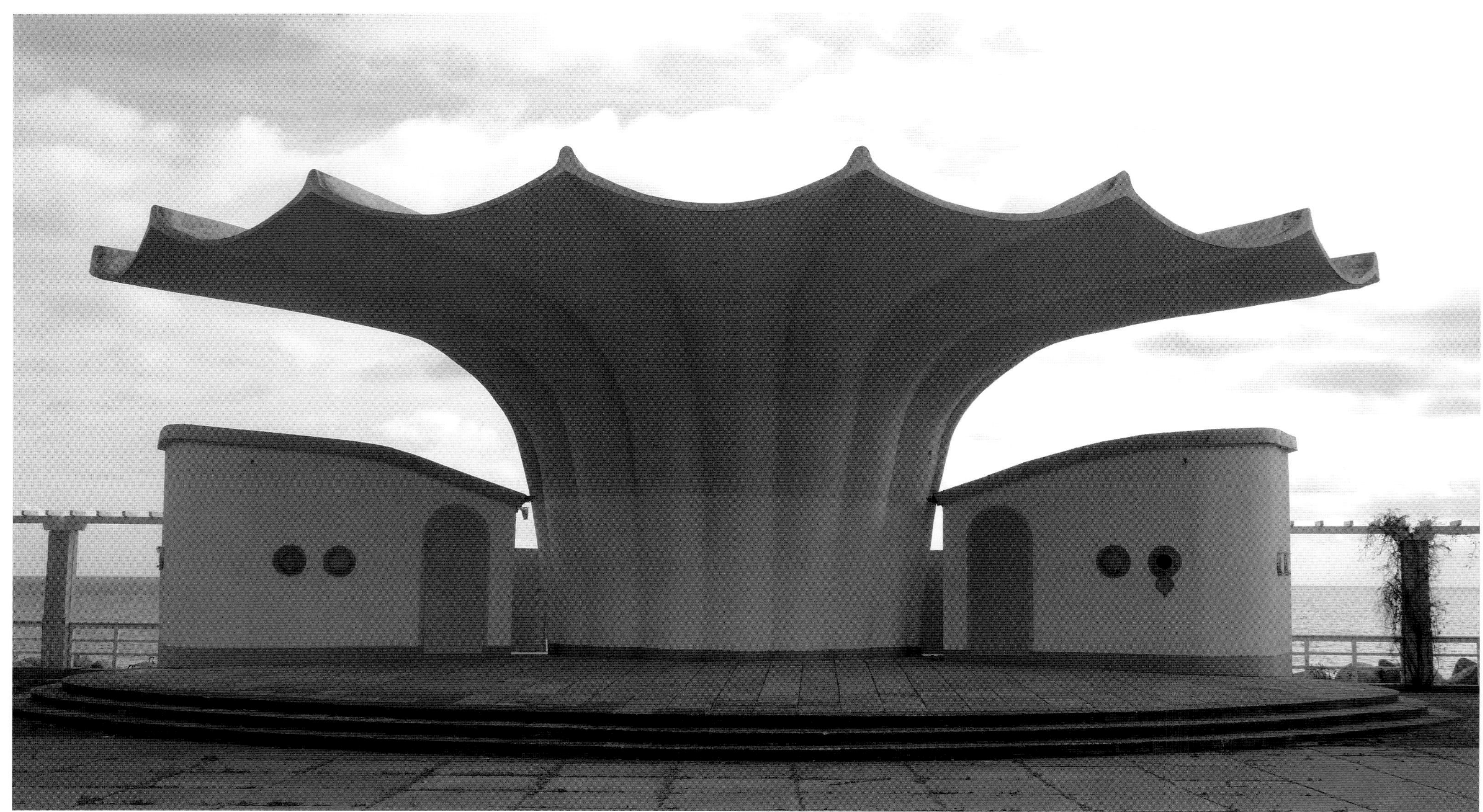

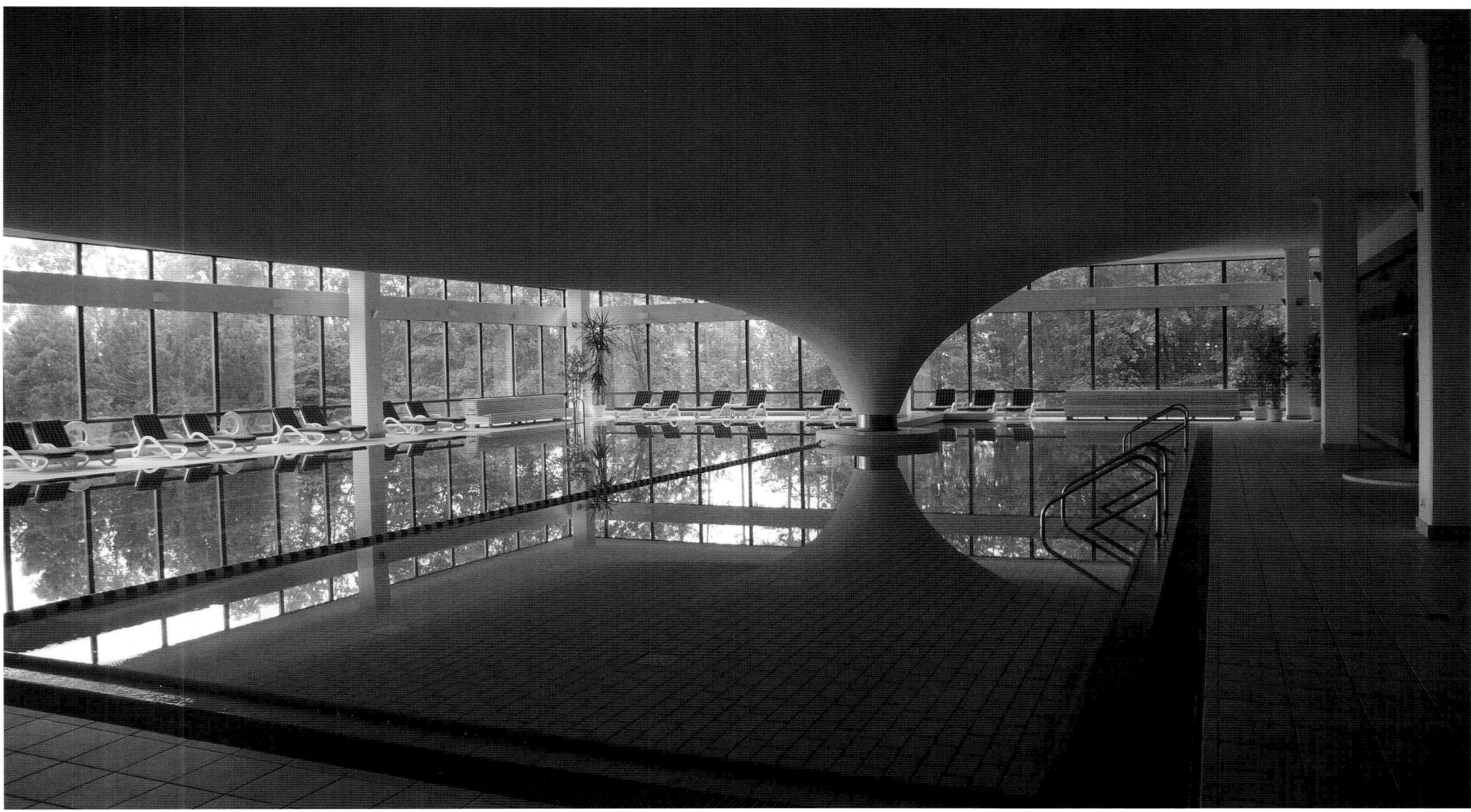

Fotografie, 28 × 44 cm
Photograph, 11 × 17.3 in.

rg_06

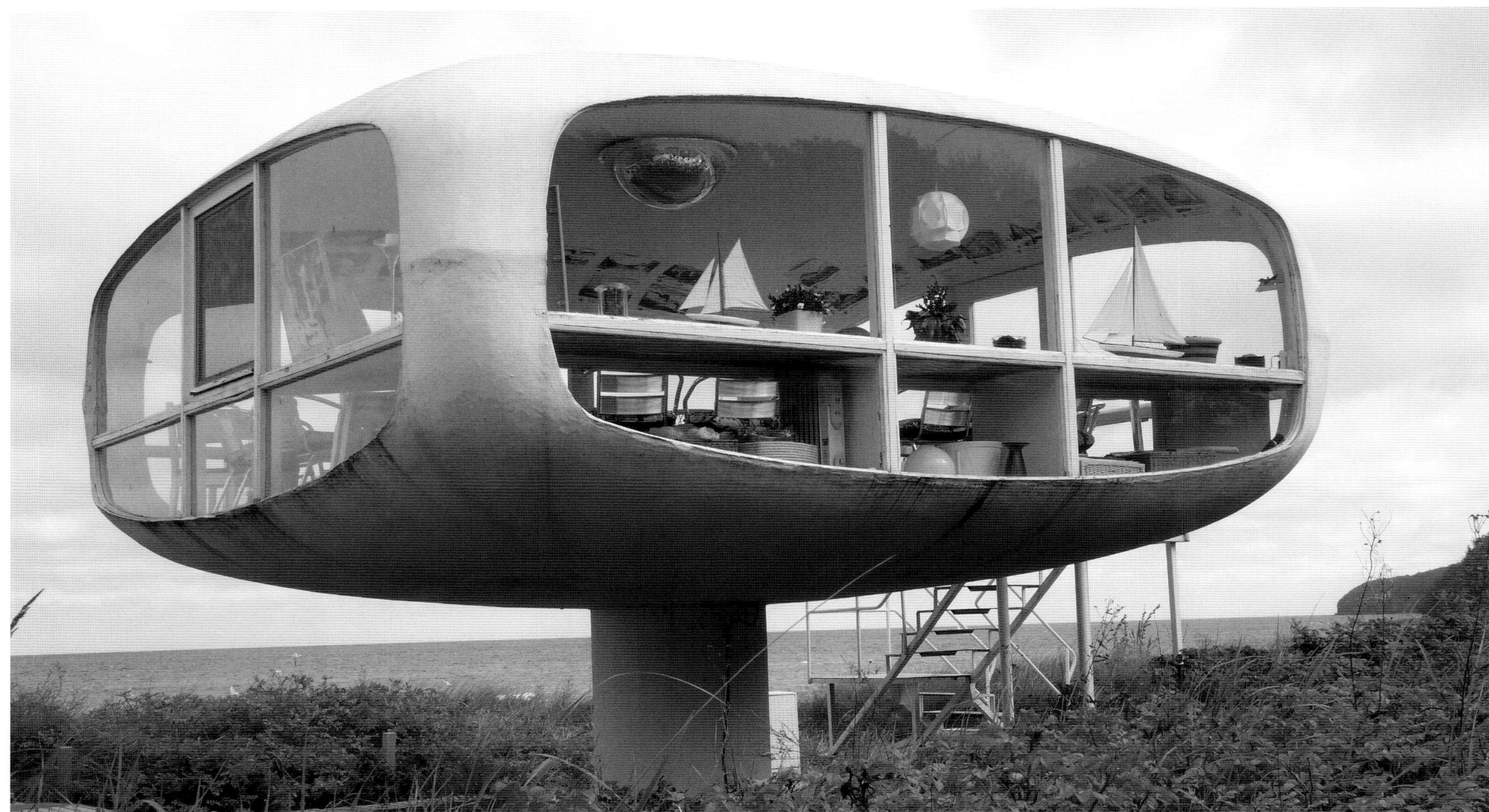

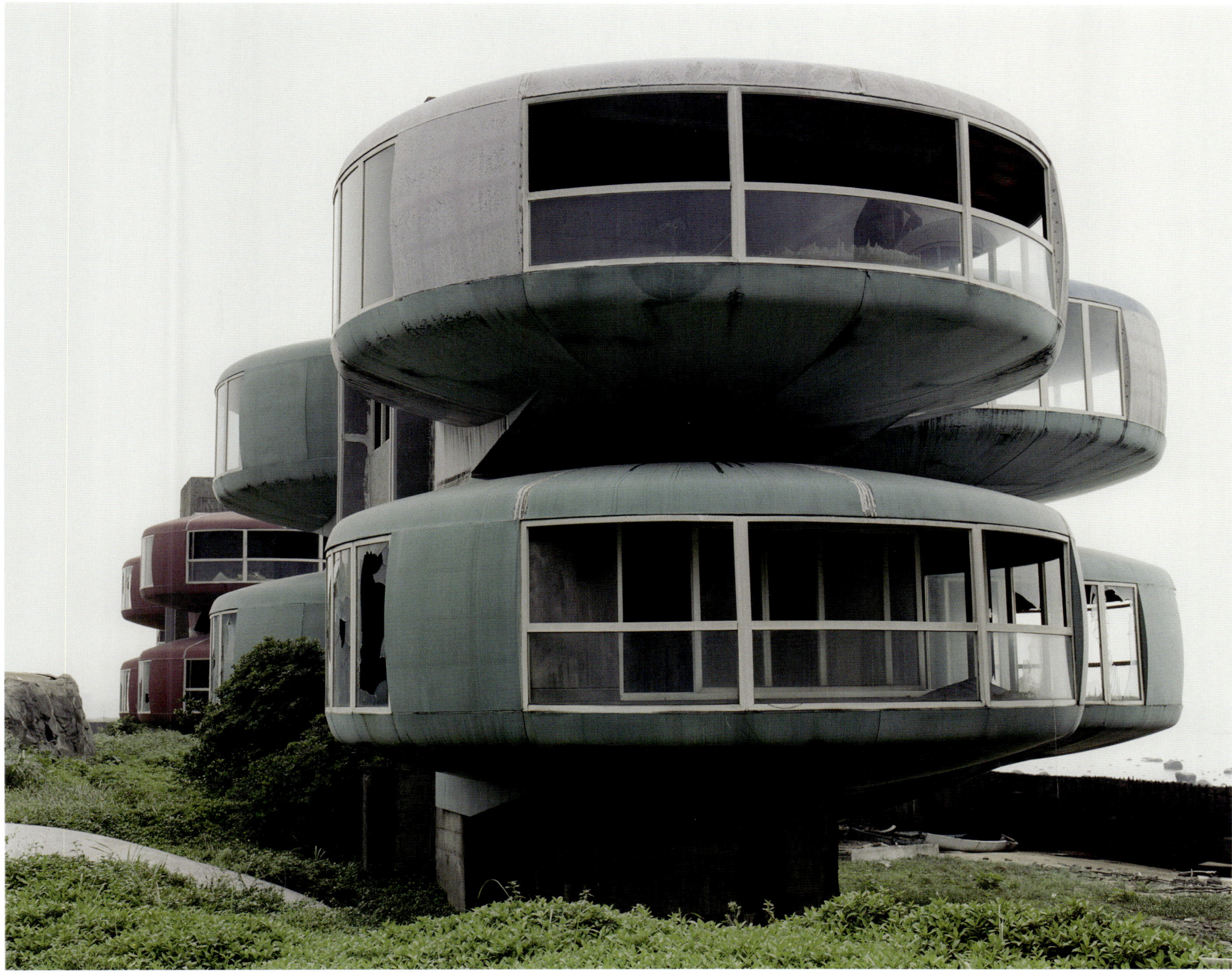

Fotografie, 135 × 158 cm
Photograph, 53.2 × 62.2 in.

tw_03

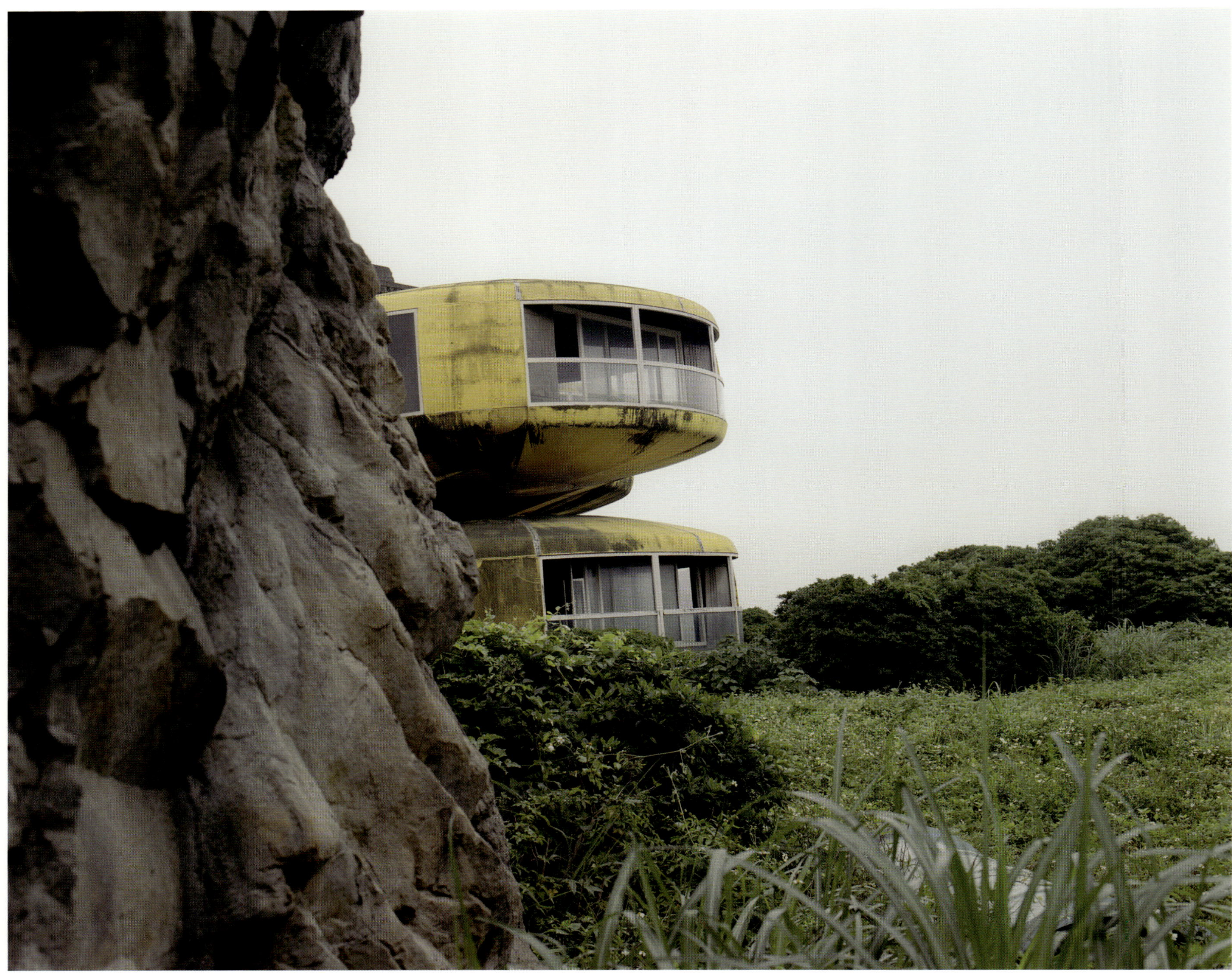

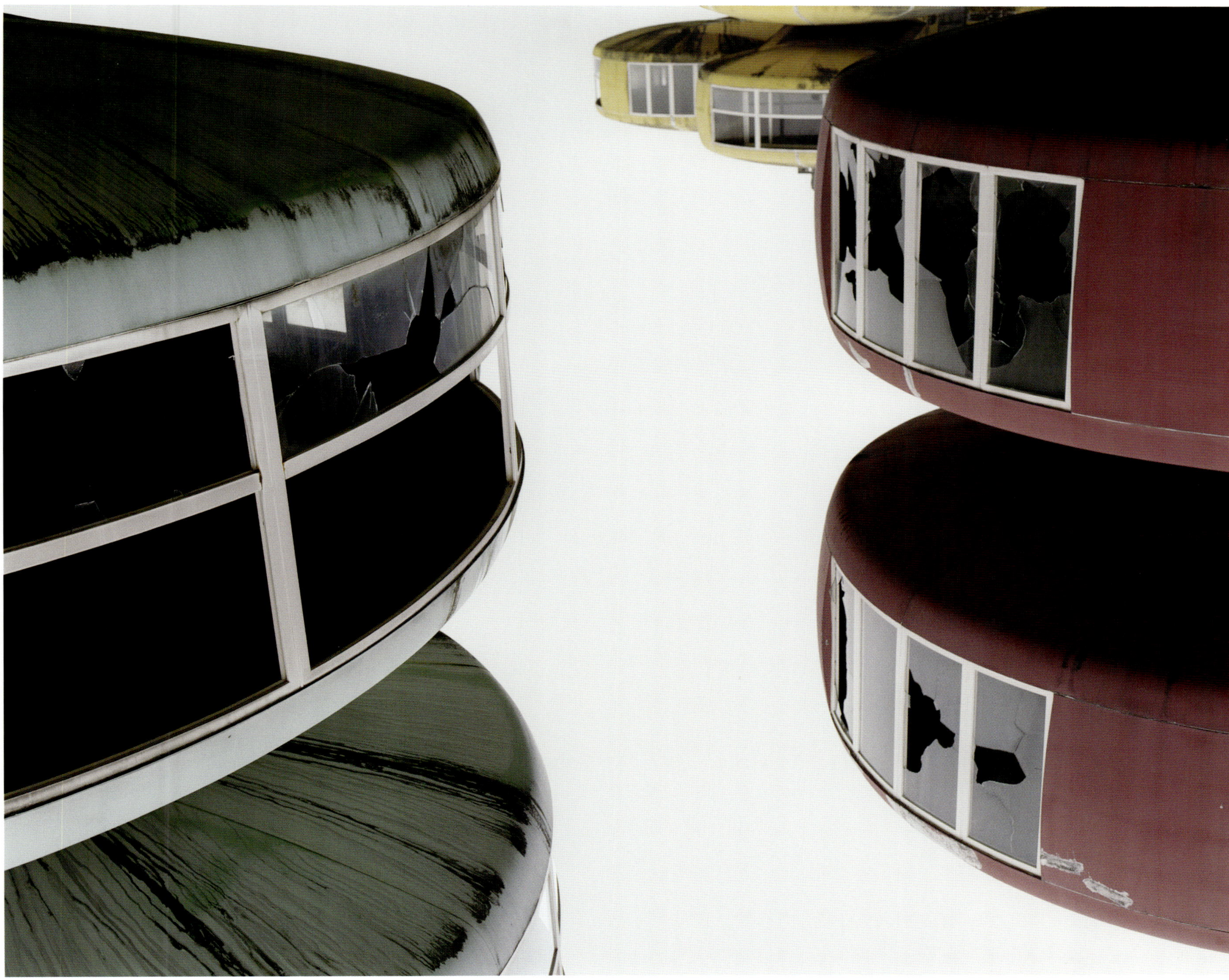

Produktionsfoto
Production still

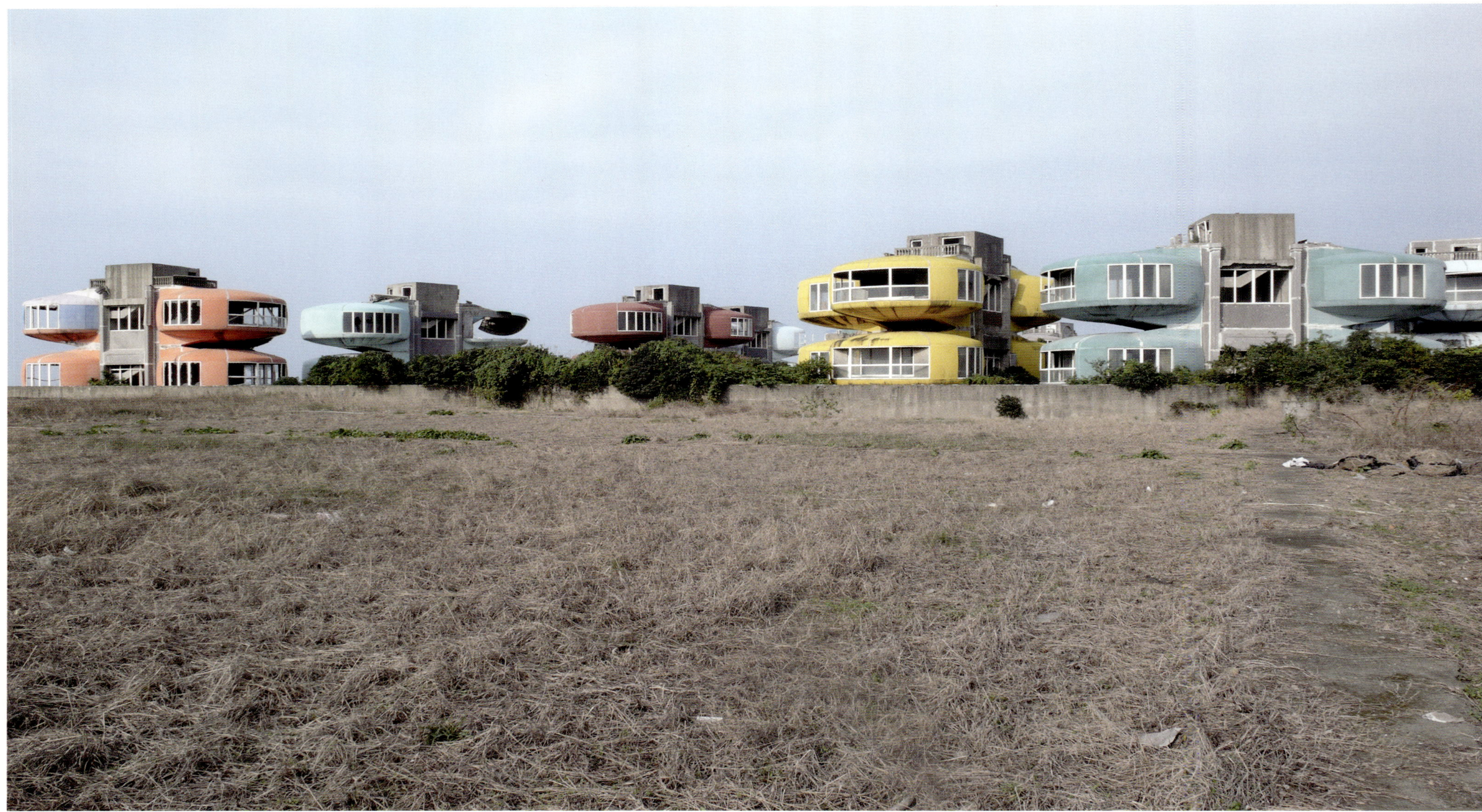

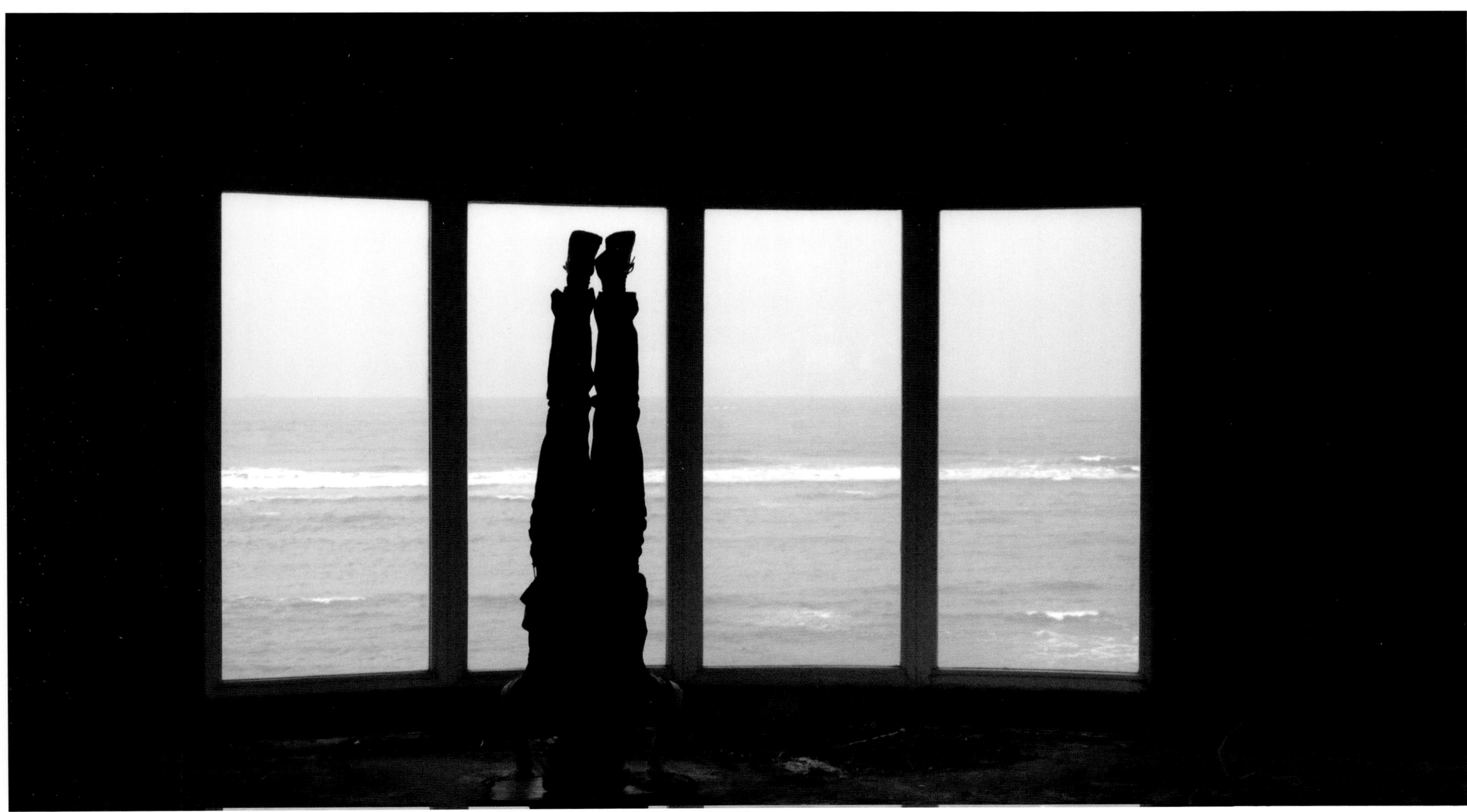

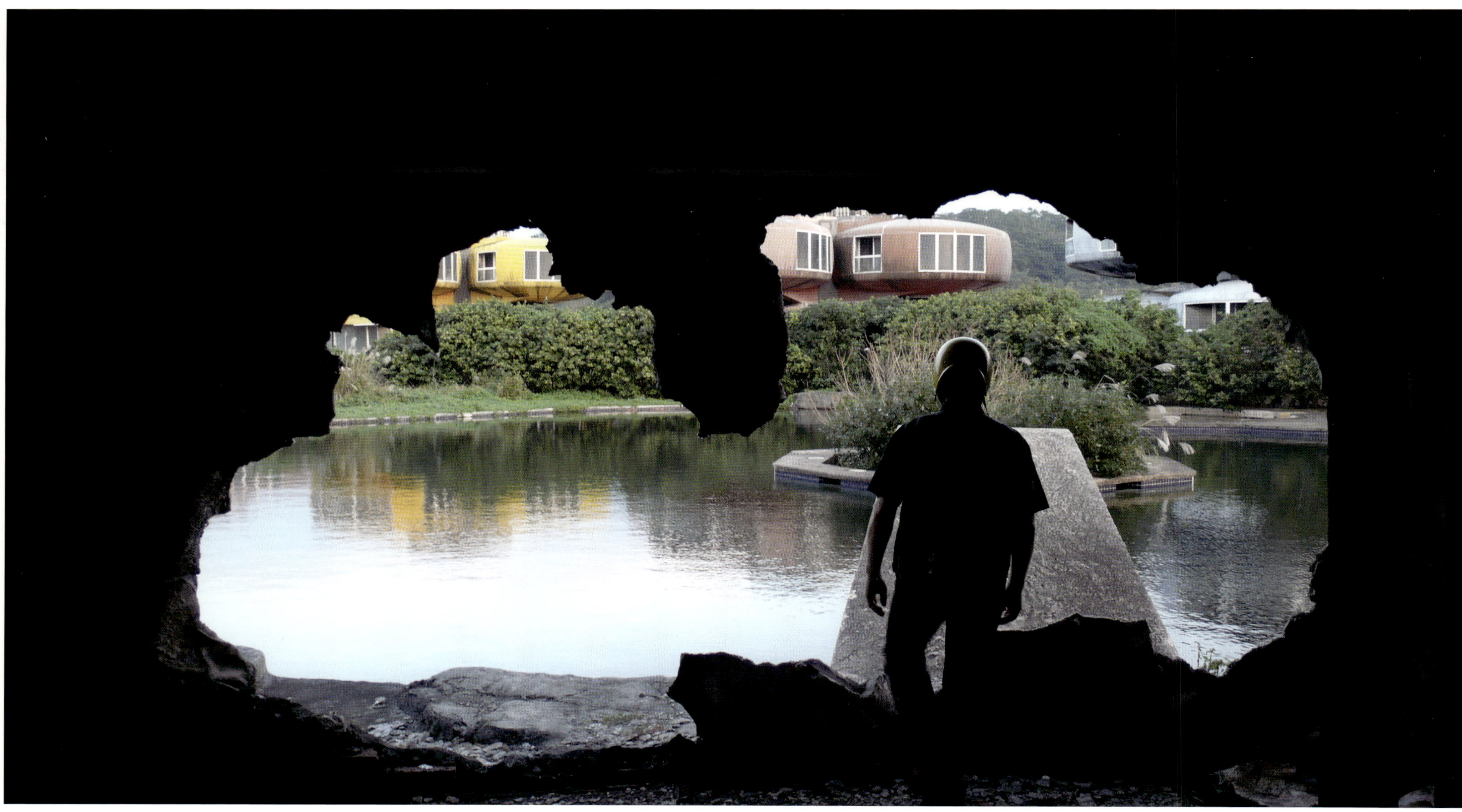

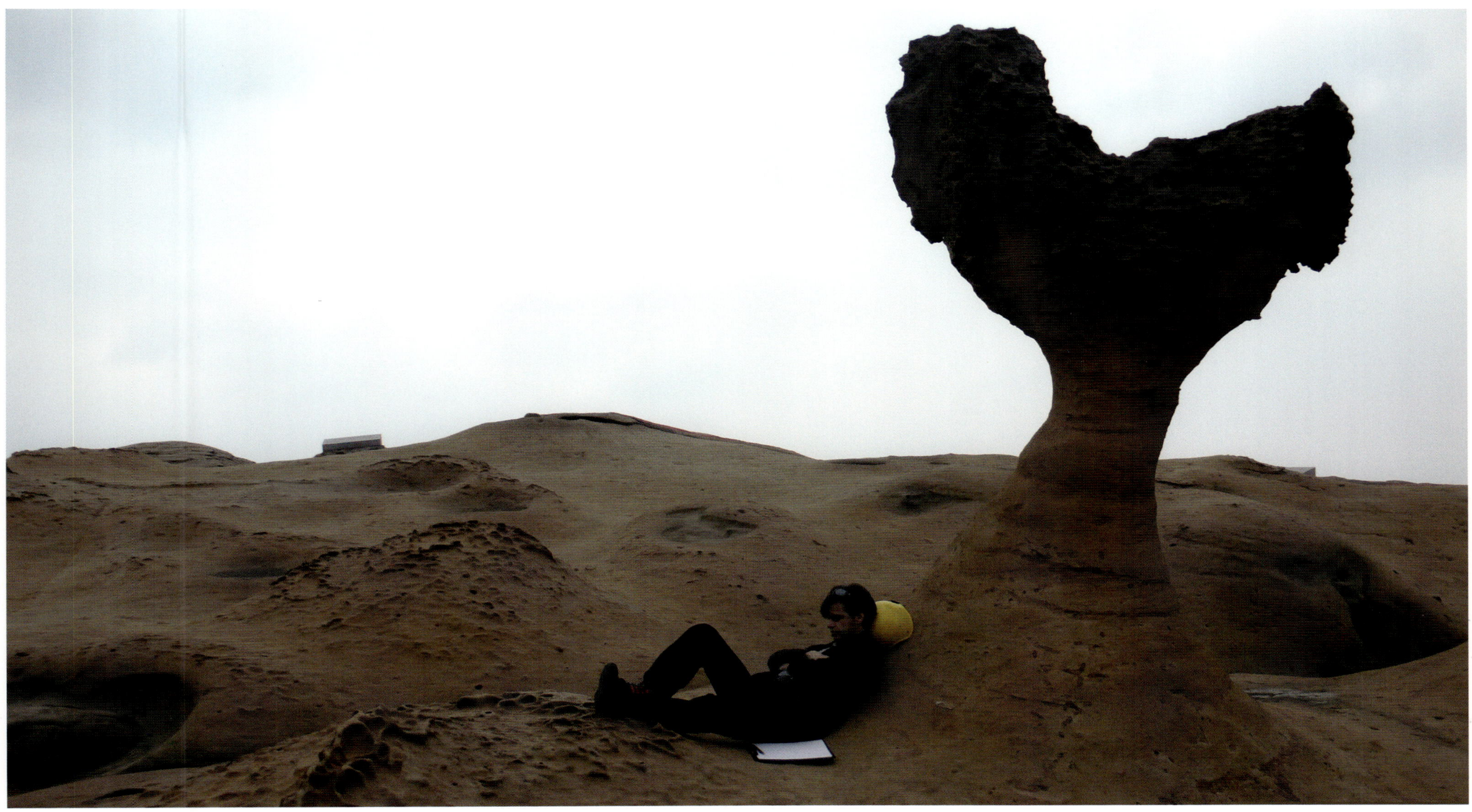

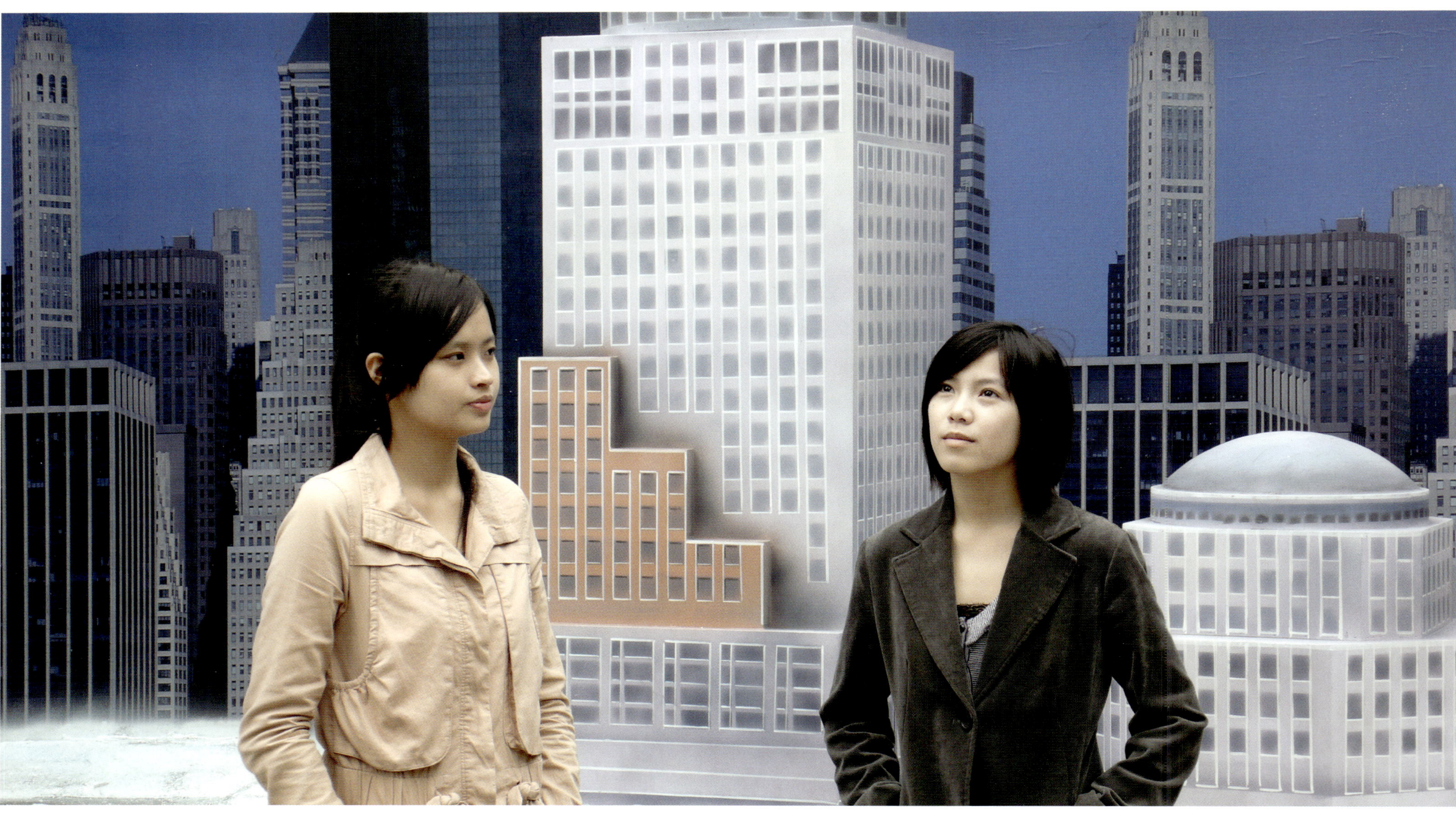

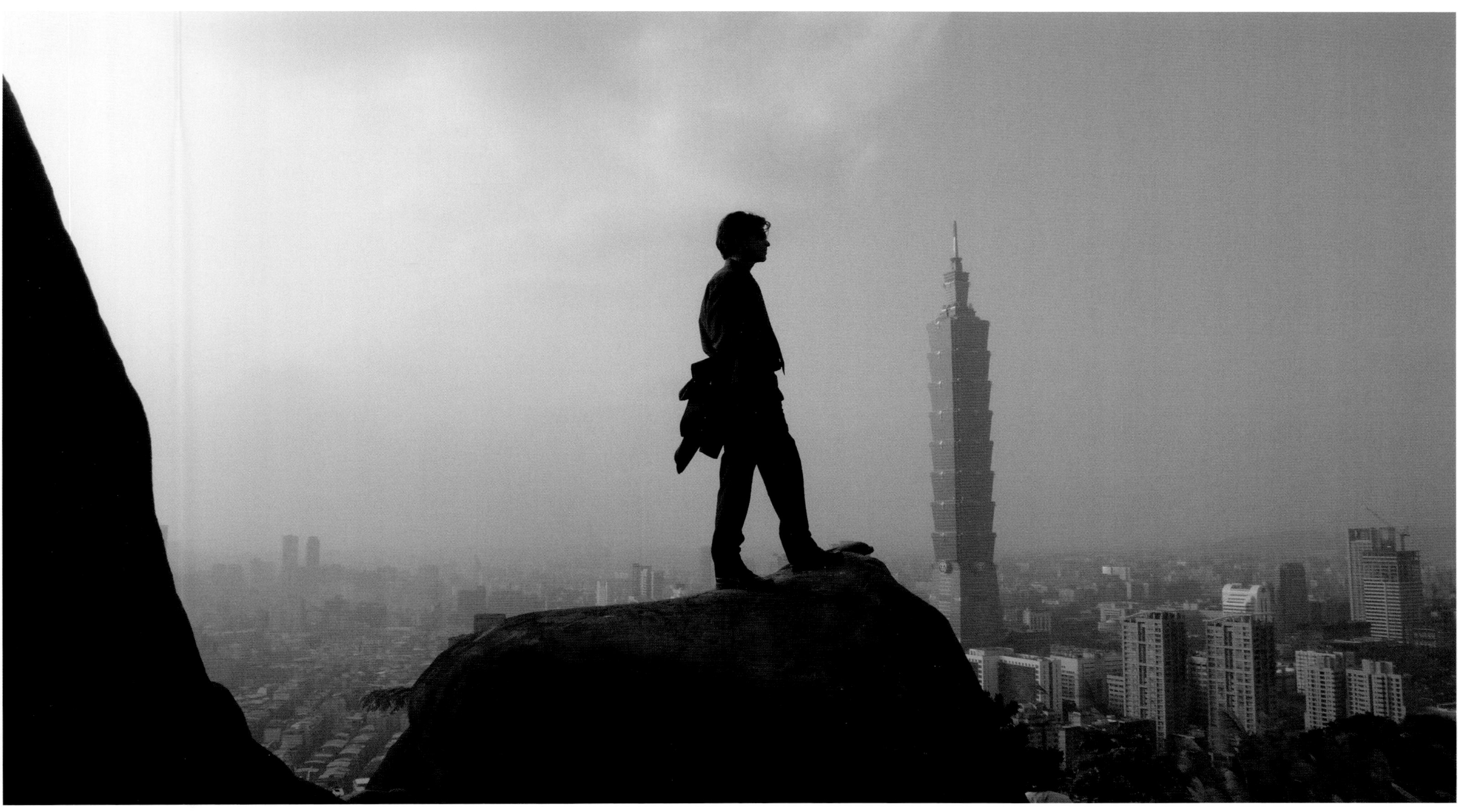

haneu

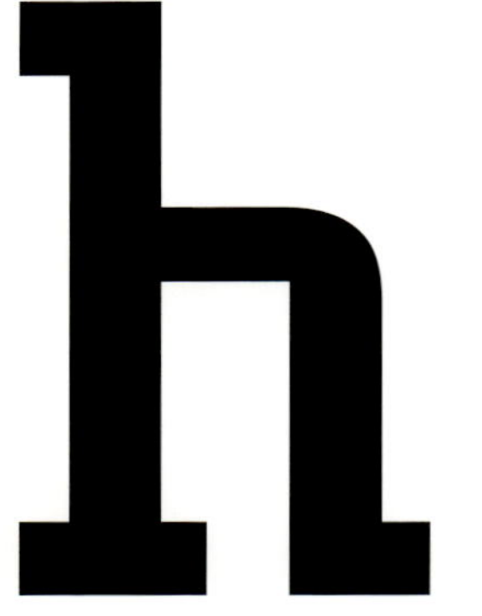

2004
Installation
Galerie EIGEN+ART, Berlin
Fotografien
Audio-CD

2004
Installation
Galerie EIGEN+ART, Berlin
Photographs
Audio-CD

Der Titel dieser Arbeit folgt dem verkürzten umgangssprachlichen Ausdruck, den man in der DDR für einen seit 1964 völlig neu errichteten Stadtteil von Halle benutzte, der später sogar zu einer eigenständigen Stadt mit 93.000 Einwohnern erklärt wurde: Halle-Neustadt = Ha-Neu, eine Bezeichnung, die in der hallenser Aussprache klingt wie der Name der ehemaligen Hauptstadt Nordvietnams: Hanoi.

Das Prinzip der Funktionsteilung in der modernen Stadtplanung wurde hier radikal vorangetrieben. „Hanoi" diente als Schlafstadt für Arbeiter und Angestellte, die in der Mehrzahl in den weiter entfernten Chemiekombinaten arbeiteten. Mit der „Abwicklung" der großen Betriebe nach der deutschen Wiedervereinigung hatte fast die Hälfte der Bevölkerung diesen Stadtteil von Halle verlassen. Er wurde damit ein extremes Beispiel für Schrumpfung und Rückbau einer Stadt, die keine Arbeitsmöglichkeiten mehr bietet und bald ganz ohne Bewohner sein wird.

Die Bilder der menschenleeren Räume in Halle-Neustadt sind Keyframes (Schlüsselbilder) für einen nicht realisierten Film. Für ihre Präsentation wurden Dialoge erstellt und als eine Art Hörspiel auf CD produziert. Der Ausstellungsbesucher kann diese, im Kinosessel sitzend, über Kopfhörer verfolgen. Dabei blickt er durch die Glasscheibe der Galerie in die Berliner Auguststraße. In seiner Imagination werden die Bilder von und die Geschichten über „Hanoi" von seinem Blick in die reale Straßensituation überlagert, ergänzt oder weitererzählt – Rezeption aus einer Art Vitrine.

This work draws its title from a popular nickname used in the former East Germany to describe a new district of the city of Halle, a district officially called Halle-Neustadt. It was begun in 1964, and later became a town in its own right, with some 93,000 inhabitants. The name was shortened to "Ha-Neu," which in the local Saxon dialect sounds like "Hanoi," the capital of what was then North Vietnam. The modern urban planning principle of the division of functions was taken to extremes here. "Hanoi" was a dormitory suburb for the workers – most of whom were employed at the region's chemicals plants some distance away. After German reunification and the closing of many large factories, nearly half the population of Halle-Neustadt left. It is an extreme example of the shrinking and decline of a city offering few employment opportunities and which may soon be completely without occupants.

The images of now-uninhabited spaces in Halle-Neustadt are key frames for a film that has not been produced. For its presentation, dialogues were written and produced as an audio play on CD. The visitor to the exhibition could listen to it through headphones while sitting in cinema seats and looking out through the window down Berlin's Auguststrasse thoroughfare. In the visitor's imagination, the images and the story of "Hanoi" overlay, complement, or continue the real view of the street – reception in a kind of display case.

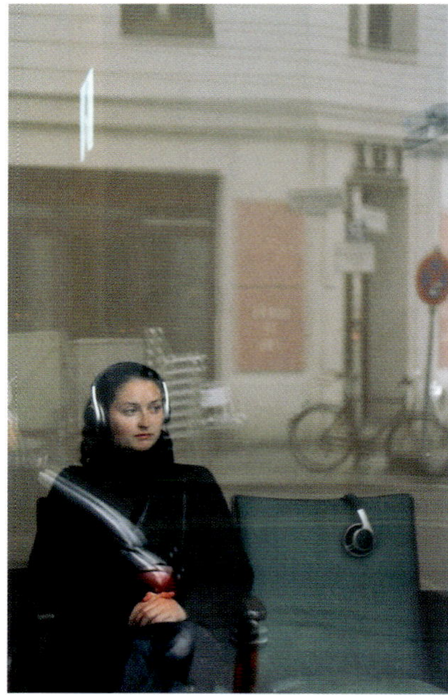

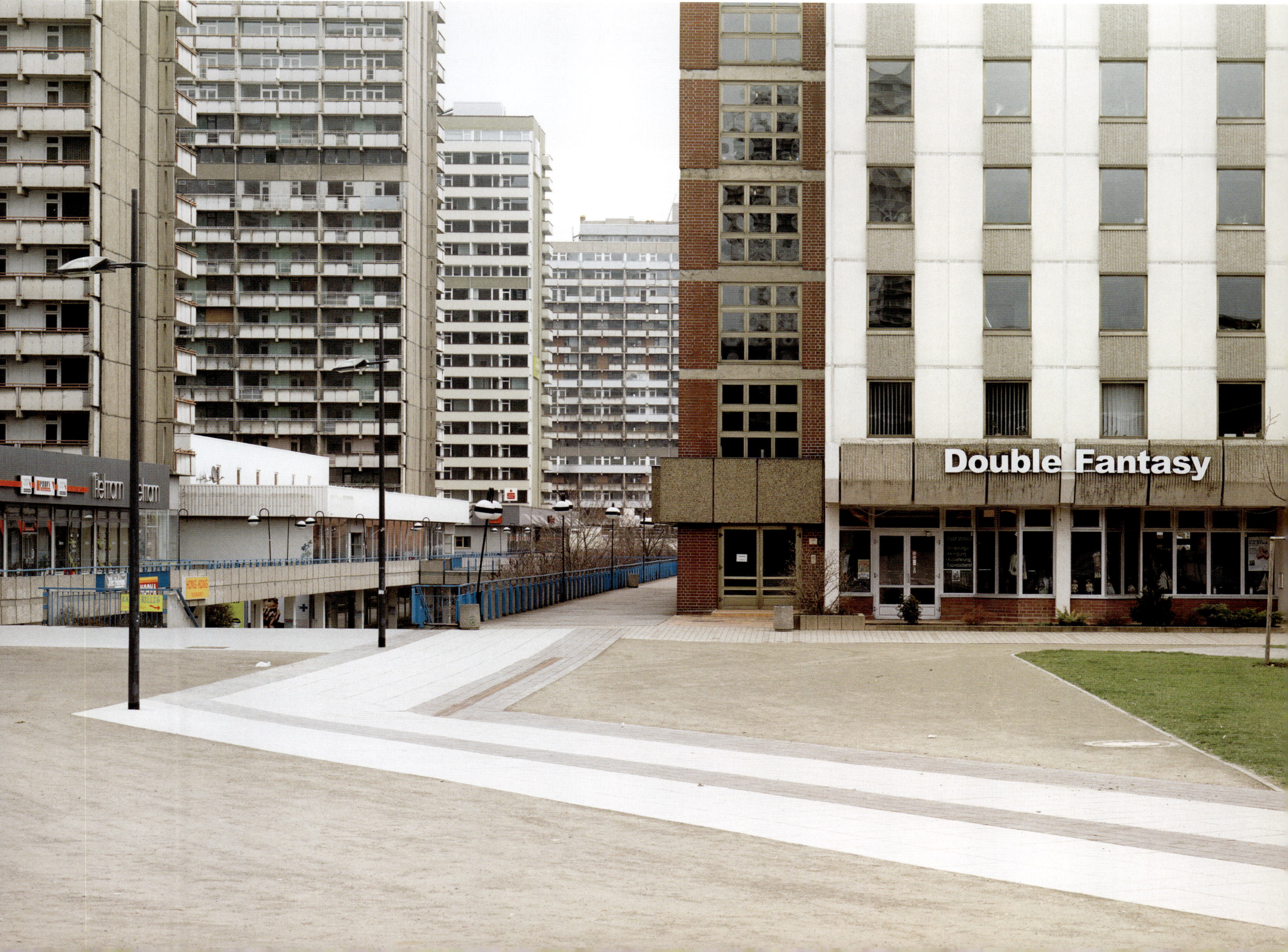
Double Fantasy

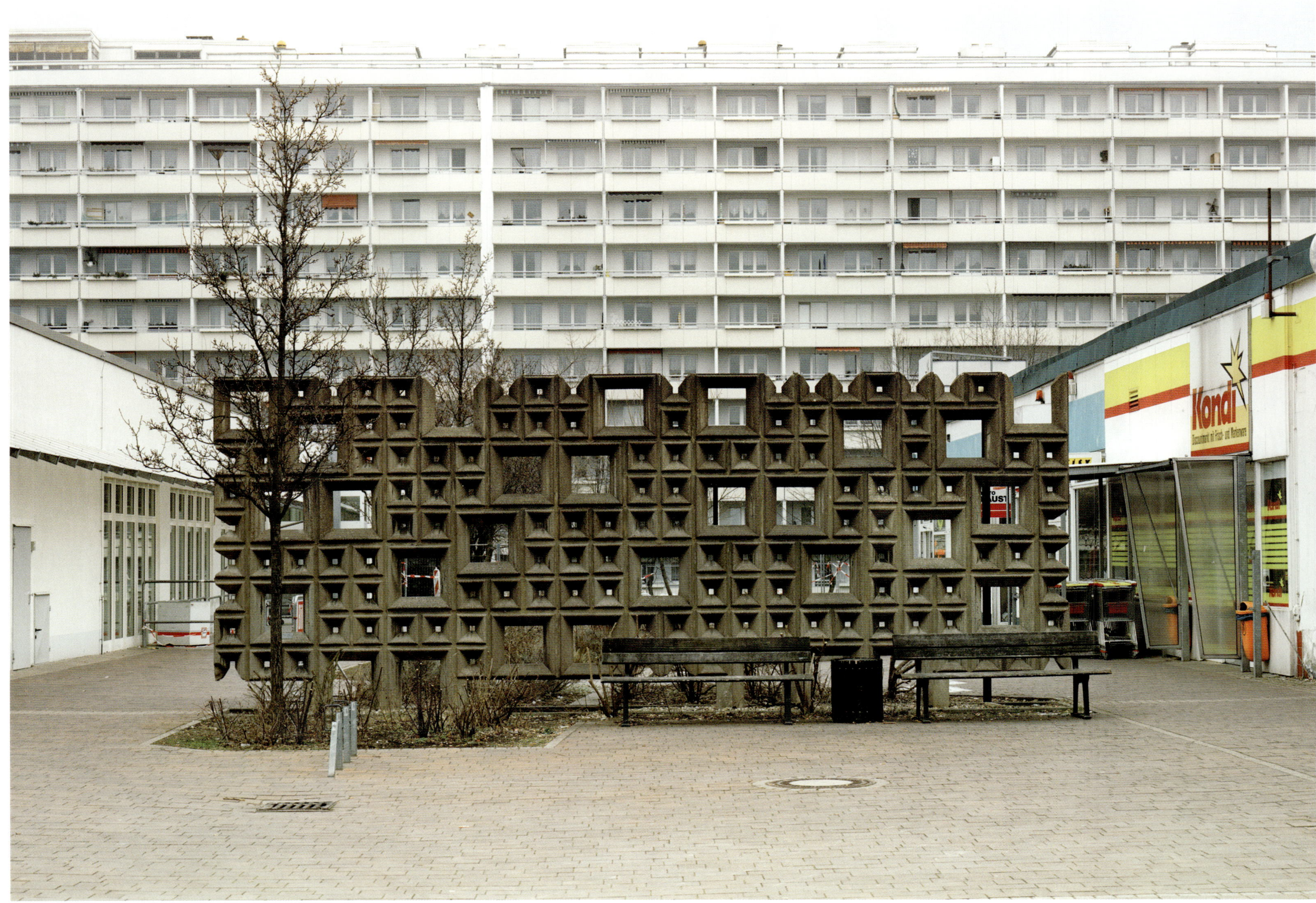

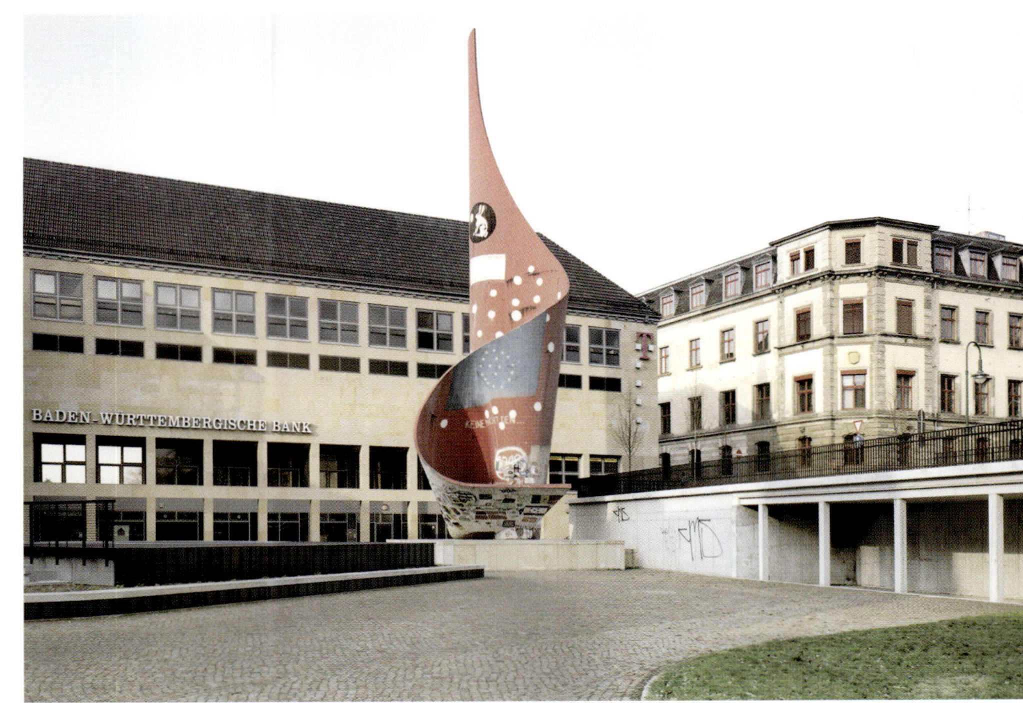
BADEN-WÜRTTEMBERGISCHE BANK

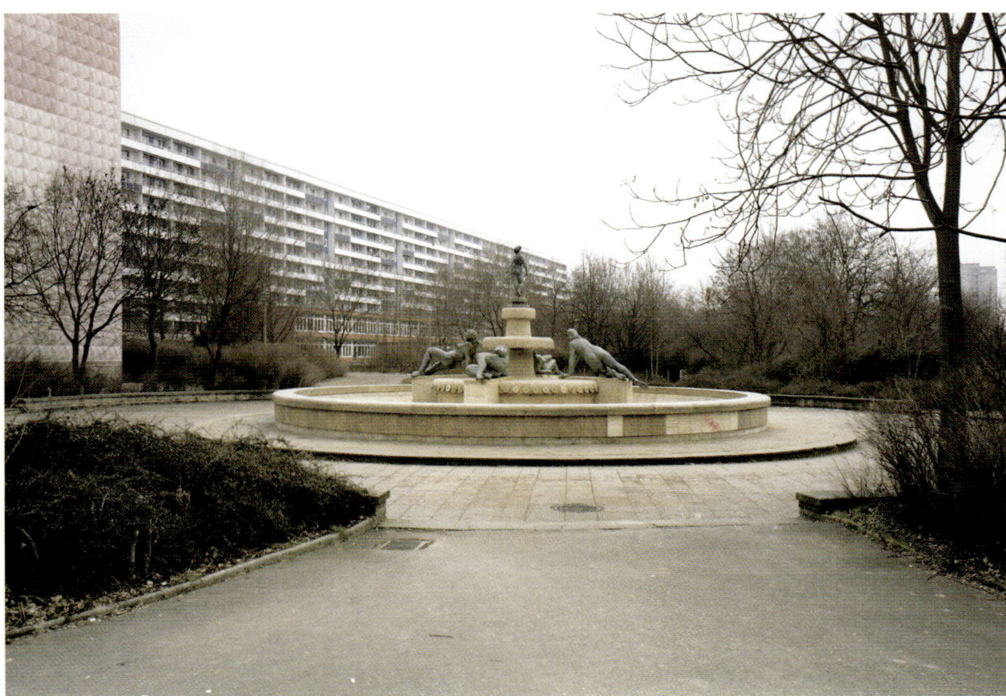

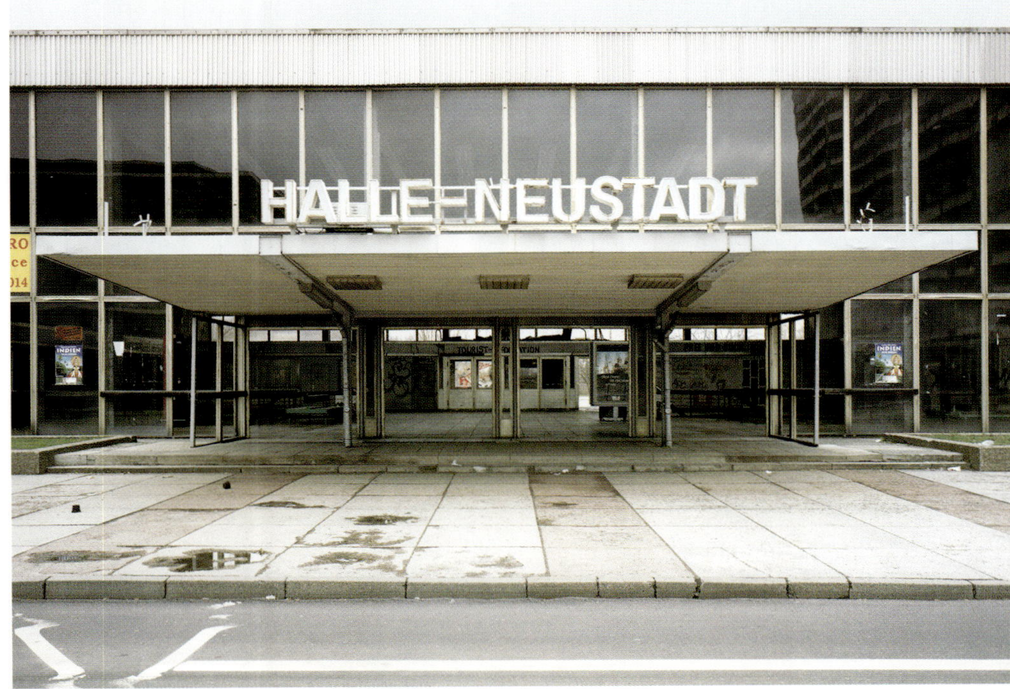
HALLE-NEUSTADT

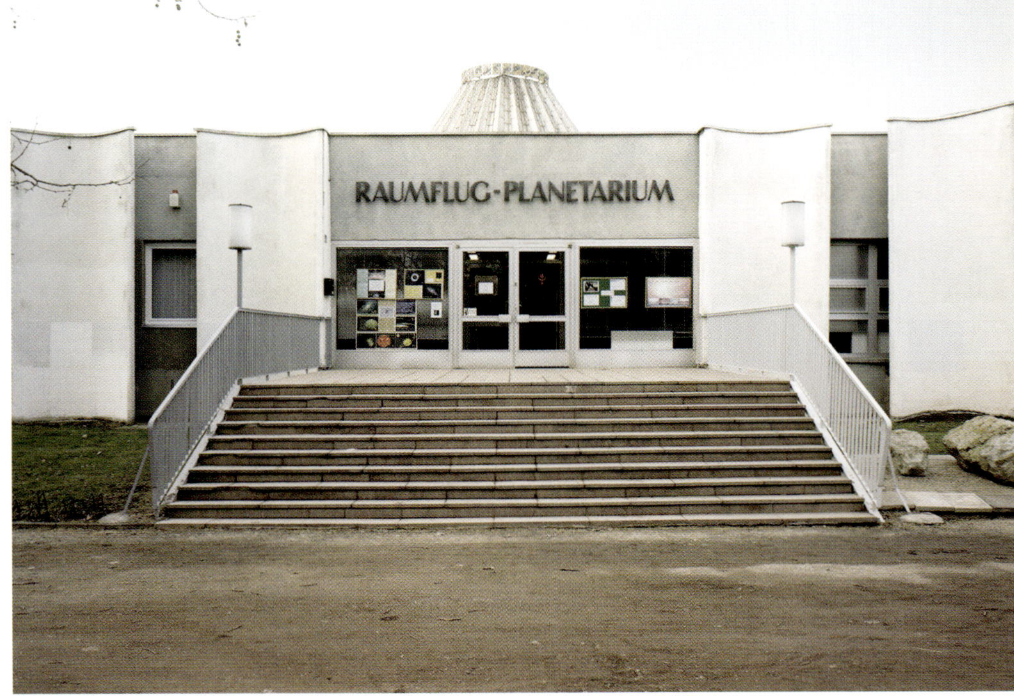
RAUMFLUG-PLANETARIUM

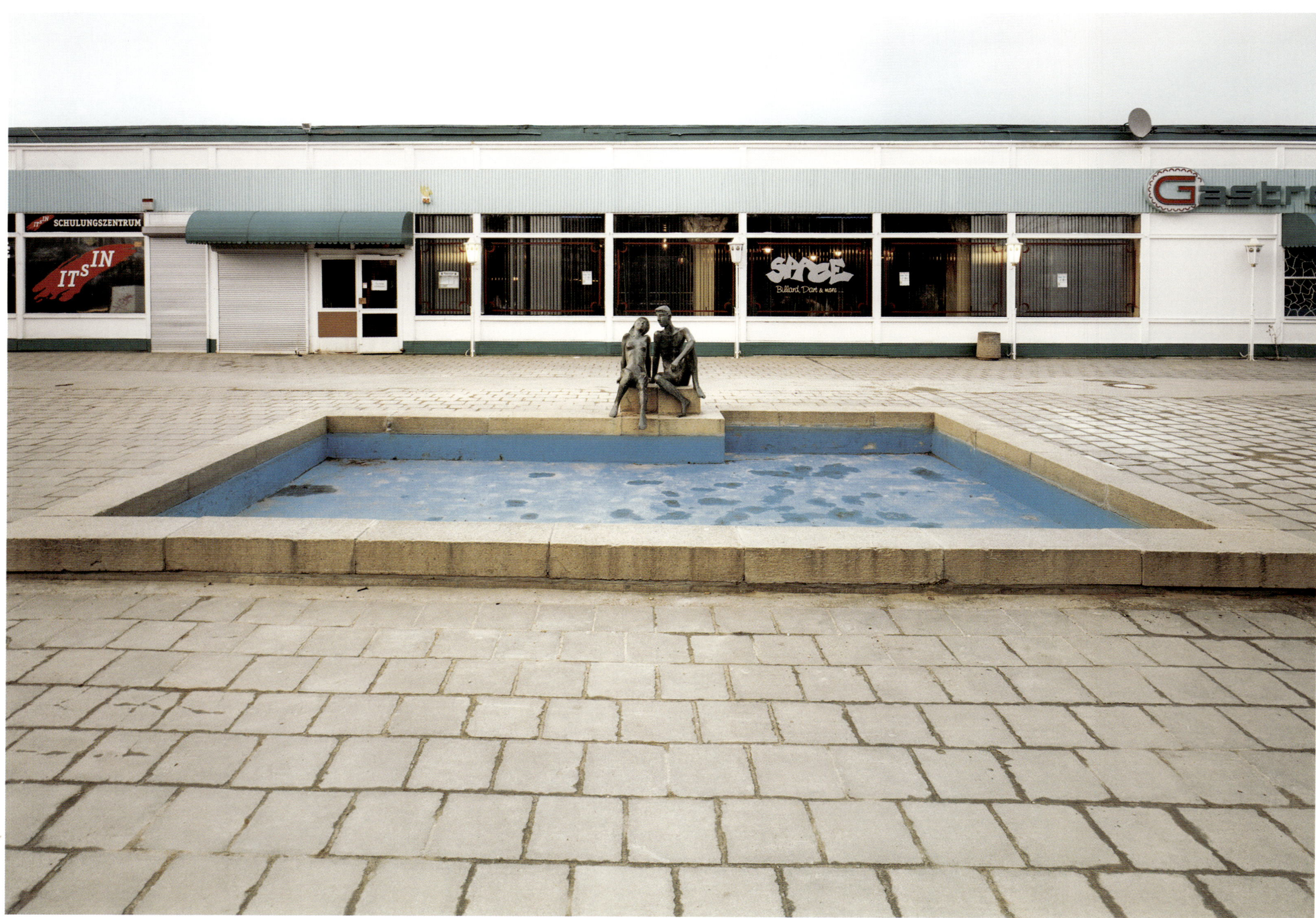
SCHULUNGSZENTRUM
IT'S IN
IN
SPYCE
Billard Dart & more ...
Gastr

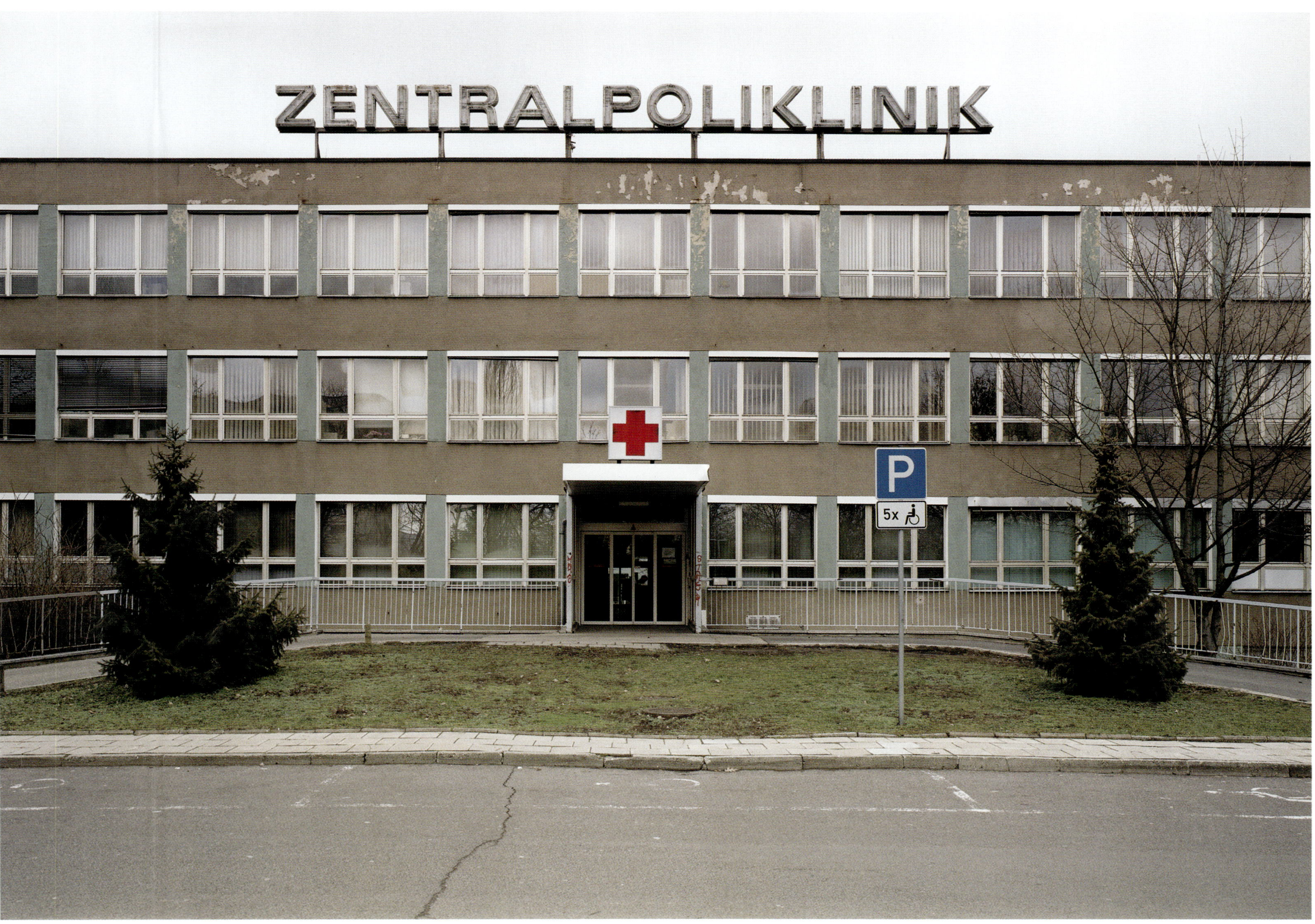
ZENTRALPOLIKLINIK
P
5x

Fotografie, 79 × 106 cm
Photograph, 31.1 × 41.7 in.

ha_07

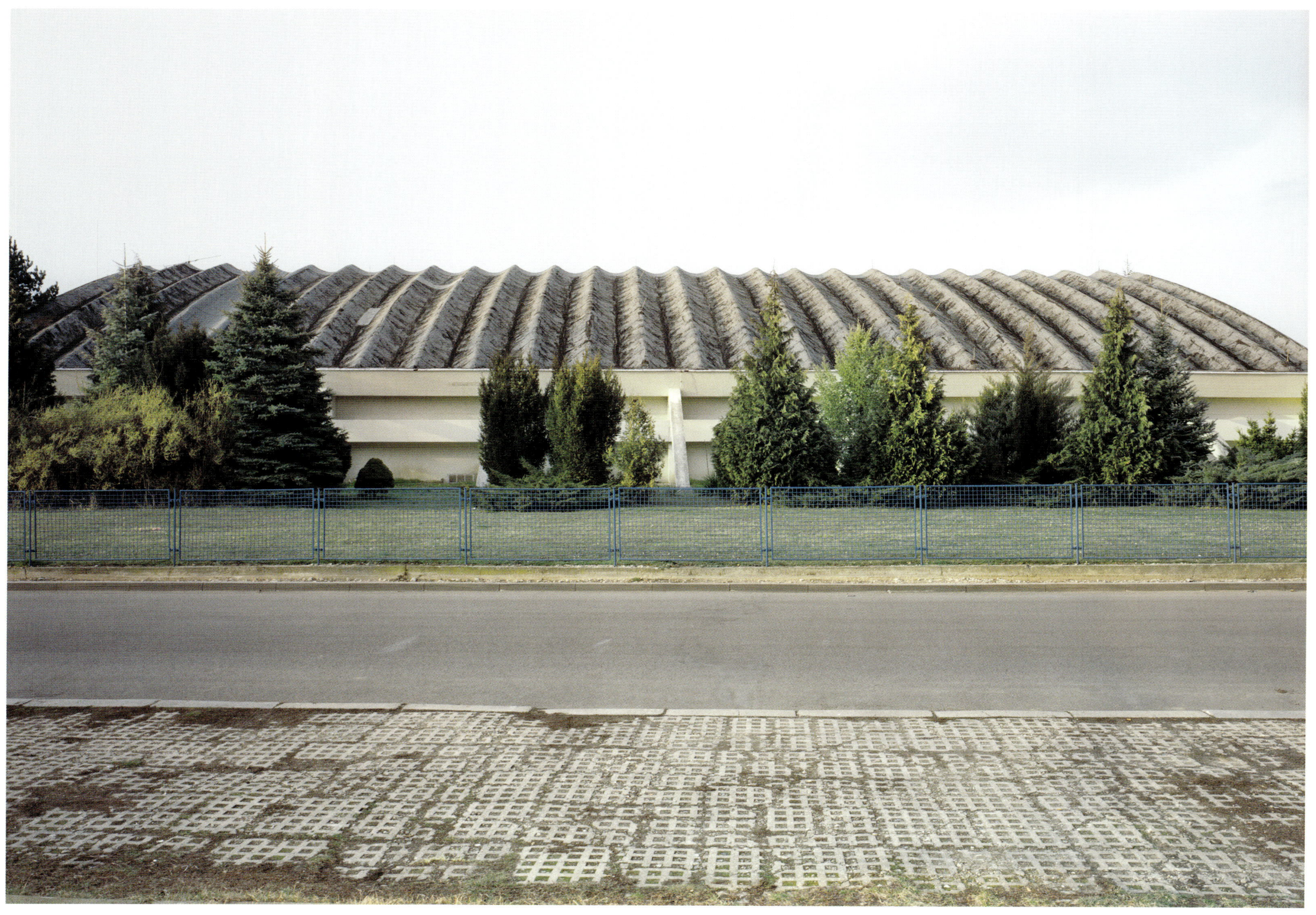

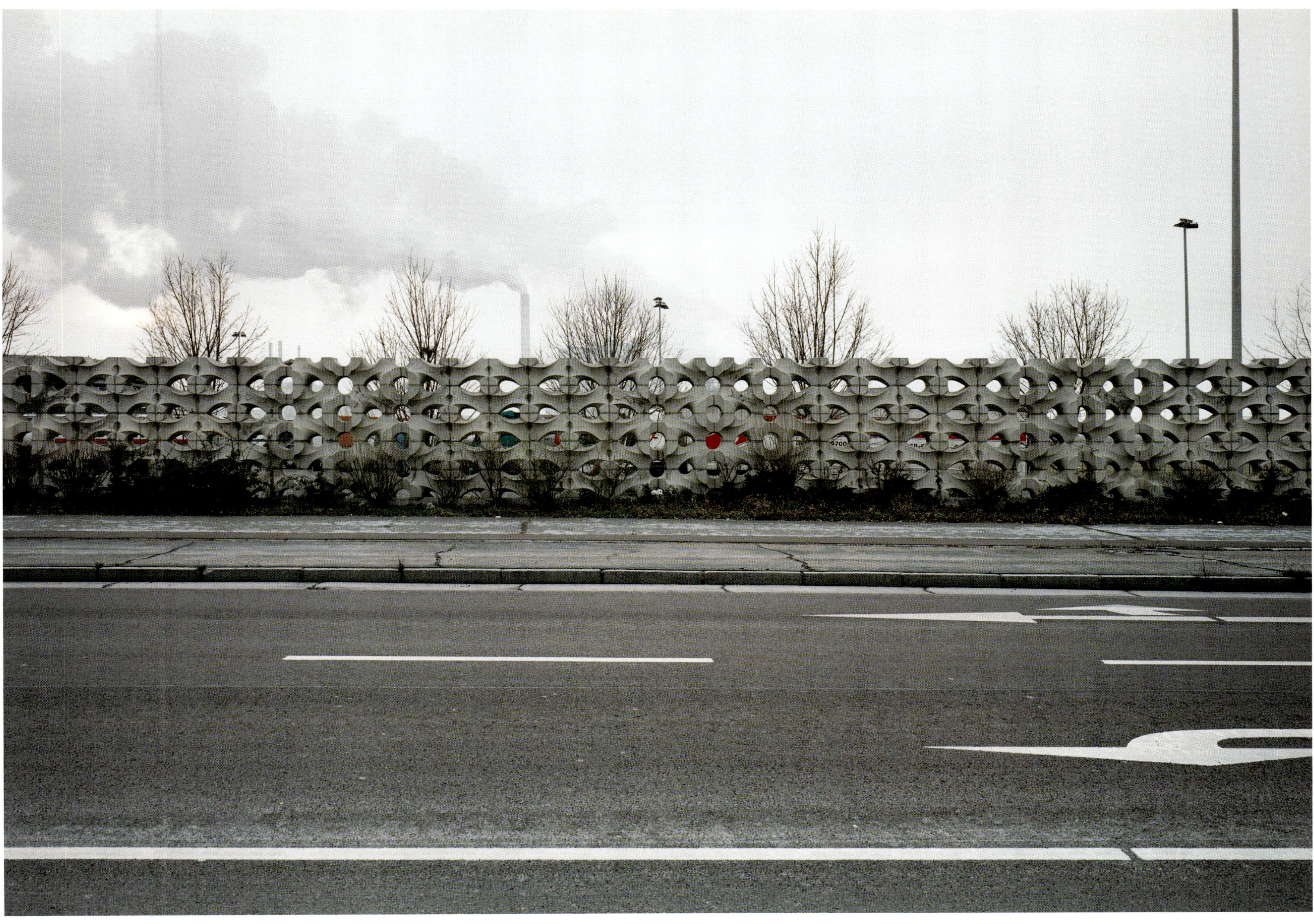

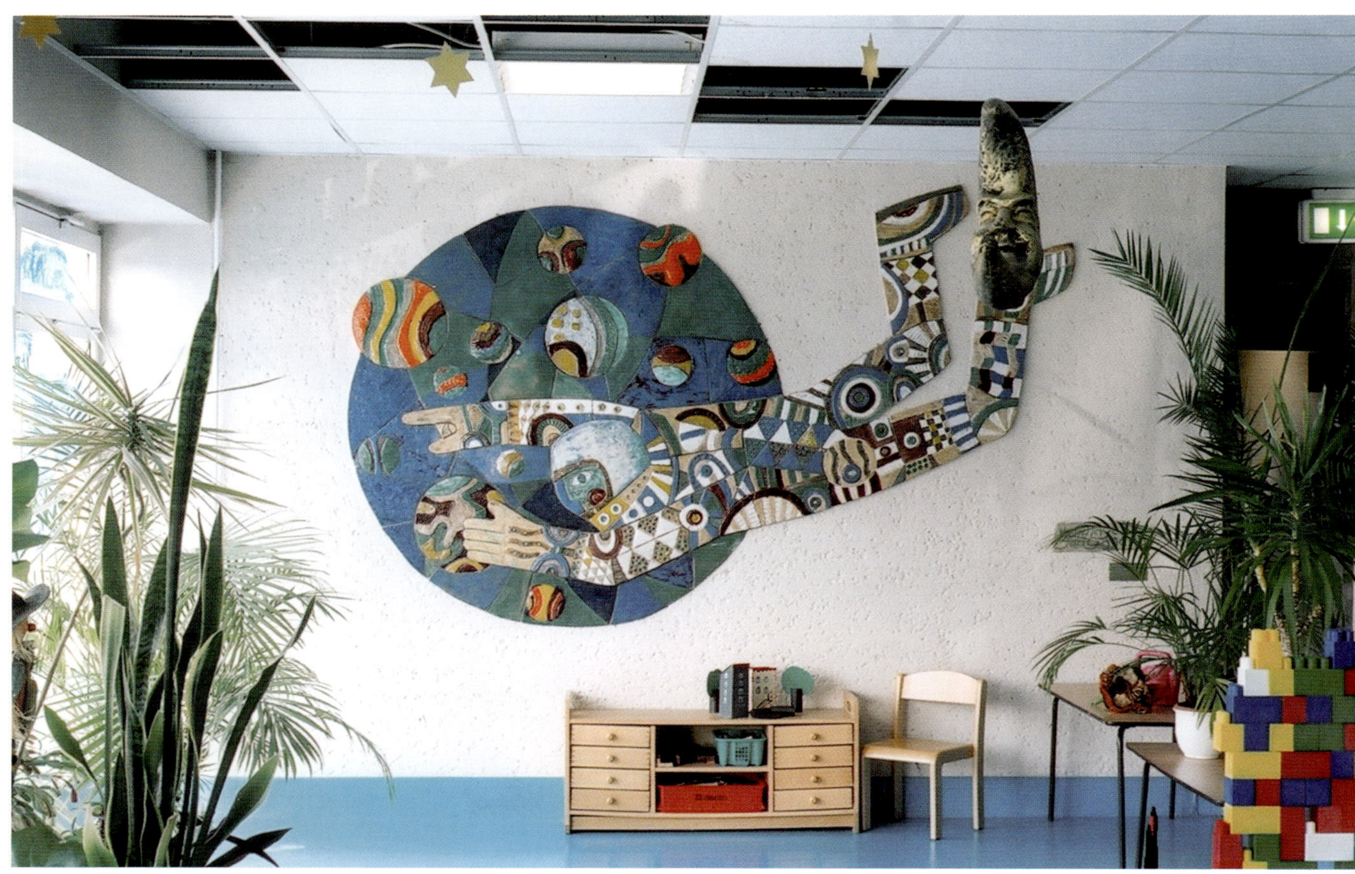

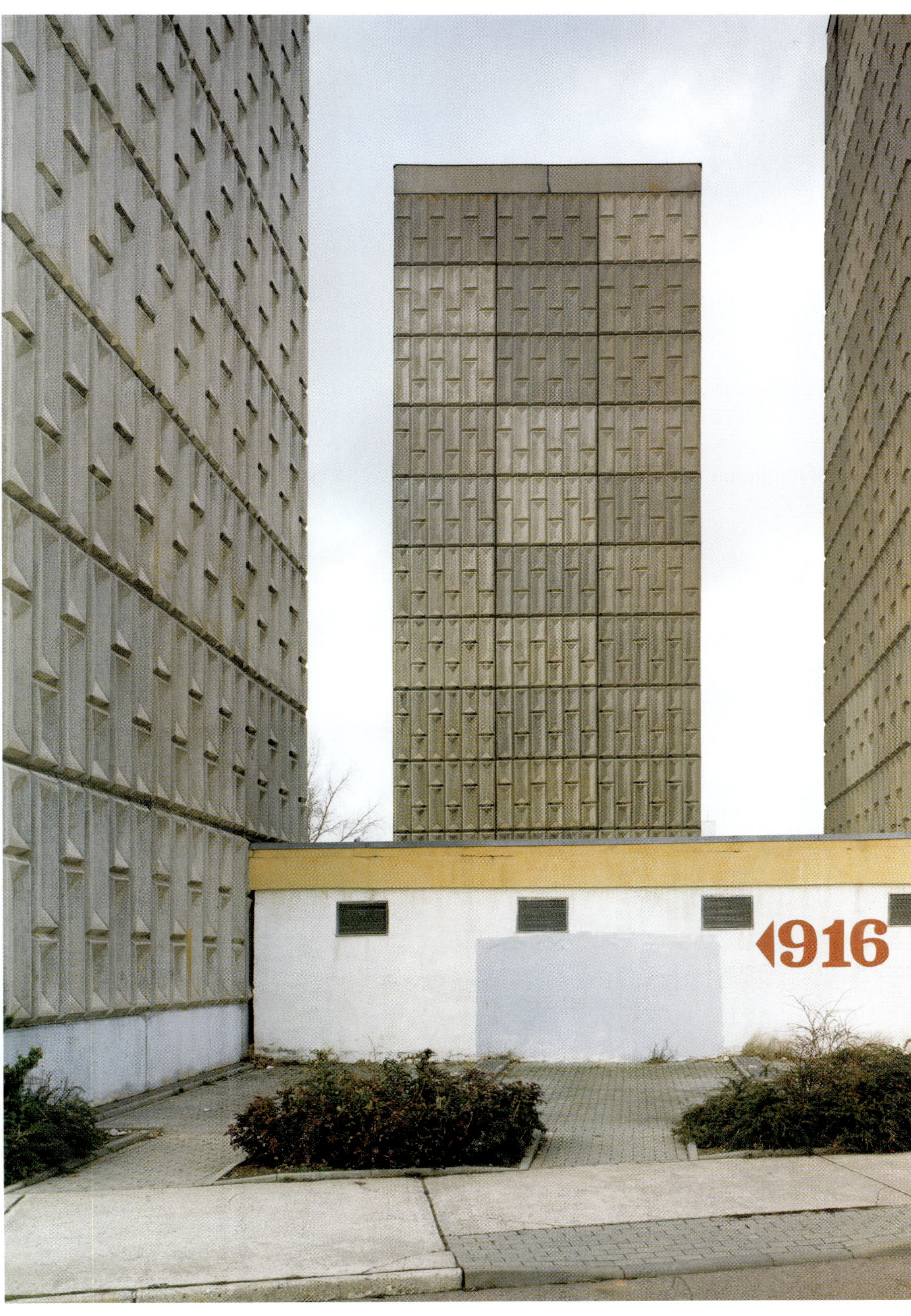

housemapping

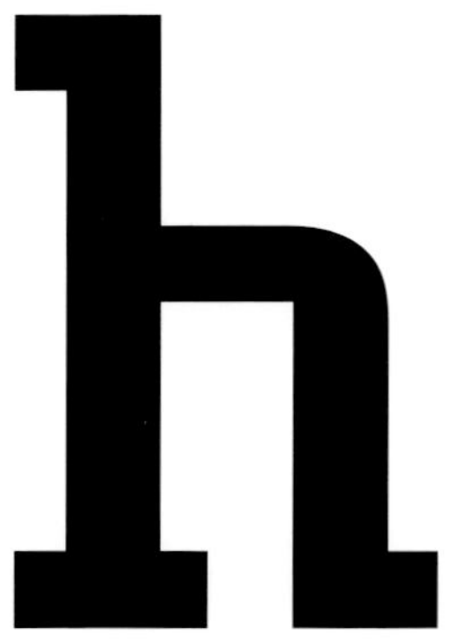

1999

Installation
Bundesratsgebäude Berlin

Modelle 1:50

Foto-Grafik

Transportkiste

1999

Installation
Bundesrat (Upper House of German
Parliament) Berlin

Models 1:50

Photo-composite

Crate

Diese Arbeit entstand im Rahmen eines Wettbewerbs zur architekturbezogenen Kunst für das Bundesratsgebäude in Berlin, die von der Jury den 1. Preis erhielt, jedoch nicht realisiert wurde. In dem Gebäude arbeitet eine der wichtigsten politischen Institutionen der Bundesrepublik Deutschland. Sie ist von öffentlichem Interesse und gleichzeitig von der Öffentlichkeit durch intensive Sicherheitsmaßnahmen getrennt. Dieses Paradox notwendiger Transparenz einer demokratischen Institution und ihre Trennung vom öffentlichen Raum wird zum Ausgangspunkt des Entwurfs.

Das Spektrum der Wahrnehmung soll durch die Erfassung der Wärmeabstrahlung des Gebäudes mittels Infrarotkameras erweitert werden. Sie sind im Außenraum an Orten positioniert, wo sie u. a. den Publikumsverkehr, das Öffnen und Schließen von Türen oder die Anfahrt von Fahrzeugen erfassen. Es sind gerade diese Parameter, die den Thermo-Scan neben den Dämmeigenschaften der Fassade oder der Einwirkung des Wetters beeinflussen. Die zwischen Haus und öffentlichem Raum vollzogenen Aktivitäten werden dadurch nicht nur messbar, sondern in Bilder umgewandelt. Die Infrarotaufnahmen führen, durch ein Rechnerprogramm transformiert, zu neuen räumlichen Bildern. *Housemapping* kann in Echtzeit arbeiten oder in bestimmten Rhythmen von Stunde, Tag, Woche, Monat Bilder aufzeichnen. *Housemapping* arbeitet mit dem Haus als Hülle und Skulptur für Interaktionen der Nutzer und Besucher, mit gegenwärtigen wie vergangenen Prozessen. *Housemapping* ist kodierte Topografie.

The work *housemapping* was created within the framework of a proposed competition (which did not go ahead) for architecture-related art for the Bundesrat building in Berlin. The building houses one of Germany's most important political institutions – the second chamber of parliament. It is a focus of public interest and at the same time separated from the public by intense security measures. This paradox of the necessary transparency of a democratic institution and its division from public spaces formed the basis of the design.

The spectrum of perception was to be expanded by recording the heat radiated by the building via an infrared camera. The cameras were positioned outside in places where they would also record the movement of visitors, the opening and shutting of doors, and the arrival of vehicles. These are the parameters, along with the weather or the state of the facade insulation, that influence the thermo scan. The activities carried out between the building and public space thereby not only become measurable, they are transformed into pictures. The infrared images, processed by a computer, lead to new conceptions of space. *Housemapping* can operate in real time or record images in certain rhythms of the hour, day, week, or month. *Housemapping* works with the building as a shell and a sculpture for interaction between users and visitors, with present and past processes. *Housemapping* is coded topography.

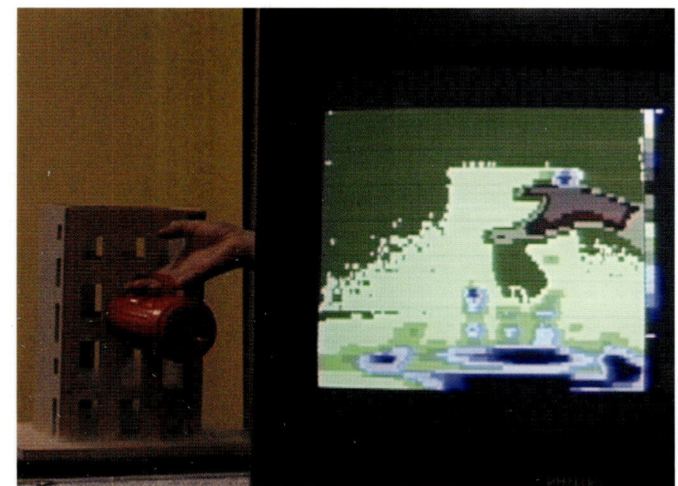

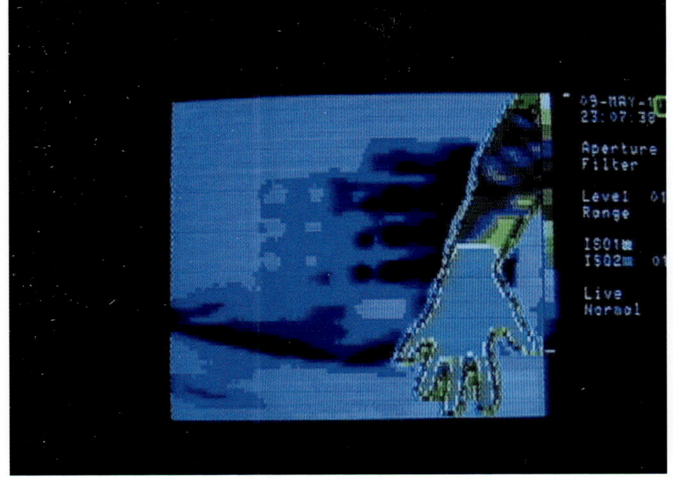

09-MAY-1
23:07:38
Aperture
Filter
Level   01
Range
ISO1
ISO2   01
Live
Normal

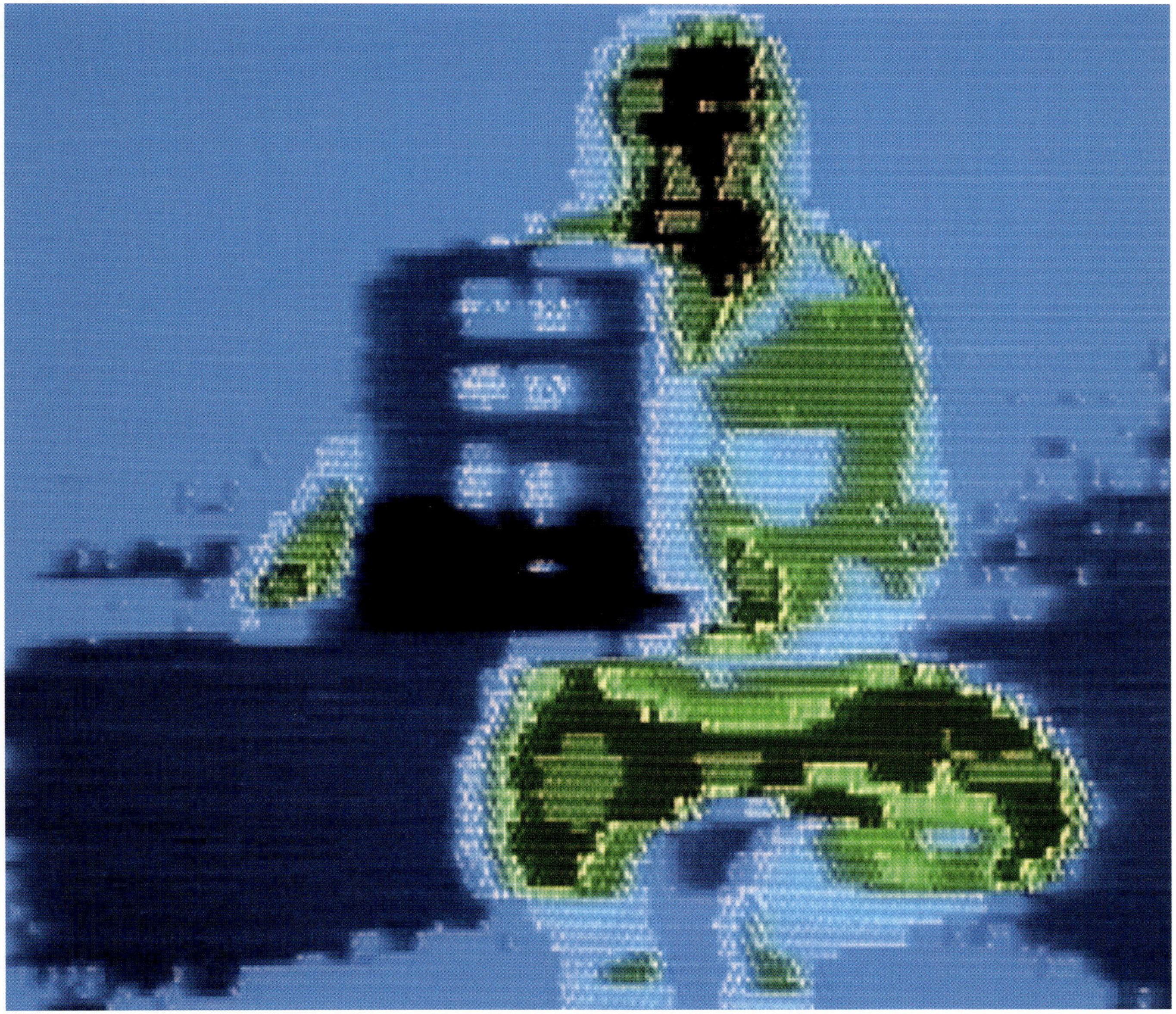

housemapping1

In der Wandelhalle des Bundesratsgebäudes werden in den drei Kuppeln drei identische elektromechanische Ringanlagen angebracht und mit je einer um 360 Grad beweglichen Blendenscheibe bestückt. Auf der ringförmigen Laufschiene kann sie beliebig positioniert werden. Die Daten des Thermo-Scans von je einem Messpunkt im Außenraum und im Innenraum werden an eine kreisende Bewegung dieser Scheiben übersetzt. Dabei liefert die Messung an der Außenfassade (Kamera 1) die Basisdaten für die Steuerung des Drehwinkels der Scheiben. Die Messung im Innenraum (Kamera 2) verändert die Position der Scheiben auf den Ringen. Durch die Kombination beider Bewegungen ergeben sich unendlich viele Möglichkeiten ihrer Ausrichtung. Die nicht wahrnehmbare Wärmestrahlung wird durch diese Bewegungen vom Nutzer des Gebäudes räumlich erlebt.

housemapping1

Identical electro-mechanical rings were to be attached to the three domes in the hall of the Bundesrat building. Each ring was to have a lens aperture fixed to it in that could turn through 360 degrees. The apertures could be positioned anywhere using the ring-shaped rails. The thermo scan data from one point outside and one point inside were to be translated into a turning motion of the apertures. Thus, measurements on the outside facade (camera 1) provide the base data for steering the angle of the rings. Measurements in the interior (camera 2) alter the position of the apertures on the rings. The combination of these two movements provides infinite possibilities for them to be directed. The imperceptible radiation of heat can thus be experienced in three dimensions by the user of the building.

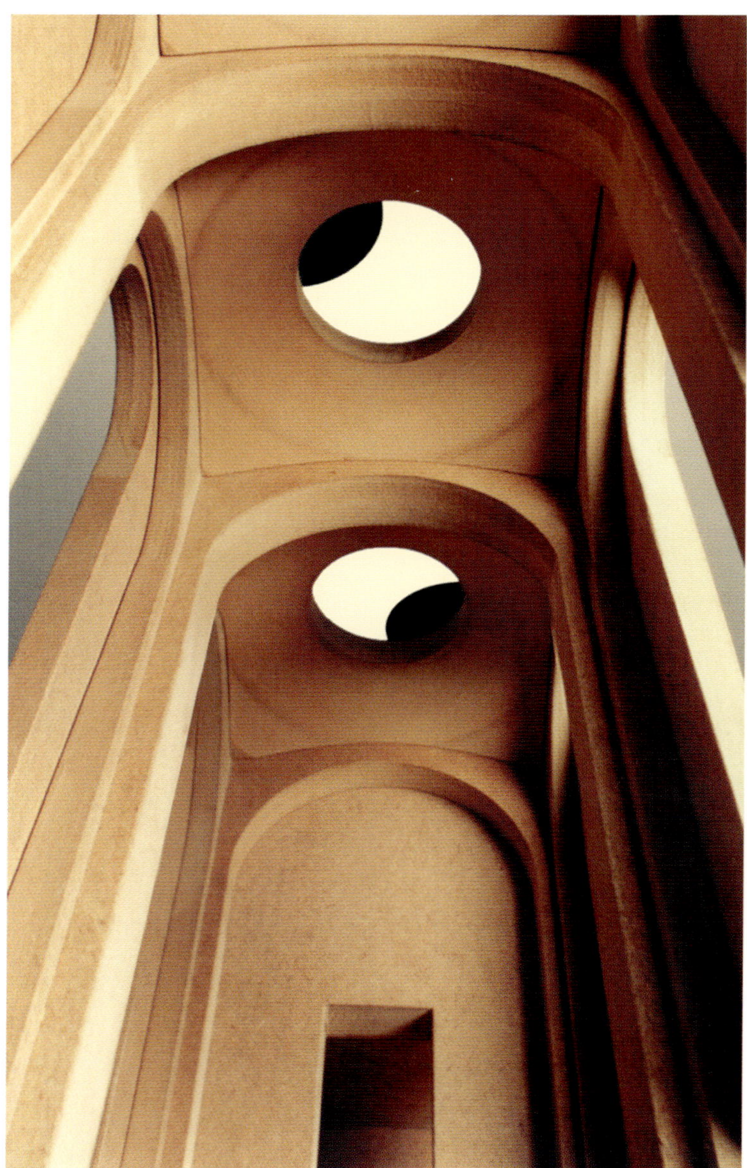
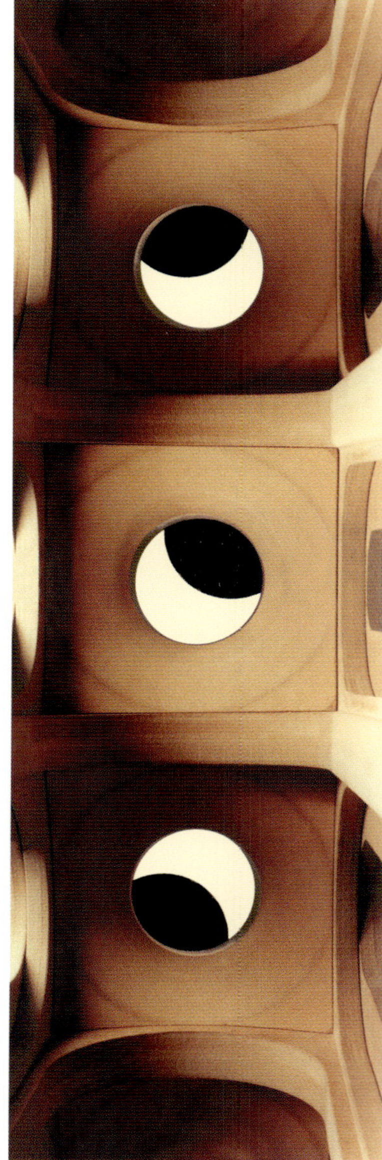

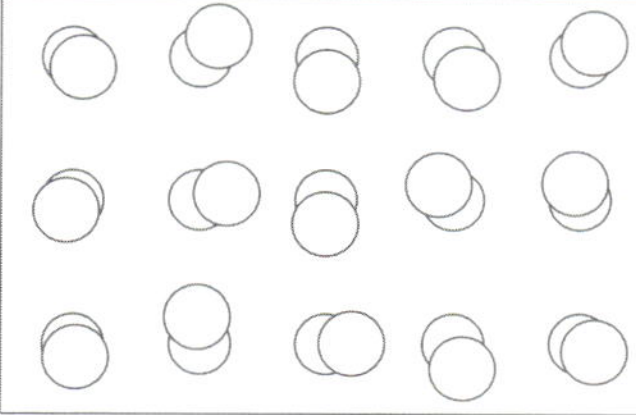
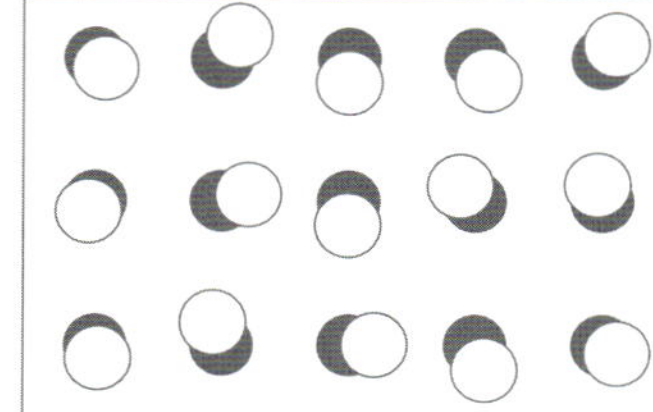
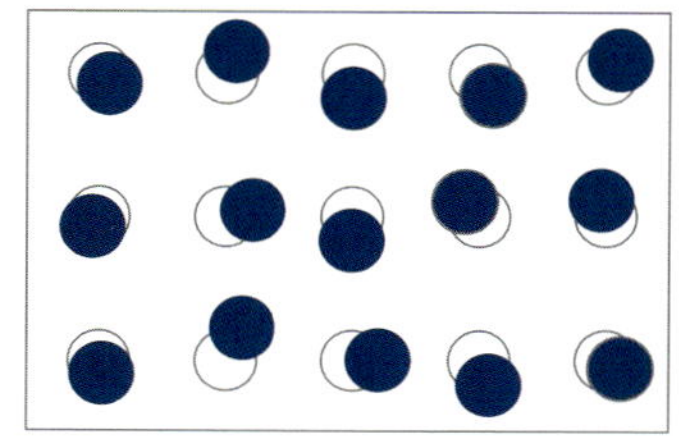
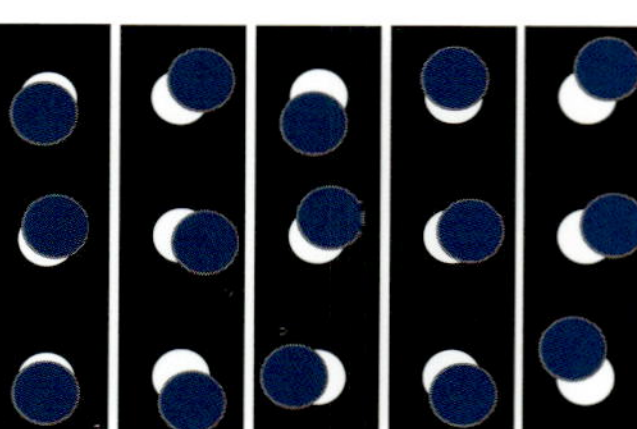

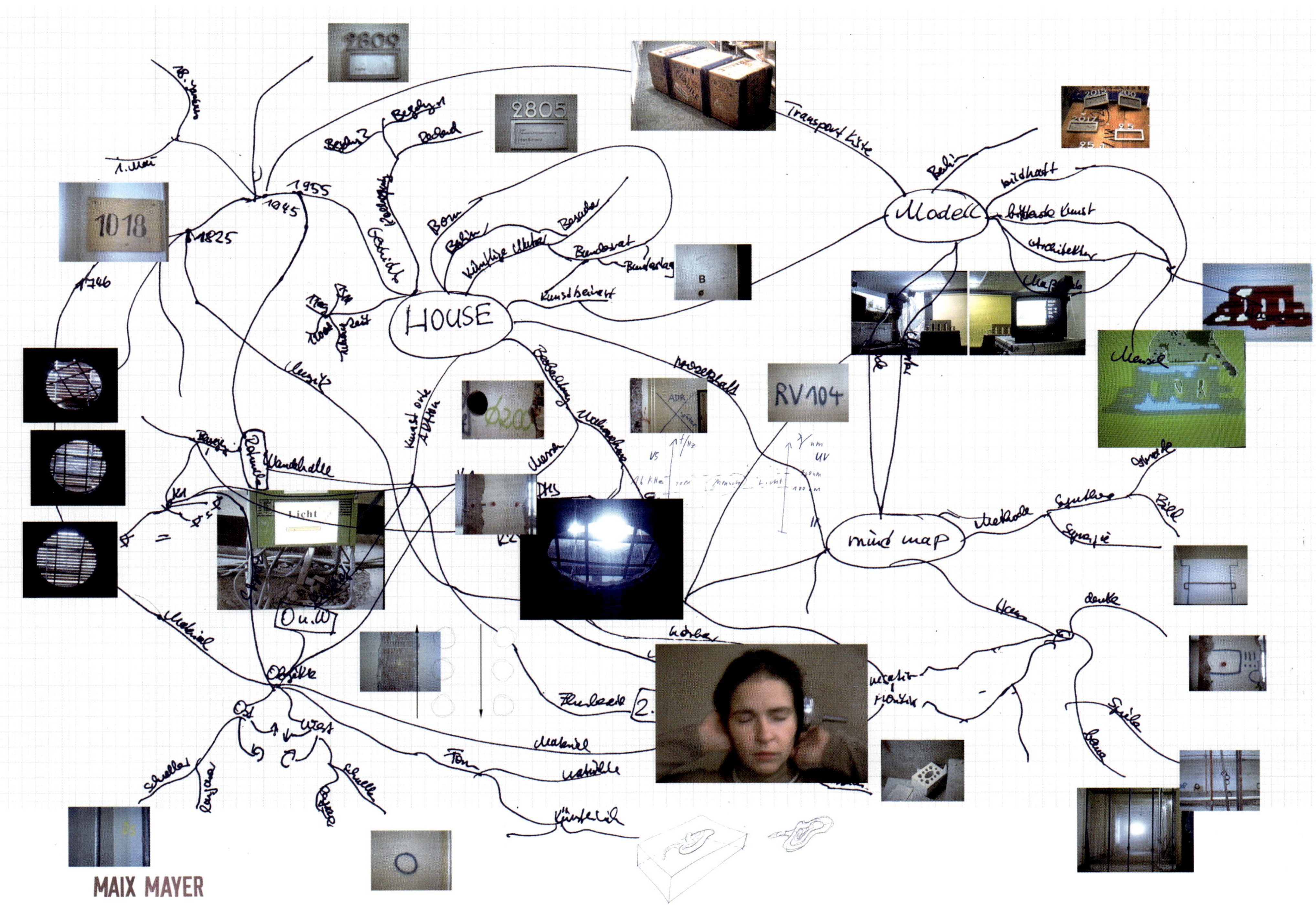

MAIX MAYER

karst

(delirious landscape)

k

2006
Installation
Leipzig

Fotografie
Fotoplane

2006
Installation
Leipzig

Photograph
Billboard

Fotoplane 1000 × 1500 cm
Billboard 393.7 × 590.5 in.

Die Fotoleinwand „Karst (delirious landscape)", die an einer der vielen maroden Fassaden im Osten Leipzigs angebracht wurde, nimmt ein Element der Werbung im Stadtraum auf, wie man sie auch für die Imagekampagne Leipzigs unter dem Titel „Leipzig kommt!" (1992–2002) verwendet hatte. Die riesigen Plakate erscheinen als Zeichen und Versprechen für Entwicklungen, die noch nicht eingetreten sind. Gelegentlich wirken sie wie Fremdkörper und erzeugen Irritationen, weil sie nicht viel mit dem Leben der Bewohner in der Stadt zu tun haben.

Die Vorlage für die Leinwand bildet eine Fotografie aus dem Jahr 1931, die bei einem Kostümball in New York entstanden war. Dort traten bekannte Architekten und Künstler mit Kopfmodellen auf, die von ihnen entworfene Häuser darstellten. Sie travestierten damit Ideen der 1928–1959 tätigen Architekturbewegung der CIAM (Congrès Internationaux d'Architecture Moderne – Internationalen Kongresse Moderner Architektur), die eine strenge Funktionsteilung der modernen Stadt in Wohnen, Arbeiten, Erholung und Bewegung gefordert hatte.

Das Ereignis wurde 75 Jahre später in Leipzig re-inszeniert. An Hand der alten Vorlage fertigte eine Kostümbildnerin Papiermodelle und -requisiten. Sieben Architekten und Architektinnen aus Leipzig stellten auf der Bühne des Leipziger Rathaussaals die historische Szenerie nach.

The billboard of "Karst, a delirious landscape" was posted on one of the many crumbling facades in the east of Leipzig and took up an element of the advertising within the city familiar from the campaign to improve Leipzig's image, which ran under the title "Leipzig kommt!" (Here comes Leipzig! 1992–2002). The huge posters appeared as indications and promises of developments that have not yet come about. Frequently they appeared otherworldly and gave rise to irritation because they had little to do with the real lives of people in the city.

The model for the canvas was a 1931 photograph taken at a costume ball in New York, at which "well known" architects and artists appeared with models on their heads representing buildings they had designed. They were intended to send up the ideas of the International Congress of Modern Architecture (CIAM), which called for a strict division of functions in the modern city, according to living, working, recreation, and sport.

Seventy-five years later, the scene was recreated in Leipzig. Using the old photograph, a costume designer made the paper models and props. Seven architects from Leipzig relived the historic scene on the stage of the ballroom at Leipzig City Hall.

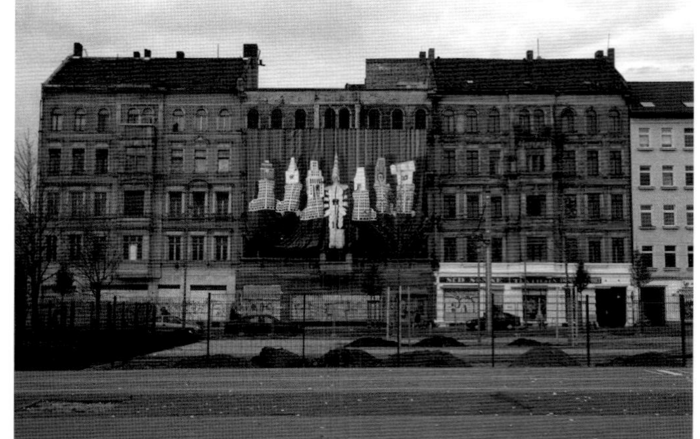

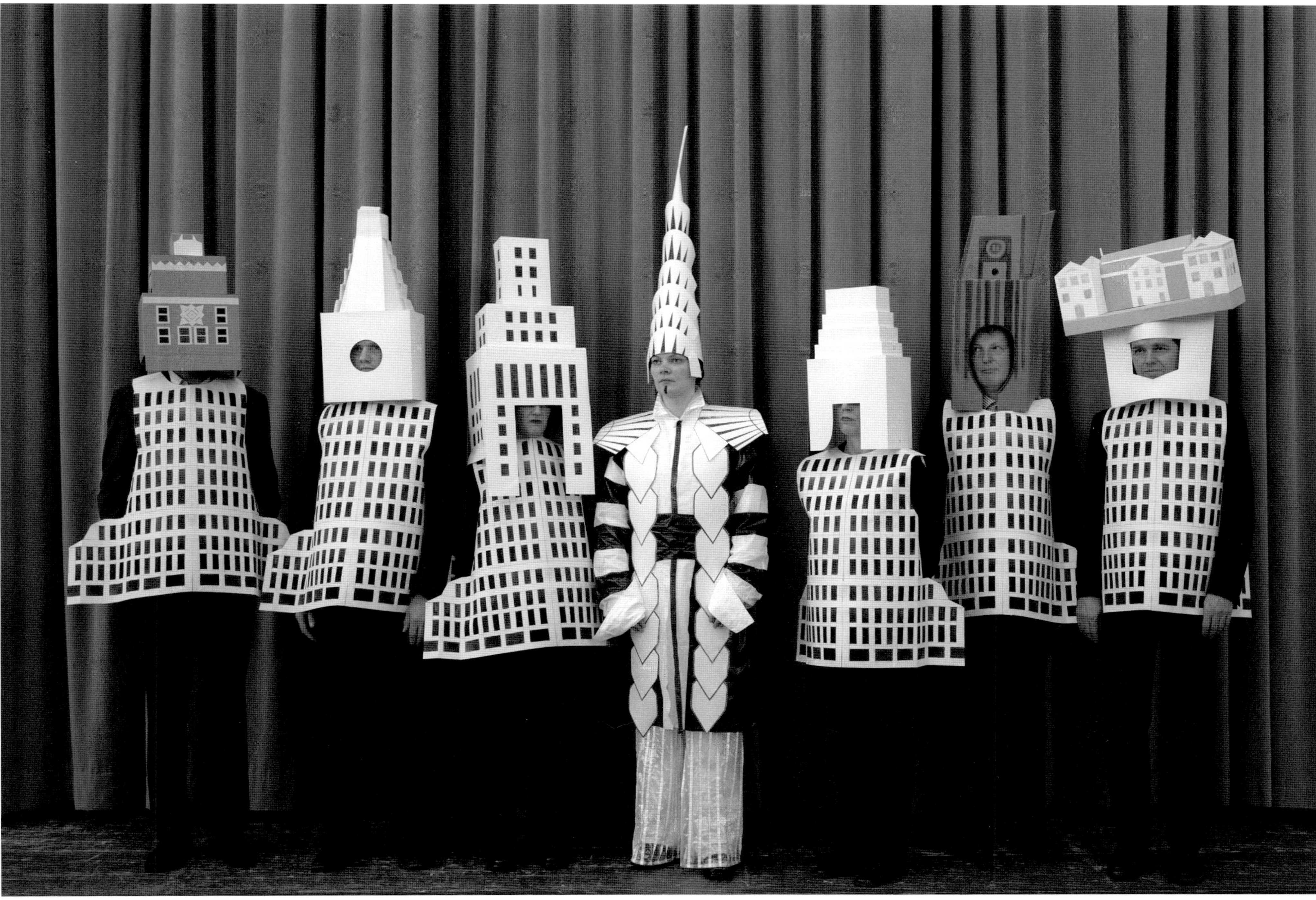

kollektion70

k

„Das Haus ist die Metapher für das, was der Metapher vorausgeht." (Mark Wigley)
In den 1970er-Jahren versuchte man in der DDR, den Mangel an Konsumgütern dadurch zu beheben, dass alle Betriebe verpflichtet wurden, Produkte für den täglichen Bedarf der Bevölkerung zu entwickeln. Die Anwendungstechnische Abteilung des VEB Spezialchemie Leipzig fertigte den Prototyp „Kugelhaus universal", der 1971 auf der Leipziger Messe erstmals präsentiert wurde. Es bestand aus zwölf Fünf- und zwanzig Sechsecken und besaß bei einem Durchmesser von 4,8 Metern eine Nutzfläche von 13 Quadratmetern. Laut beigefügter Bauanleitung sollte das Haus von dem Käufer selbst zusammengesetzt werden.
„Die Erfinder dachten, sie hätten die Alternative zum Schrebergartenhaus für die Ära der Weltraumfahrt entwickelt, und rückten mit ihrer volkstümlichen Variante den hochfliegenden architektonischen Ideen nach, die dem Atomium 1958 in Brüssel, mit mobilen Räumen der Gruppe Archigram in England, mit Wohnkapseln von Kisho Kurokawa in Japan und mit der geodätischen Kuppel von Buckminster Fuller in den USA die Fantasien beflügelten." (Peter Herbstreuth,

„Der Himmel über Halle-Neustadt", in: *Der Tagesspiegel*, 13.03.2004, S. 24)
Das weltumspannende Ereignis der Fußballweltmeisterschaft im Jahr 2006 setzte die Geschichte des Kugelhauses fort. Die Sponsoren präsentierten sich mit transportablen Architekturen in verschiedenen Städten, die die Form des Balls wie am Brandenburger Tor in Berlin offensiv für das Stadtmarketing einsetzten. Der Fußball besteht aus der gleichen Anzahl von Fünf- und Sechsecken wie das Kugelhaus.

"The building is a metaphor for what comes before a building." (Mark Wigley)
In the 1970s, the regime in East Germany sought to overcome the lack of consumer goods by obliging every business to develop products for everyday use. The applied technology department of the chemicals plant VEB Spezialchemie Leipzig made a prototype of a near-spherical hut called the "Kugelhaus universal," which was first shown at the Leipzig Trade Fair in 1971. It was made up of twelve pentagons and hexagons and had a diameter of 4.8 meters and floor space of 13 square meters. According to the instructions that came with it, the house was meant to be assembled by the purchaser.

"The inventors thought they had developed a space age alternative to the garden shed, and their folksy variation was an answer to the ambitious architectural ideas of the time, which inspired the Atomium in Brussels in 1958, the mobile rooms by the Archigramm group in England, Kisho Kurokawa's capsule architecture in Japan, and the geodesic domes by Buckminster Fuller in the USA." (Peter Herbstreuth, "Der Himmel über Halle-Neustadt," *Der Tagesspiegel*, March 13, 2004, p. 24)
The Soccer World Cup 2006, as a global sporting event, saw a revival of the Kugelhaus. The sponsors presented their transportable architecture in various cities, which used the ball for aggressive city marketing campaigns, as Berlin did with its ball at the Brandenburg Gate. A soccer ball is made up of the same number of hexagonal and pentagonal shapes as the Kugelhaus.

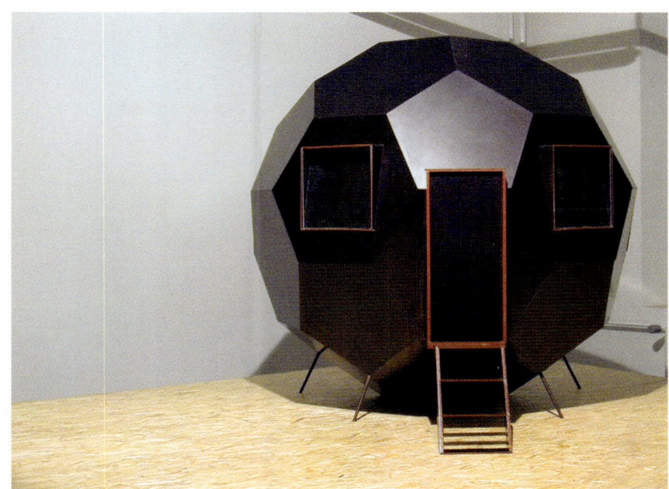

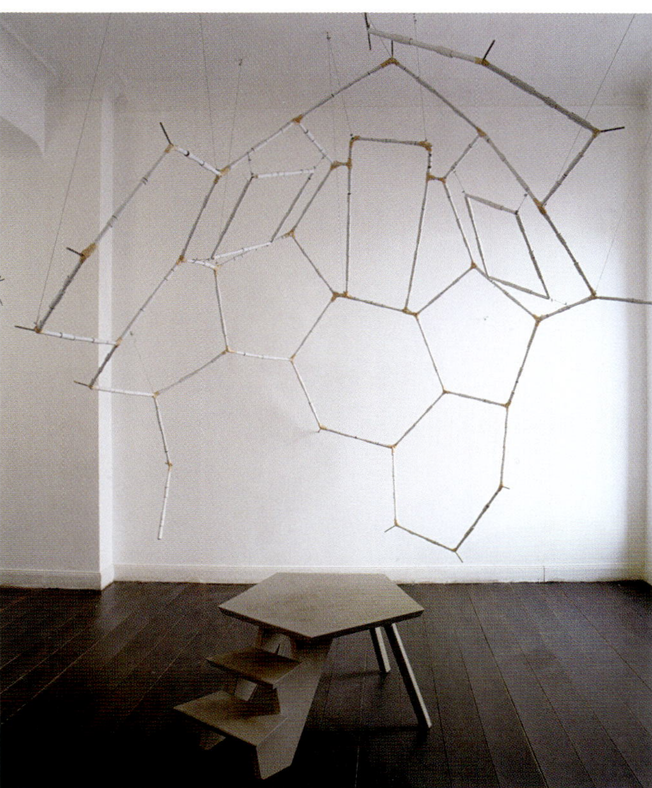

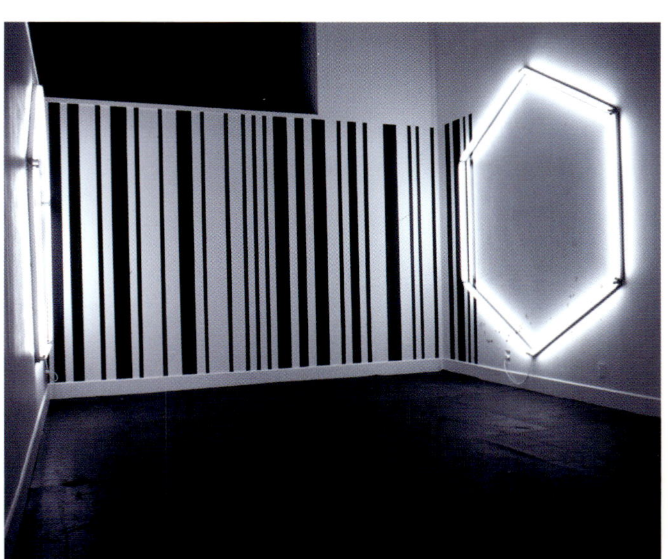

modell70

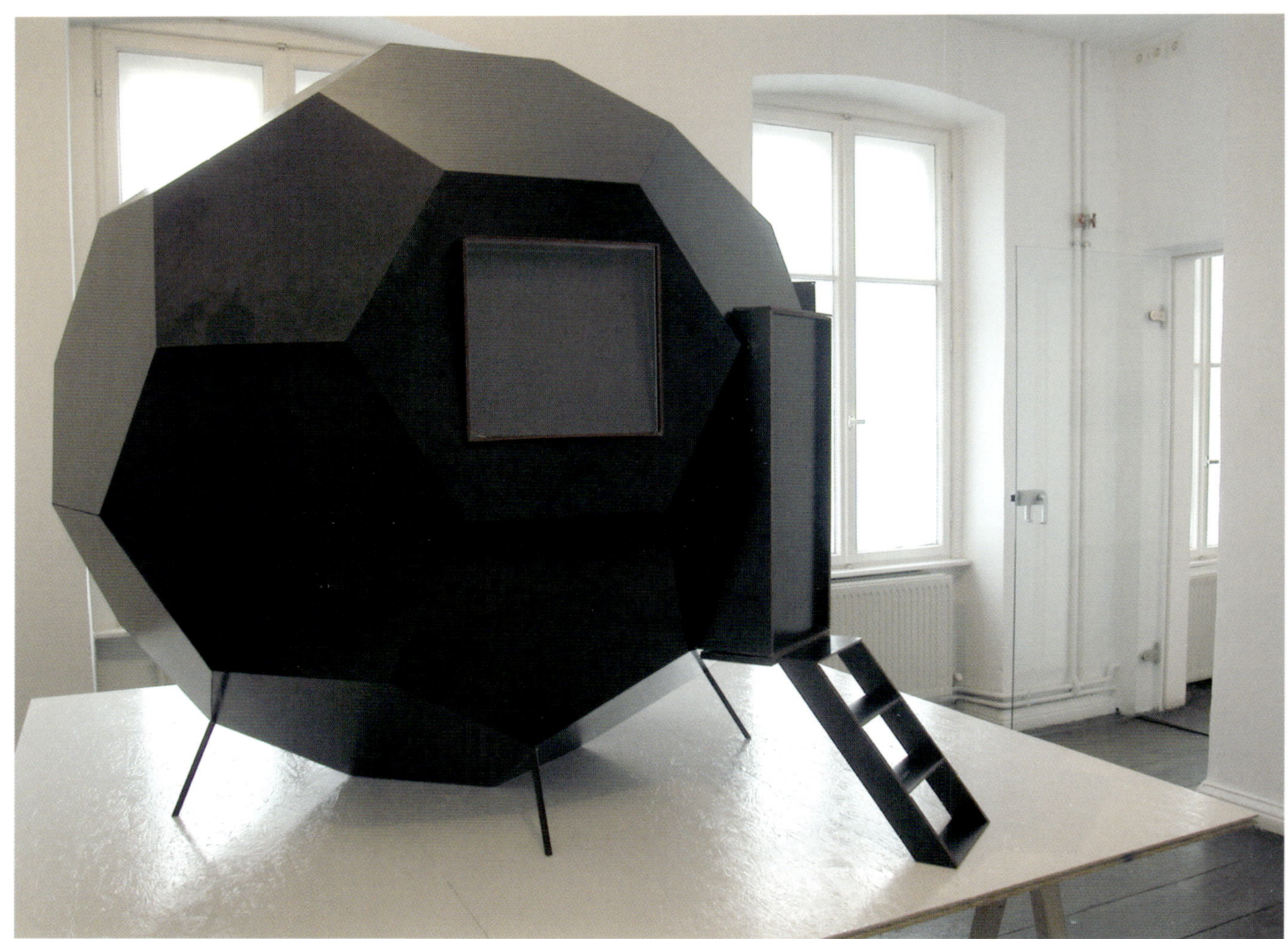

2004

Installation
Galerie Lothringer Dreizehn,
München

Modell 1:3,3,
Holz

2004

Installation
Galerie Lothringer Dreizehn, Munich

Model (scale 1 : 3.3),
Wood

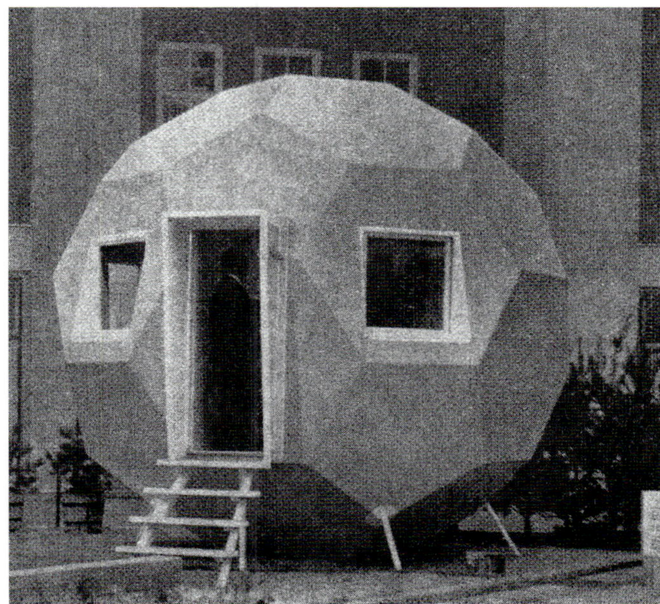

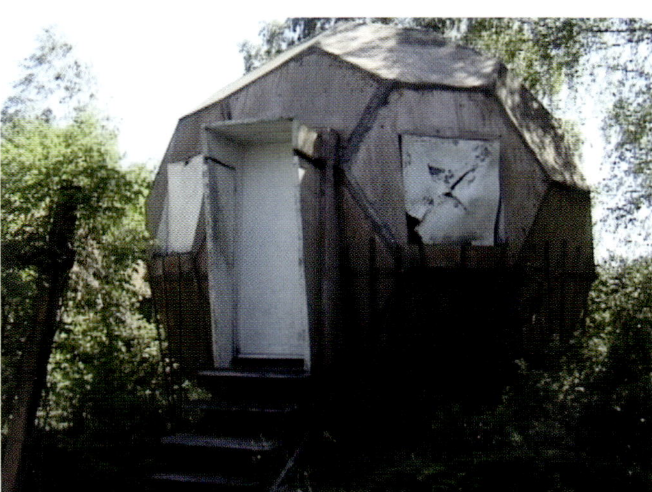

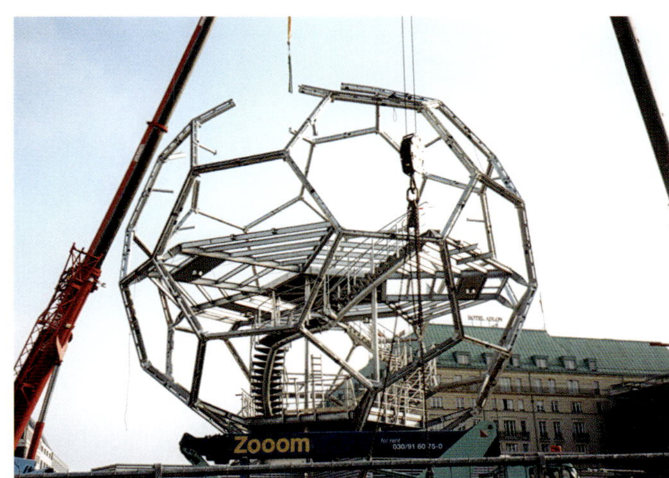
Zooom

melancholie70

2001
Installation
Galerie EIGEN+ART, Berlin
Porzellanstäbe (60 cm)
Porzellantafel (15 × 20 cm)
Film
DV auf DVD-PAL/4:3
3 min (Loop)
Regie: Maix Mayer
Grafik: Bernd Fraedrich
Sound: Komet

2001
Installation
Galerie EIGEN+ART, Berlin
Porcelain rods (23.6 in. long)
Porcelain tablets (5.9 × 7.9 in.)
Film
DV on DVD-PAL/4:3
3 min (loop)
Directed by: Maix Mayer
Graphics: Bernd Fraedrich
Sound: Komet

Die Gerüststruktur des Prototyps „Kugelhaus universal" aus dem Jahr 1971 (vgl. S. 101) wurde in modifizierter Form nachgebaut und erscheint wie eine hypermoderne Gestaltung heutiger Innenräume. Mittels einer beigefügten Anleitung können die Gerüste problemlos zu Raumteilern umgewandelt werden, wie sie Anfang der 1970er-Jahre in der DDR weit verbreitet waren. Der Mangel an Wohnraum führte dazu, dass man mit solchen Standardelementen die engen und kleinen Zimmer untergliederte, um verschiedene Nutzungsarten (Schlafen/Bett, Begegnung/ Sitzgruppe oder Kochen/ Kücheneinrichtung) zu ermöglichen.

In der Tafel wurden auf einer Seite Schriftzeichen eingebrannt, die die chinesische Übersetzung des Filmtitels *Auch Zwerge haben klein angefangen* wiedergeben. Dieses surreale Werk des westdeutschen Autorenfilmers Werner Herzog aus dem Jahr 1970 war ausschließlich mit kleinwüchsigen Laienschauspielern besetzt. Im Film scheitert der Aufstand dieser Zwerge an der Abwesenheit von Gegnern und an ihrer Gleichgültigkeit.

Auf der anderen Tafelfläche ist die Filmprojektion des Modells „Kugelhaus" zu sehen, das als Raumschiff durch eine abstrakte Stadtlandschaft fliegt. Hier verweist die Installation auf ein wichtiges historisches Ereignis, das in die Gegenwart hineinwirkt: Am 24. April 1970 startete die Volksrepublik China den ersten eigenen Satelliten Dong Fang Hong („Der Osten ist rot") Nr. 1 in den Orbit.

The structure of the prototype for "Kugelhaus universal," made in 1971, was copied in modified form and appears as if it were a hypermodern design for today's interiors. With the help of the instructions, the framework could easily be transformed into room dividers – which were common in East Germany in the 1970s. The lack of accommodation meant that people used these standard elements to divide their small rooms up into spaces that could be put to different purposes – to serve as bedrooms, living rooms, or kitchen and eating areas.

Chinese characters were burned into the panel on one side. They spell out the film title *Even Dwarfs Start Small*. This surreal 1970 film by West German director Werner Herzog was acted exclusively by small actors. In the film, the dwarfs' rebellion fails because of the absence of opponents and their indifference. On the other side of the panel is the film projection of the "Kugelhaus" model, which appears as a space ship flying over an abstract cityscape. Here, the installation alludes to an important historical event that has had an effect lasting to the present day. On April 24, 1970, the People's Republic of China launched its first satellite, Dong Fang Hong no. 1 into orbit.

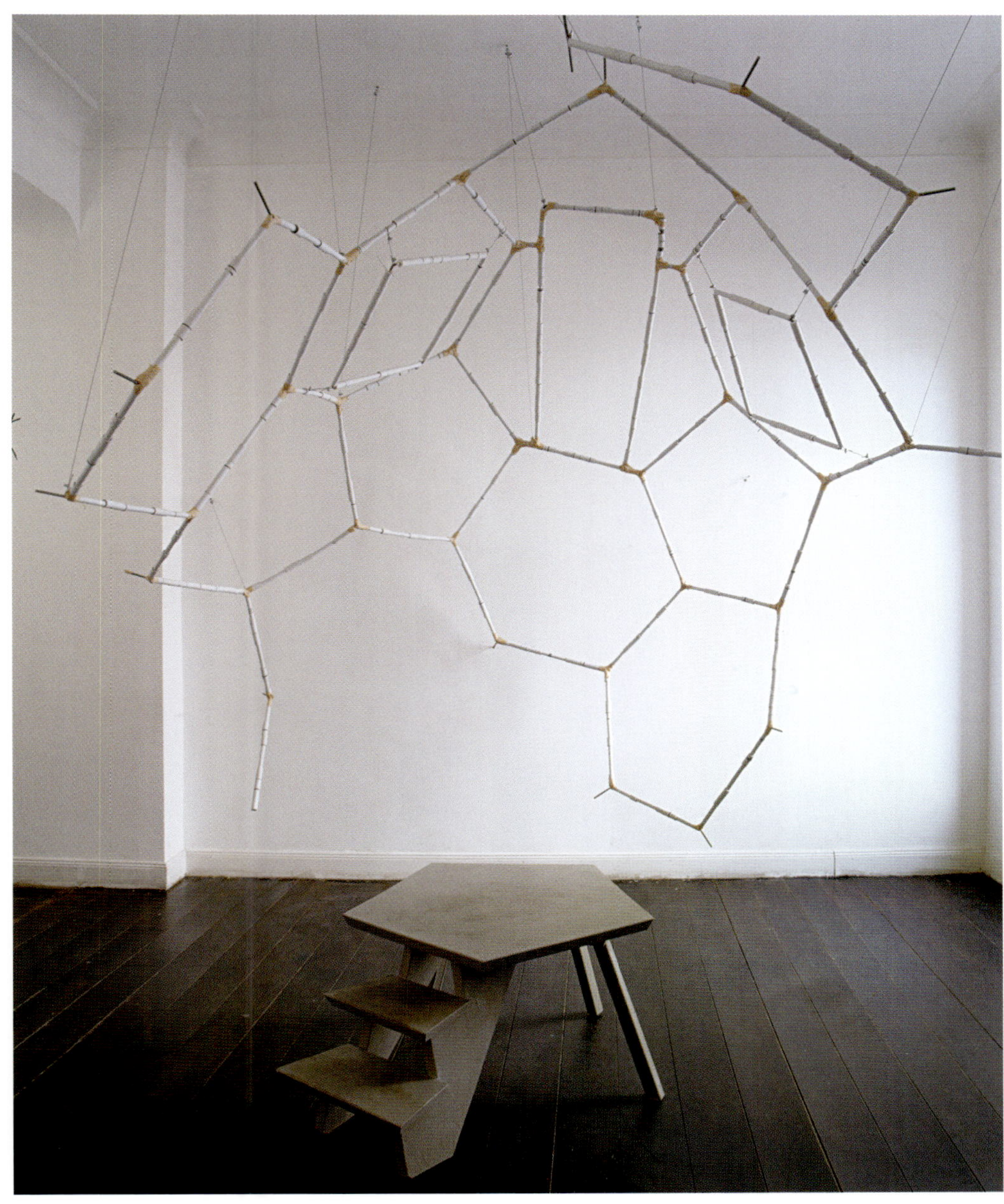

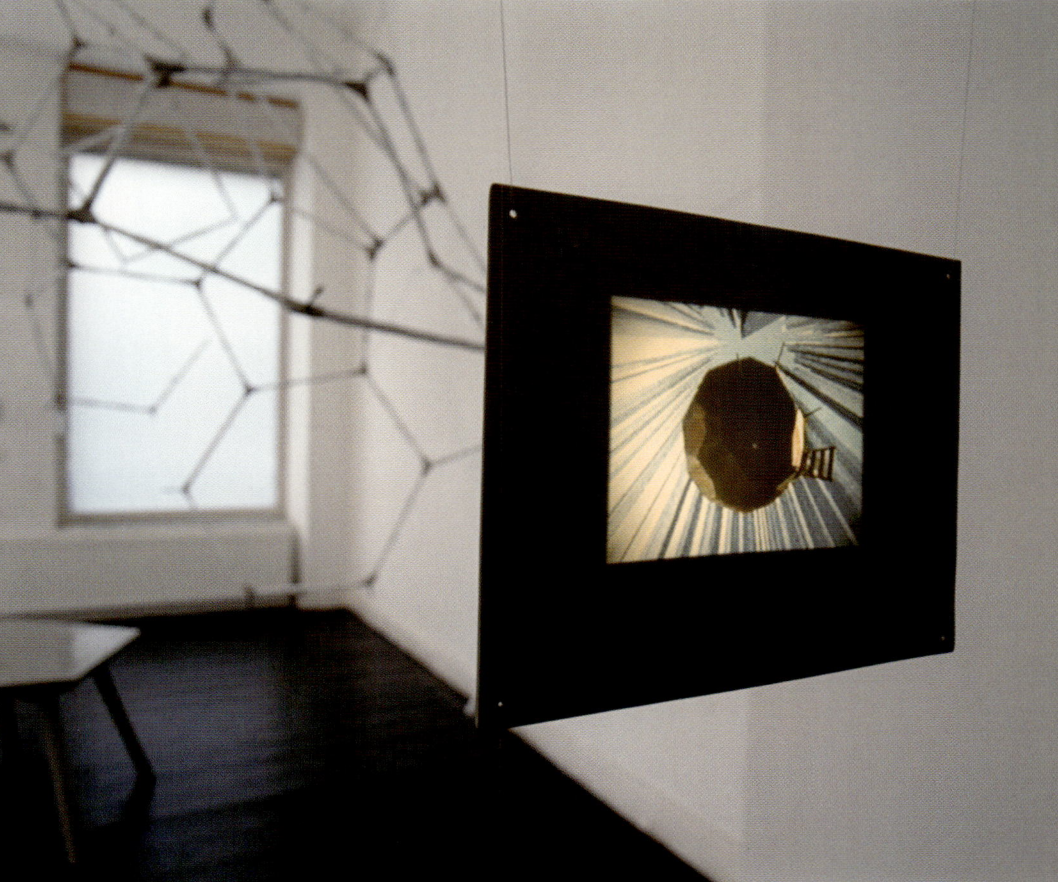

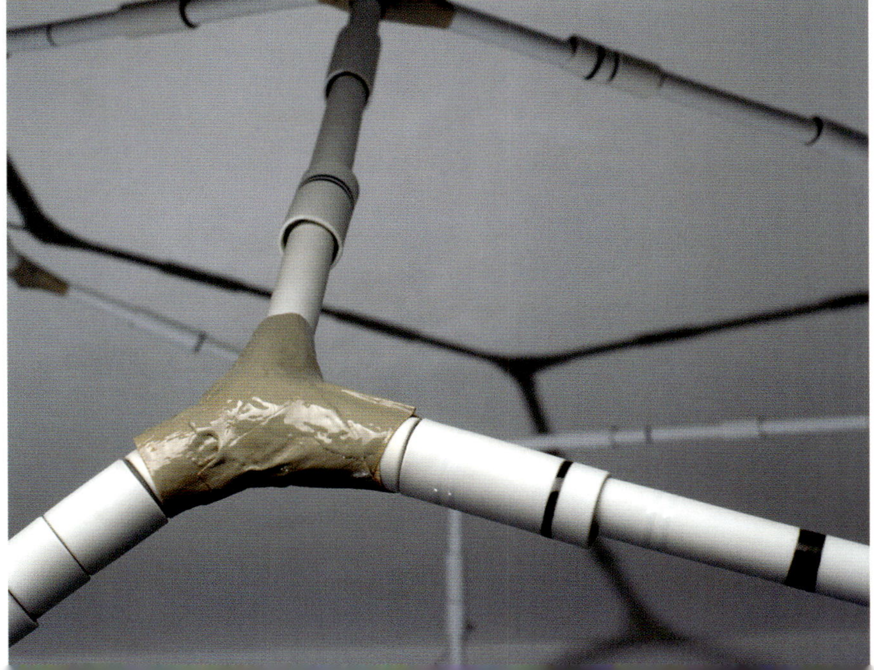

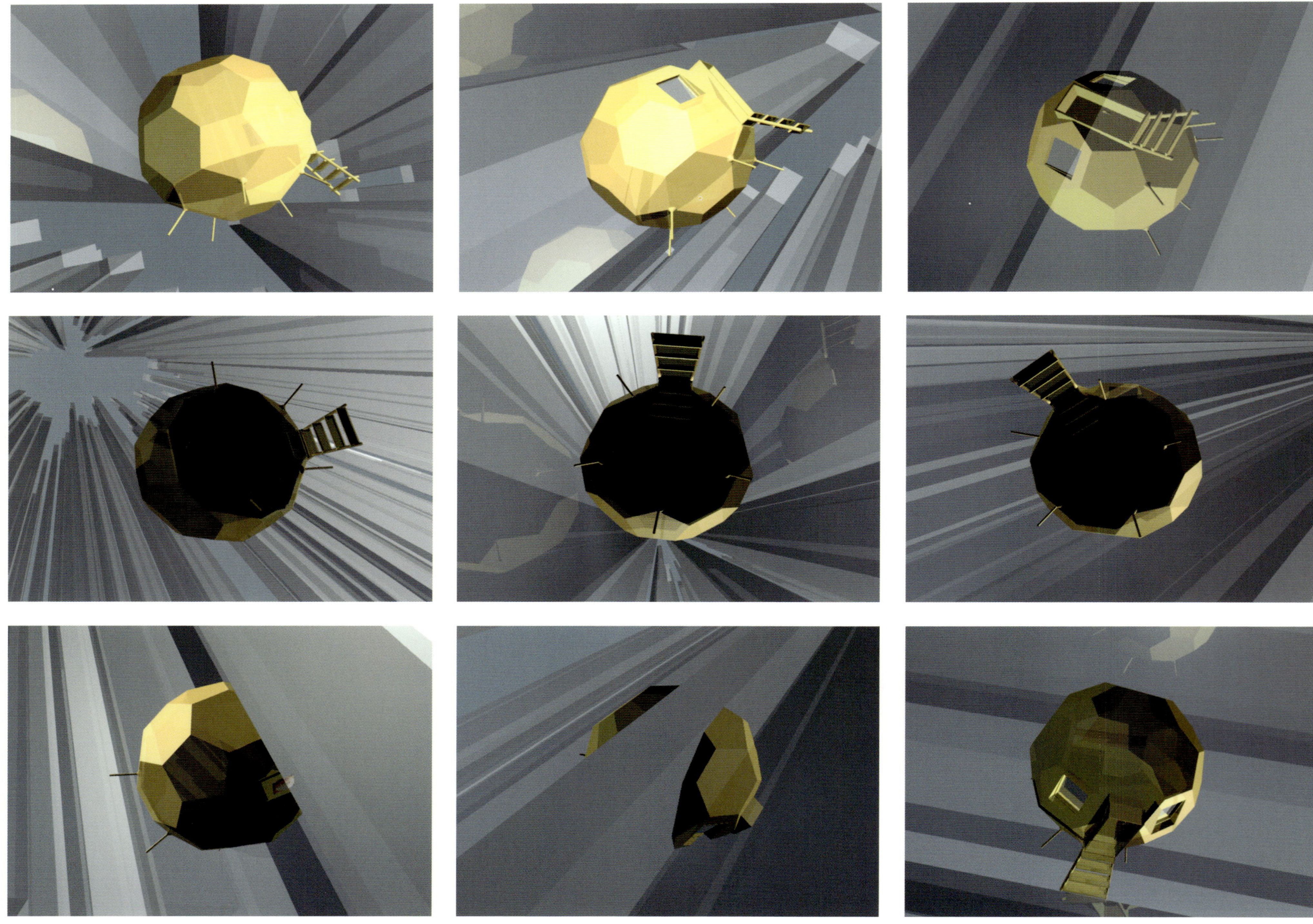

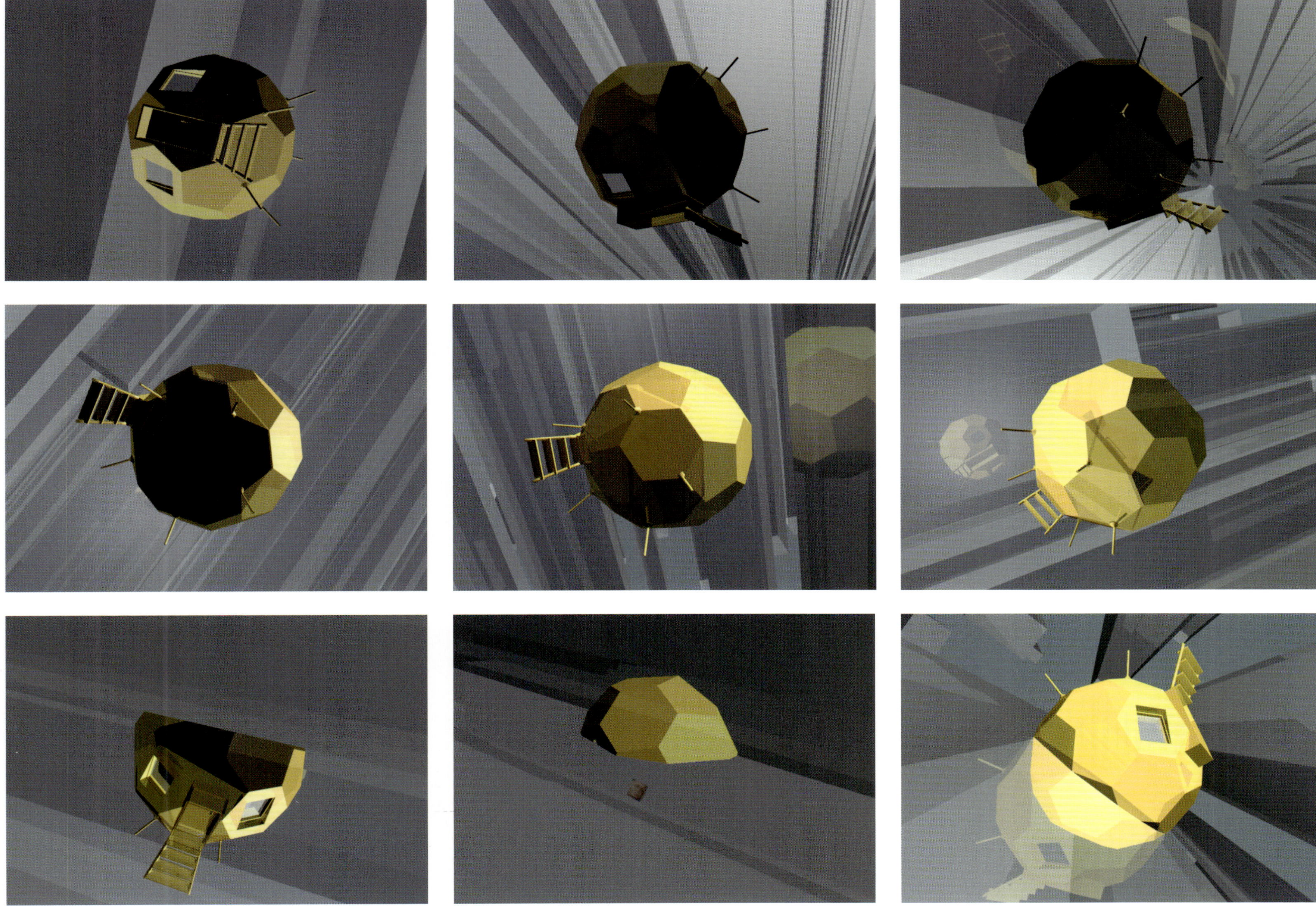

Filmstill
Movie still

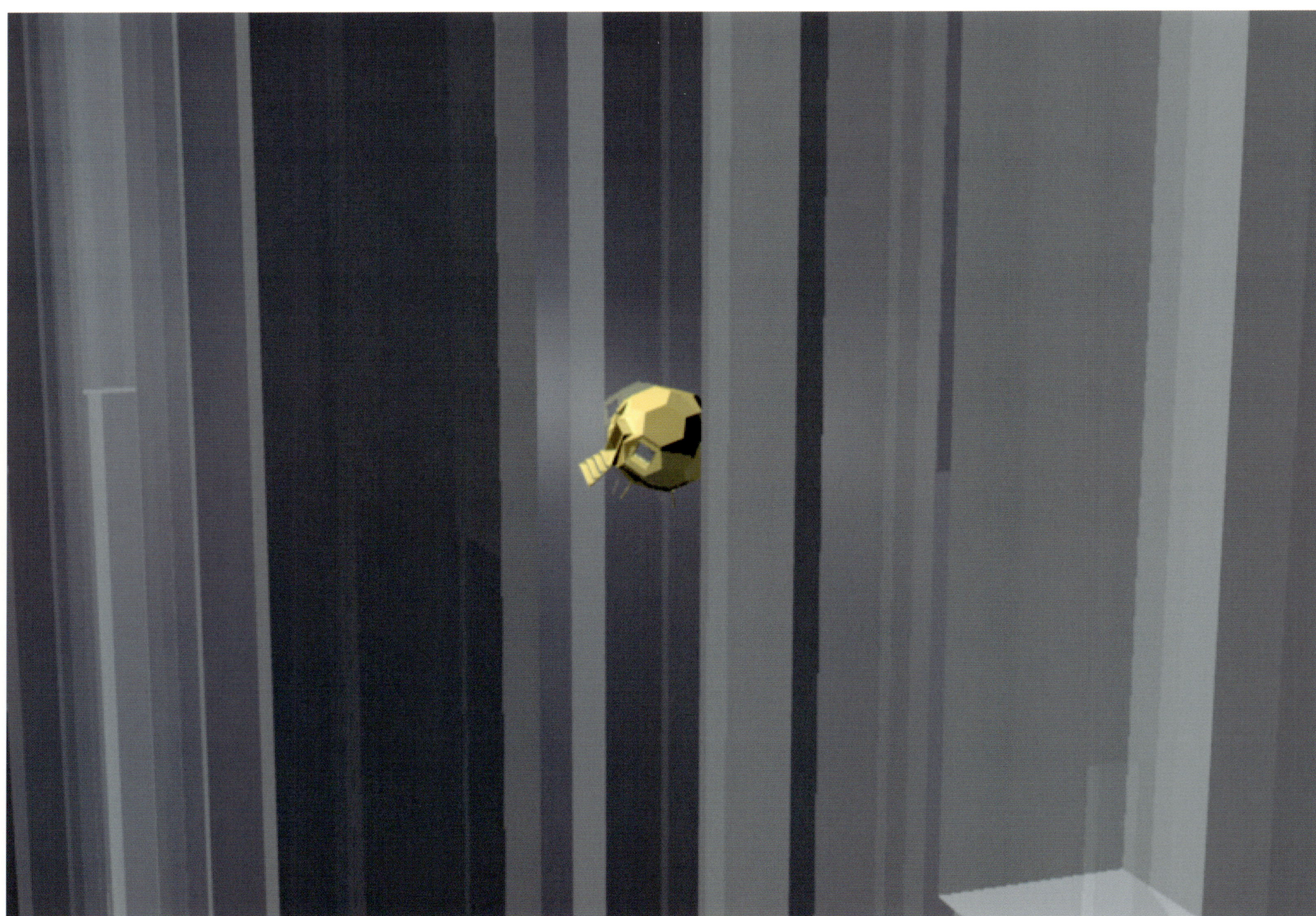

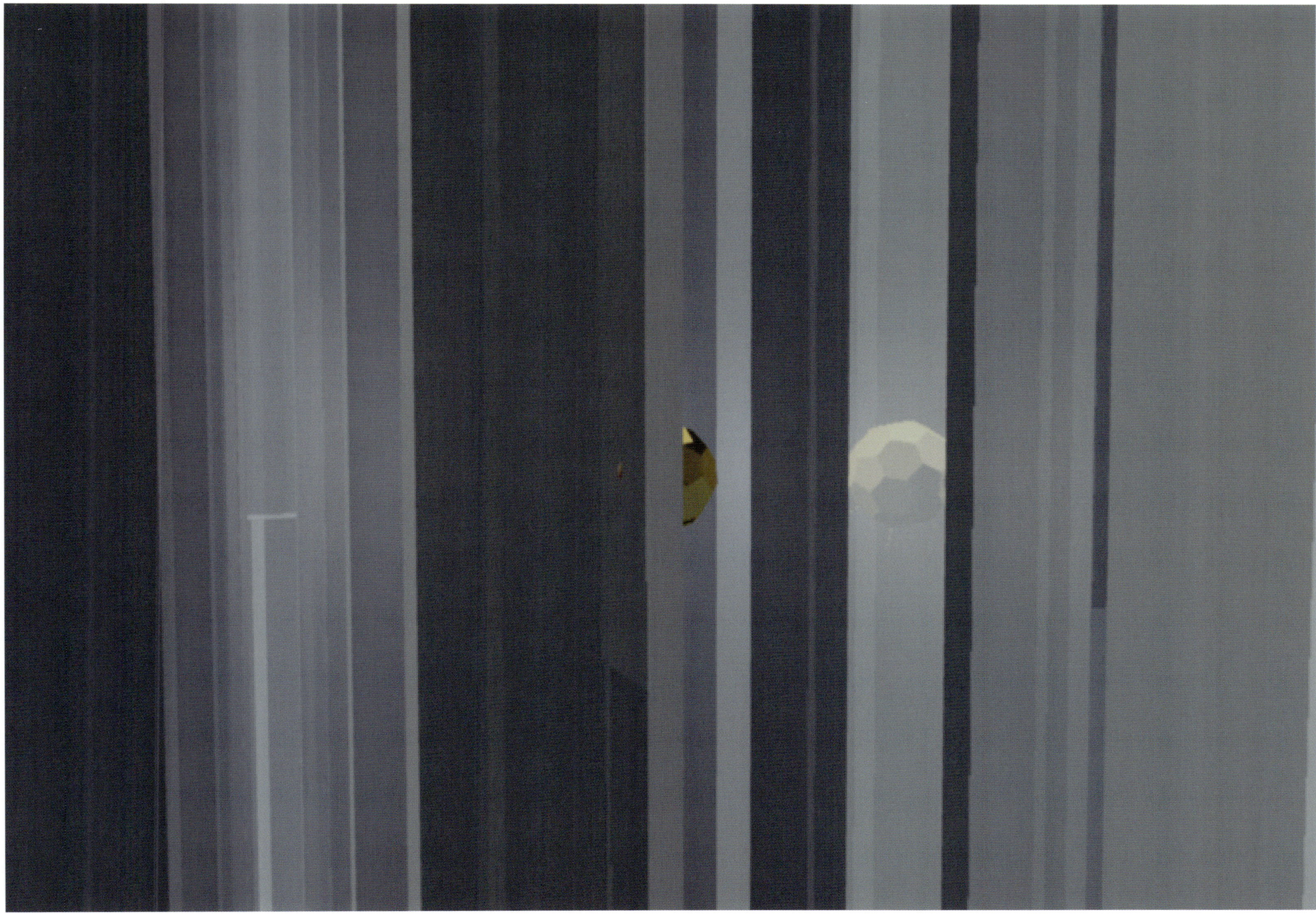

tuning70

2002

Installation
Govett-Brewster Art Gallery,
New Plymouth

Leuchtstoffröhren (100 cm)

Wandfarbe

Traummaschine

Film
DV auf DVD-PAL/4:3
1 min (Loop)
Regie: Maix Mayer
Grafik: Bernd Fraedrich
Sound: Simone Danaylowa

2002

Installation
Govett-Brewster Art Gallery,
New Plymouth

Fluorescent tubes (length 39.4 in.)

Decorator's paint

Dreamachine

Film
DV on DVD-PAL/4:3
1 min (loop)
Directed by: Maix Mayer
Graphics: Bernd Fraedrich
Sound: Simone Danaylowa

Die geometrischen Grundformen (Fünf- und Sechsecke) des Kugelhauses können mit Leuchtstoffröhren als Wandgestaltung zusammengesetzt werden. Dabei sind verschiedene Kombinationen der Wandfarben in der Art eines Barcodes (z. B. für den Titel einer internationalen Architekturzeitschrift) und der Leuchtintensität der Lampen nach individuellen Vorlieben möglich. Die Filmprojektion zeigt eine Version des animierten Kugelhauses, das wie die moderne Architektur in Michelangelo Antonionis Roadmovie *Zabriskie Point* (1970) explodiert.
Die utopisch-hoffnungsvolle Aussage der Animation aus *melancholie70* (vgl. S. 102) wird in *tuning70* relativiert. Beispielhaft steht dafür ein weltumspannendes Ereignis aus dem Jahr 1970, das den Glauben an einen unbegrenzten Fortschritt erschütterte: Im April geriet die NASA-Mondmission Apollo 13 nach der Explosion eines Sauerstofftanks an den Rand einer Katastrophe. Über Tage hielt die Welt den Atem an, nachdem die Crew an das Kontrollzentrum gemeldet hatte: „Houston, wir haben ein Problem."

The basic geometric shapes (pentagons and hexagons) of the Kugelhaus can be put together using fluorescent tubes to make a wall installation. Various combinations of wall paint in the style of a bar code (e.g. for the title of an international architecture magazine) and the wattage of the lamps are all possible according to individual taste. The film projection shows a version of the animated Kugelhaus, which explodes like the modern architecture in Michelangelo Antonioni's film *Zabriskie Point* (1970).
In contrast to the hopeful, utopian statement in the animation in *melancholie70*, *tuning70* stands for the relativization of utopian designs.
An example of that is the event of 1970 that shook the world's faith in unlimited progress. In April of that year, the NASA moon mission Apollo 13 came to the brink of disaster following the explosion of an oxygen tank. The world was on edge for several days after the crew radioed to mission control: "Houston, we have a problem."

Traummaschine

In den 1960er-Jahren konstruierten der amerikanische Schriftsteller und Künstler Brion Gysin (1916–1986) und der Mathematiker Ian Sommerville (1940–1976) eine Art Lichtorgel, die man als „dreamachine" („Traummaschine") bezeichnete. Dafür wurde ein Zylinder mit ausgeschnitten Flächen auf einem Plattenspieler installiert. Im Inneren des Zylinders befand sich eine 100 Watt-Lampe. Bei 78 Umdrehungen pro Minute besaß das durch die Löcher austretende Licht eine Frequenz von 8 bis 13 Impulsen pro Sekunde, was den den sog. „Alpha-Wellen" im menschlichen Gehirn entspricht und bei längerer Betrachtung psychoaktiv wirkt.
Für die Arbeit *Traummaschine* wurde dieser Bauplan mit den beiden Grundformen des Kugelhauses ausgeführt.

Traummaschine (dreamachine)

In the 1960s, Brion Gysin and Ian Sommerville constructed a kind of light organ which was called the dreamachine. A cylinder with cut-out surfaces was mounted on a record player. A hundred-watt globe was installed inside the cylinder. At 78 revolutions per minute, the light streaming out through the holes had a frequency of 8 to 13 pulses per second. That is the equivalent of the alpha waves in the human brain, and has a psychoactive effect if watched for a long time. The work *traummaschine* employed the dreamachine building plans with both the basic forms of the Kugelhaus.

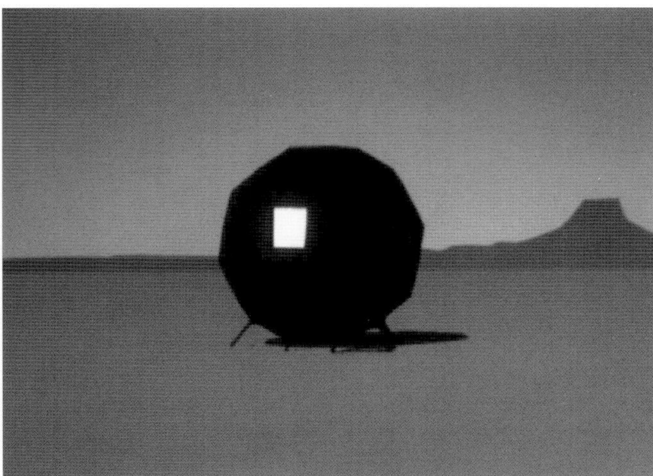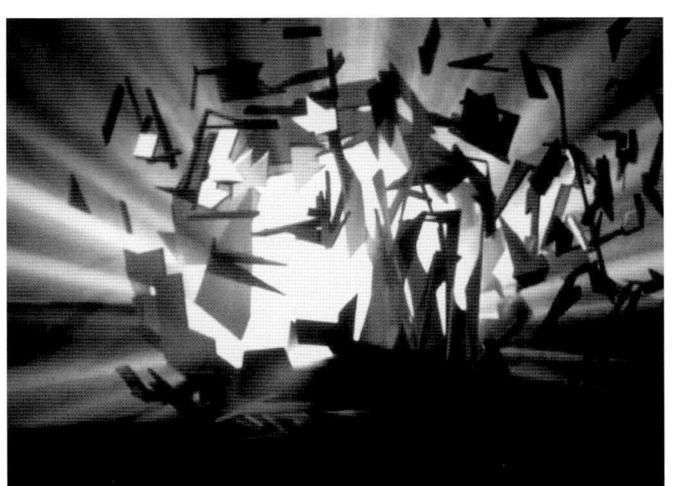

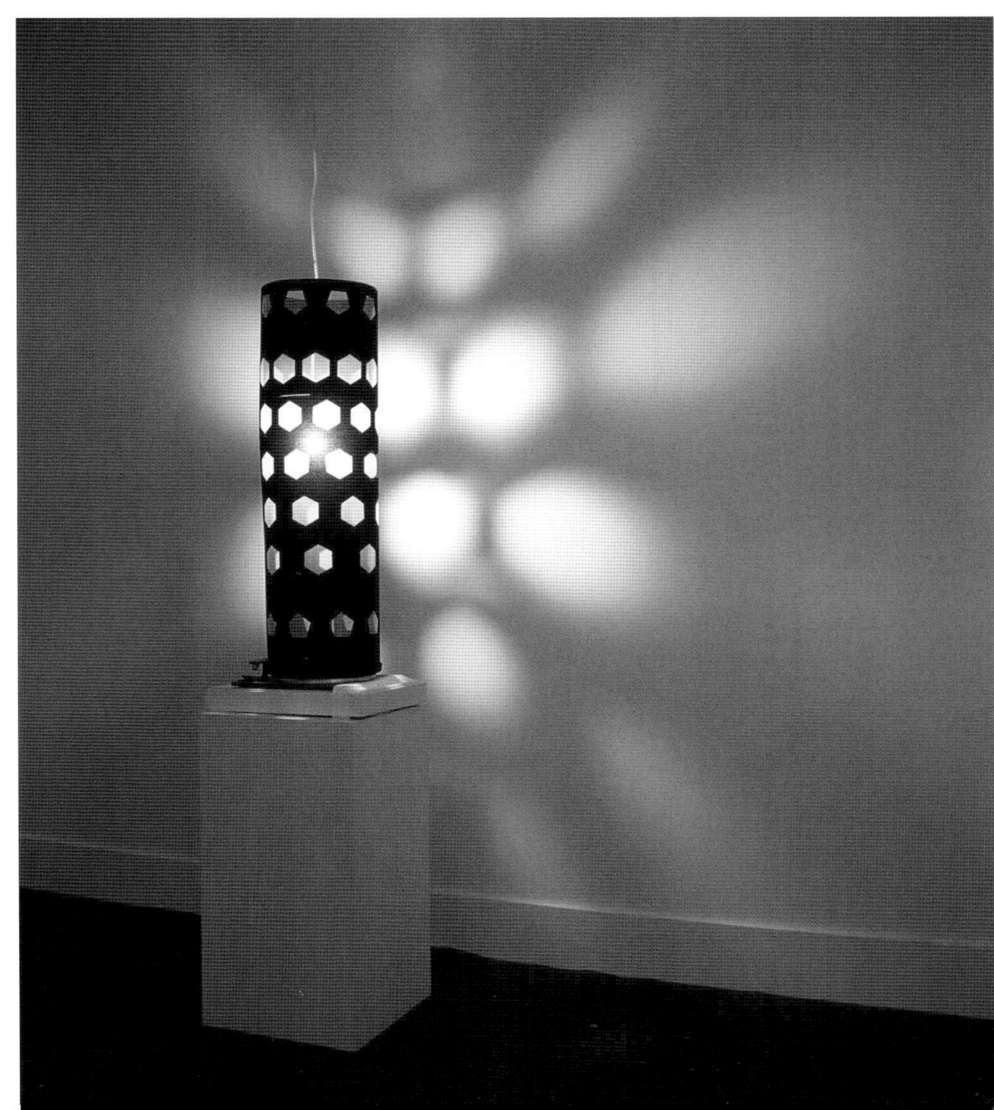

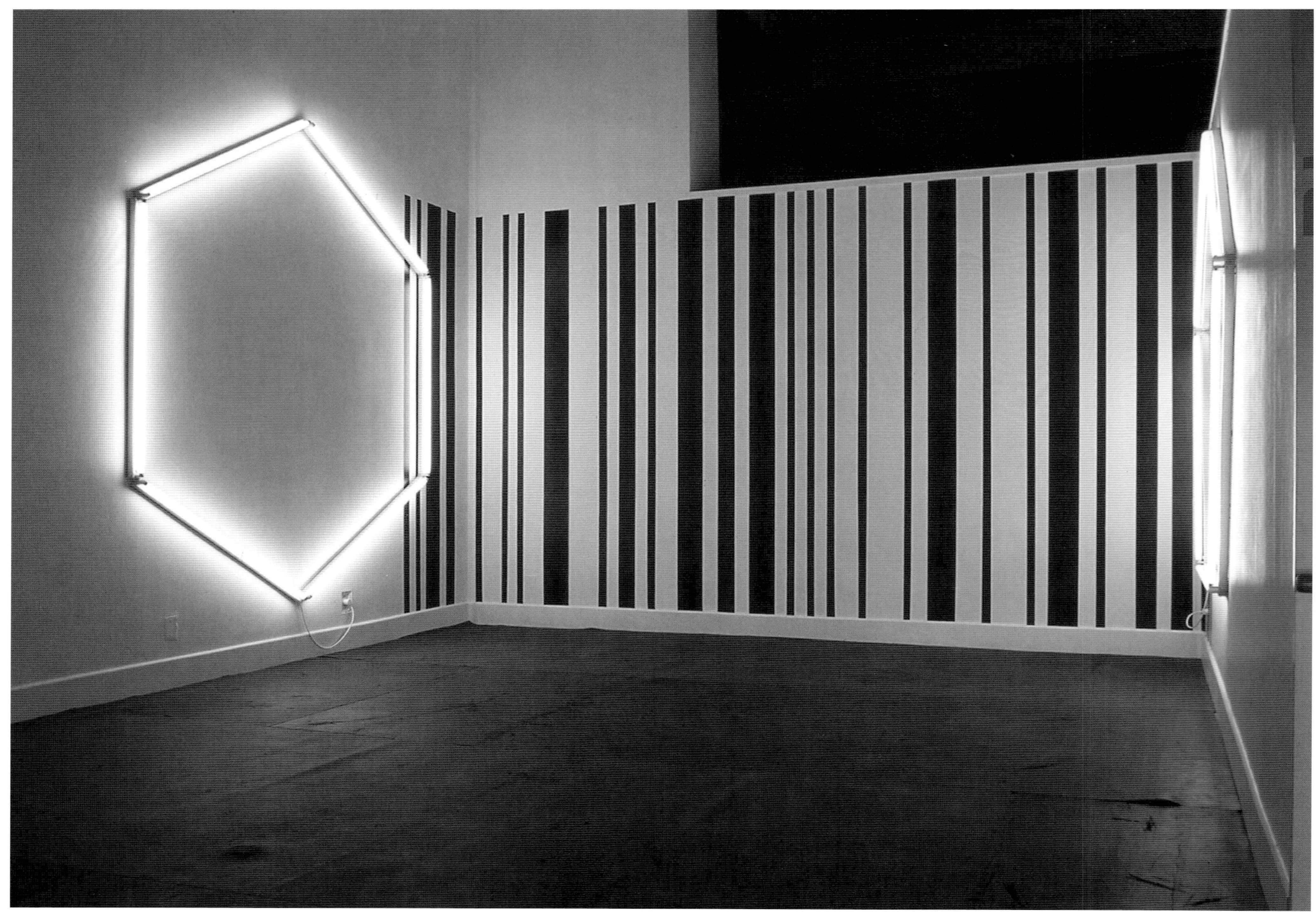

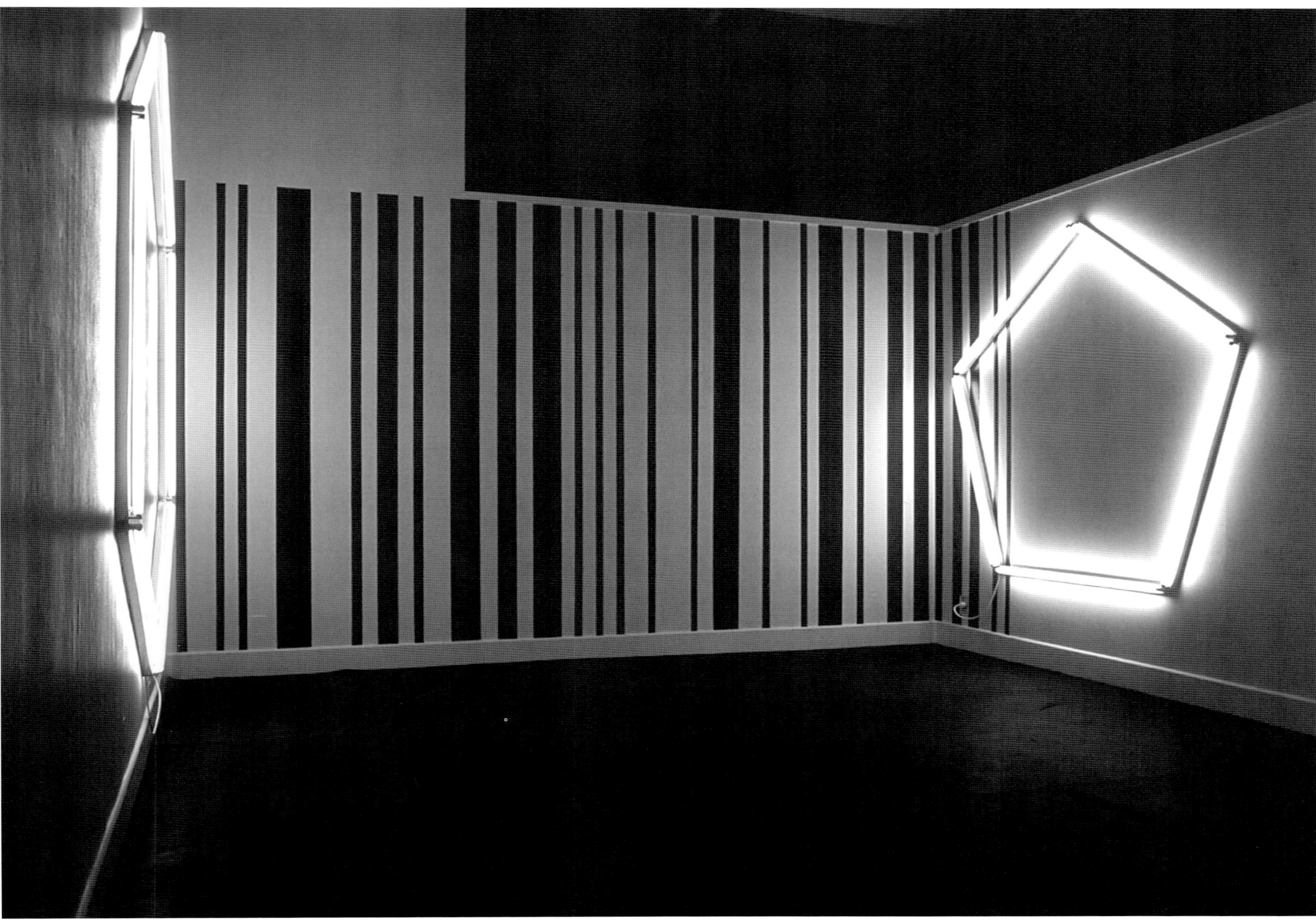

oberfläche1

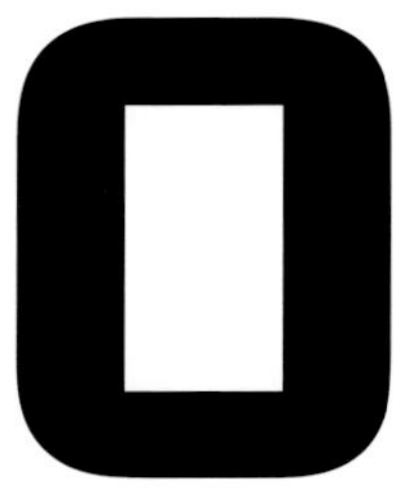

2002

Installation
Kunstwerke, Berlin

Film
DV auf DVD-PAL/4:3
3 min (Loop)
Regie, Kamera: Maix Mayer

2002

Installation
Kunstwerke, Berlin

Film
DV on DVD-PAL/4:3
3 min (loop)
Directed by, Camera: Maix Mayer

Der Film entstand am „Tag der offenen Tür" der nordischen Botschaften in Berlin, an dem über 15.000 Menschen diese Gebäude besichtigten. Aus Sicherheitsgründen konnten sich die Besucher nur in eine Richtung und auf einer genau festgelegten Route bewegen.

Im Film *oberfläche1* wurde in extremer Untersicht eine gläserne Brücke im Gemeinschaftshaus der nordischen Botschaften gefilmt. Die schemenhafte Abbildung der dicht gedrängten Besucher durch die in Metall gefassten Glassteine reduziert die Dramaturgie des Films auf ein Wechselspiel von Stillstand, Bewegung und Neuordnung.

Die optimale Präsentation von *oberfläche1* erfolgt auf einem 12 Zoll-Monitor. Die Art der Darstellung verfremdet die Ausgangssituation und erzeugt einen Perspektivwechsel bei der Rezeption. Der Effekt erinnert an Mikroskopbilder und Modelle, mit denen man etwa Molekularbewegungen beschreibt. Wie auf der gläsernen Brücke in der Architektur findet man im Mikrobereich solche Konstellationen – einfach und komplex zugleich.

This film was made on the Scandinavian embassies' open-house day in Berlin, on which more than 15,000 people visited these buildings. For security reasons, the visitors could only move in one direction along a precisely defined route.

In the film *oberfläche1*, the camera shoots a glass connecting corridor in the Scandinavian embassies' shared building. The outline of the tightly packed visitors through the metal-framed glass panels reduces the action in the film to an alternation of standstill, movement, and rearranging.

The optimal presentation of *oberfläche1* is on a 12-inch monitor. The manner of the portrayal alienates it from the original situation and leads to a change in perspective in the viewer. The effect is like that of microscope images and models with which one can describe, for instance, molecular movement. As in the glass corridor, one finds such constellations in the micro-world – both complex and simple at the same time.

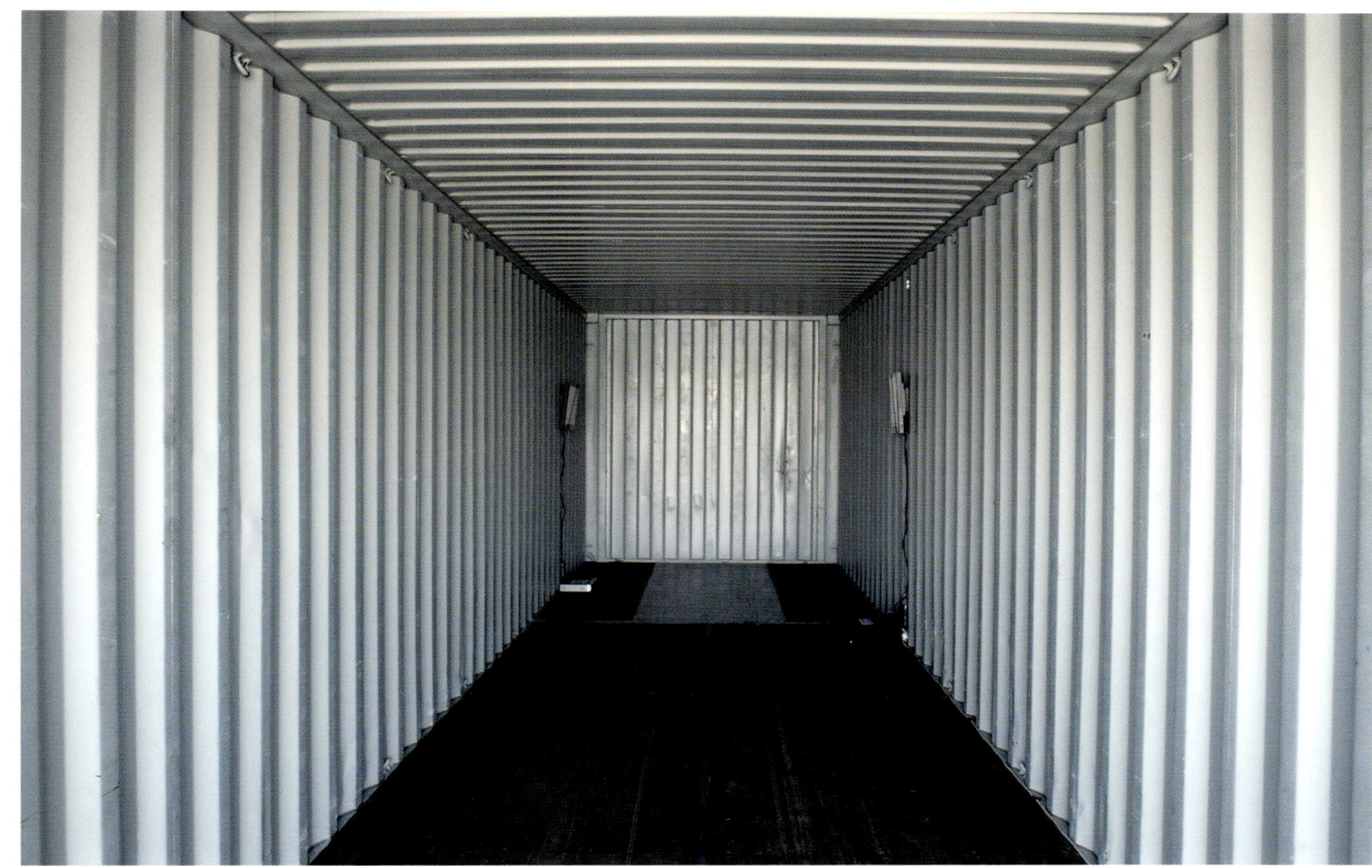

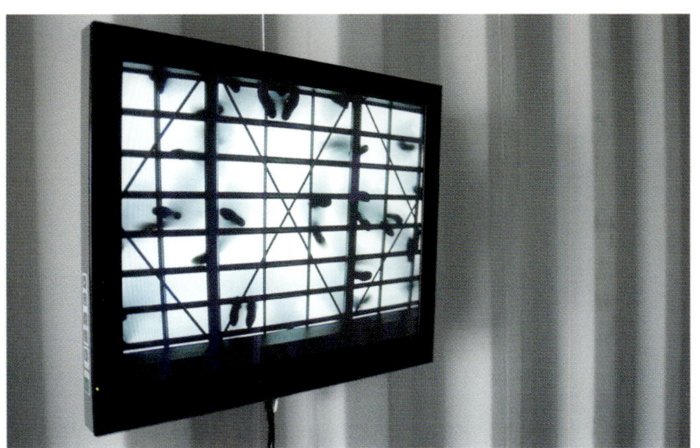

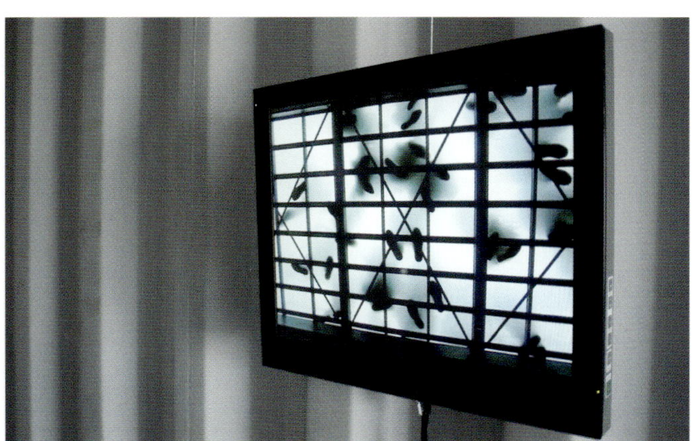

Filmstill
Movie still

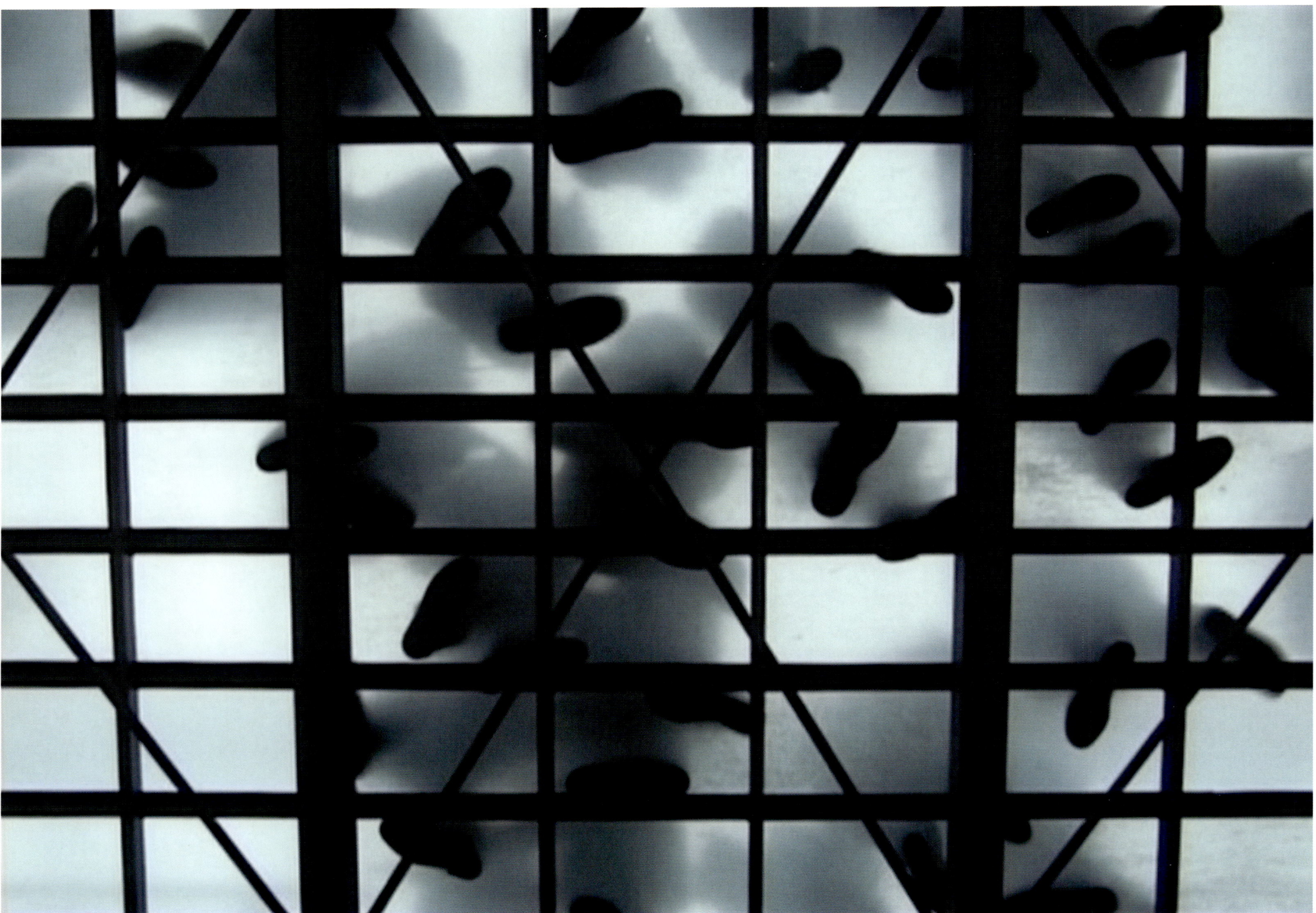

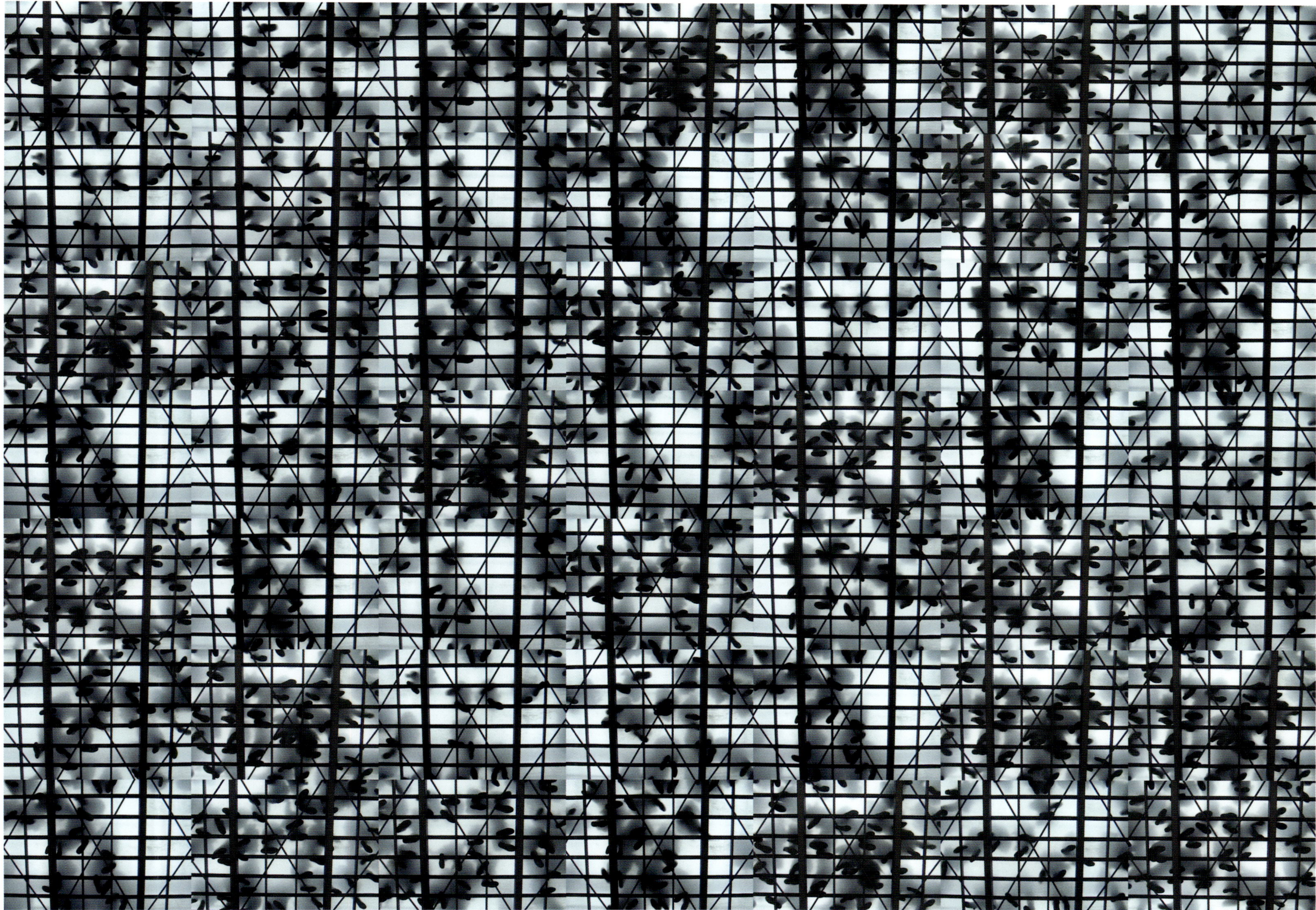

peak

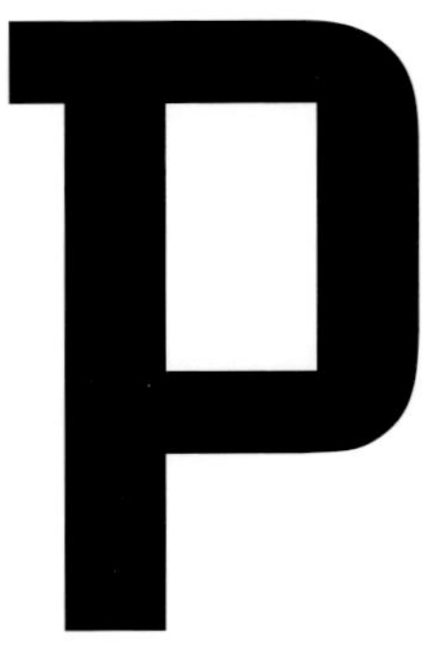

1998–2008
Film (Mehrkanalprojektion)
DV auf DV-PAL/4:3
60 min
Regie, Kamera: Maix Mayer

1998–2008
Film (multi-channel projection)
DV on DV-PAL/4:3
60 min
Directed by, camera: Maix Mayer

„Alle Revolutionen fließen in die Geschichte ein, doch wird die Geschichte nicht voller; die Flüsse der Revolution kehren dorthin zurück, wo sie entsprungen sind, um aufs Neue zu fließen." (Guy Debord, *Panegyrikus*, Berlin 2001, S. 34)

Peak ist ein im Jahr 1998 begonnener Film über asiatische Megastädte, etwa in China, Taiwan, Japan und Indien.
Peak entsteht bei ziellosen Wanderungen durch diese Städte.
Peak beobachtet die Inszenierung der neuen Metropolen und ihren Wettbewerb um internationale Aufmerksamkeit.
Peak sammelt Bilder zur alltäglichen Aneignung der Metropole und betreibt so eine Kartografierung des Sozialen.
Peak stellt einen Raum mit zeitlichen, akustischen und visuellen Mustern her und folgt dem Bild des Archipels, das aus vielen miteinander verbundenen Inseln besteht.
Peak kann als Ein- oder Mehrkanalprojektion installiert werden.

„All revolutions go down in history, yet history does not become fuller; the rivers of revolution return to where they sprang, so as to flow anew." (Guy Debord, *Panegyrikus*, Berlin 2001, p. 34)

Peak is a film begun in 1998 dealing with Asian megacities in countries including China, Taiwan, Japan, and India.
Peak came into being during aimless wanderings through these cities.
Peak observes how the new cities are being engineered, and their competition for international attention.
Peak collects images on the everyday acquisition of the city and maps its social levels.
Peak manufactures a space with acoustic and visual patterns and follows the picture of the archipelago that is made up of many islands linked to one another.
Peak can be installed as a single- or multi-channel projection.

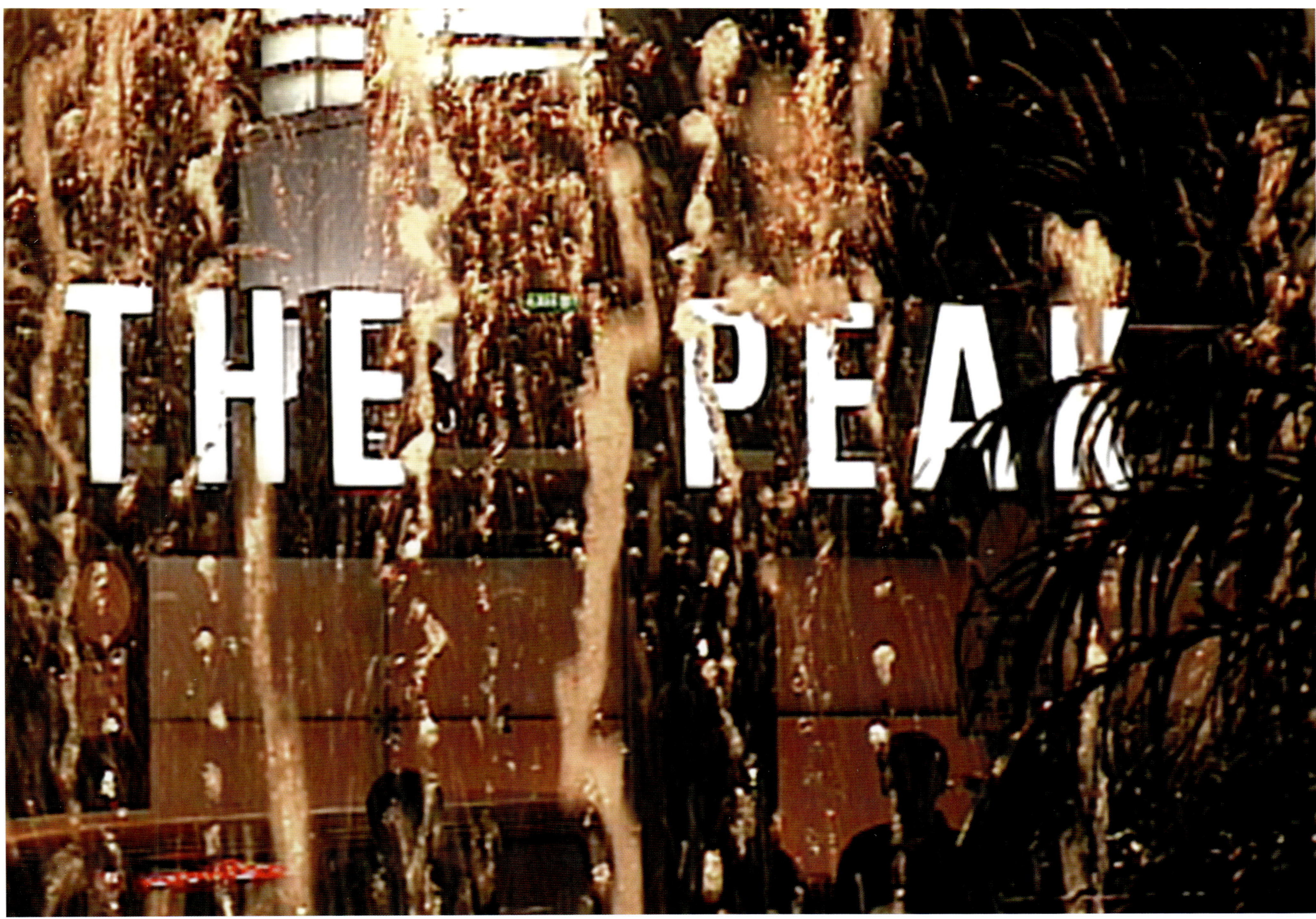
THE PEAK

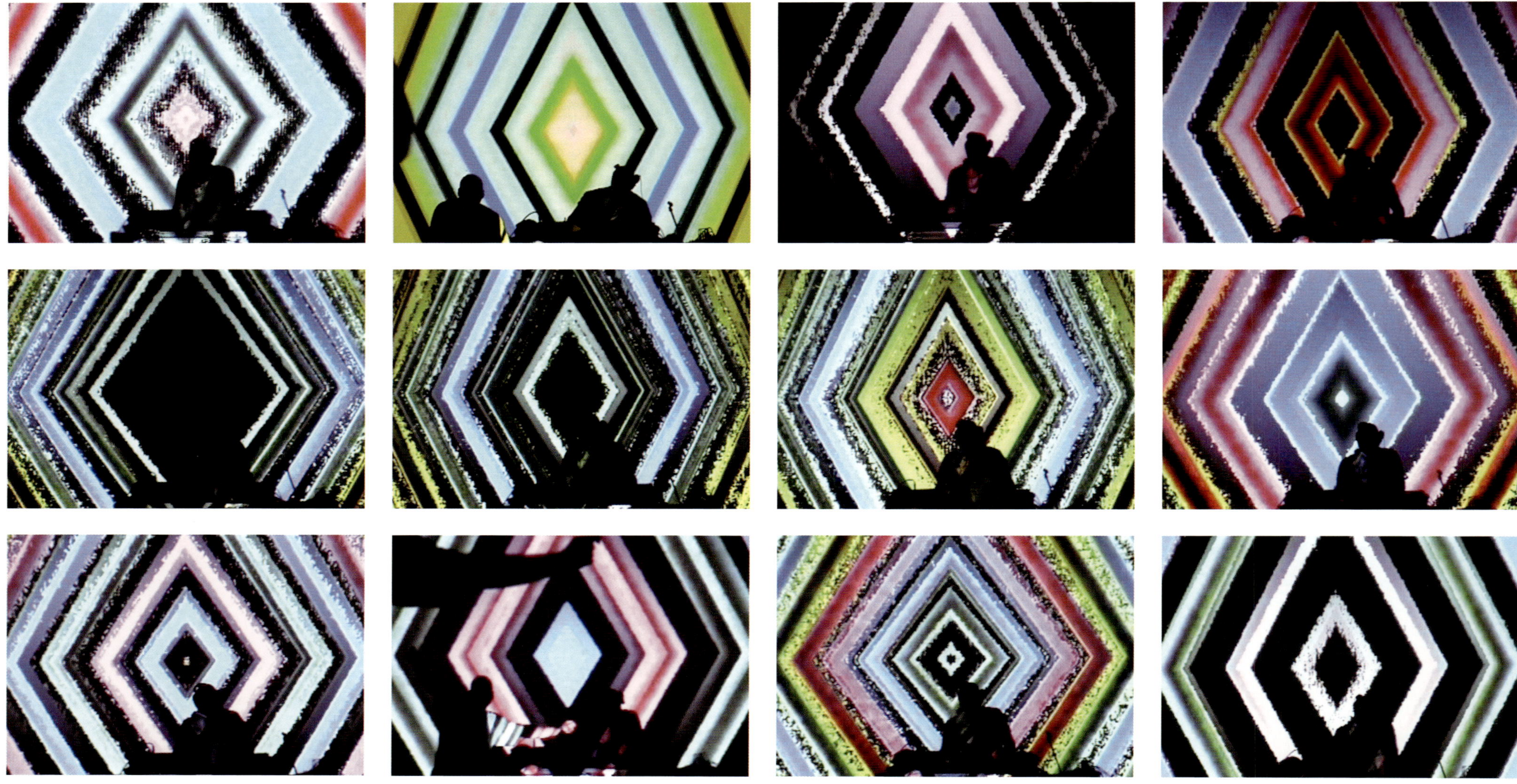

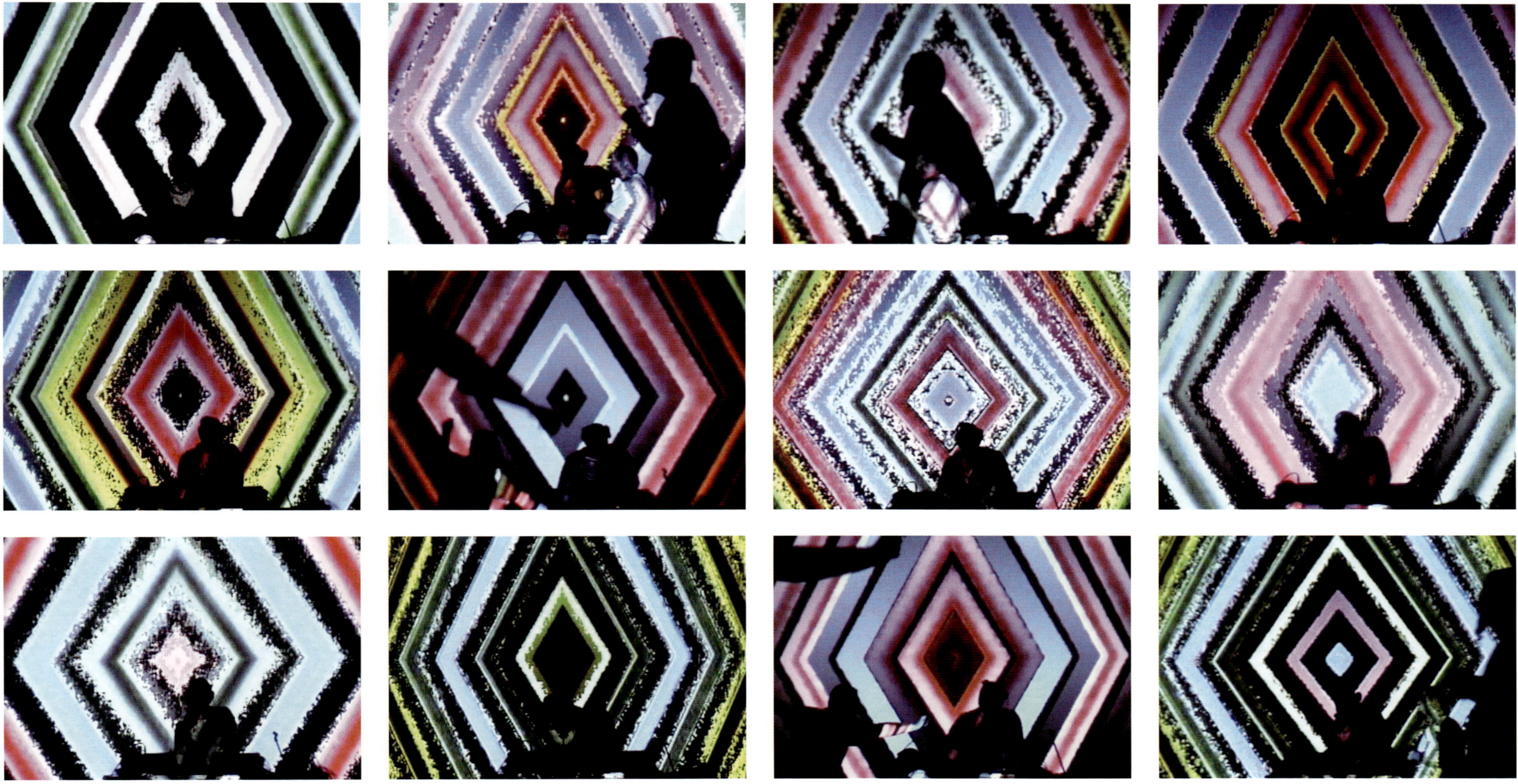

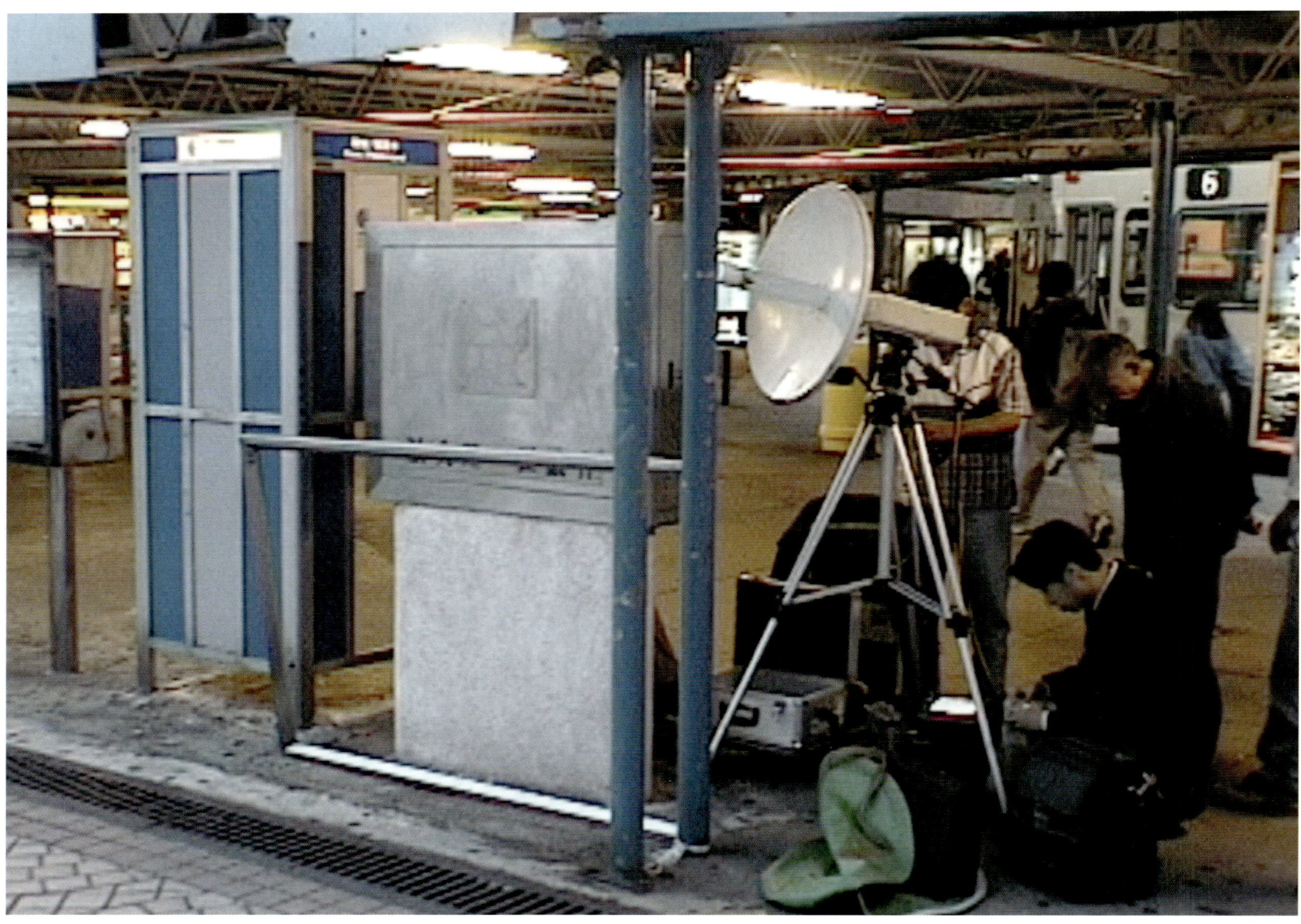

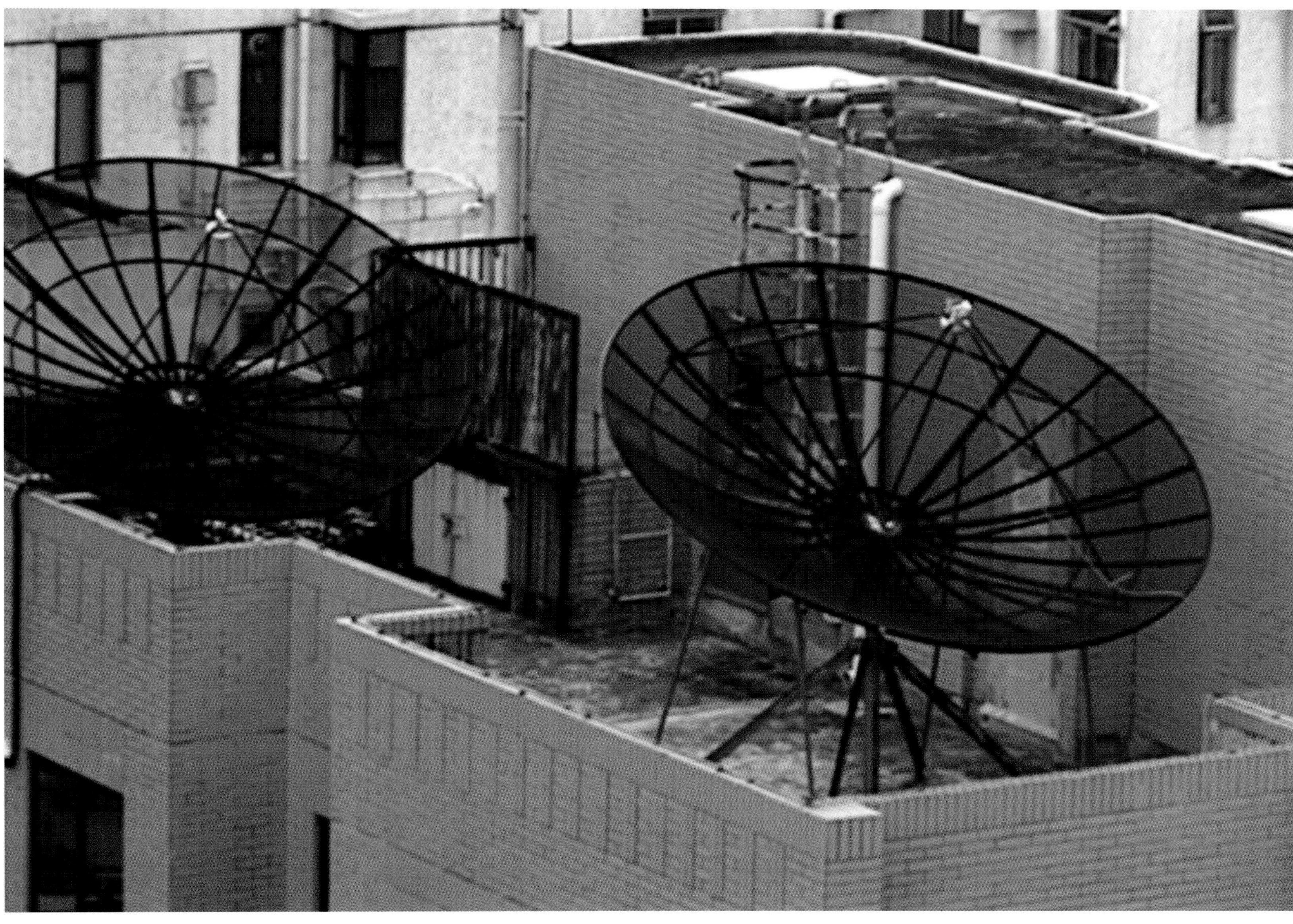

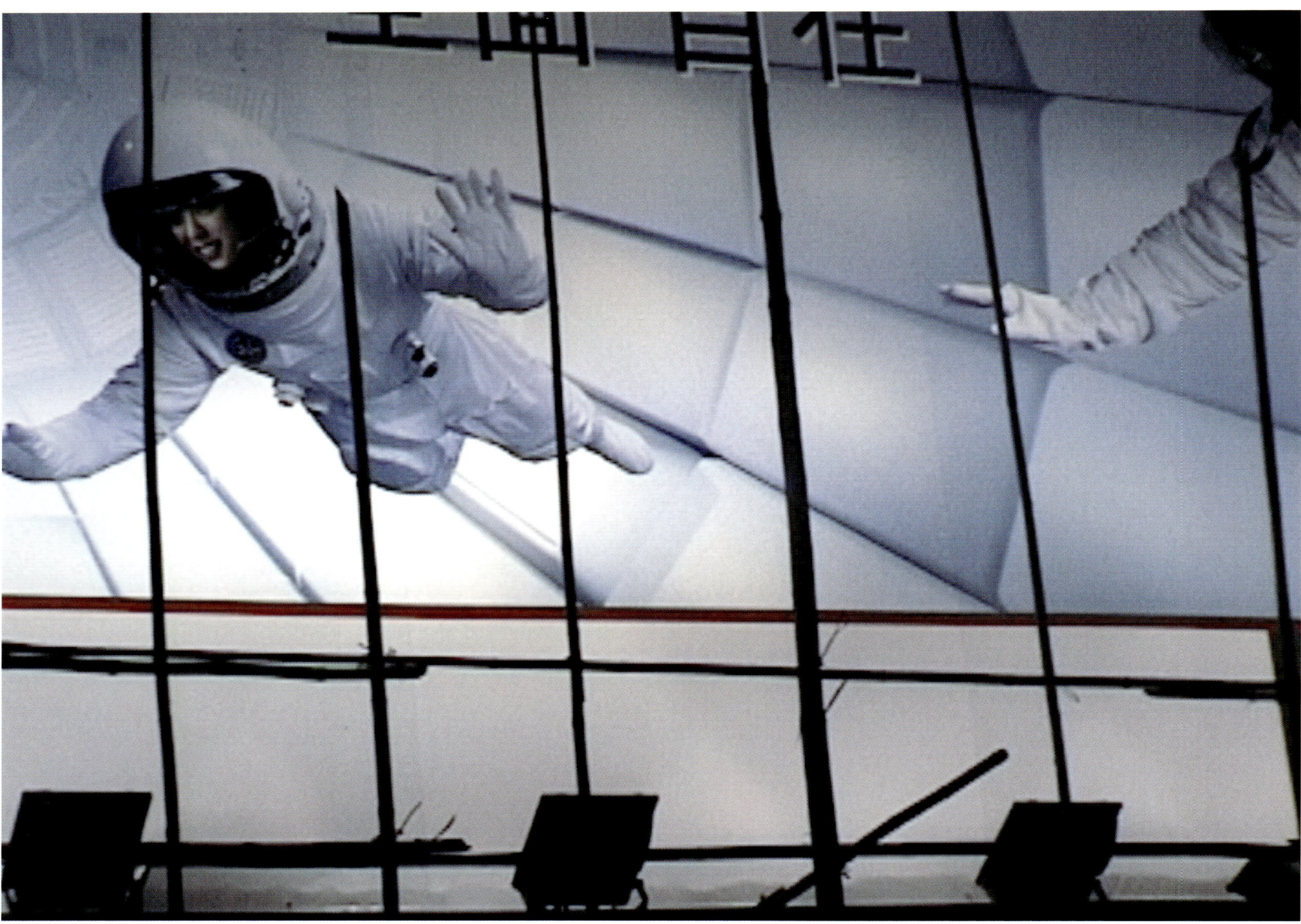

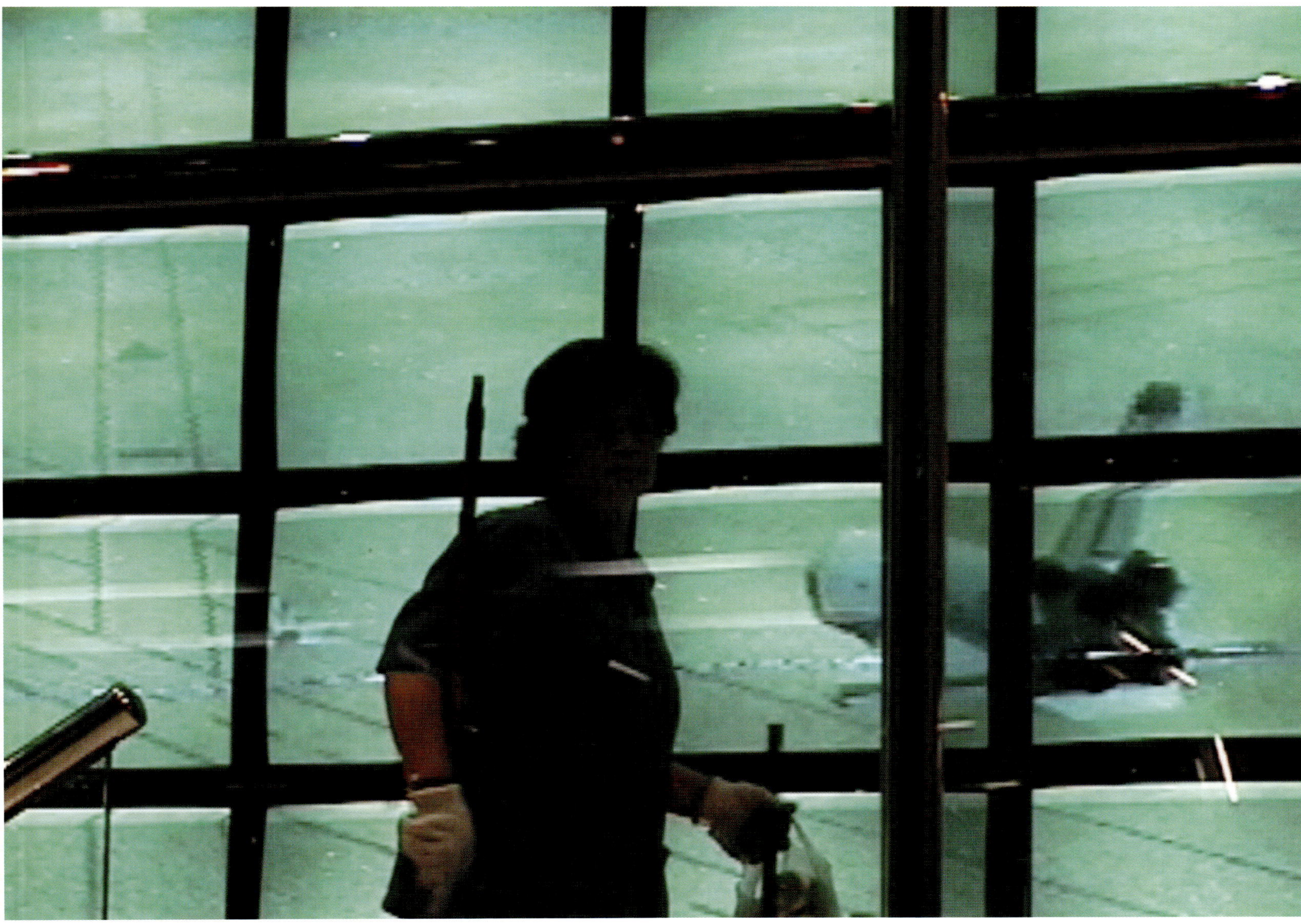

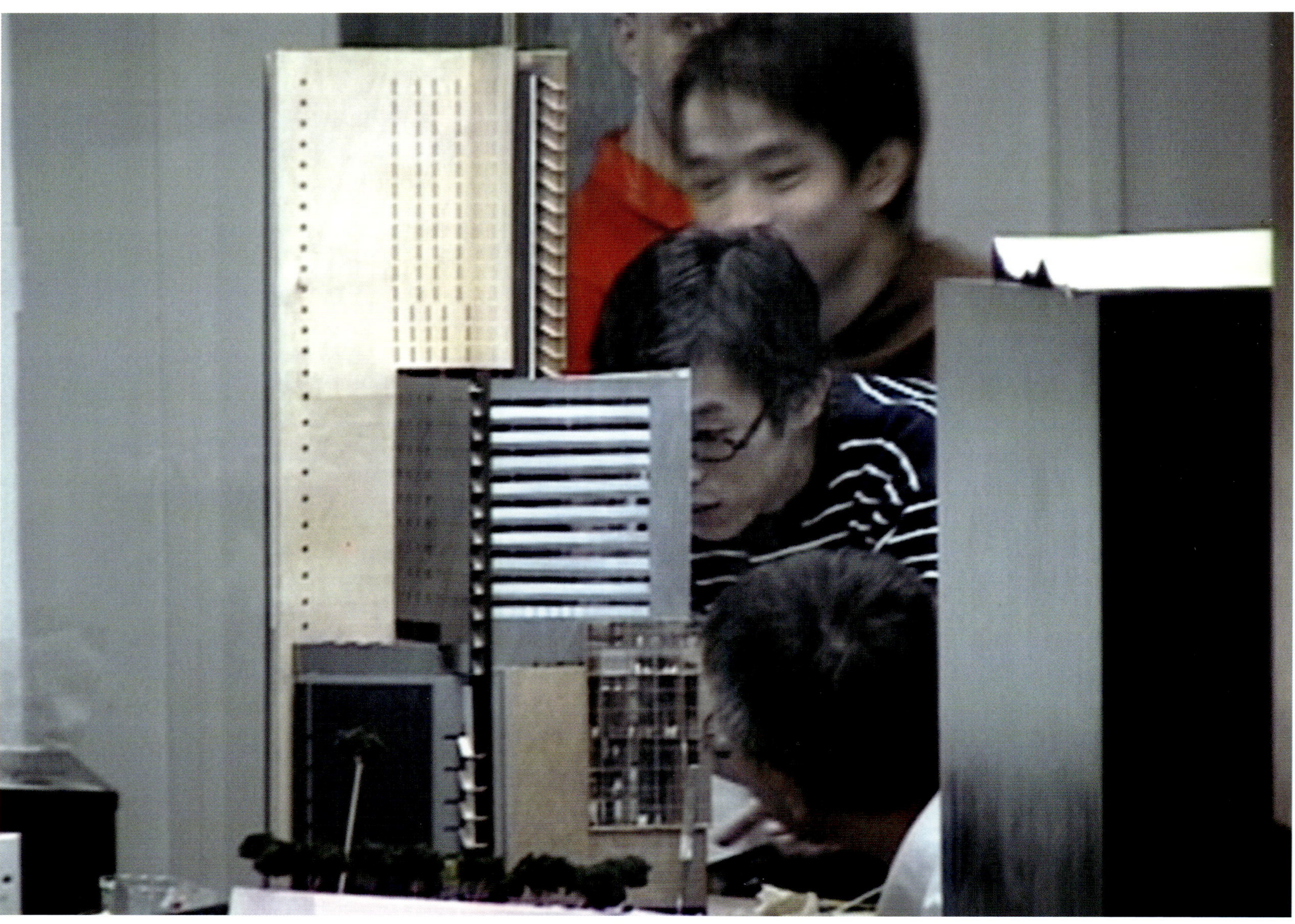

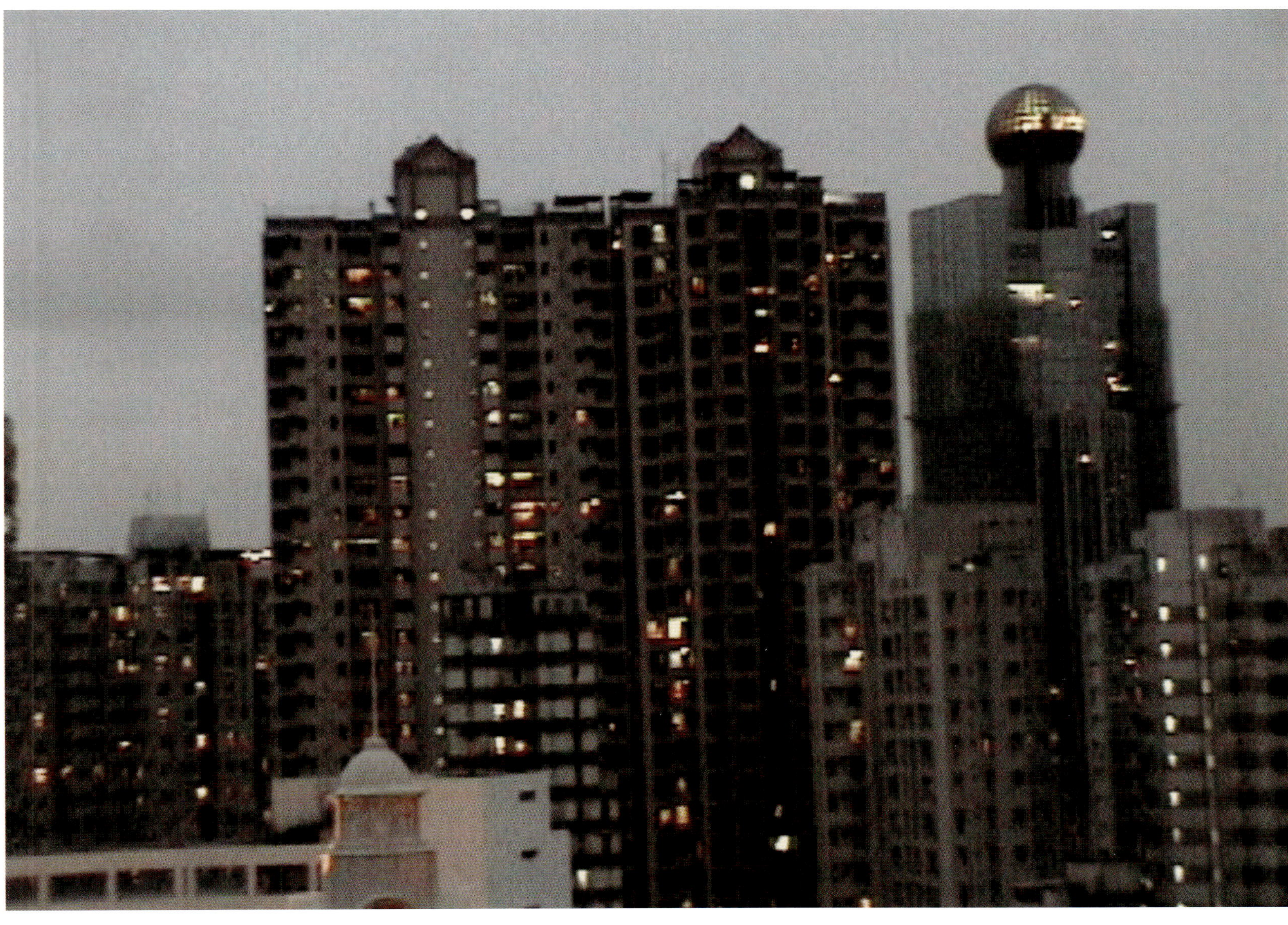

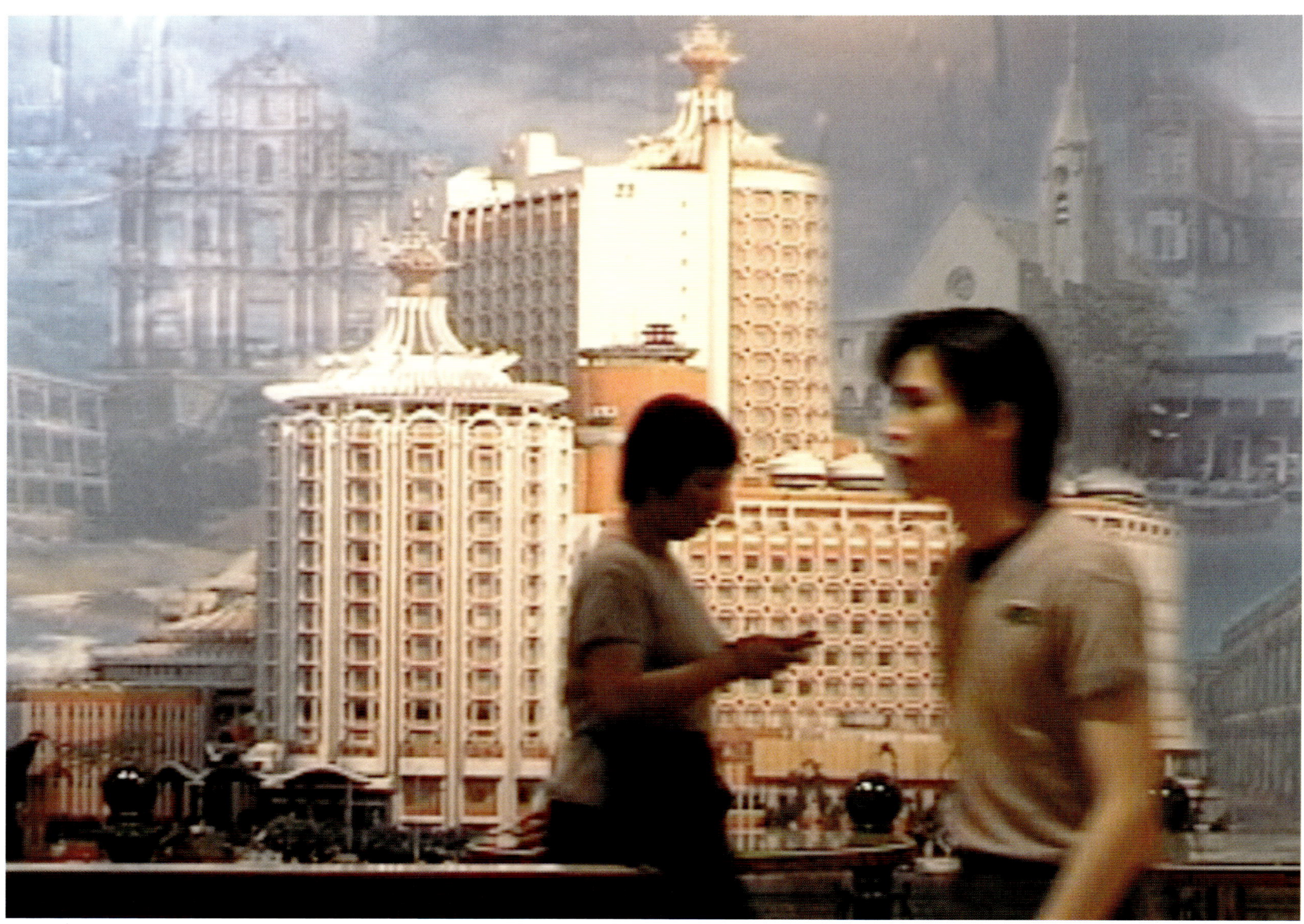

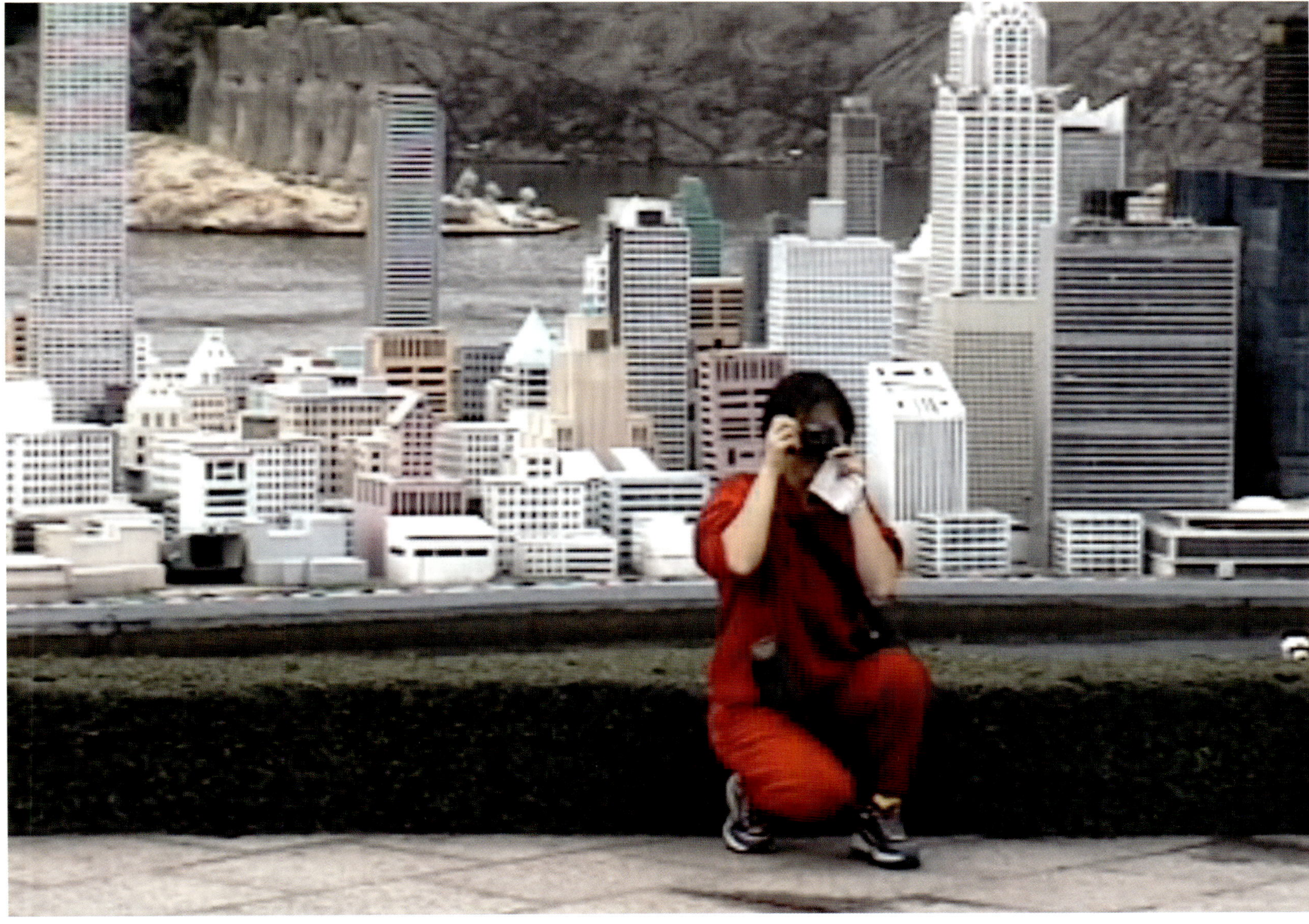

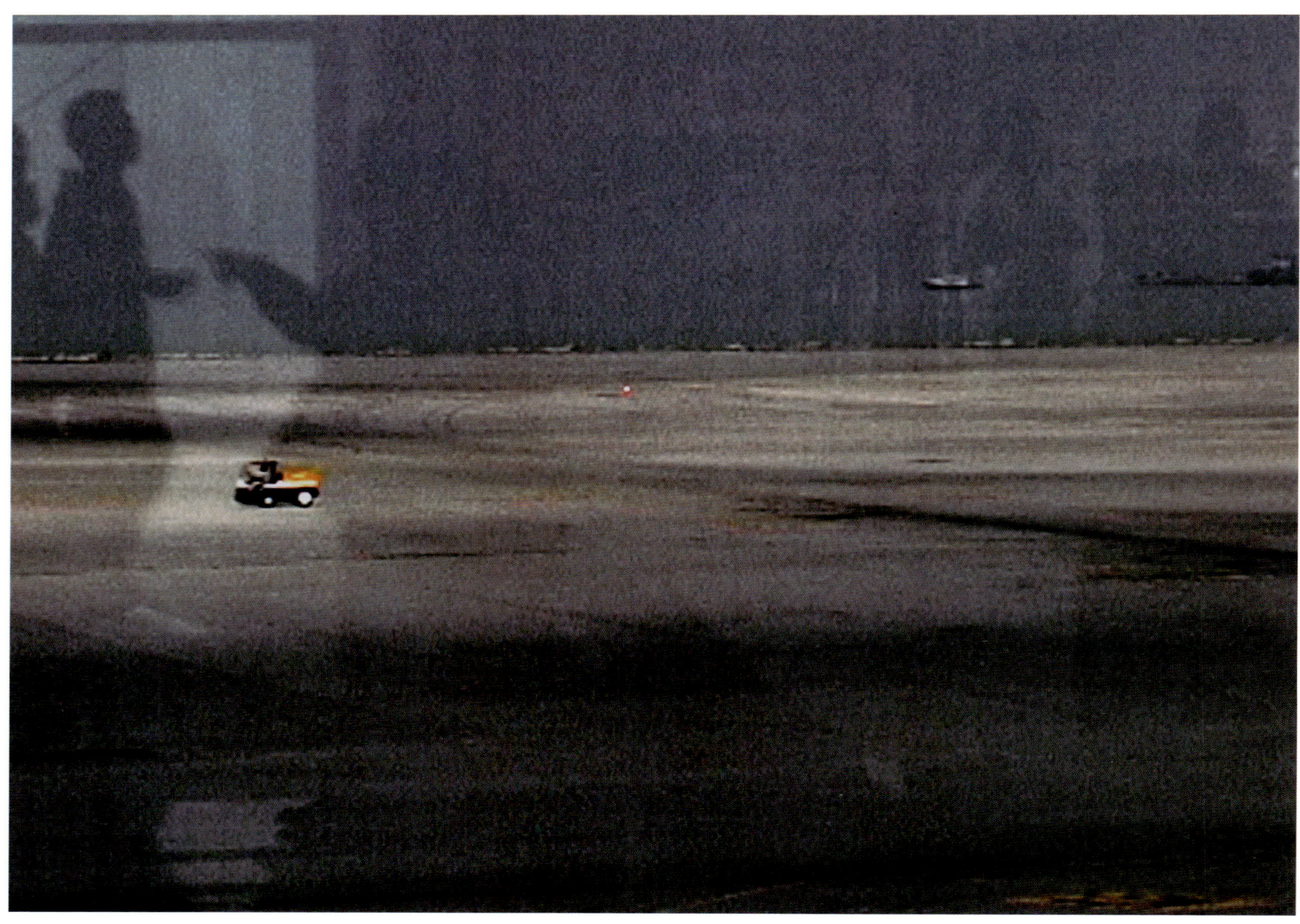

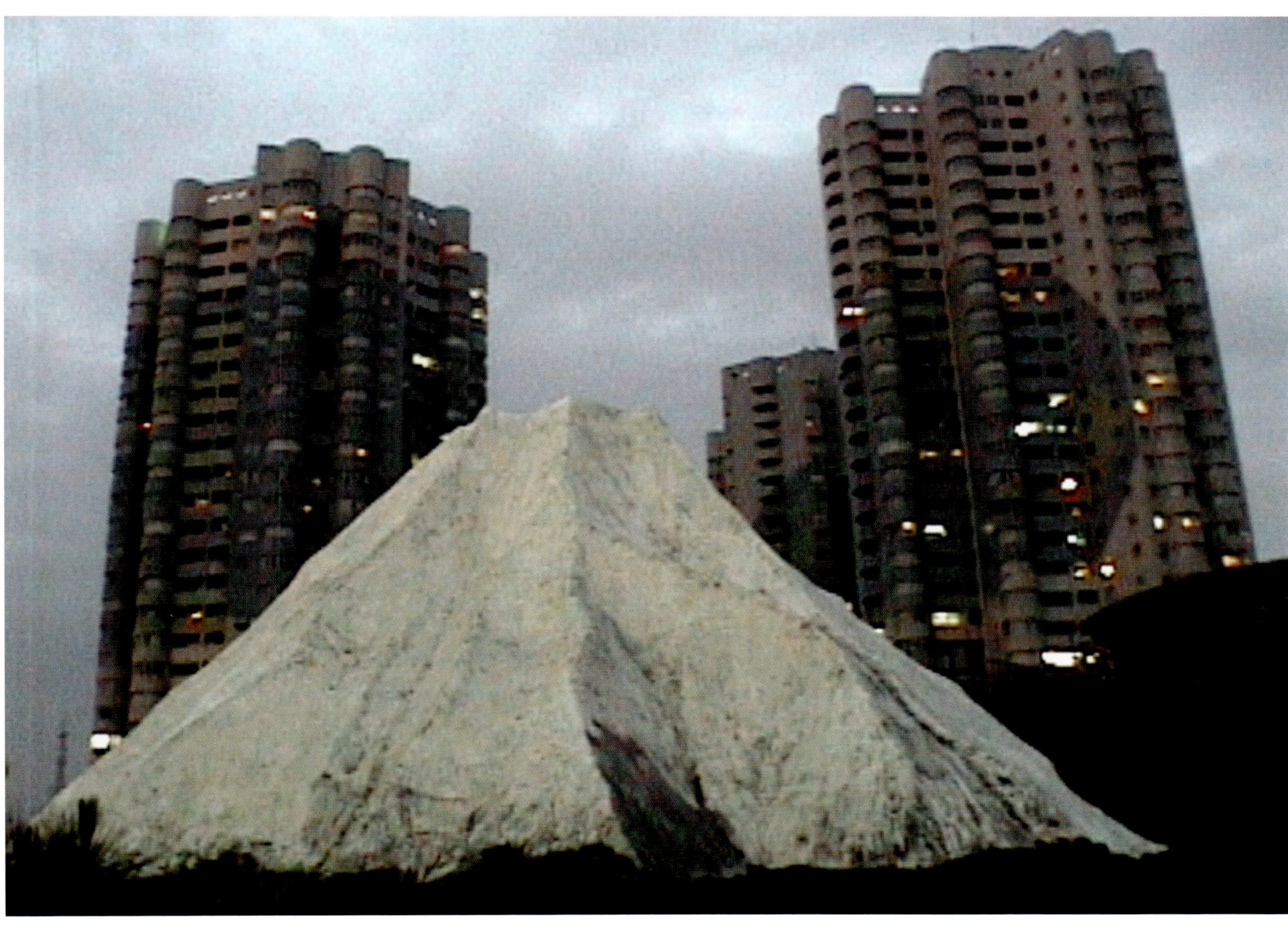

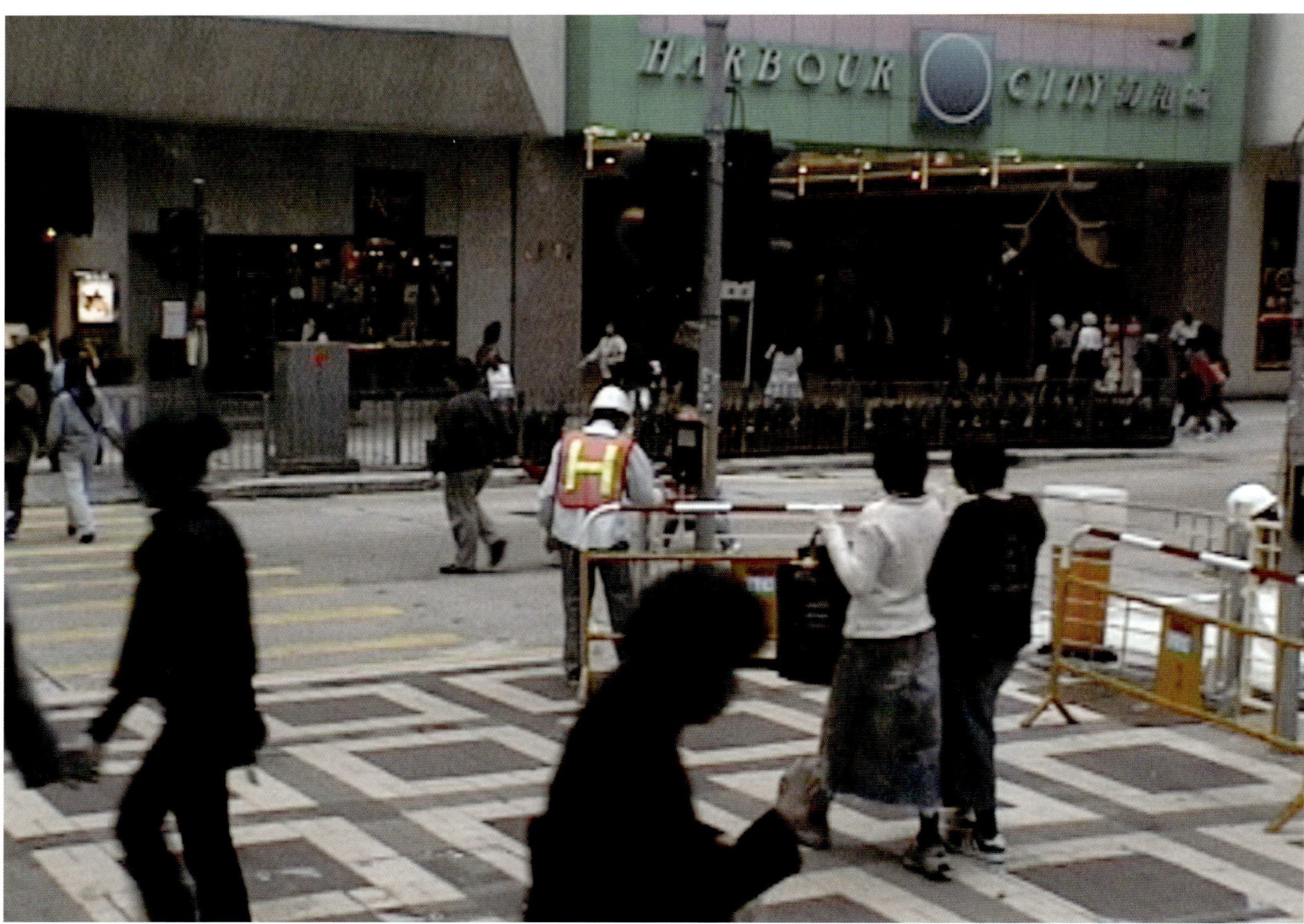
HARBOUR CITY

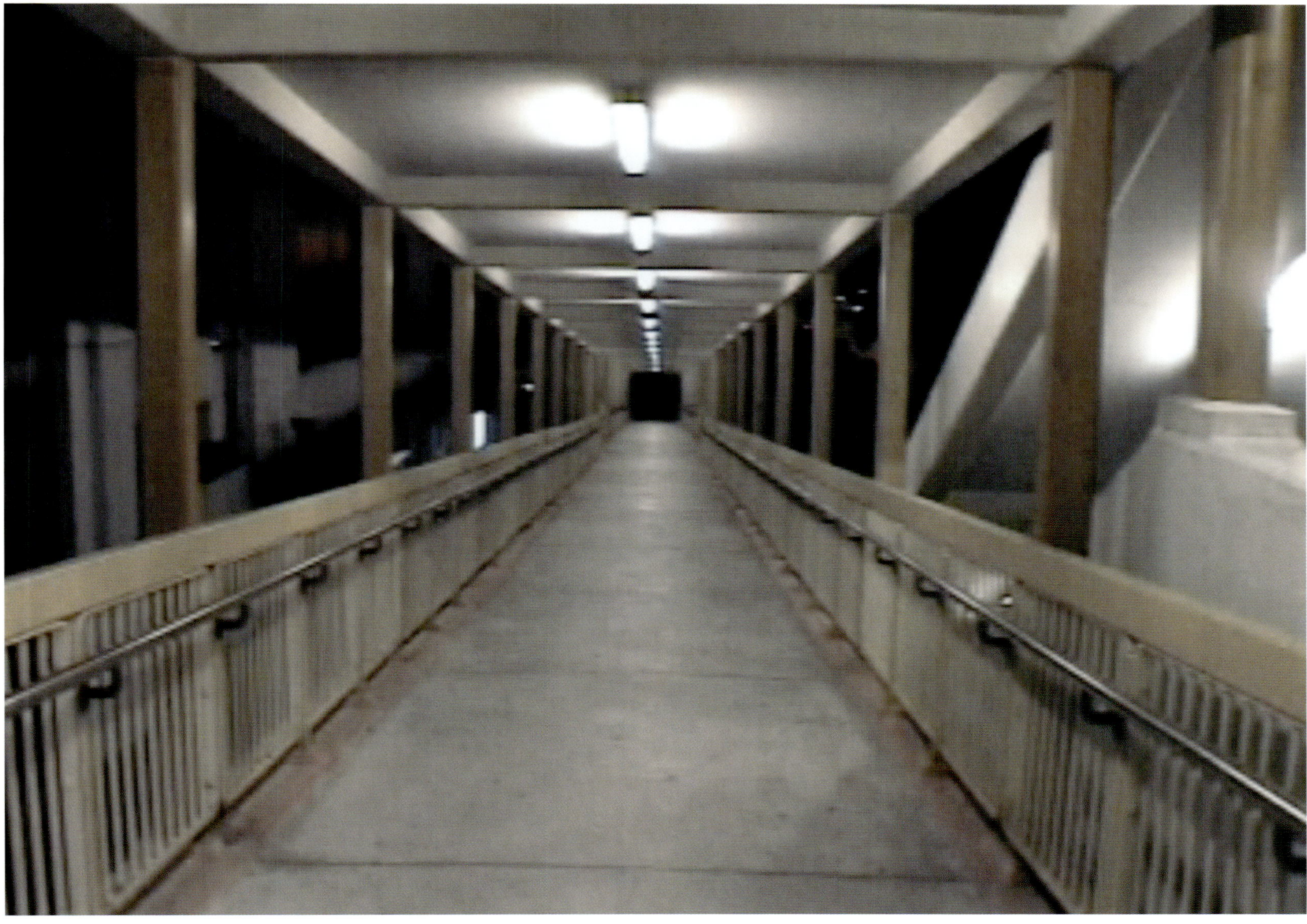

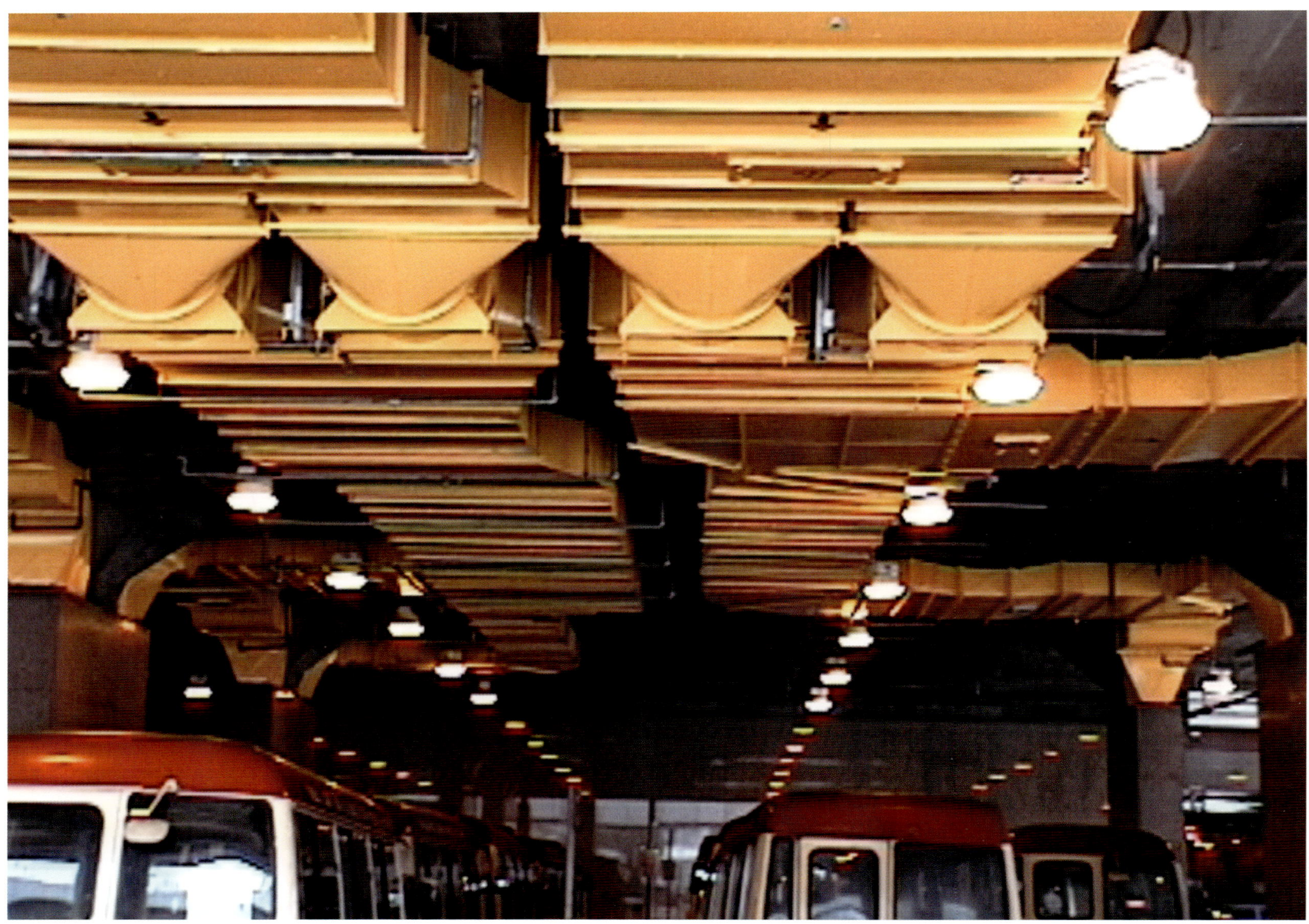

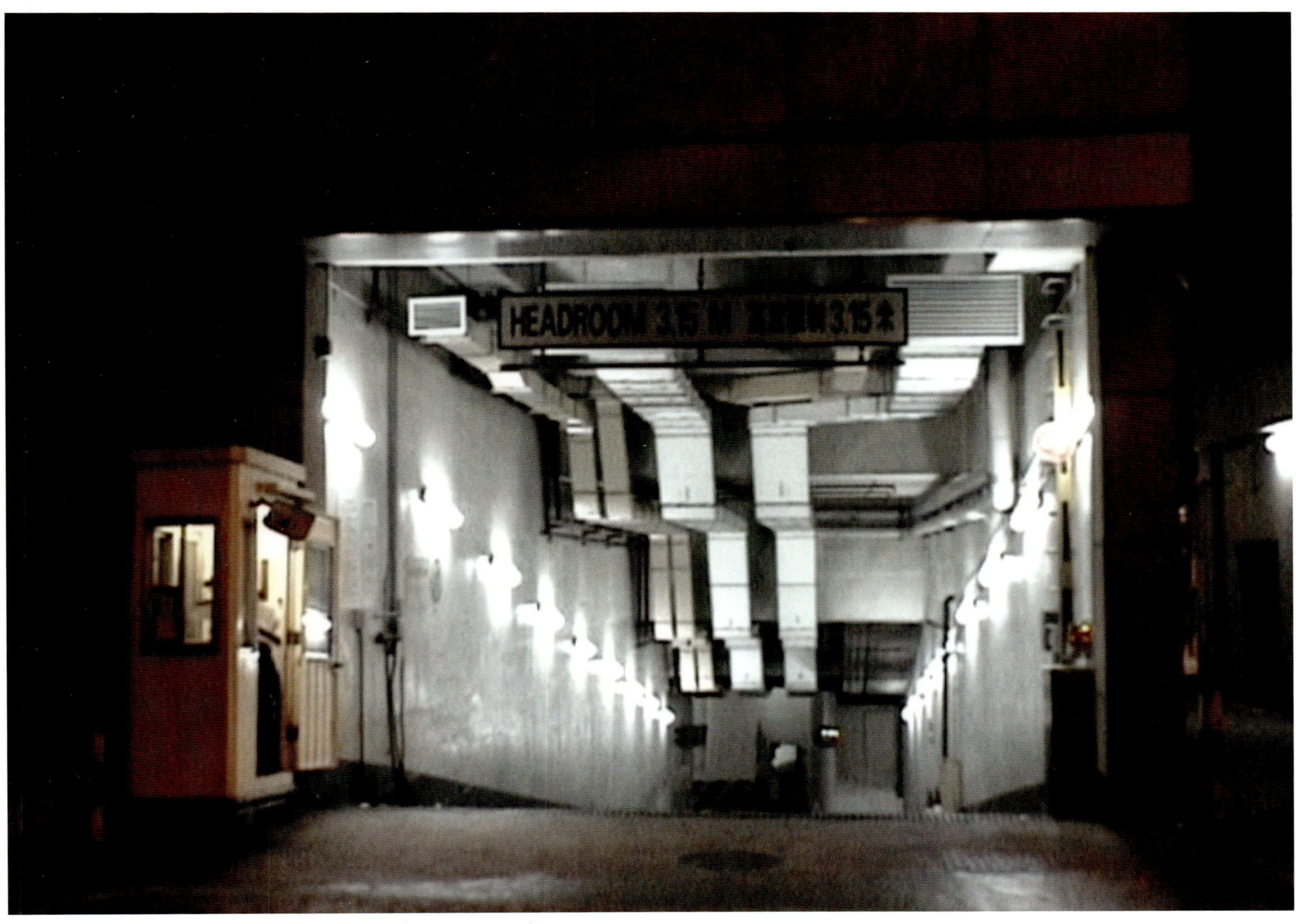
HEADROOM 3.15 M 高度限制 3.15 米

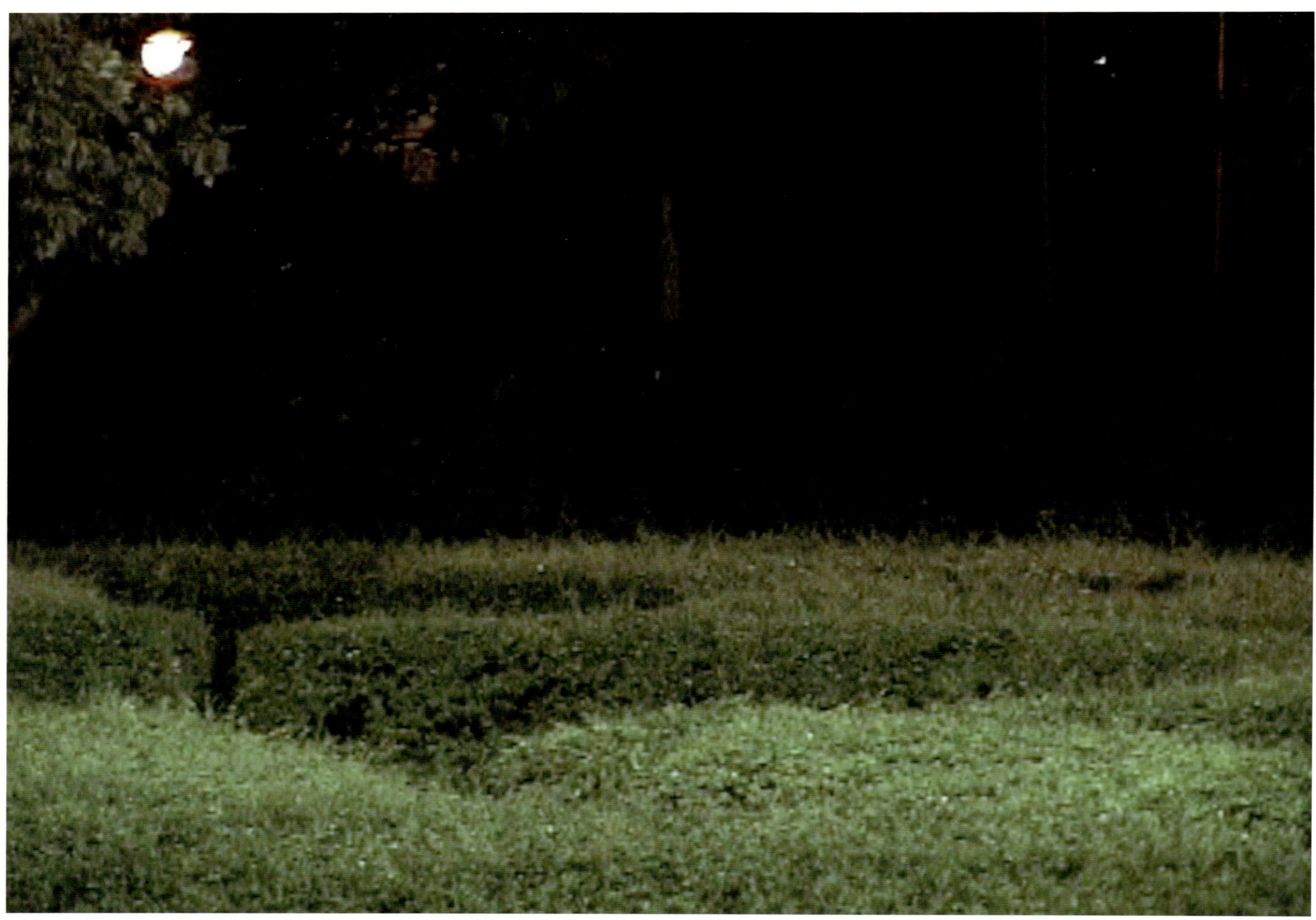

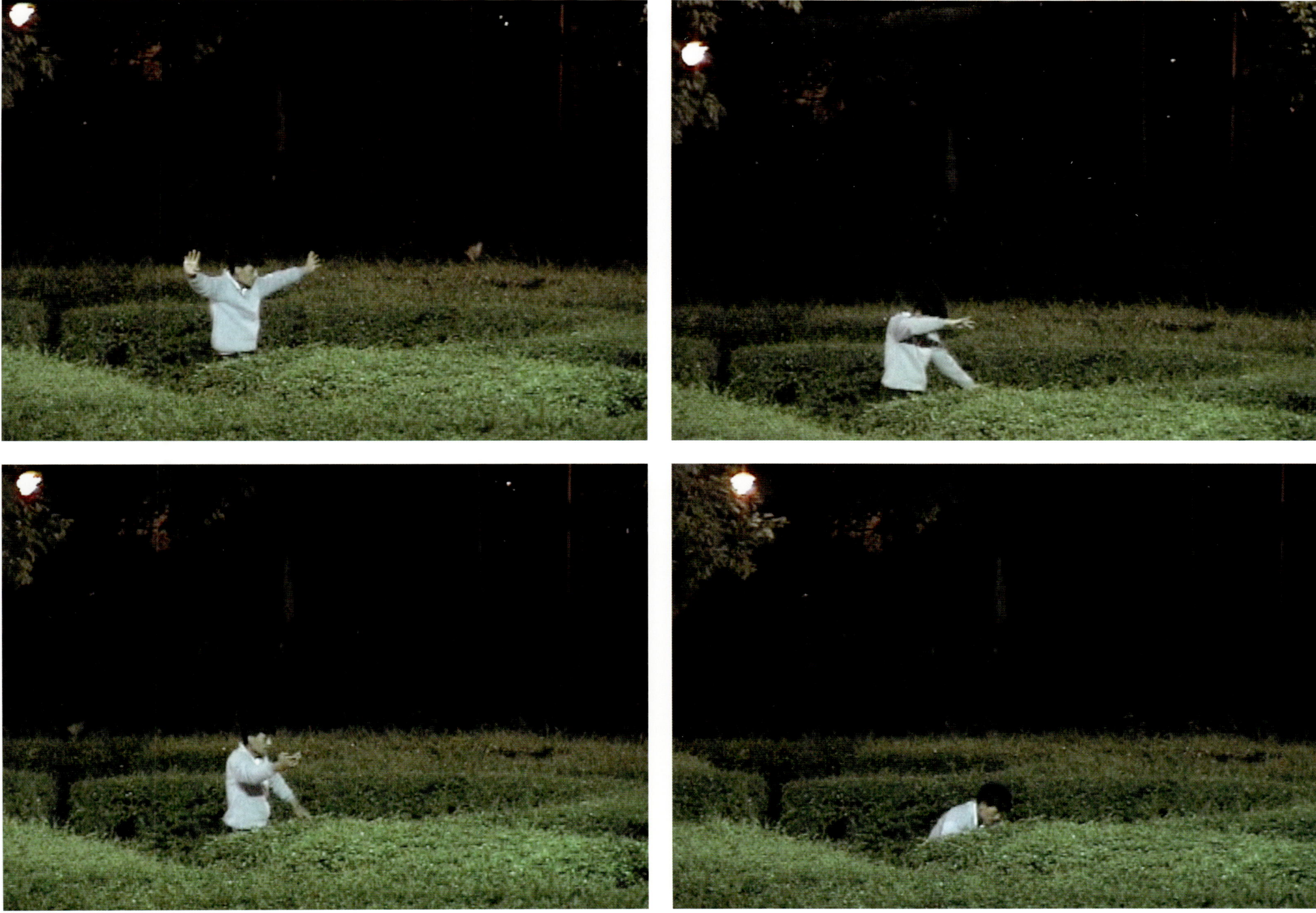

Filmstill
Movie still

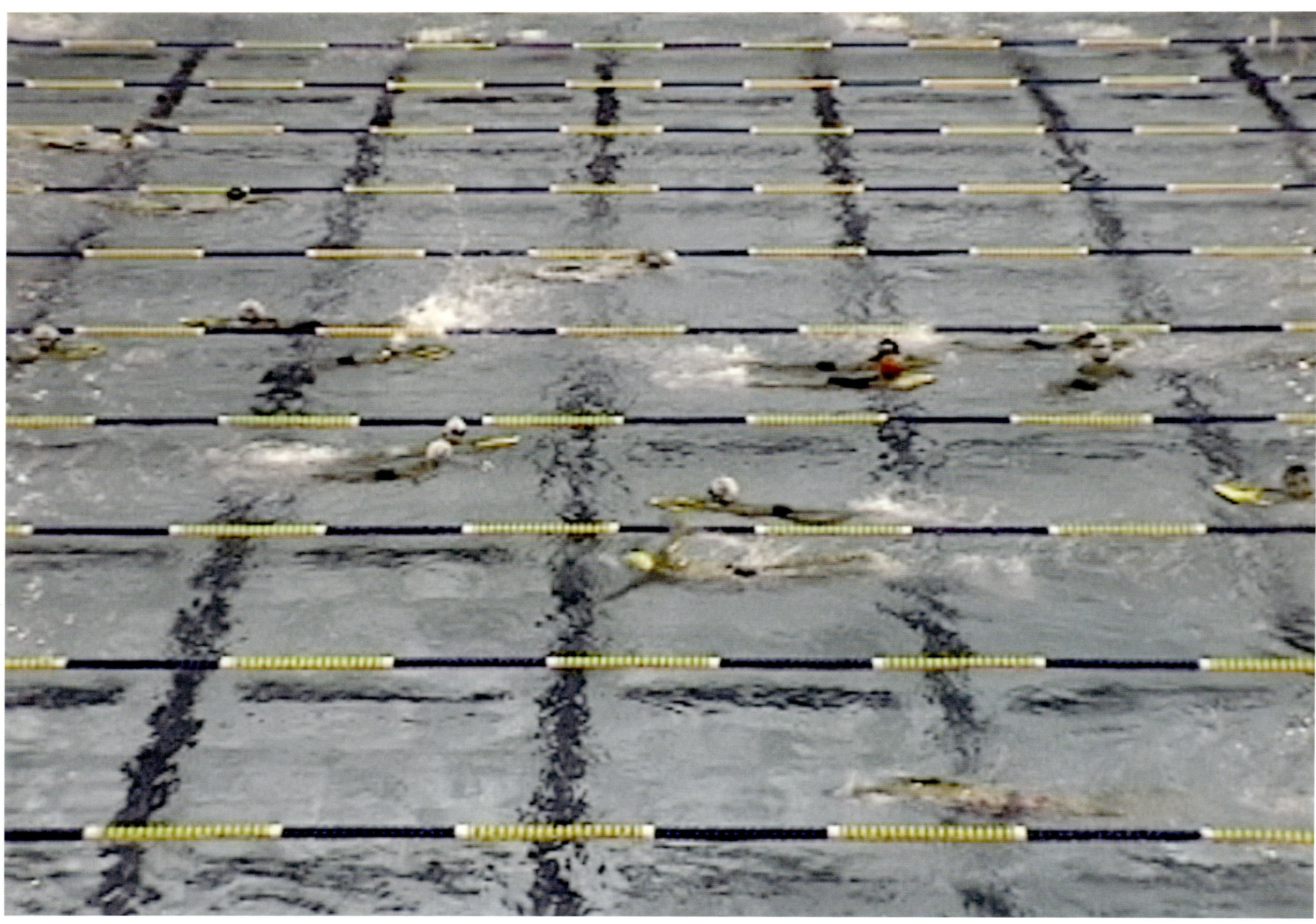

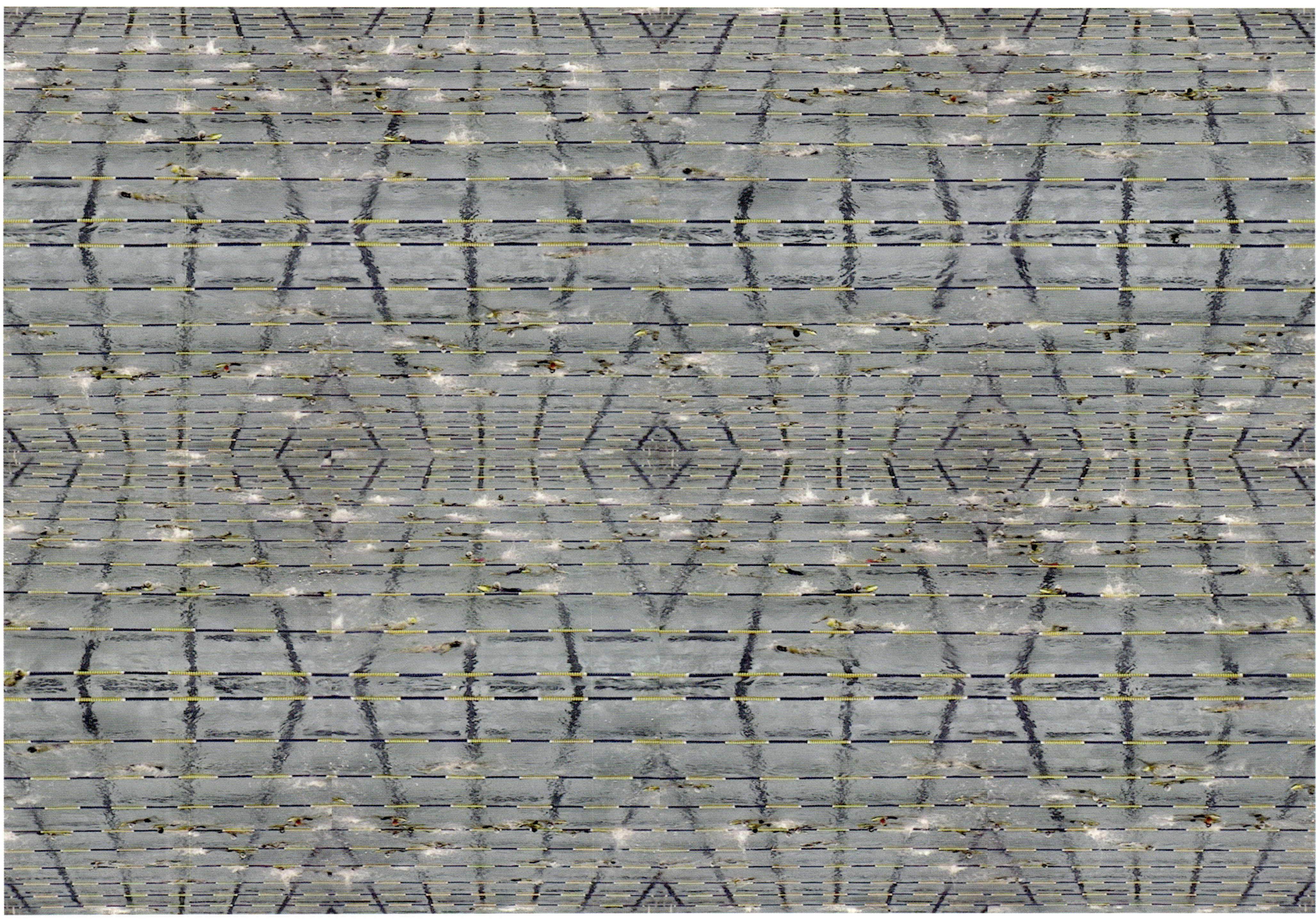

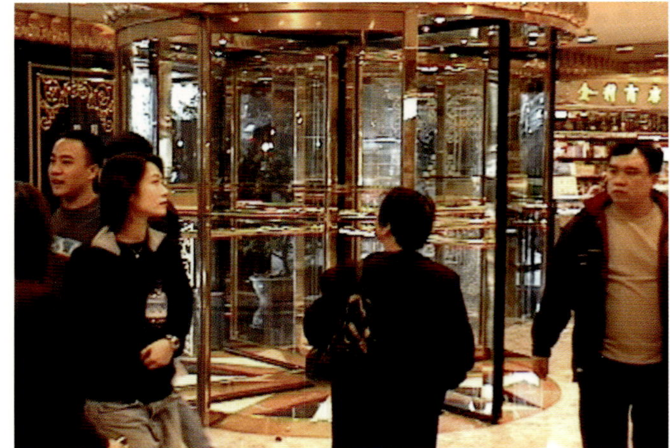
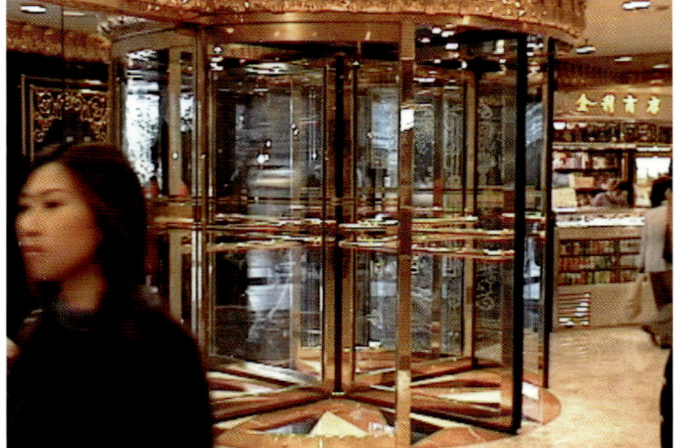
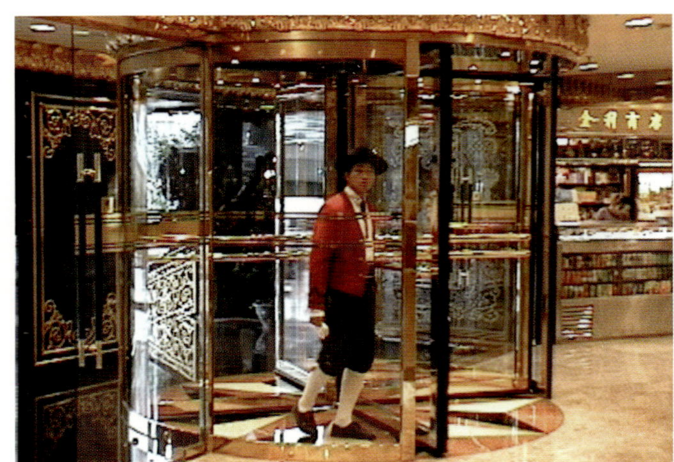
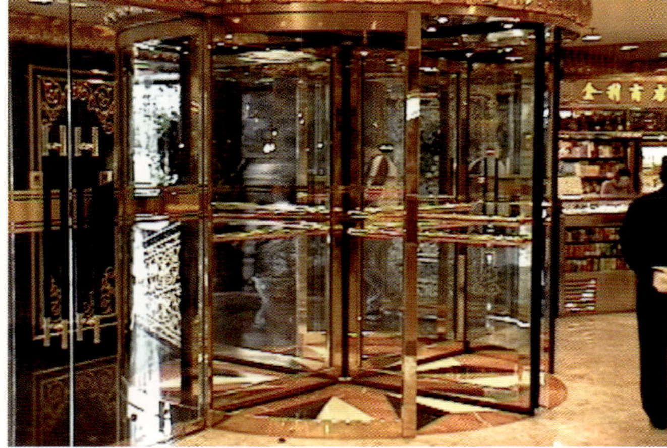
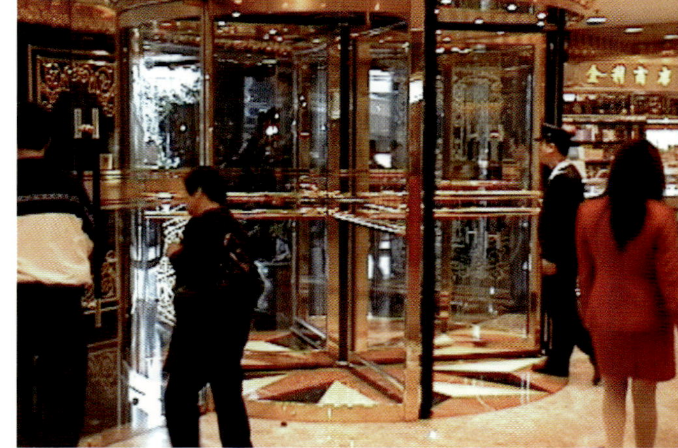
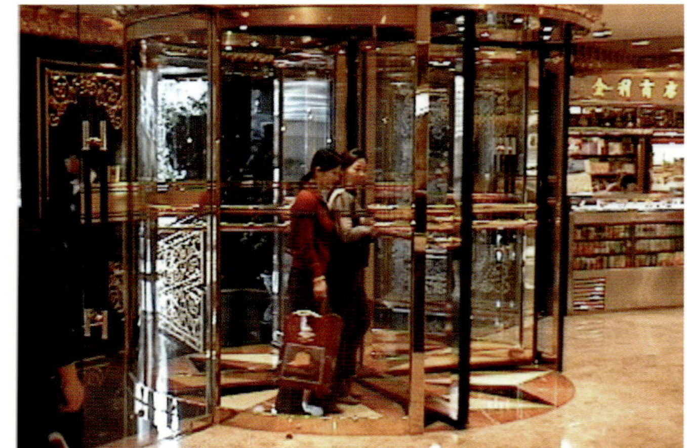
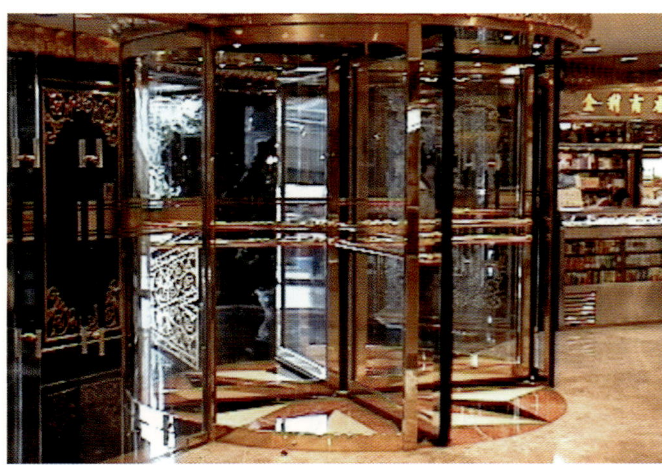
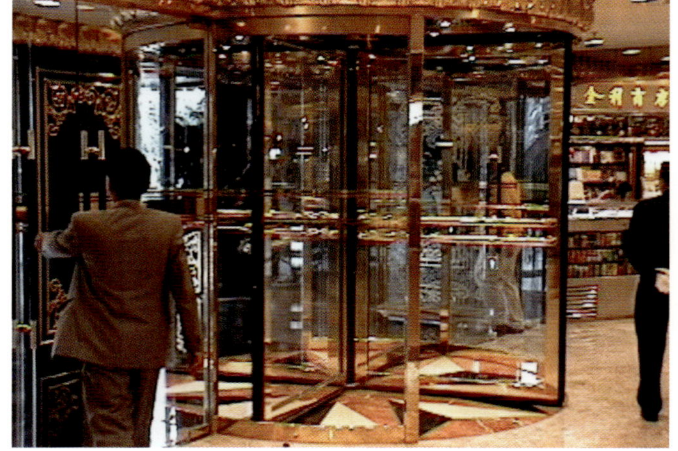
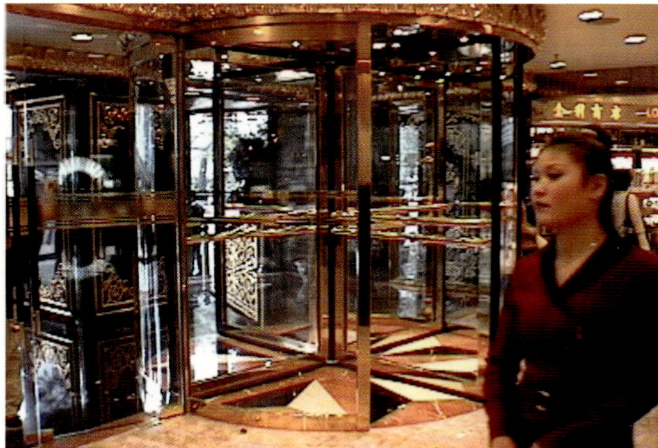

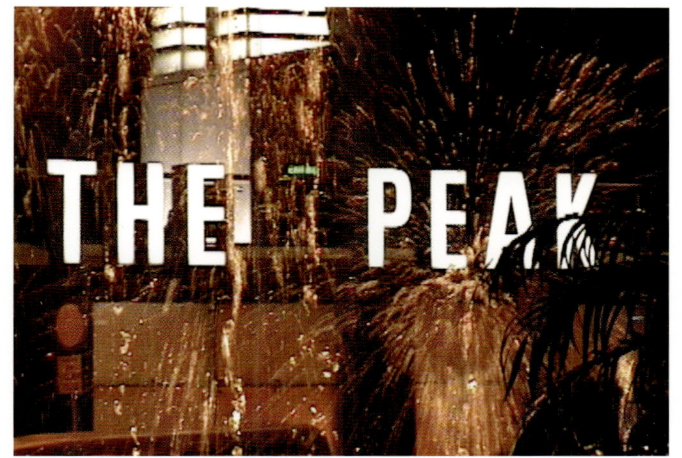
THE PEAK

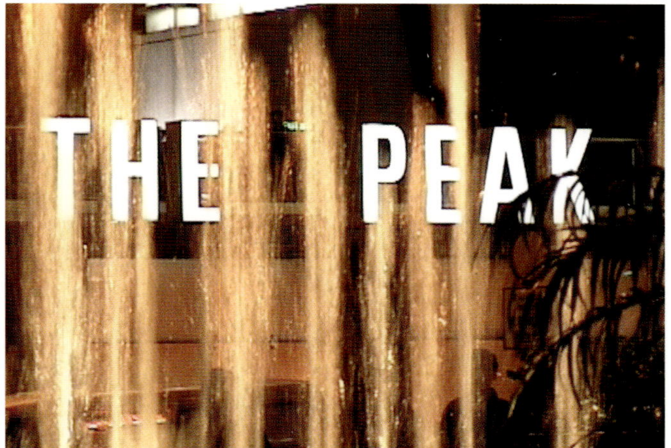
THE PEAK

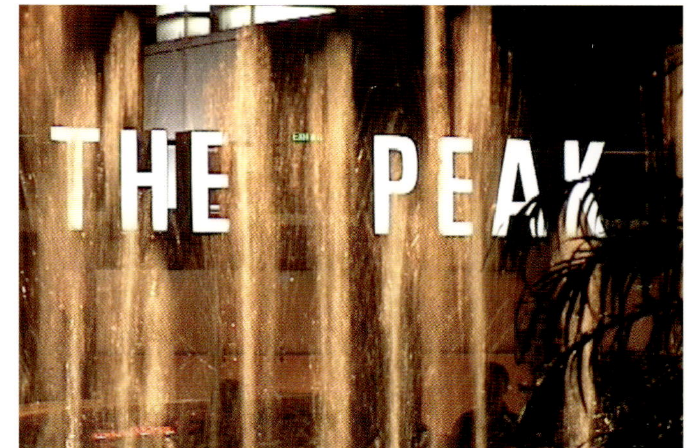
THE PEAK

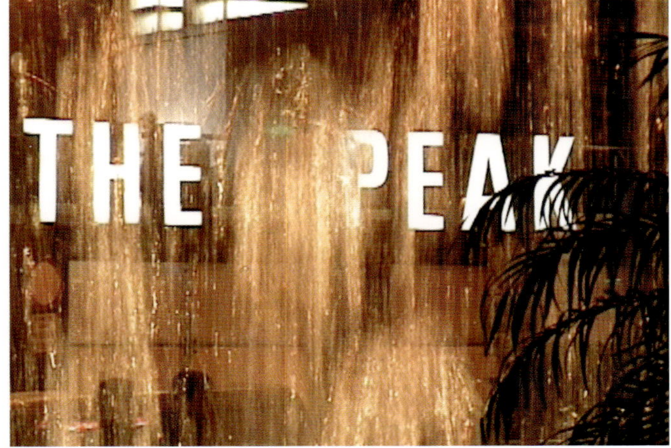
THE PEAK

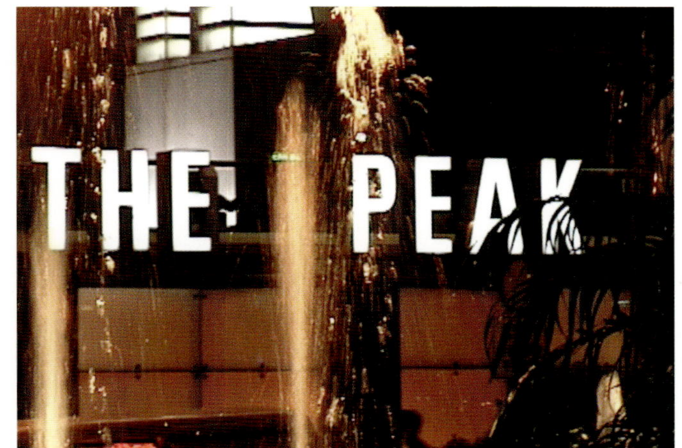
THE PEAK

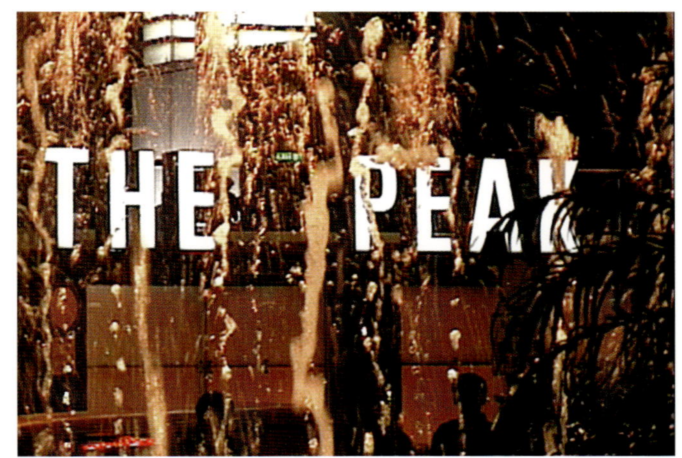
THE PEAK

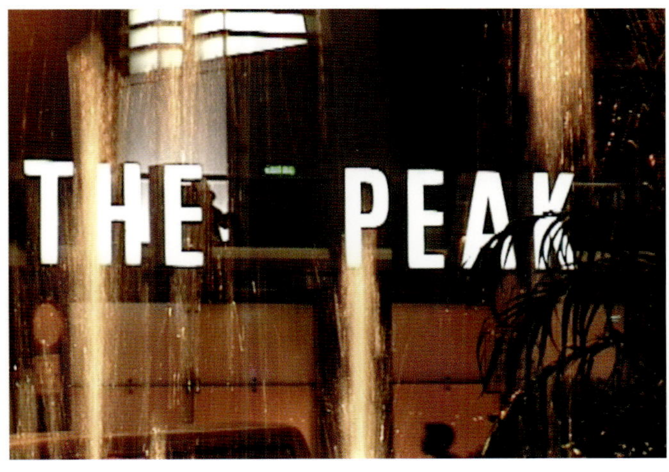
THE PEAK

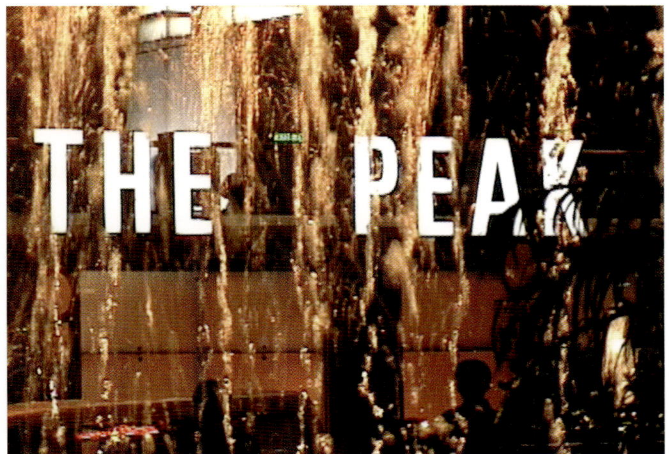
THE PEAK

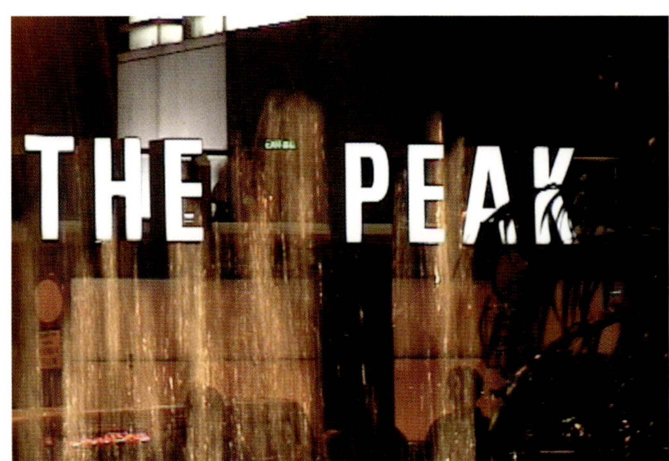
THE PEAK

psycho70

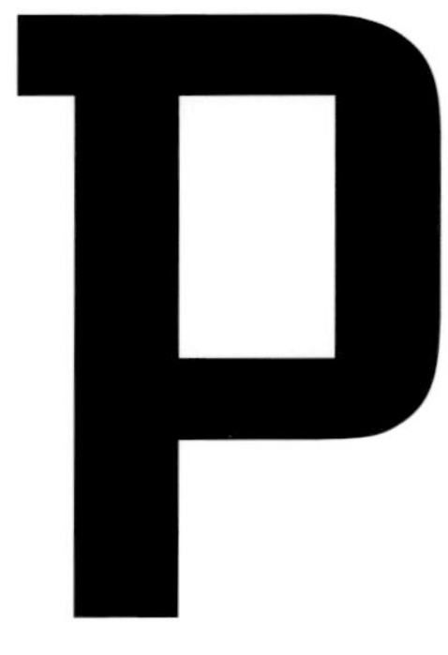

2002

Installation
Govett-Brewster Art Gallery,
New Plymouth, Neuseeland

Film
DV auf DVD-PAL/4:3 und 16:9
115 min Doppelprojektion
(der 16:9- und 4:3-Aufnahmen)
Projektionsgröße: 1:1 zur Wohnung
Regie und Kamera: Maix Mayer
Darstellerin: Liane Mayer

2002

Installation
Govett-Brewster Art Gallery,
New Plymouth, New Zealand

Film
DV on DVD-PAL, 4:3 and 16:9
115 min double projection
(of the 16:9 and 4:3 recordings)
Projection size: 1 to 1 to the
apartment
Directed by, camera: Maix Mayer
Actress: Liane Mayer

Im Film ist die Mutter des Künstlers zu sehen, wie sie sich zum ersten Mal den von Alfred Hitchcock inszenierten Thriller *Psycho* (1960) anschaut. Sie betritt ihr Wohnzimmer, sitzt auf dem Sofa, schaut sich den Film an und verlässt nach dessen Ende wieder den Raum. Zwei Kameras verfolgen aus einer Zuschauerposition die sitzende Frau, während sich das Fernsehbild in der Schrankwand spiegelt und der Originalton sowie die Geräusche des Raumes sich mischen. Die erste Kamera zeichnete die Szene statisch in der Totalen im 16:9-Kinoformat auf, während man bei der zweiten für die gleiche Aufzeichnung mit einem Zoom auf Halbnah im 4:3-Fernsehformat arbeitete. Der Filmtitel *psycho70* spielt auf den Plattenbautyp „WohnBauSystem 70" an. Über 40 Prozent der bis 1990 in der DDR errichteten Wohneinheiten befanden sich, wie die Wohnung der Mutter, in solchen Hochhäusern. Der Film wurde erstmals in einem Kunstmuseum gezeigt, das vor dem Umbau selbst ein Kino gewesen war. Die Filmprojektion erfolgte an der Stelle, wo sich damals die Kinoleinwand befand.

In this film we see the artist's mother as she watches Alfred Hitchcock's thriller *Psycho* (1960) for the first time. She enters her living room, sits down on the sofa, watches the movie, and leaves the room again when it is finished.
Two cameras are trained on the seated woman, while the television picture is reflected in the glass cabinet and the sound of the movie is mixed with the sounds of the room. The first camera records the scene statically in wide 16:9 cinema format, while the same scene is recorded in a 4:3 television format midshot using a zoom.
The film title *psycho70* is a play on the name of the apartment block, "WohnBauSystem 70". More than 40 percent of the apartments built in East Germany to 1990 were – like the mother's apartment – in this kind of block. The film was first shown at an art gallery that, before its renovation, had been a cinema. The projection was made on the surface where the movie screen had been.

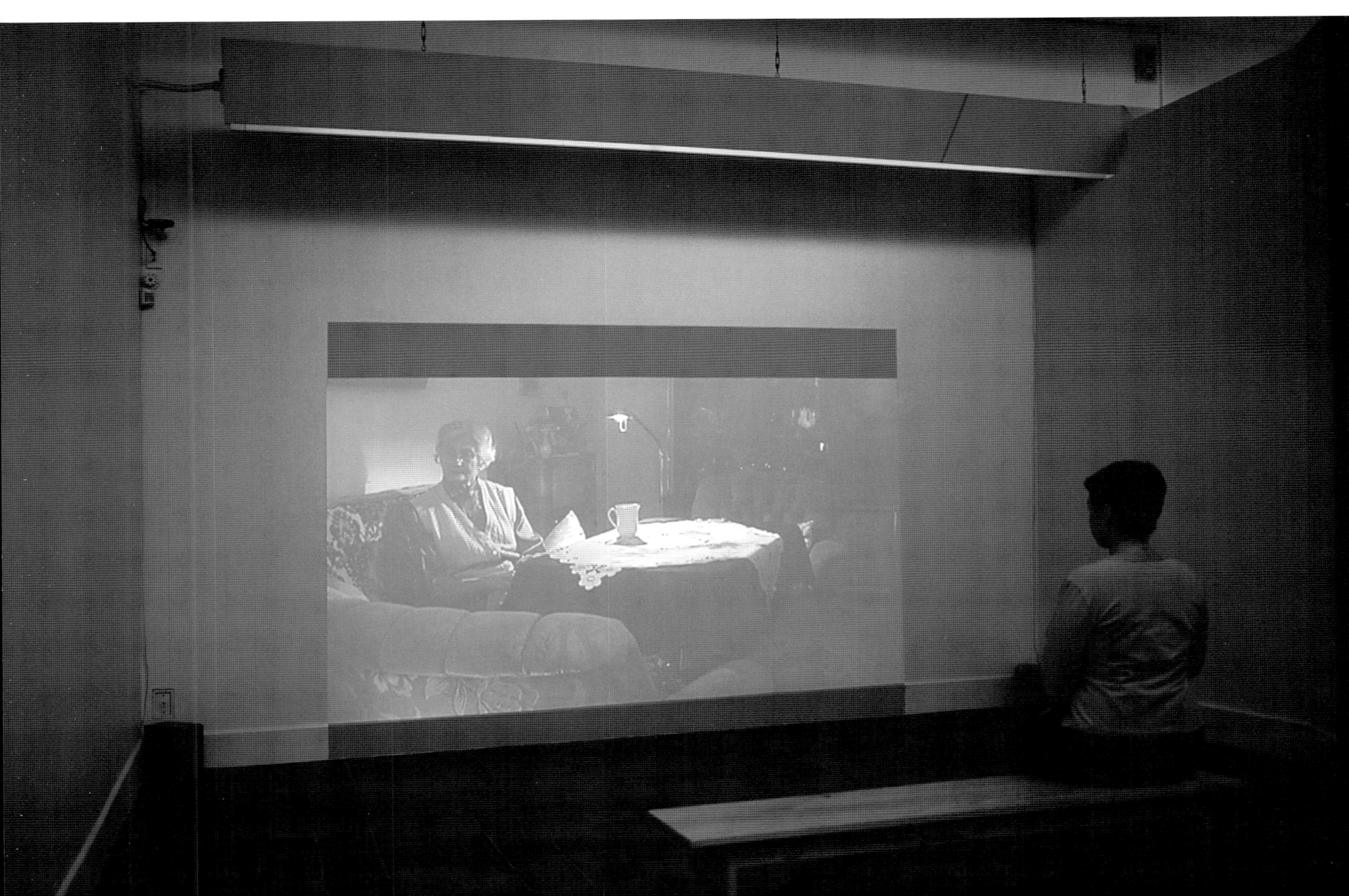

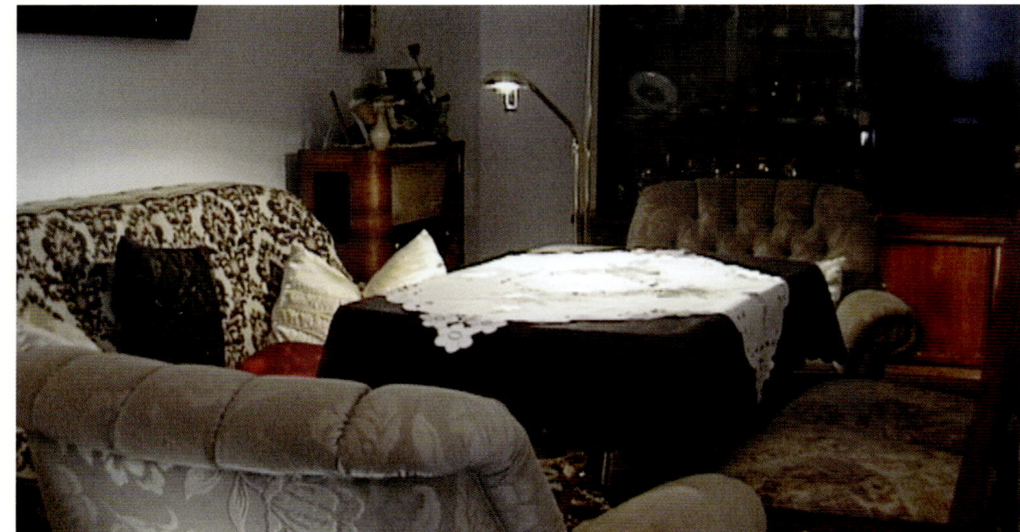

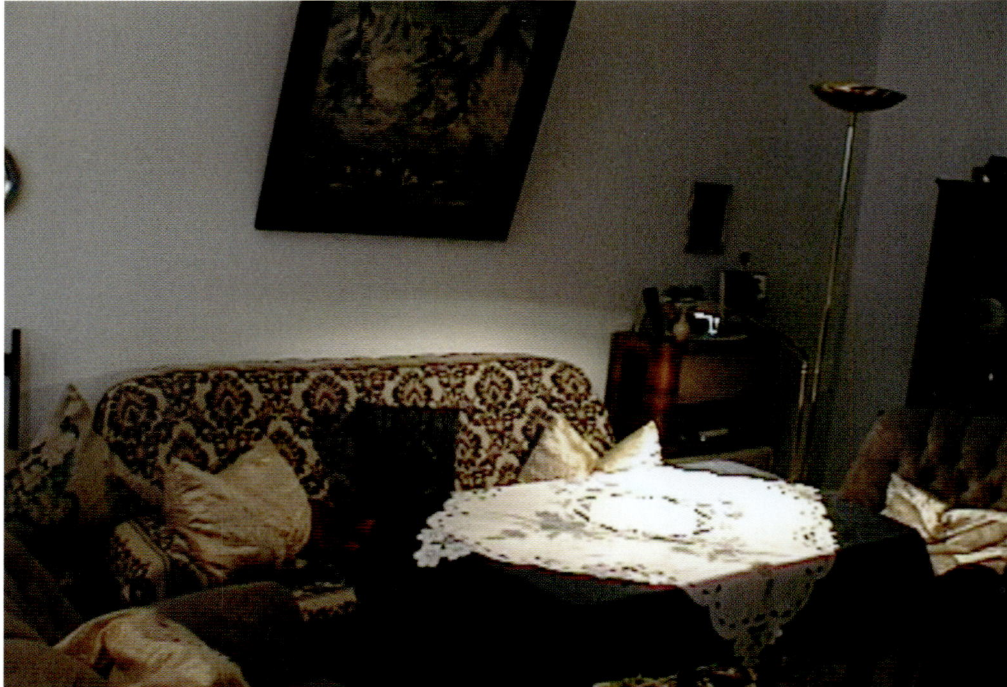

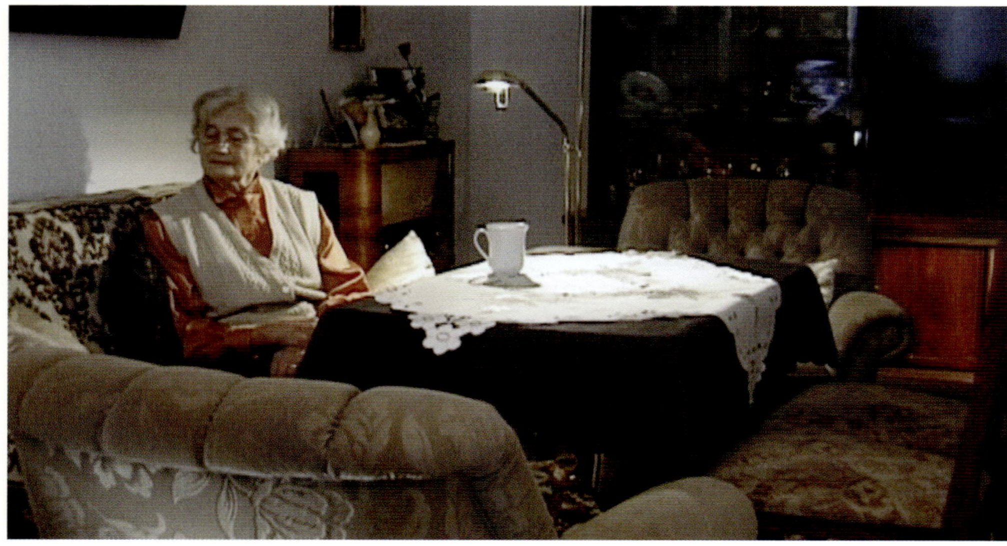

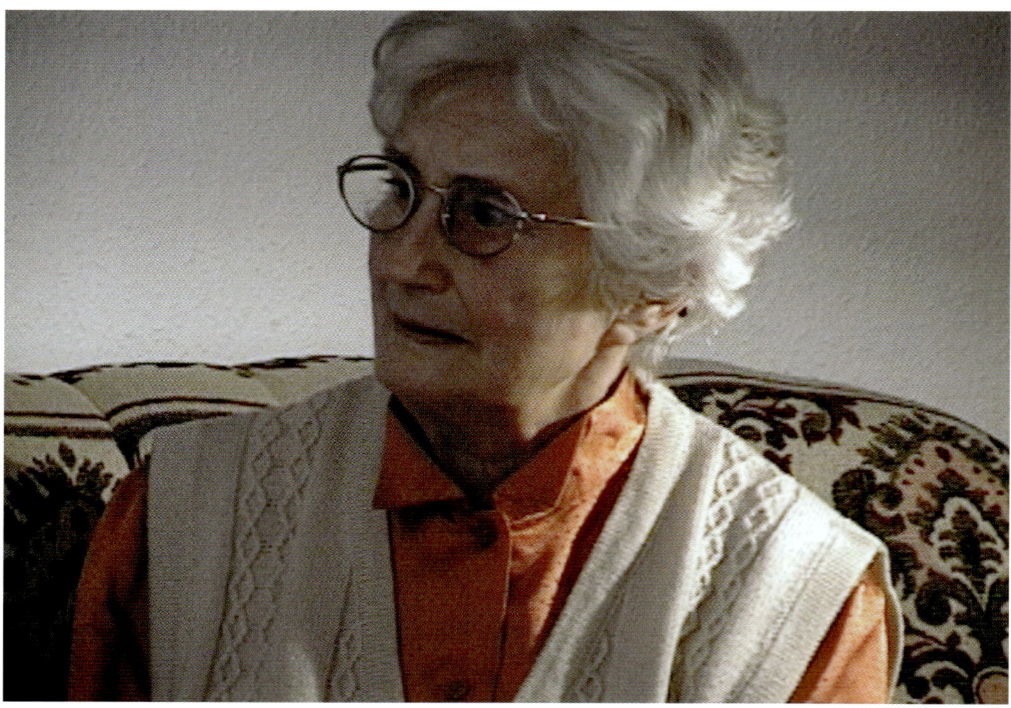

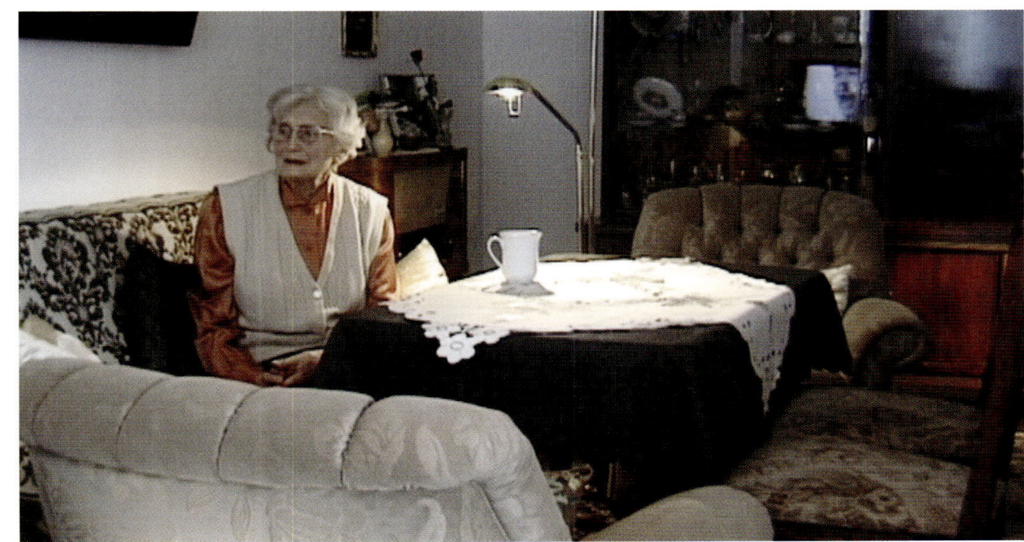 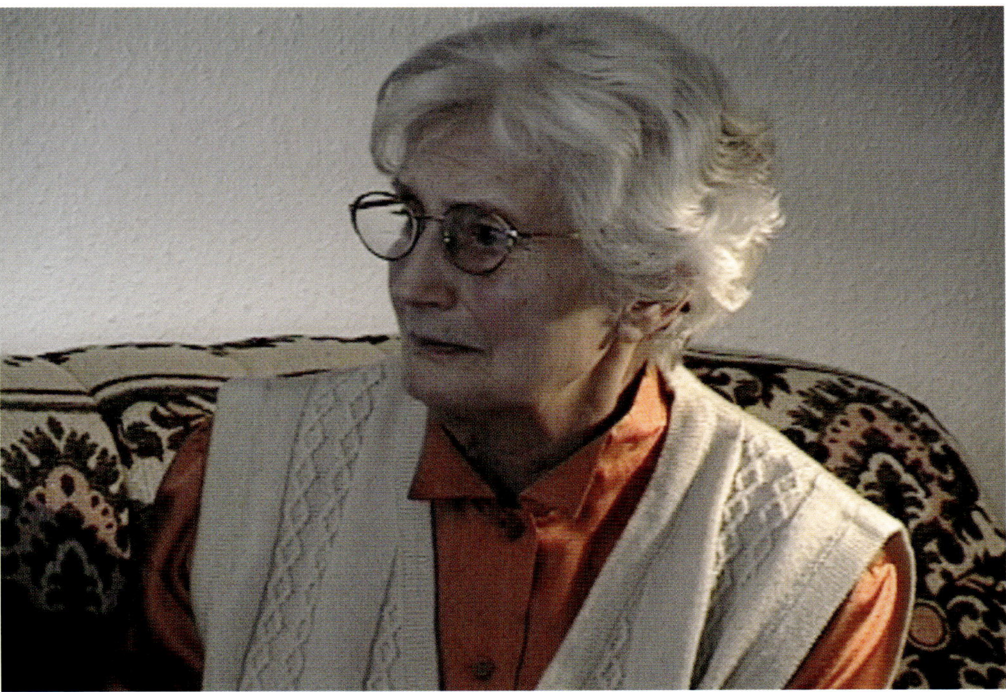

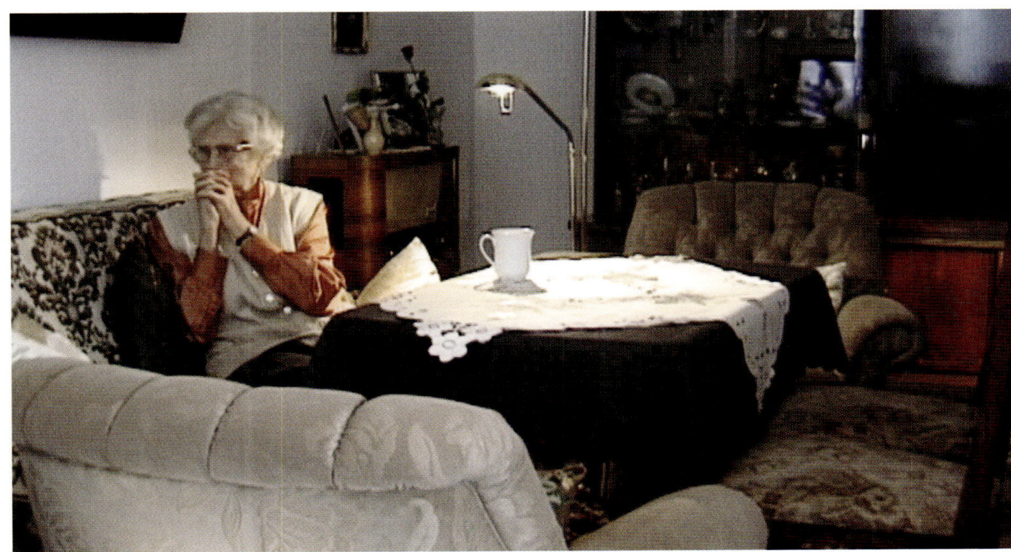 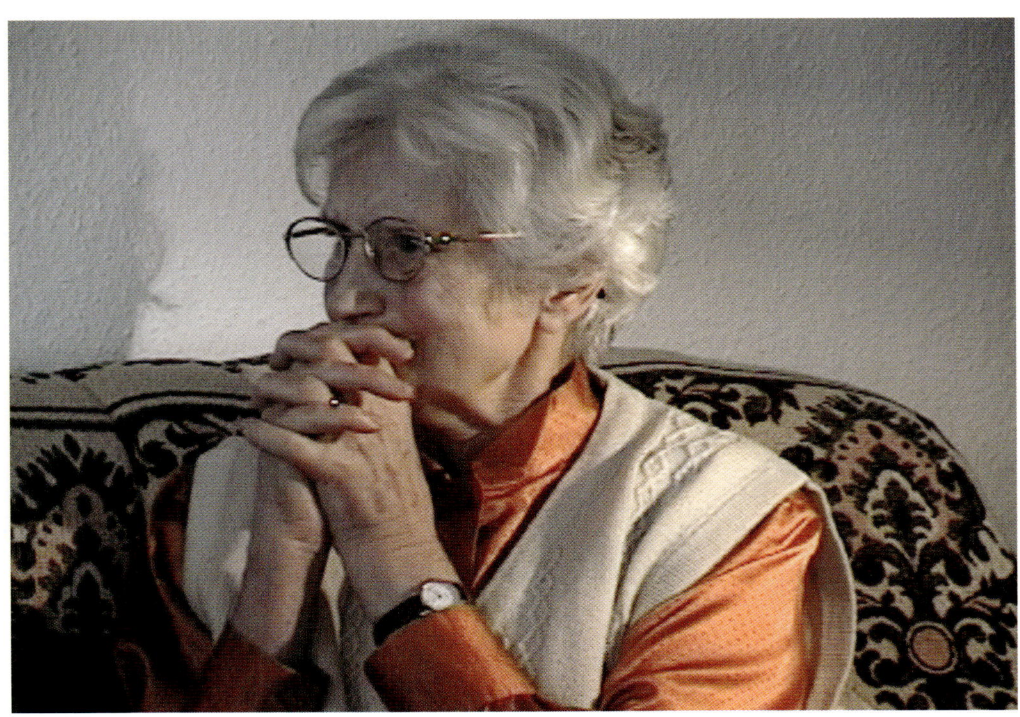

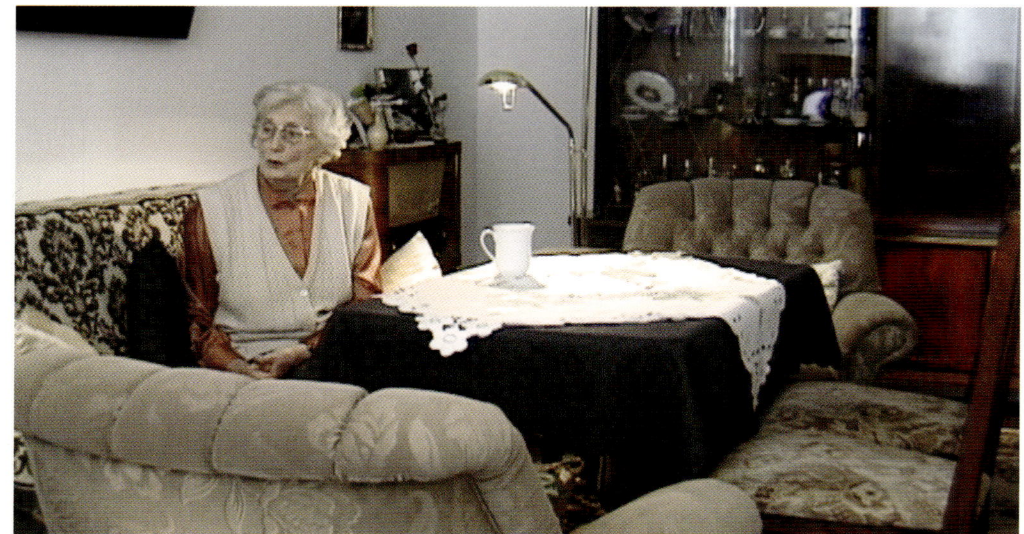
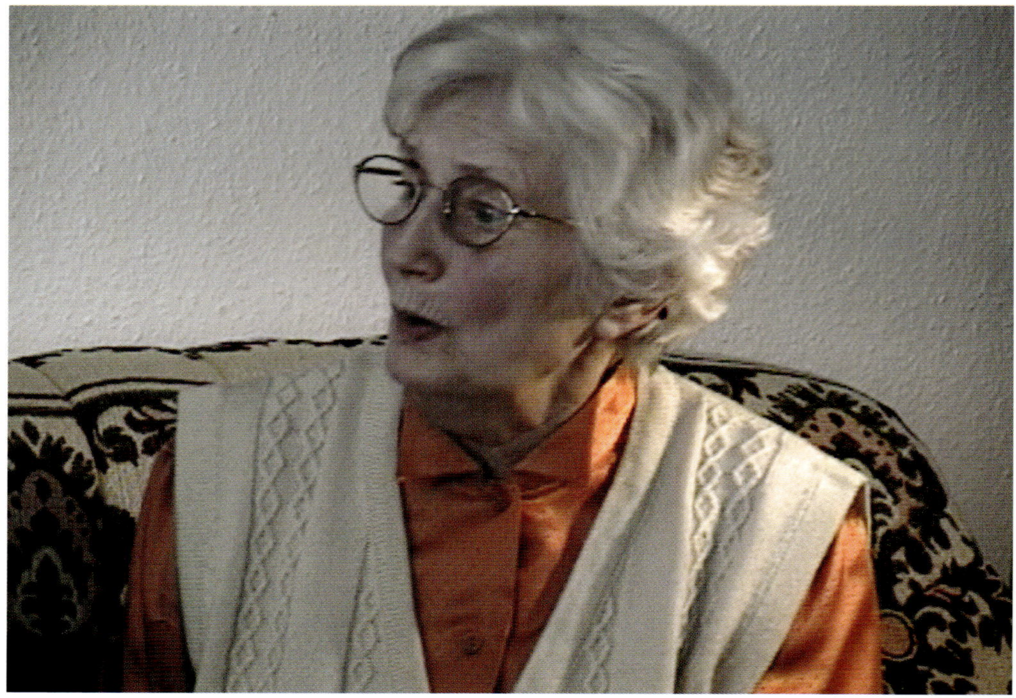
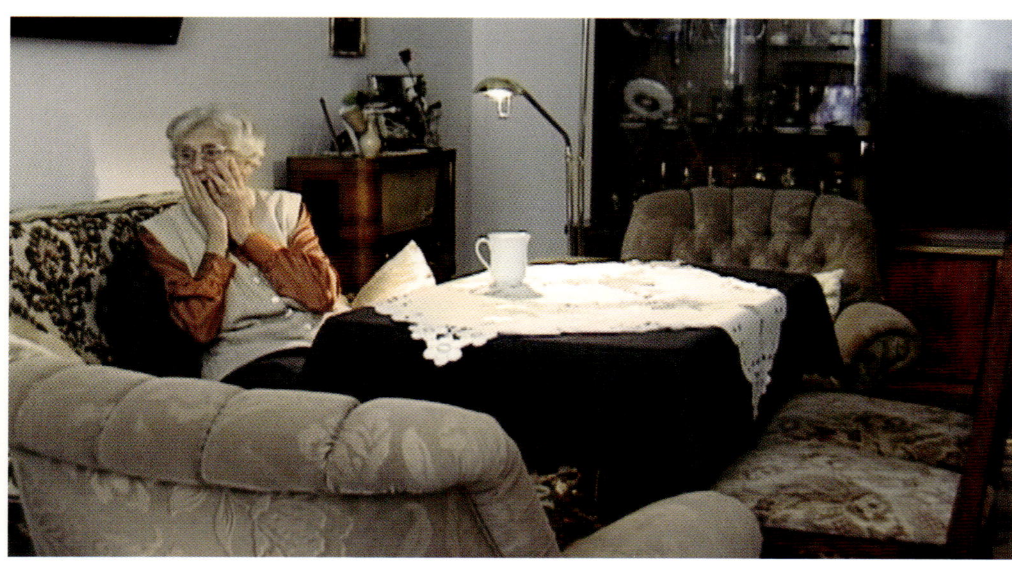
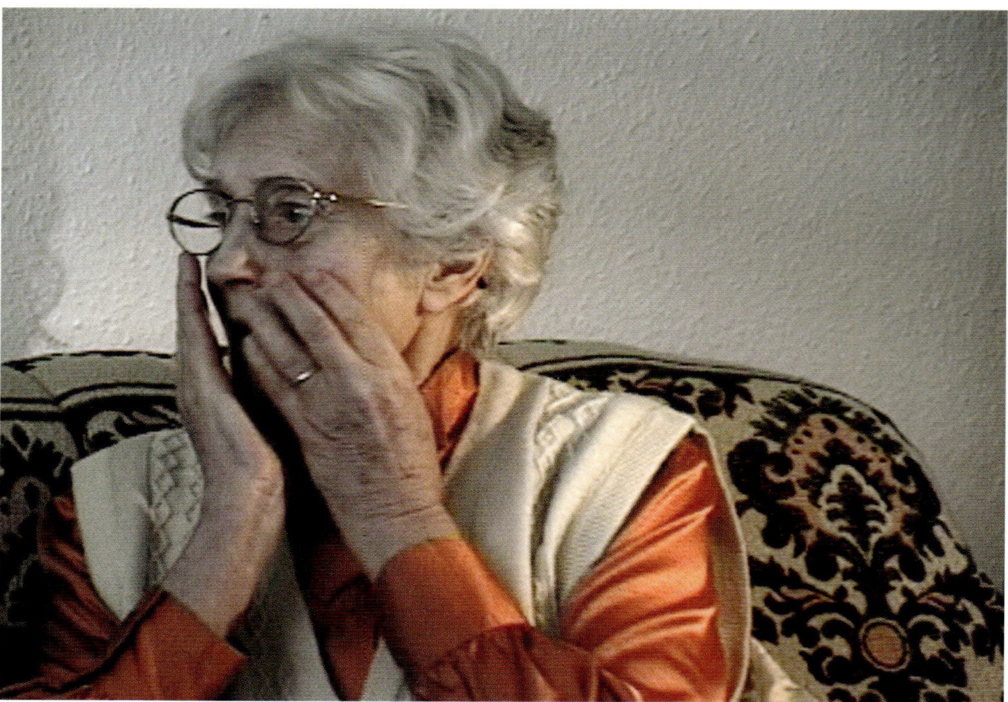

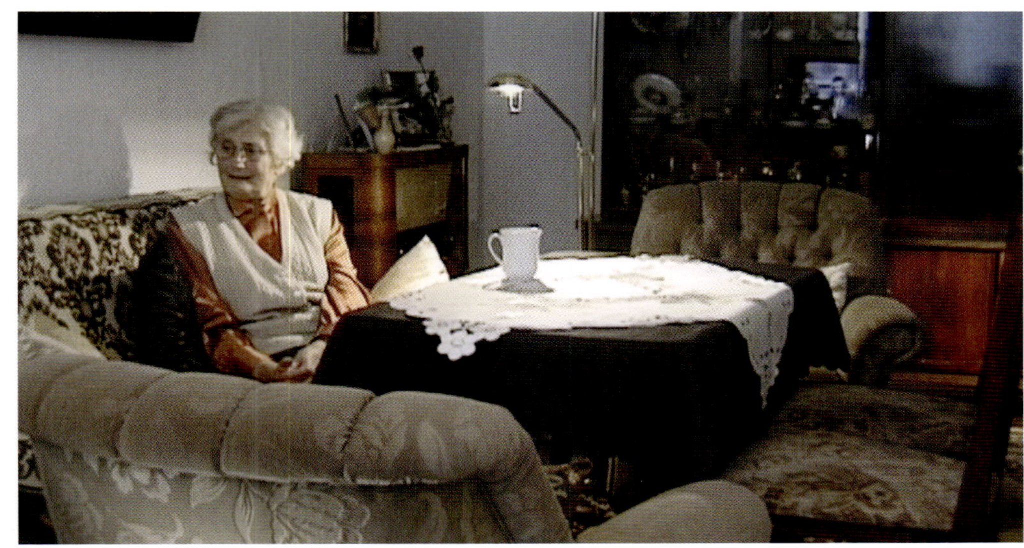

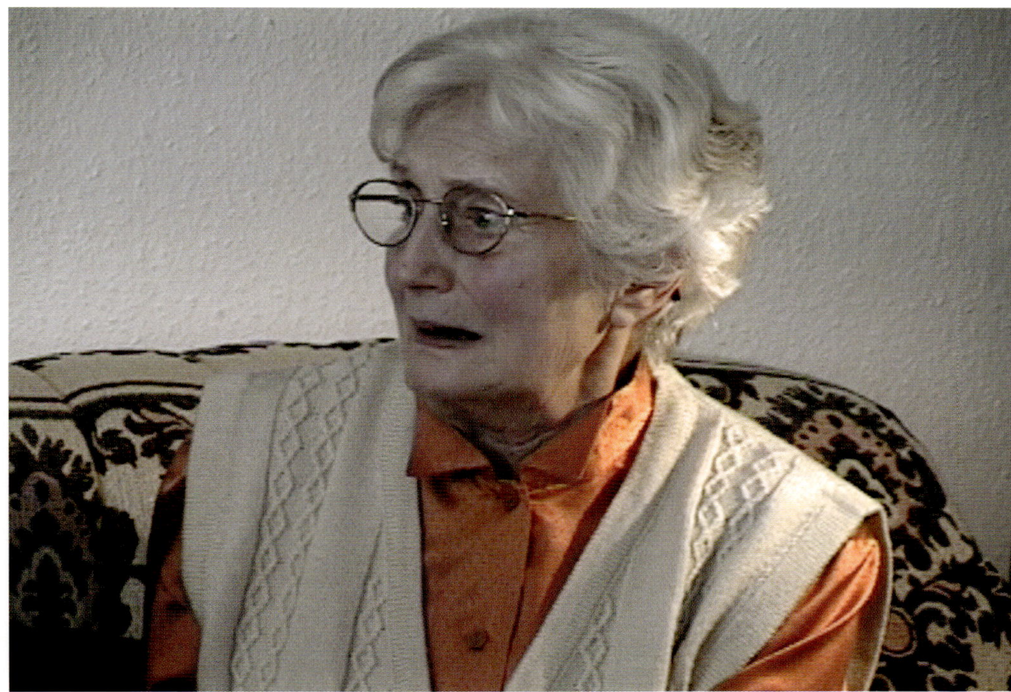

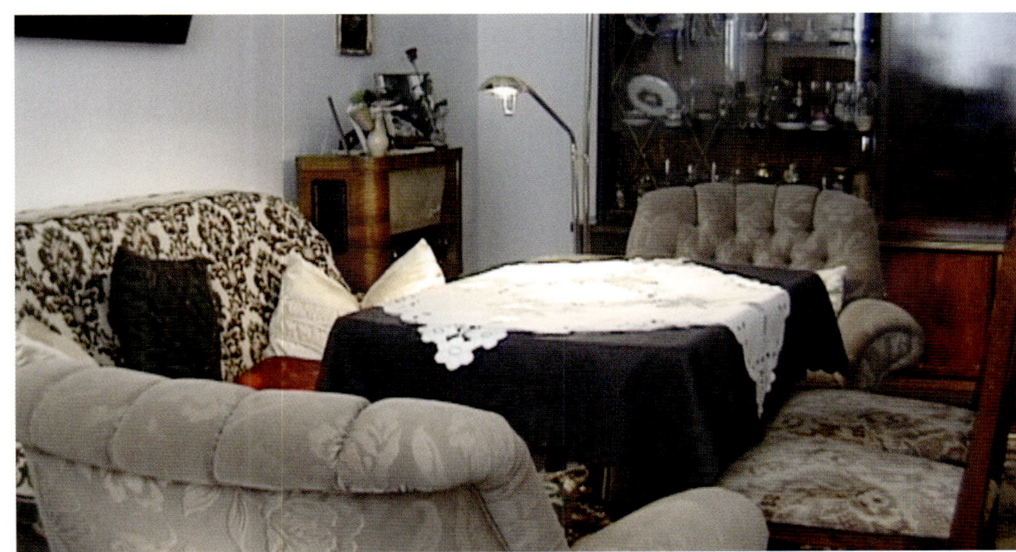

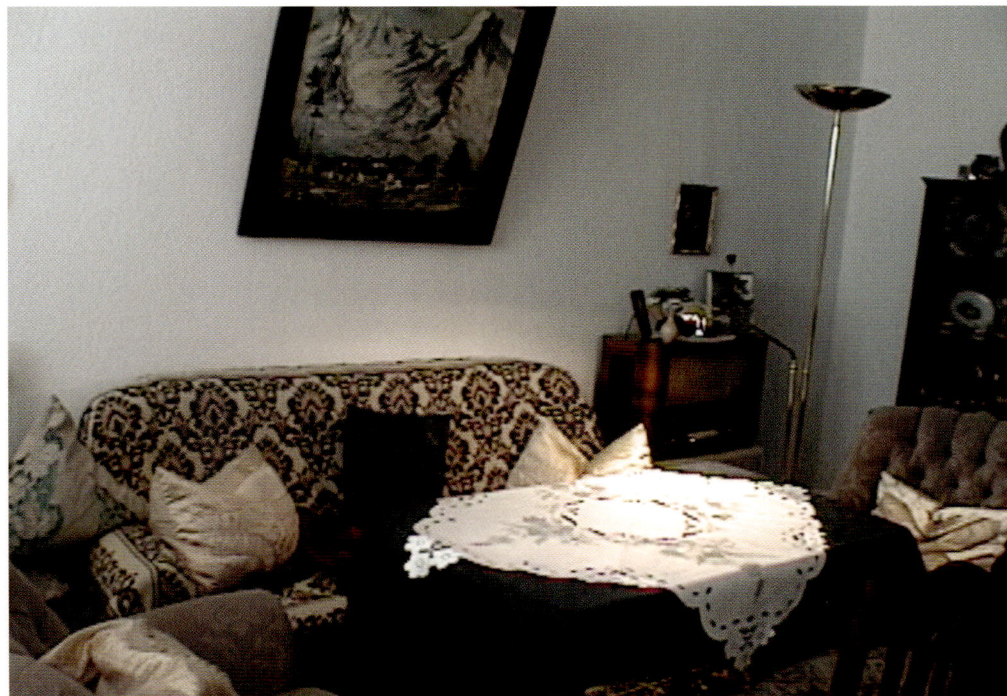

Marc Ries, Winfried Pauleit

Mutter. Hier und Dort.

A

Wir verfügen über zwei Ansichten. Die eine im 16:9-Format zeigt ein Kinobild. Es ist ein Bild als *Totale*, d. h. als *Fülle*, die totale, allumfassende Aufnahme der Ecke eines Wohnzimmers. Das Bild ist also „groß", es eröffnet einen Blickraum, in welchem sich das Zimmer entfalten kann, alle Dinge sind, wenngleich „klein", da in exakten Proportionen zueinander abgebildet, sichtbar, sie vermögen Auskunft zu geben über die Ordnungen dieses Ortes, über das konzentrische Leben in Wohnzimmern. Wenn die alte Frau Platz nimmt, wird auch sie ein Element der Konstellation der Dinge sein.

Eigentlich lässt in diesem Gefüge nichts den Schluss zu, dass ihre Position herausgehoben ist, sie wirkt äquivalent, gleich wichtig, eingebettet in das Universum der wohnenden Dinge. Wenn man den Ort aristotelisch als ein *Umfassendes* denkt, das eine *unmittelbare, unbewegliche Grenze* zum *umfassten Körper* bildet, dann hat dieses Bild Definitionsmacht: Alle Körper bilden einen Ort als ein Umfassendes aus, das von diesen Körpern nicht zu trennen ist. Also sagen alle und alles stets: Dies ist mein Zuhause! Und auch wir als Zuschauer sind eingeladen, dieses Wohnen zu teilen, uns einzusehen, mitzuwohnen. In einer 1:1-Projektion wird der filmische mit dem realen Ort zusammenfallen, Bild und Sein eins werden.

Dennoch ist im Bild, besser im Off des Bildes, eine Störung angelegt. Denn die Frau nimmt nur Platz, um aus dem Bild, aus dem Wohnraum hinauszuschauen. Man sieht diesen anderen Ort ihres Blicks als Spiegelung im Glas einer Vitrine, und man hört diesen Ort: Es ist ein Fernseher. Also eine Apparatur, die selbst Bilder hervorruft, Bilder nicht von diesem Empfangsort, sondern von einem Außerhalb – hier einem bekannten narrativen Raum der Kinogeschichte. Der Fernseher bricht die *geschlossene Zelle* des bürgerlichen Interieurs auf und evoziert eine *empfangsbereite Außenwendung*, schreibt Martin Warnke. Eine Wendung ganz woanders hin, die die Binnenwelt des Wohnzimmers aufzehrt, sie zumindest entkräftet.

Wozu nun also all die stillen, friedlichen, ruhenden, schützenden Dinge, wozu der Schmuck und das Bild einer Bergnatur an der Wand, wenn diese andere Technik die Bewohnerin in die harsche Kälte einer unbegreiflichen Außenwelt entlässt? Wir sehen also ein Kinobild, das ein mit ihm konkurrierendes Bildregime vorführt, wenngleich dieses andere Regime selbst wiederum Kino als Video zeigt. Die alte Frau sieht Alfred Hitchcocks Thriller *Psycho* von 1960 im Fernseher in ihrem Wohnzimmer. Lässt sich damit sagen, dass die eine Mutter der anderen in ihrer eigenen Privatheit beiwohnt? Immerhin ist der Fernseher (im Gegensatz zum Kinoraum) ja auch Teil des Mobiliars.

Die zweite Ansicht ist die des Fernsehens selber, es ist die halb nahe 4:3-Einstellung der Frau, die uns im „kleinen" Bild sehr „groß" begegnet. Nun sind wir aufgefordert, den Blick zu disziplinieren, die vielen Dinge um die Frau zu vergessen, die drei verbleibenden Objekte – Frau, Sofa, Wand – zu beobachten, sie zu analysieren, eine Mikrostudie ihrer Eigenheiten anzufertigen. Weniger stellt uns das Bild eine Geschichte vor, in die wir uns „einwohnen", das schematische Bildfeld konfrontiert uns vielmehr mit einer intensiven Faktizität. Auffällig sind zunächst die vielen Muster: zunächst das ornamentale des Sofas, das auf der Strickweste und das der Bluse, aber auch das Muster der Raufasertapete. Zugleich werden wir gedrängt, die physiognomischen Muster der Frau zu studieren: Alsbald registrieren wir die affektiven Veränderungen, die Vibrationen und Spannungen in ihrem Gesicht.

Während das eine Fernsehbild, das Ursache der Erregung ist, Kino simuliert, ist das andere ein tatsächliches, es bildet eine Kommunikationsstruktur aus – die der Mutter mit ihrem Anderen – und generiert zugleich eine solche: Die halb nahe Einstellung determiniert unsere Lektüre des Bildes als eine beobachtende, analysierende, kontrollierende. Nun wohnen wir nicht mehr im Bild, sondern kommunizieren mit dessen Daten. Wir verfolgen, ja vermessen rigoros, wie die psycho-dramatische Zirkulation einer Mutter-Sohn Beziehung das *Verhalten* einer anderen Mutter affiziert.

B

Wir sehen eine ältere Frau in ihrem Wohnzimmer. Die Kamera ist starr und wird starr eingerichtet bleiben. Sie wird – und wir mit ihr – die Frau beobachten in den nächsten 107 Minuten. Das ist genau jene Zeit, die die Frau mit dem Anschauen eines Films auf ihrem Fernseher verbringt: Hitchcocks Thriller *Psycho*. Wir werden also beim Zuschauen zuschauen. Unsere Perspektive ist jedoch weniger spannungsgeladen, vom „suspense" strukturiert, als die unserer Protagonistin. Uns wird keine schnell geschnittene Mordszene in der Dusche erwarten noch irgendein spezifischer Dialog. Der Film, den die Protagonistin sieht, bleibt uns weitgehend verborgen. Unsere Position ist die eines unmöglichen Gegenschusses, der die Zuschauerseite sichtbar macht. Was wir vom Film erfahren, zeigt sich in den Spiegelungen einer Glasvitrine, die uns den matten Abglanz eines schwarz-weißen Fernsehbildes reflektiert und die Schemata eines Fernsehschirms und den Wechsel von Hell-Dunkel anzeigt, so wie man es nächtens von der Straße in den von Fernsehern beleuchteten Fenstern sehen kann.

Auch ein Ton ist hörbar: die deutsche Synchronisation des Filmtons, ganz leise und kaum vernehmlich, und bereits während des Vorspanns der bekannte einpeitschende Beat der Filmmusik, der schon jetzt auf den Mord zusteuert. Und dann sehen wir noch die minimalen Reaktionen unserer Zuschauerin. Zu Anfang ist sie am Filmgeschehen

Mother. Here and The

nicht besonders interessiert und schaut immer wieder etwas verstohlen zur Kamera, zu einer Person, die man dahinter vermuten kann. Später, auf den Spannungshöhen des Films, wird man intensive affektive Reaktionen ihres Körpers deutlich wahrnehmen können und die Mikrobewegungen ihres Gesichts erahnen, in dem sich das Mitfühlen und Mitleiden mit der Filmhandlung am deutlichsten nach außen kehrt.

Jenseits dieser affektiven Zeitspur, die wir selbst von anderen Filmen kennen und nun aus der distanzierten Sicht eines Soziologen oder Psychologen beobachten, sehen wir aber auch den Alltag des Wohnzimmers, als eine zweite Zeitspur, die auf Dauer angelegt ist: Sessel, Sofa, Polsterstühle, ein Tisch mit Tischdecke, das Zentrum einer „guten Stube". Im Hintergrund ein weiterer Apparat, ein Radio, auf dem eine Vase, ein aufgestelltes Bild, vermutlich ein Foto, und weitere Objekte wie auf einem kleinen Altar präsentiert sind.

Zwischen Radioapparat und Fernseher öffnet sich also ein alter, nicht technischer Kommunikationsraum, der in dieses Heim einlädt und damit gleichzeitig seine Verlassenheit zum Ausdruck bringt – als Parallele zu Hitchcocks Film, dessen Zentrum ebenfalls ein verlassenes Hotel, das keine Gäste mehr hat, ausbildet. Allerdings ist es bei Hitchcock ein zurückgebliebener Sohn, der auf exzentrische Weise das Andenken an seine Mutter pflegt, während in der guten Stube, die uns

hier gezeigt wird, die Mutter als lebende Protagonistin wirkt, während der Sohn, falls es ihn gibt, verschwunden scheint. Man könnte ihn hinter der Kamera vermuten, oder aber in der Figur, die manchmal – und etwas unheimlich – auf allen vieren am rechten Bildrand erscheint.

Dieser Kommunikationsraum wird in Szene gesetzt. Er ist der eigentliche Gegenstand der Videoarbeit. Hitchcocks *Psycho* liefert dafür die Folie. Auf diesem Hintergrund wird ein spezifischer Raum greifbar, erhalten die Ornamente der Sessel und Stühle ihre eigentümliche Präsenz, wird die einzelne Tasse der Frau auf dem Tisch zum Stigma einer Verlassenheit, Ausdruck einer Nichtkommunikation bzw. einer durch technische Medien überlagerten. Doch anders als der Film steuert diese Zeitspur nicht auf einen Mord zu, sondern auf kein eigentliches Ziel. Sie will überdauern, sich bereithalten für eine Rückkehr möglicher Gäste, die sich wieder einmal einfinden könnten. Und dann klingelt tatsächlich das Telefon …

A

There are two views available to us. The 16:9 format shows a cinema image. It is a wide shot, going to the full extent, the total, all-encompassing picture of a corner of a living room. Thus, the image is "large," it opens up a field of view in which the room can unfold; everything is portrayed there in exact proportion to everything else, even though "small." The objects are visible; they can provide information on the layers of order in this place, on the concentric nature of life in living rooms. When the old woman takes her seat, she too becomes an element in the arrangement of things. Nothing in this constellation really suggests that her position is a special one; it is equivalent, equally important, set into the universe of living room things. If you consider the place in an Aristotelian fashion as a *contained* one that forms an *immediate, immobile* border to the *contained body*, then this image has the power of definition: all bodies develop a contained place from which they cannot be separated. Thus, everyone and everything constantly proclaims: This is my home! And we as observers are invited to share in this existence, to take a look inside, to join in this life. In a one-to-one projection, the film location will coincide with the real location, image and being become one. Nevertheless, there is a disturbance in the image, or rather off camera. For the woman only sits where she sits so as to look out of the picture, out of the living space. We see this

other place – the one she is looking at – as a reflection in a glass cabinet, and we hear it as well – it is a television set. It is an apparatus that itself produces images, images that are not of this place where they are being received, images from an outside world. This is a familiar narrative space from the history of cinema. The television breaks open the *closed cell* of the bourgeois interior, evoking a receptive *exterior turn*, writes Martin Warnke. A turn to a completely different place, which exhausts the interior world of the living room, or at least robs it of strength. Why have all these quiet, peaceful, restful, protective things? Why the decoration and the picture of a mountain landscape on the wall – when this other technology releases the occupant into the hard, cold existence of an incomprehensible outside world? It appears we are looking at a cinema image that presents a regime of images competing with itself, even though this other regime, in turn, reveals itself to be cinema on video. The old woman is watching Alfred Hitchcock's *Psycho* on her television in her living room. Can we now say that the one mother is present with the other mother in her own private sphere? After all, the television set (unlike a cinema) is part of the furniture.

The second view we could take is that of the television itself – it is the 4:3 mid-shot of the woman, who, in this "small" picture appears very "big" to us. Now we face the challenge of disciplining our view, forgetting

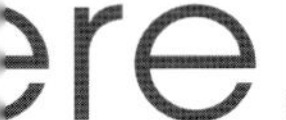

all the things around the woman, and observing the three remaining objects – woman, sofa, wall – analyzing them, carrying out a micro-study of their peculiarities. The picture before us does not really present us with a story that we can become comfortable with, rather, the schematic nature of what we see presents us with an intense factuality. The first thing that is noticeable is the many patterns – the ornamental pattern on the sofa, that on the knitted waistcoat and on the blouse – but there is also the pattern of the wallpaper. At the same time, we are forced to study the physiognomic pattern of the woman herself. And quickly we register the affective changes, the vibrations and tensions in her face. While the television images that cause this arousal simulate cinema, the other television image is an actual one, it forms a communication structure – that of the mother with her Other – and at the same time generates an image such as this: the mid-shot determines our reading of the picture as an observing, analyzing, controlling one. Now we no longer live in this picture; rather, we are communicating with the data in the picture. We are following, indeed, we are rigorously measuring, how the psycho-dramatic circulation of a mother-son relationship affects the *behavior* of another mother.

B

We see an elderly woman in her living room. The camera is fixed and will remain in its fixed position. It will observe the woman for the next 107 minutes – and we will do so with it. The period of 107 minutes is the exact time the woman spends watching a movie on television: Hitchcock's *Psycho*. Thus, we will watch the watching. But our perspective is not charged with and structured by suspense as that of our protagonist is. We cannot expect any little fast-cut murder scene in the shower, nor any specific dialogue. The movie the protagonist is watching remains largely hidden to us. Our position is one of an impossible back shot that makes the audience visible. All that we experience of the movie is revealed in the reflection in a glass cabinet – this shows us the faint mirror image of a black-and-white television picture and the outline of a television screen and the flickering of light and dark, just as one sees in the windows of rooms lit only by a television when one is on the street at night. The sound is also there, very low and barely audible – you can hear the German synchronization of the original sound and even the familiar lashing beat of the music – which even now takes us toward murder – during the opening credits. And then we see the still minimal reactions of our watcher. At first, she is not particularly interested in what is happening in the film. She looks time and time again, somewhat furtively,

at the camera, to a person who may be behind it. Later, at the most tense moments of the movie, we will be able to clearly see intense reactions in her body and perhaps to discern the tiny movements in her face which most clearly reveal identification and compassion with the events taking place in the movie. But beyond this affecting time track of the film – which we know from other films and which we can now observe from the detached position of the sociologist or psychologist – we can also see the everyday world of the living room, as a second time track which goes on forever – armchair, sofa, dining chairs, a table with a tablecloth, the focal point of the bourgeois living room. In the background there is another piece of equipment, a radio, on which a vase, a picture in a frame – possibly a photograph – and other things are presented as if on a little altar. Thus, between the radio and the television there is an old, non-technical communication space which invites one into this home, while at the same time expressing its desolation – a parallel with the Hitchcock movie, in which a deserted hotel with no more guests becomes the focus of the film. However, in the Hitchcock it is a surviving son who preserves his mother's memory in his eccentric fashion; while in the living room shown to us, the mother is the living protagonist, while the son – if he exists – seems to have disappeared. One could imagine him

behind the camera, or in the figure on all fours that sometimes – rather eerily – becomes visible on the right-hand edge of the picture. This communication space is set into the scene. It is the true object of this video work. Hitchcock's *Psycho* provides the foil for it. And against this background, a specific space becomes tangible. The patterns on the armchairs and dining chairs attain their own characteristic presence; the woman's single coffee cup on the table becomes the stigma of a desolation, expression of a non-communication papered over with technological media. In contrast to the movie, this time track does not lead to a murder; it leads to nothing at all. She wants to last, to be ready for a return of possible guests who cannot be found. And then, the telephone really does ring …

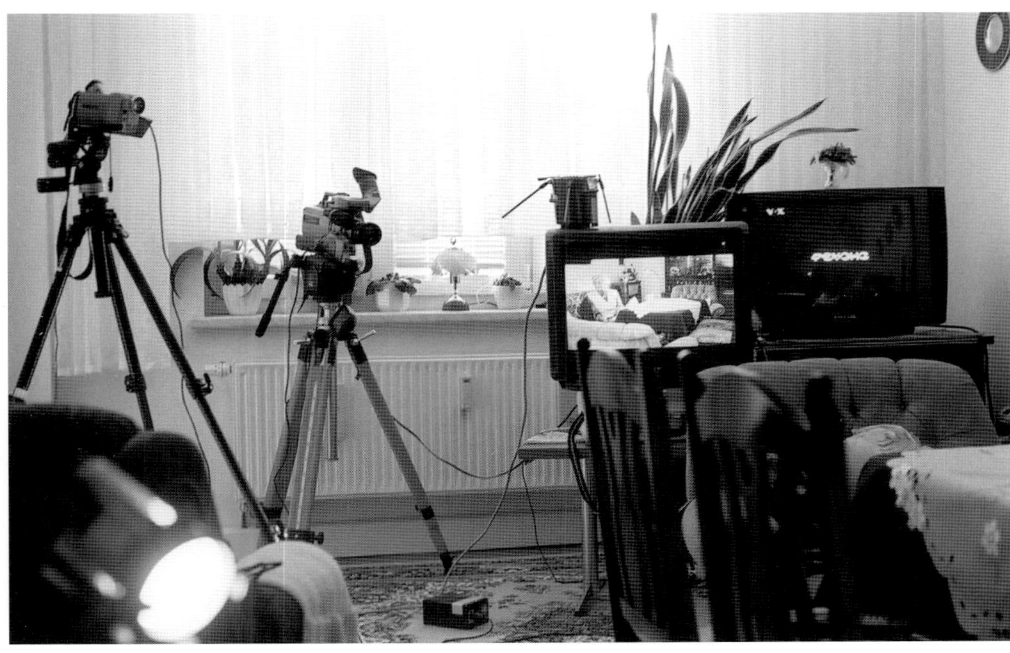

raumgleiter

Der Film zeigt den Neubau des Museums der bildenden Künste in Leipzig (2004) vor der Übergabe an den Auftraggeber. Die Räume des Gebäudes erscheinen ohne die Kunstwerke, die sie präsentieren sollen, als klare und einfache Modelle, reduziert auf pure Architektur und ihre elementaren Voraussetzungen wie Licht, Höhe, Gliederung, Perspektive, Material oder Farbflächen. Die Abfolge von streng geometrischen Linien und Farbflächen (u. a. in Rot, Blau und Grau) scheint in einzelnen Sequenzen von *raumgleiter* der Bildwelt des niederländischen Konstruktivisten Piet Mondrian zu entstammen.

Raumgleiter besteht aus geraden Kamerafahrten mit fest definierten Bildausschnitten, aus horizontalen Schwenks um 360 und vertikalen um 180 Grad. Die Geschwindigkeit der Kamera ist in allen Szenen gleich und erzeugt einen Effekt, als gleite man auf einer bestimmten Höhe durch das gesamte Gebäude.

This film shows the new building of the Museum of Fine Arts in Leipzig (2004) before the handover to the owners. The rooms in the new building appear as clear, simple models, without the works of art that they will later house. They are reduced to pure architecture and its elementary prerequisites of light, height, structure, perspective, material, and color. The succession of strictly geometric lines and fields of color (including red, blue, and grey) appears in certain sequences in *raumgleiter* to be taken from the imagery of the Dutch Constructivist Piet Mondrian.

Raumgleiter is shot with a camera moving in a straight line – showing clearly defined sections of the picture, with the camera turning horizontally through 360 degrees, and vertically through 180 degrees. The speed of the camera is the same in all scenes and creates the effect in the viewer of gliding through the entire building at a certain height.

2005

Installation
Museum der bildenden Künste
Leipzig

Film
Digital Betacam-Überspielung auf
DVD-PAL/16:9
17 min 50 sec
Regie: Maix Mayer
Kamera: Robert Laatz, Jens Pfuhler
Montage: Stefan Beckmann
Sound: Scanner

2005

Installation
Museum der bildenden Künste
(Museum of Fine Arts) Leipzig

Film
DigiBeta transferred to DVD-PAL/16:9
17 min 50 sec
Directed by: Maix Mayer
Camera: Robert Laatz, Jens Pfuhler
Editing: Stefan Beckmann
Sound: Scanner

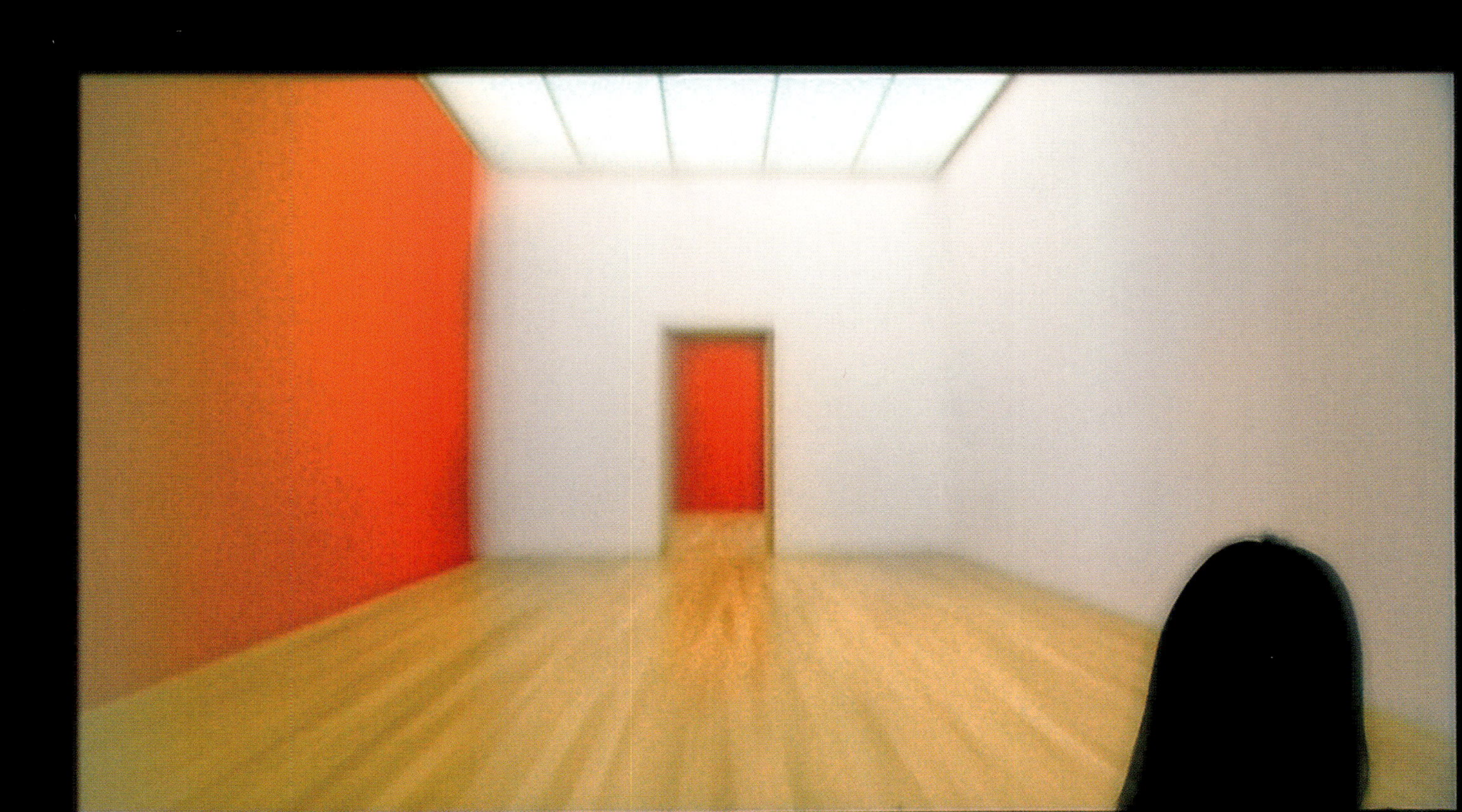

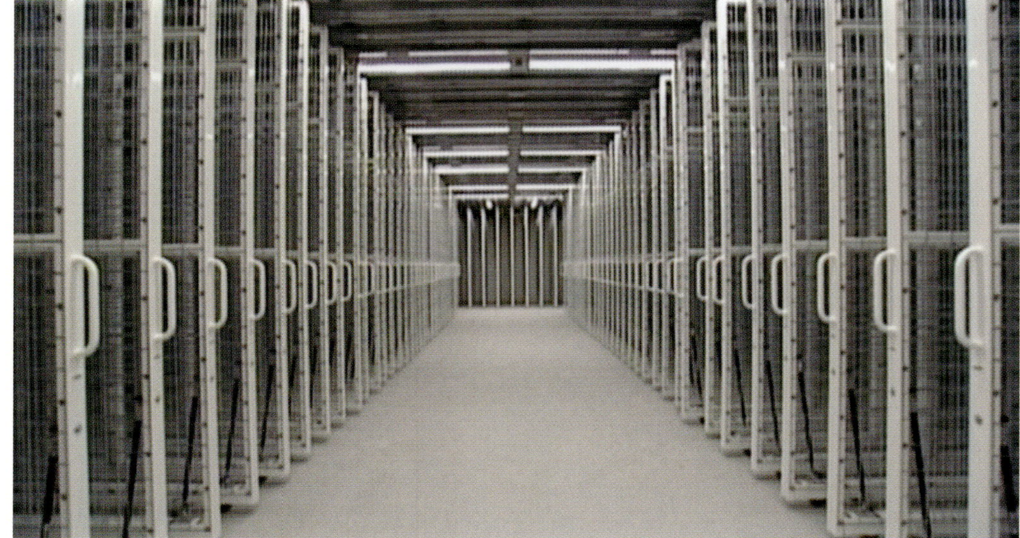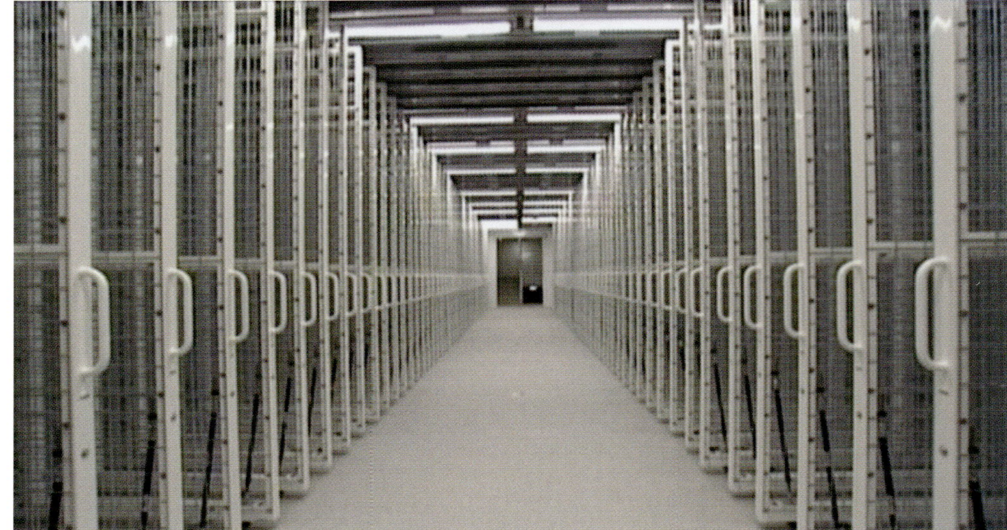
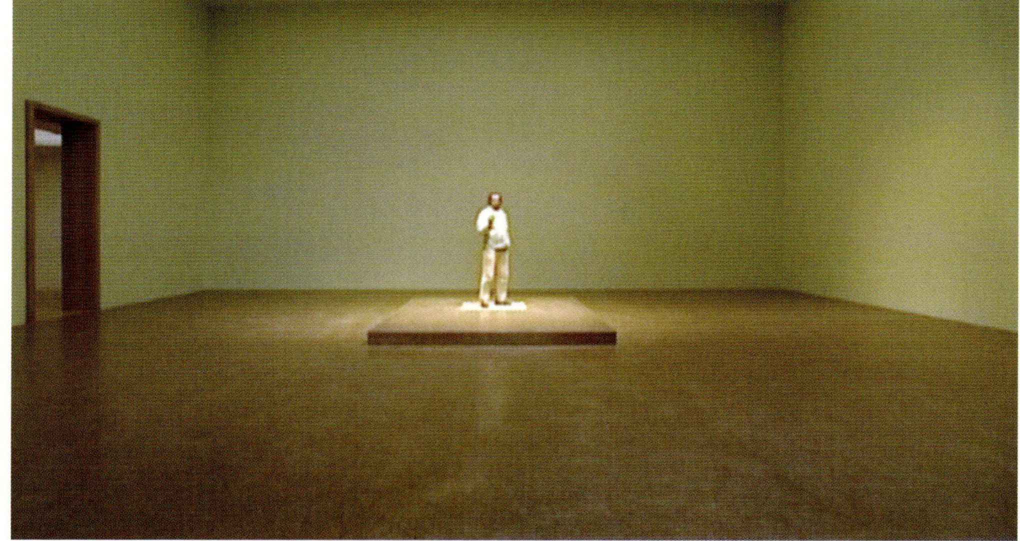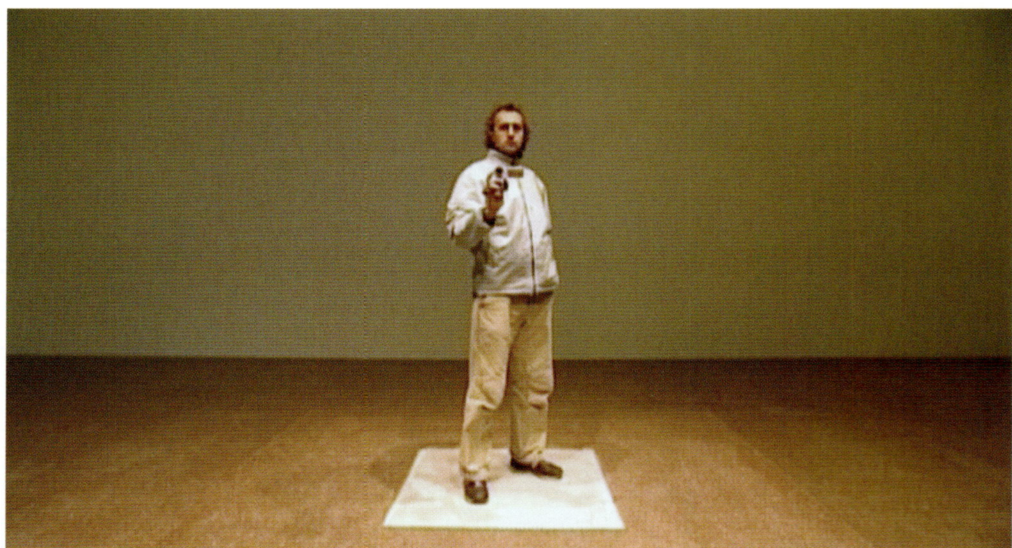

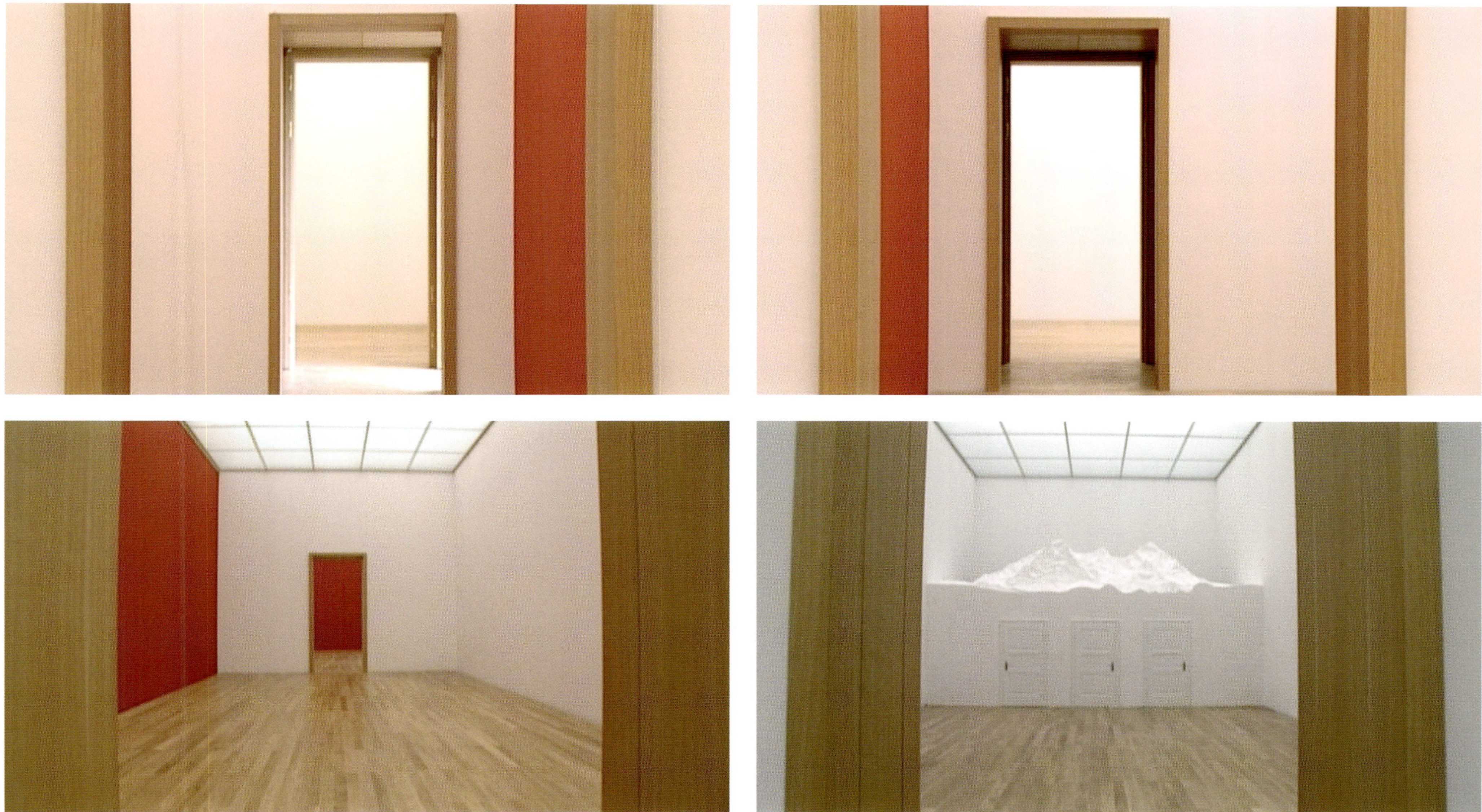

raumlotse

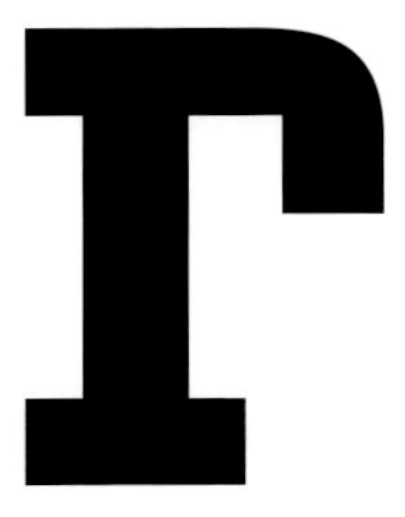

Die Filmästhetik von *raumlotse* ist mit der Arbeit *raumgleiter* von 2005 (vgl. S. 150) vergleichbar. Die KPMG-Niederlassung in Leipzig wurde wenige Tage vor dem offiziellen Einzug der Nutzer zum Drehort. In langsamer Kamerafahrt gleitet die Kamera durch den Bürotrakt, bei dem, anders als im Museum der bildenden Künste Leipzig, große Glasflächen die Architektur bestimmen. Dadurch werden die Blickachsen und das Wechselspiel von Ein- und Ausblicken sowie Transparenz und Verschlossenheit zu den Themen der filmischen Choreografie.

The aesthetics of *raumlotse* are comparable with those in *raumgleiter* (see p. 150). Just a few days before the KPMG company officially moved into its new branch headquarters in Leipzig, the building served as the location for a film. The camera glides slowly through the office wing, which, in contrast to the venue for *raumgleiter* (the Leipzig Museum of Fine Arts), is dominated by large areas of glass. The lines of sight they open up, along with the interplay of outward and inward views, and of transparency and enclosed spaces become the themes of this cinema choreography.

1996/2008

Film
DV auf DV-PAL/4:3
7 min 40 sec
Regie: Maix Mayer
Kamera: Jens Pfuhler
Montage: Maix Mayer

1996/2008

Film
DV on DV-PAL/4:3
7 min 40 sec
Directed by: Maix Mayer
Camera: Jens Pfuhler
Editing: Maix Mayer

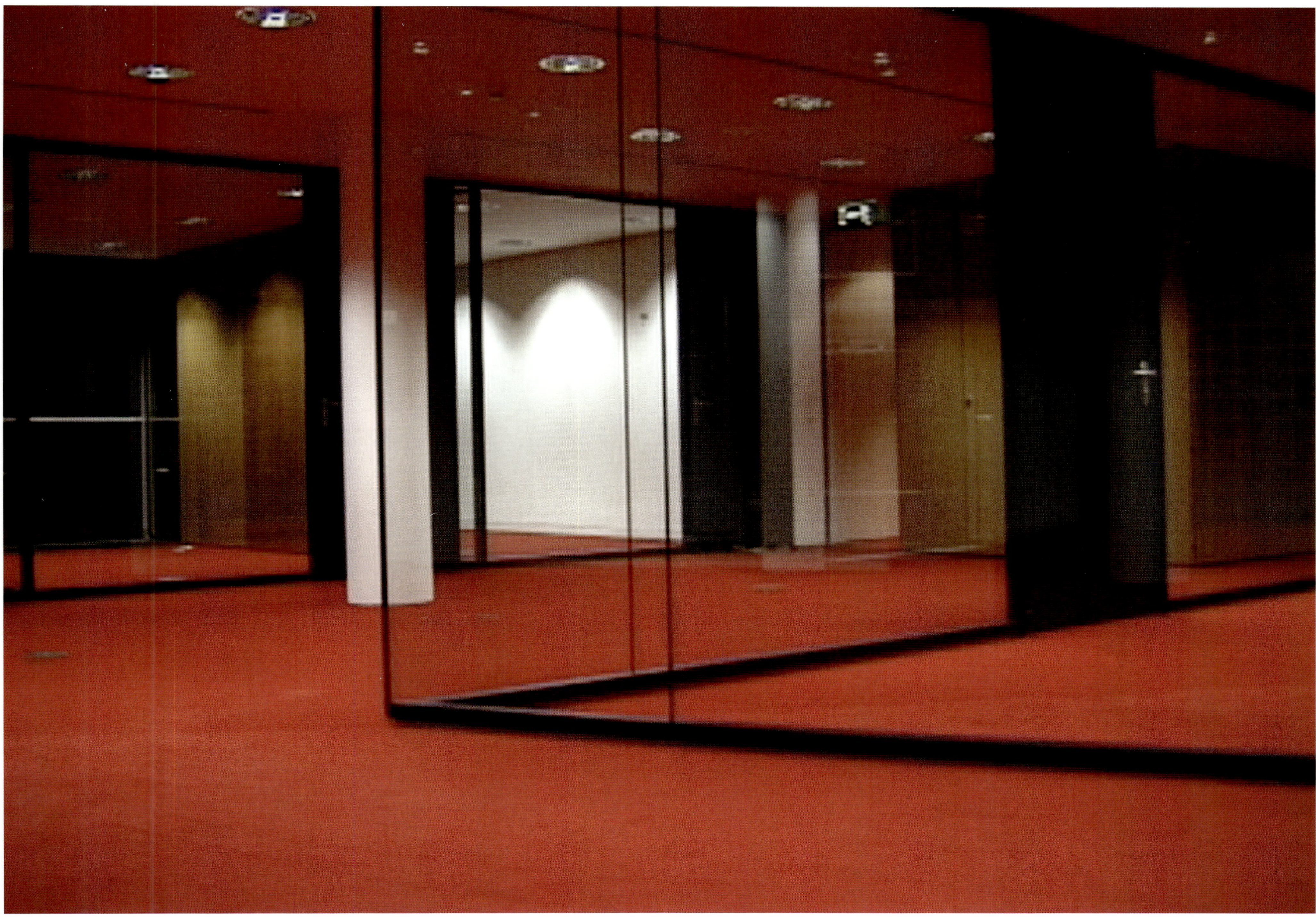

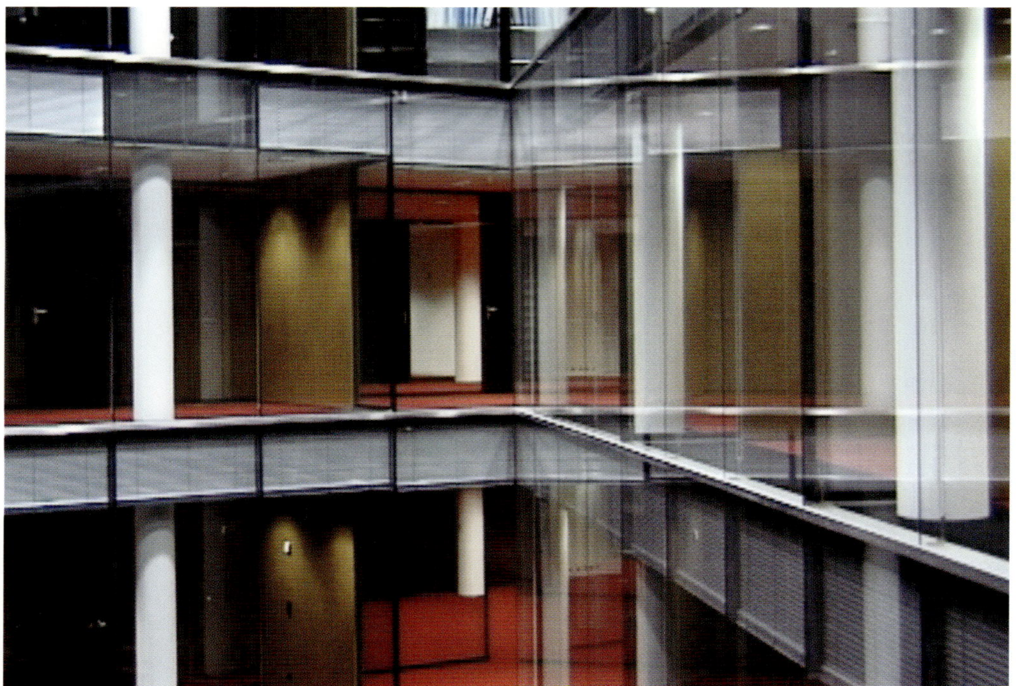
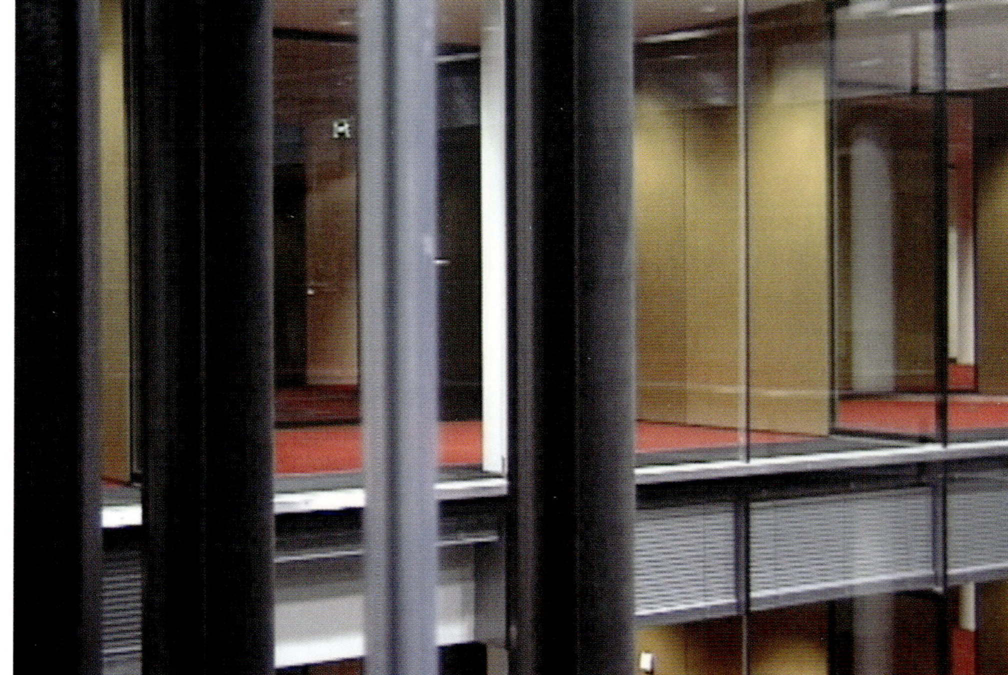
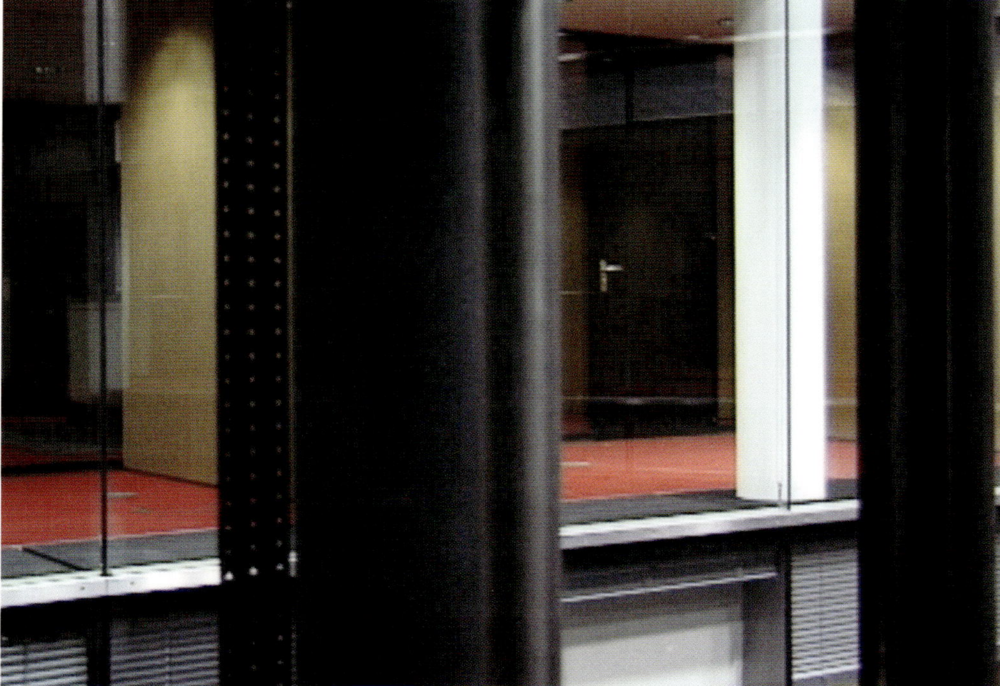
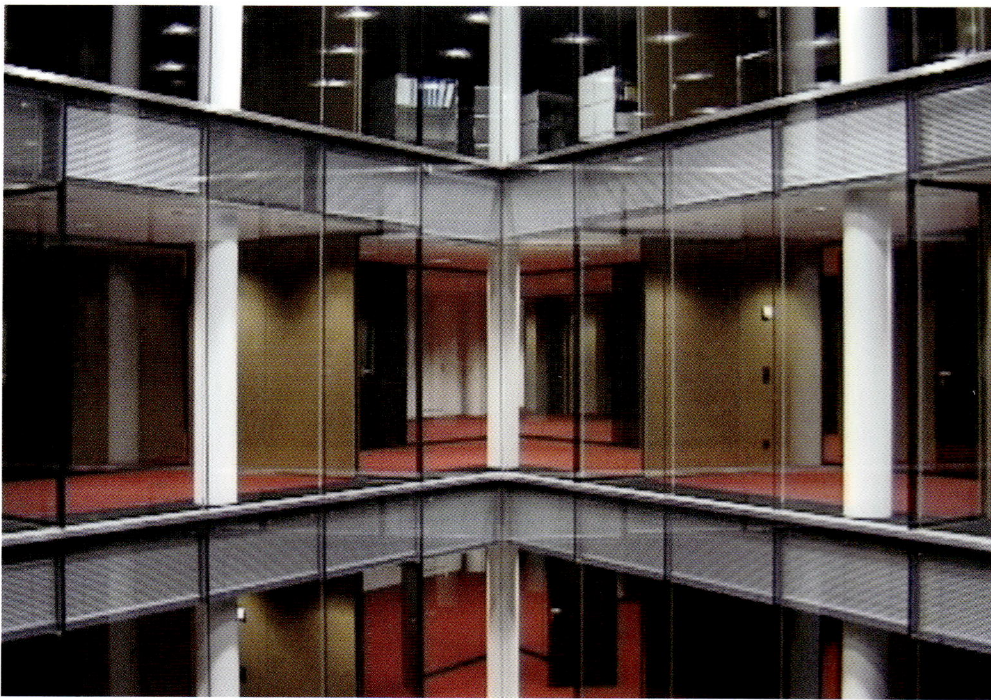

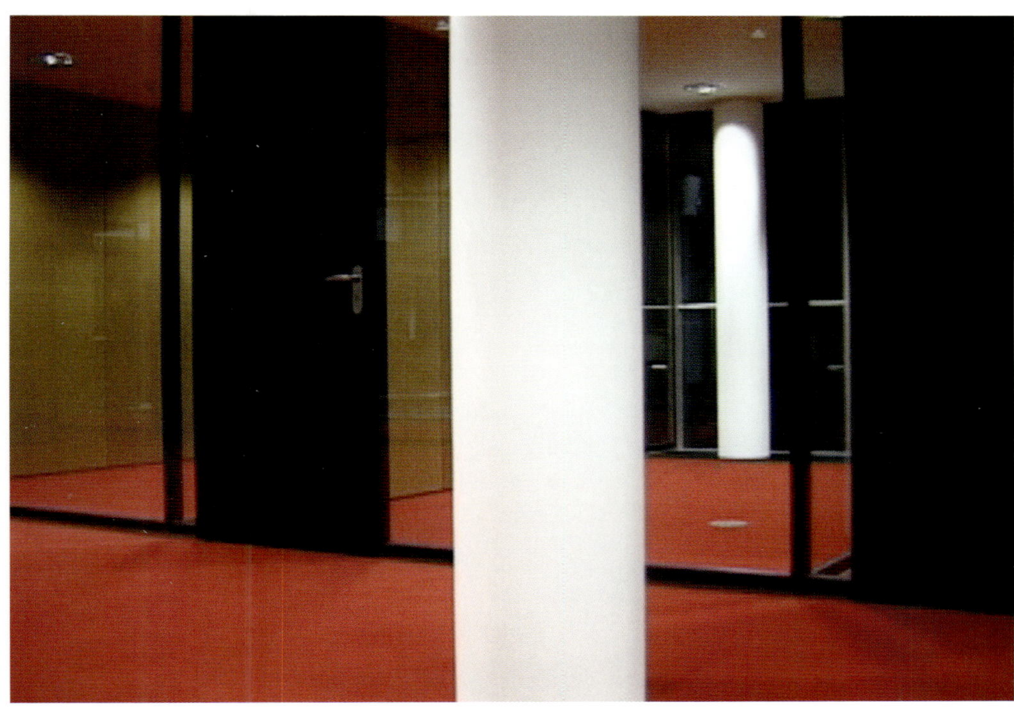
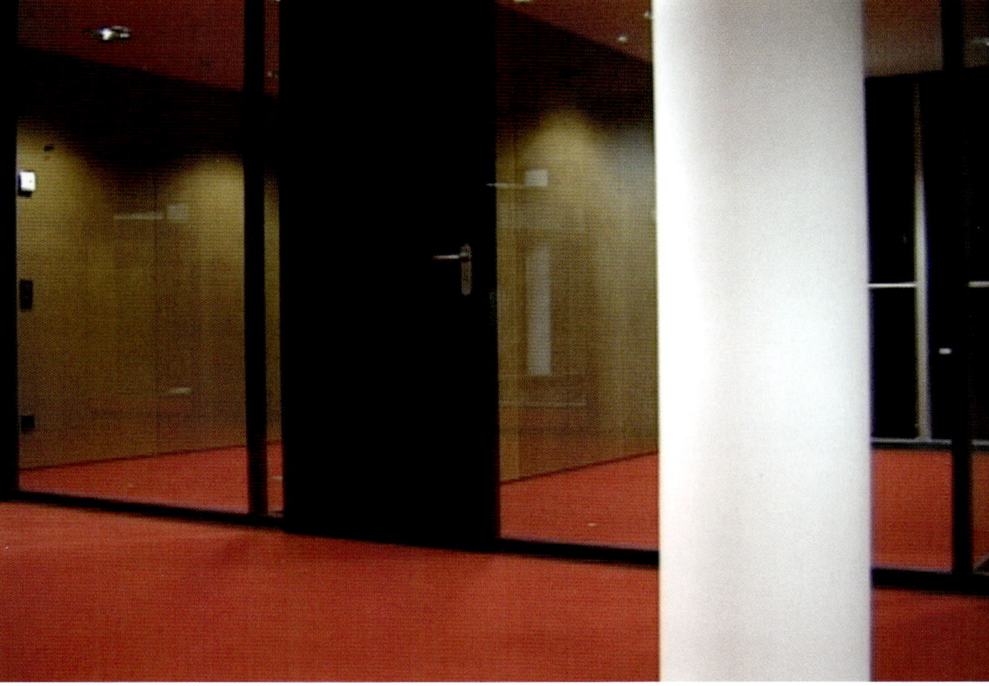
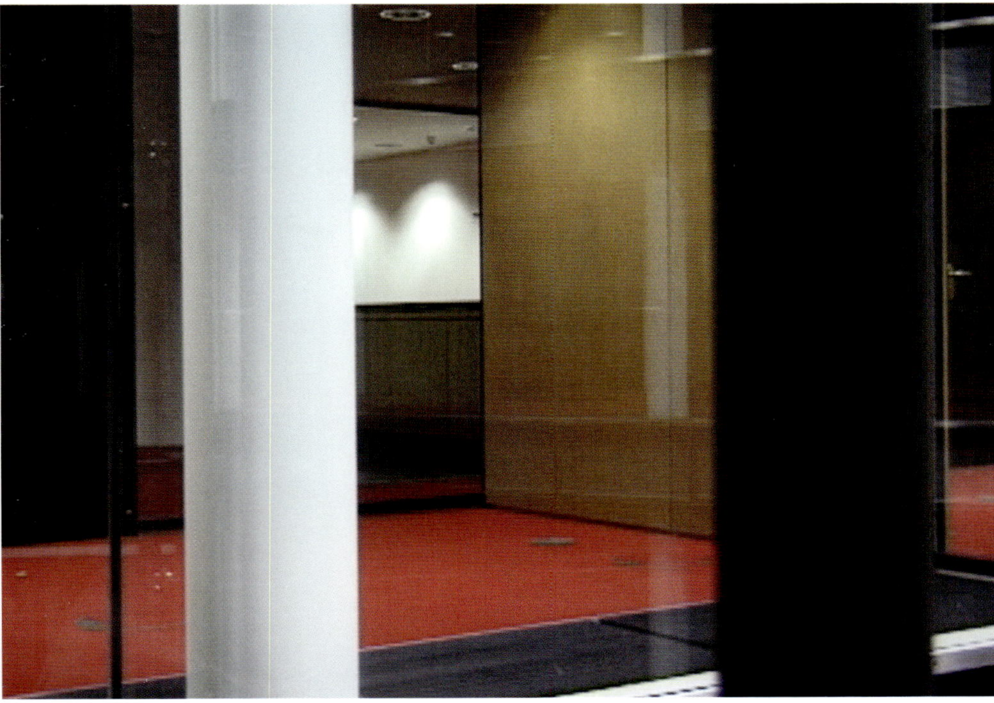
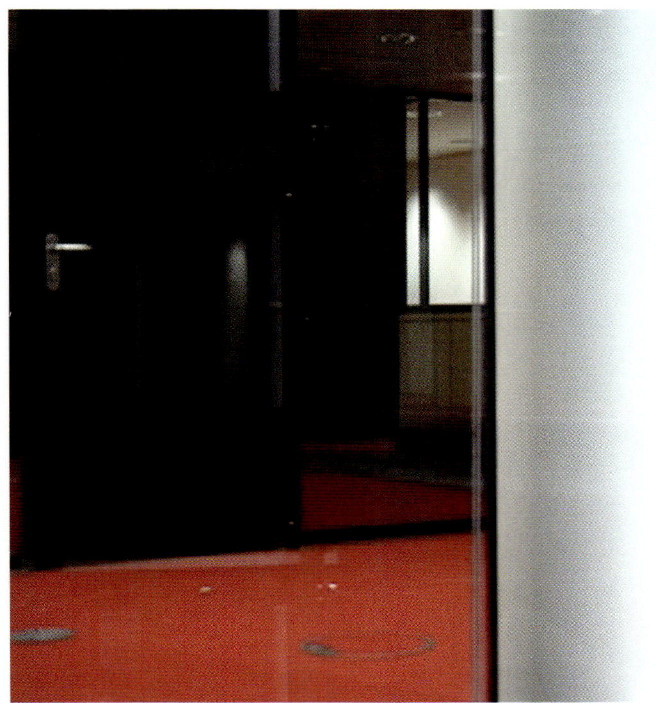

seifenoper

S

Um das Image der Architekten in der Gesellschaft zu verbessern, wurde ein Wettbewerb ausgeschrieben, der die mediale Präsenz dieses Berufsstands verstärken sollte. Die sehr erfolgreiche und populäre Fernseh-Soap-Opera „Gute Zeiten – Schlechte Zeiten" (GZSZ, RTL) diente dabei als Referenzmodell.

To improve the image of architects in society, a competition was announced aiming to strengthen the media presence of the profession. The very popular soap opera *Gute Zeiten – Schlechte Zeiten* ("Good times, bad times"") was used as a reference.

Flyer, 10 × 15 cm
Flyer, 3.9 × 5.9 in.

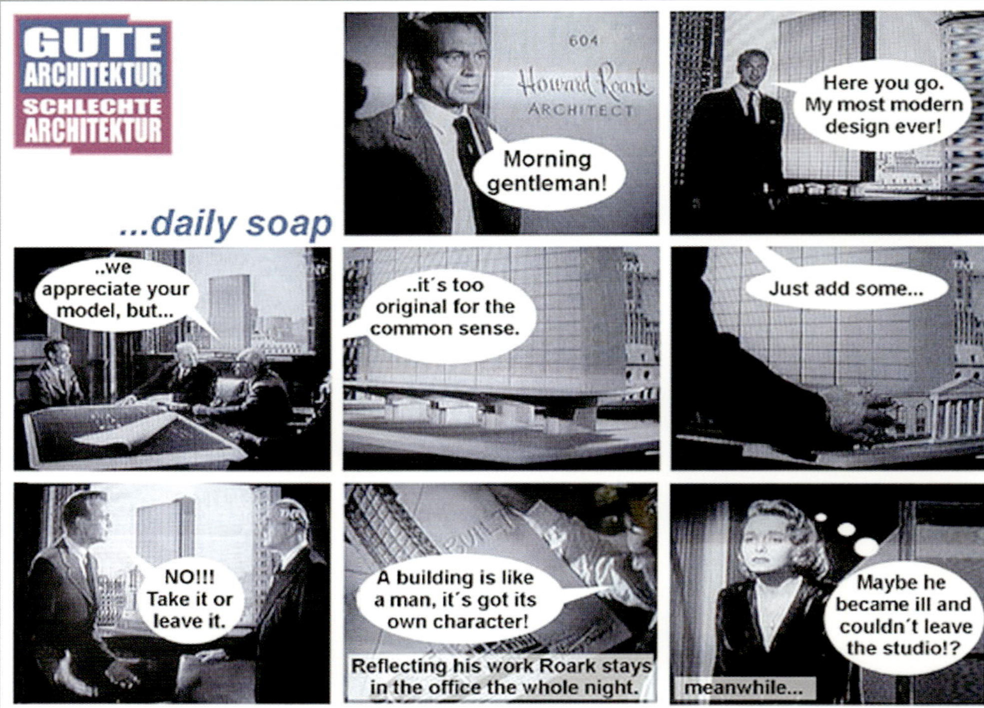

2001

Galerie für Zeitgenössische Kunst, Leipzig

Konzept für eine Soap Opera

2001

Galerie für Zeitgenössische Kunst (Gallery of Contemporary Art), Leipzig

Concept for a Soap Opera

Strukturvorschlag für eine „Generic daily soap mit architektonischem Sachverhalt" (Auszüge)

Casting: Es werden Doppelgänger von Darstellern von „Gute Zeiten – schlechte Zeiten" (GZSZ), der erfolgreichsten täglichen Seifenoper im deutschen Kommerzfernsehen (RTL, seit 1992), gesucht, um diese in Nebenrollen einzusetzen. Damit ist die Identifikation der Zuschauer mit solchen erfolgreichen Charakteren des Fernsehens möglich.
Befragung: Eine im TV-Bereich tätige Werbeagentur führt eine Befragung der Zielgruppe der Serie (14–25 Jahre alt) durch. Dabei soll ermittelt werden, welche Gegenstände und Einrichtungen in einem Architekturbüro nach Meinung der Befragten vorhanden sein müssen. Entsprechend den Ergebnissen wird dann das Filmstudio ausgestattet, um auch hier eine hohe Publikumsakzeptanz zu erreichen.
Rollen im Pilotfilm: Nur drei Hauptrollen werden vergeben: die Frau des Architekten – „bad guy" – „good guy". Der Architekt selbst erscheint nicht, diese Rolle bleibt unbesetzt. Um das Image der Berufsgruppe der Architekten zu verbessern, wird mit der Strategie der Abwesenheit operiert. Das geschieht nach dem Vorbild der amerikanischen Kriminalserie „Inspektor Columbo" (mit Unterbrechungen seit 1971 produziert), in der dessen Frau nie auftaucht, über die er jedoch ständig spricht. Das Sprechen über den abwesenden Architekten soll dem Zuschauer Projektionsmöglichkeiten eröffnen, die sich bis ins Mystische steigern lassen.
Werbepausen: Dort können Werbefilme zu Produkten und Dienstleistungen von Architekten wie der Bauindustrie gezeigt werden. Die beiden Hauptakteure operieren in schwarzer (= bad guy) und weißer Bekleidung (= good guy) und diskutieren bei den gemeinsamen Auftritten über Architektur. Sie beenden ihre Gespräche immer mit den gleichen Sätzen: „Was man mit sich herumtragen kann, ist keine Architektur. Was man mit sich herumtragen kann, ist allenfalls ein Modell von Architektur."
Architekten *Tele Lotto*: Die Ziehung findet am Ende jeder Sendung statt. Die Frau des Architekten leitet durch Knopfdruck den Start einer Kugel ein. Zuvor haben die Zuschauer Ansichten ihrer Traumhäuser (nur Eigenheime in ihrem Besitz) an die Redaktion geschickt, denen jeweils eine Zahl von 1 bis 35 zugeordnet wird: „Good guy" ordnet gute Architektur den geraden Zahlen und „bad guy" schlechte Architektur den ungeraden Zahlen zu. Die Kugel rollt pro Sendung nur ein einziges Mal. Das der umgeworfenen Zahl assoziierte Haus wird durch einen Architekten errichtet, der vom „good" bzw. „bad guy" zu bestimmen ist, und fungiert als Hauptpreis dieser Ziehung. Wirft die Kugel keine der Zahlen um, so erhalten alle Einsender als Trostpreis das Buch „Architektur ohne Architekten". Für diese Ziehung wird das bei *Tele Lotto* (einer 30-minütigen Wettsendung des DDR-Fernsehens, 1972–1991) verwendete Gerät eingesetzt, bei dem jede dritte Kugel ein so genannter „Durchläufer" war.

Structure proposal for a generic daily soap opera about architecture.
(Extracts)
Casting: Look-alikes are sought of the actors in German commercial television's most successful soap opera, *"Gute Zeiten – Schlechte Zeiten"* ("Good times, bad times", RTL, began in 1992) to fill the supporting roles. It is possible that the audience will identify with such successful television characters.
Survey: a television advertising agency carries out a survey of the target group (14 to 24 years old) to find out what objects and furniture should be found in a architect's office, in the opinion of the respondents. The film studio will then be furnished according to the results, in order to achieve a high level of public acceptance.
Roles in the pilot film: there are only three main roles: the architect's wife, the bad guy, and the good guy. The architect does not appear, and the role remains unfilled. To improve the image of architects as a profession, we will operate on the strategy of absence. This is like in the American detective series "Colombo" (since 1971, with interruptions), in which Colombo's wife never appears, even though he constantly talks about her. The talk of the absent architect is intended to open up the watcher's potential for projection. This potential can be intensified into the mystical.
Ad breaks: here, advertisements can be shown for products and services provided by architects and the building industry. Bad guy and good guy appear in black (=bad) and white (=good) clothing and discuss architecture during their joint appearances. They always end their conversations with the same sentences. "What you can carry around with you is not architecture. What you can carry around with you is, at best, a model of architecture."
Architects' *Tele Lotto*: the draw takes place at the end of each show. The architect's wife presses a button to make a ball roll. Members of the audience have sent in pictures of their dream homes to the producers of the program. One house is allocated to each number from 1 to 35. Good guy puts good architecture next to the even numbers and bad guy gives bad architecture odd numbers. The ball rolls just once per broadcast. The house of the number the ball knocks over is built by an architect chosen by the good or bad guy; that is the first prize in this competition. Consolation prize: if the ball doesn't knock any number over, all the contestants receive a copy of the book "Architecture without architects."
For this draw we will use the machine from *Tele Lotto* (a 30-minute program on East German television, 1972–91), which let one in three balls run through.

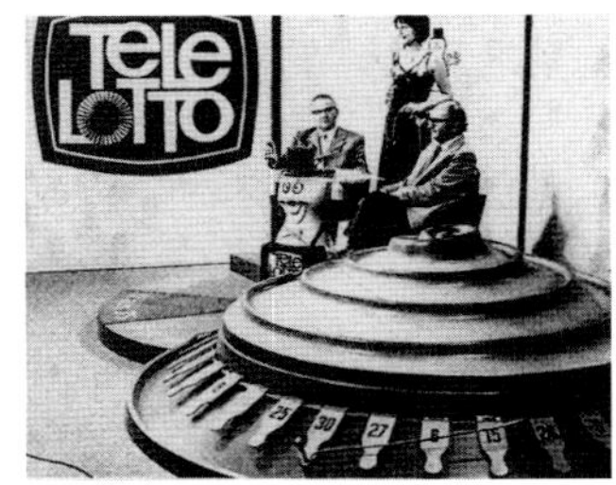

soundtrain

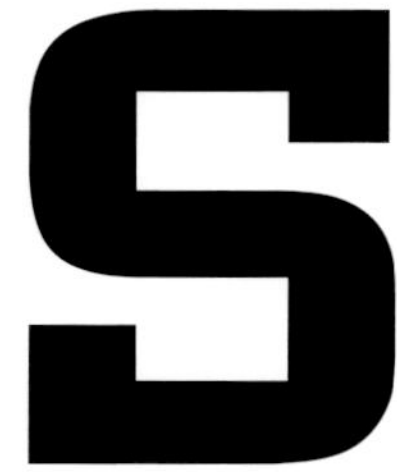

2004

Installation
Kunsträume Leipzig e. V.

Film
zug um zug
DVC Pro50 auf DVD-PAL/16:9
33 min
Regie: Maix Mayer
Kamera: Dagmar Jäger
Ton: Jan Schamberger, Ingo Feuker
Dialoge: Jan Kuhlbrodt
Montage: Susann Wetterich
Sound: Scanner
Darsteller: Annegret, Axel, Martha, Hannah, Julius u.v.a.

2004

Installation
Kunsträume Leipzig e. V.

Film
zug um zug
DVC Pro50 on DVD-PAL/16:9
33 min
Directed by: Maix Mayer
Camera: Dagmar Jäger
Sound: Jan Schamberger, Ingo Feuker
Dialogue: Jan Kuhlbrodt
Editing: Susann Wetterich
Sound Design: Scanner
Actors: Annegret, Axel, Martha, Hannah, Julius and various others

Der von Architekten gegründete Leipziger Verein Kunsträume e. V. organisiert einmal im Jahr Veranstaltungen in Gebäuden und Architekturen, die im Alltag der Öffentlichkeit nicht zugänglich sind. In Zusammenarbeit mit dem Londoner Soundkünstler Scanner wurde das Projekt *soundtrain* für das Gelände des Lokschuppens 2 am Leipziger Hauptbahnhof entwickelt. Die Zuschauer lösten an einem eigens für diesen Abend eingesetzten Zug im Hauptbahnhof die Eintrittskarte und fuhren damit zu dem Gelände der Lokhalle. Die Tore waren geöffnet, das Publikum saß auf den Gleisen und sah die große Drehscheibe, die zu einer Kinoleinwand umgebaut war. Zu Beginn der Filmprojektionen und des Konzerts wurde sie in das Blickfeld des Publikums gedreht. Der Film *zug um zug* bezieht sich auf die in der DDR produzierte Diessellokomotive V180 (118) und zeigt verschiedene Aspekte dieses Themas:

Das Reale – Interviews mit ehemaligen Bahnmitarbeitern und Aufnahmen von Anlagen, die nach 1991 zum Museum wurden.

Das Bild des Realen, das Reale des Bildes – Aufnahmen von Bahnfotografen, Modellbauern und Modellsammlern mit Modell-Landschaften

Das Modell – Diesellok V118 als Modellbahnlok, als Gartenbahnlok und in einer virtuellen Modellbahnanlage

Das Imaginäre – Film über Personen, die einen Film über die Geschichte des Lokschuppens produzieren

Das Bild – eineiige Zwillinge reisen zwischen dem 19. Jahrhundert und der Gegenwart

The architects' association Leipziger Verein Kunsträume e.V. holds events once a year in buildings not usually open to the public. In cooperation with the London sound artist "scanner," the *soundtrain* project was developed for engine shed 2 at Leipzig central station. The audience bought tickets at Leipzig central station to go on a train specially arranged for the evening, and rode on it to the engine shed. The doors were open, the audience sat on the tracks, and saw the huge turntable that had been transformed into a cinema screen. At the start of the projection and the concert, it was turned into the audience's view. The film *zug um zug* is in reference to the East German diesel engine V180 (118) and shows various aspects of this theme.

Das Reale (The Reality) – Interviews with former railroad employees and pictures of facilities which were turned into a museum after 1991

Das Bild des Realen, das Reale des Bildes (The Image of the Reality, the Reality of the Image) – Pictures of train photographers, model makers, and model collectors, with model landscapes

Das Modell (The Model) – Diesel engine V118 as a model, as a mini railway engine, and in a virtual model-train landscape

Das Imaginäre (The Imaginary) – A film about people who are producing a film about the history of an engine shed

Das Bild (The Picture) – Identical twins travel between the present and the nineteenth century

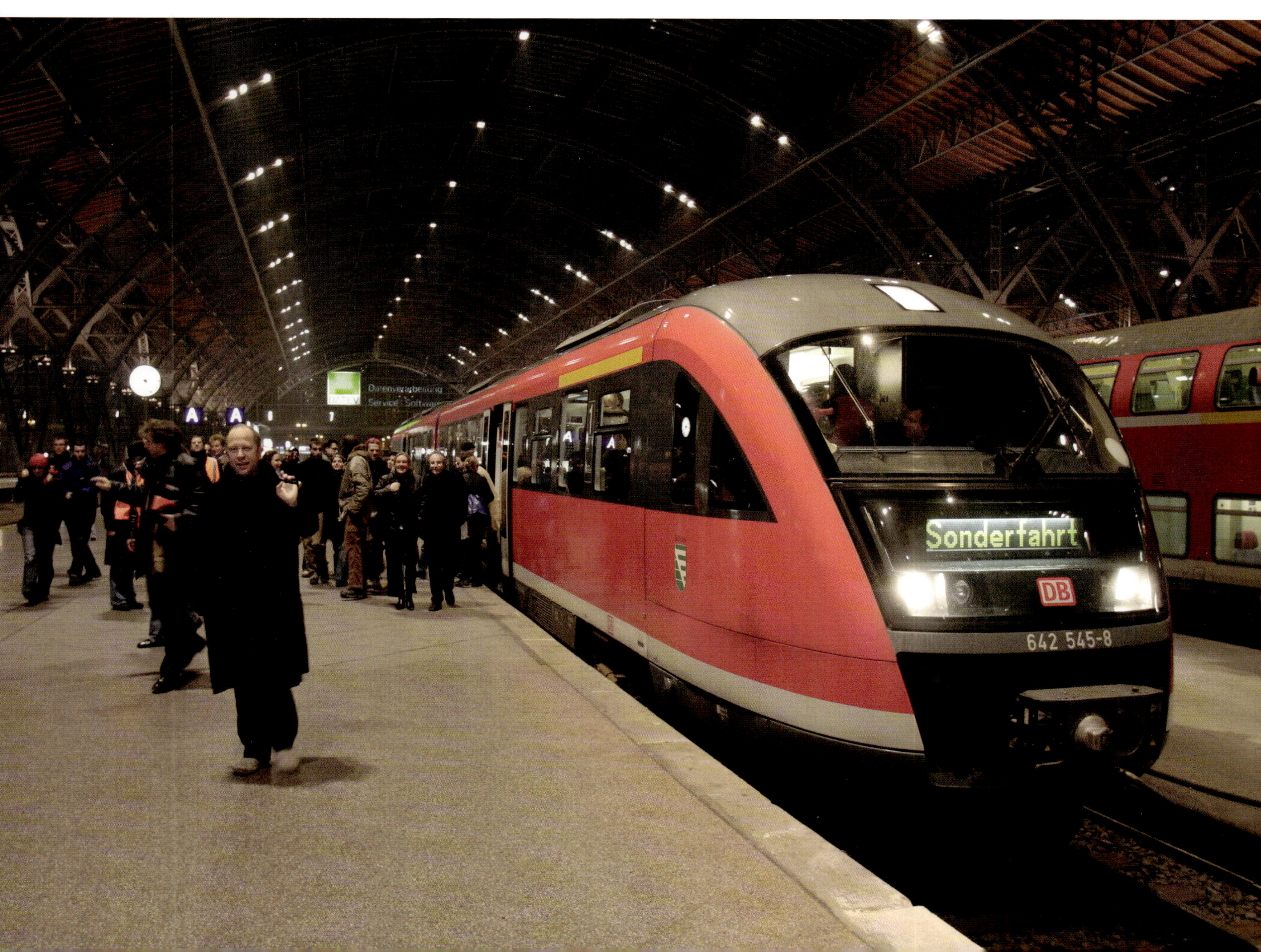
Datenverarbeitung
Service · Software
Sonderfahrt
DB
642 545-8

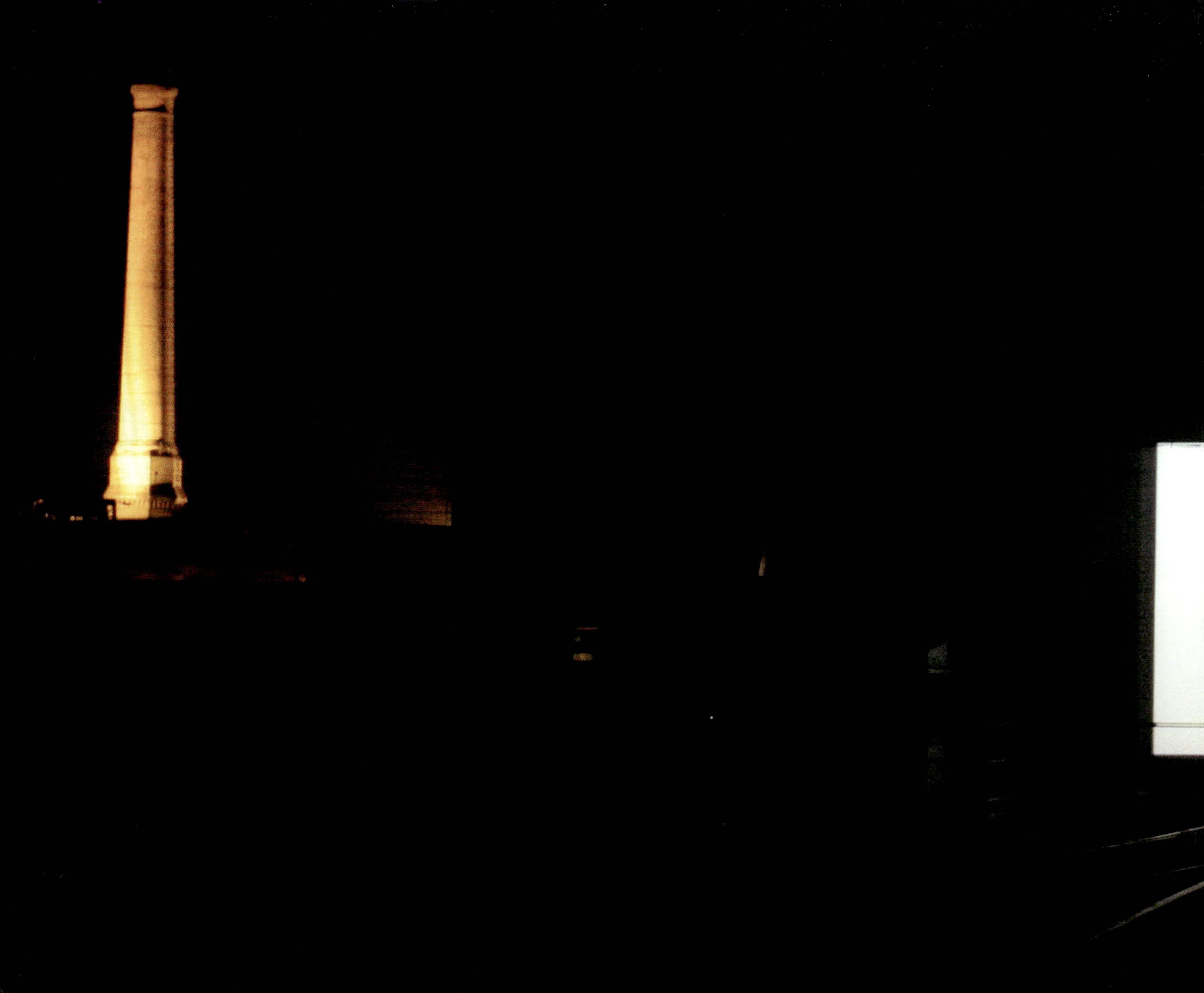

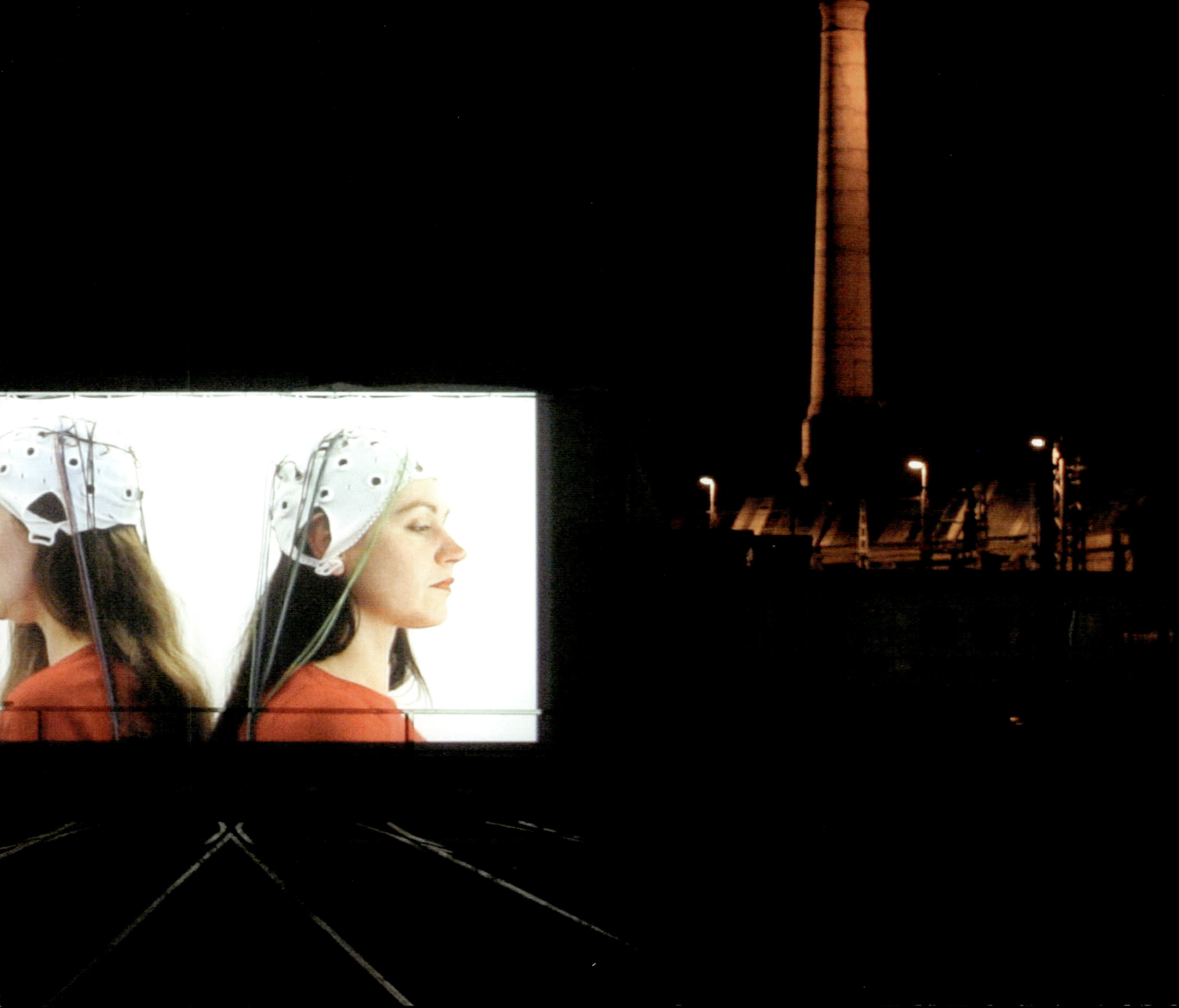

Installationsansicht
Installation view

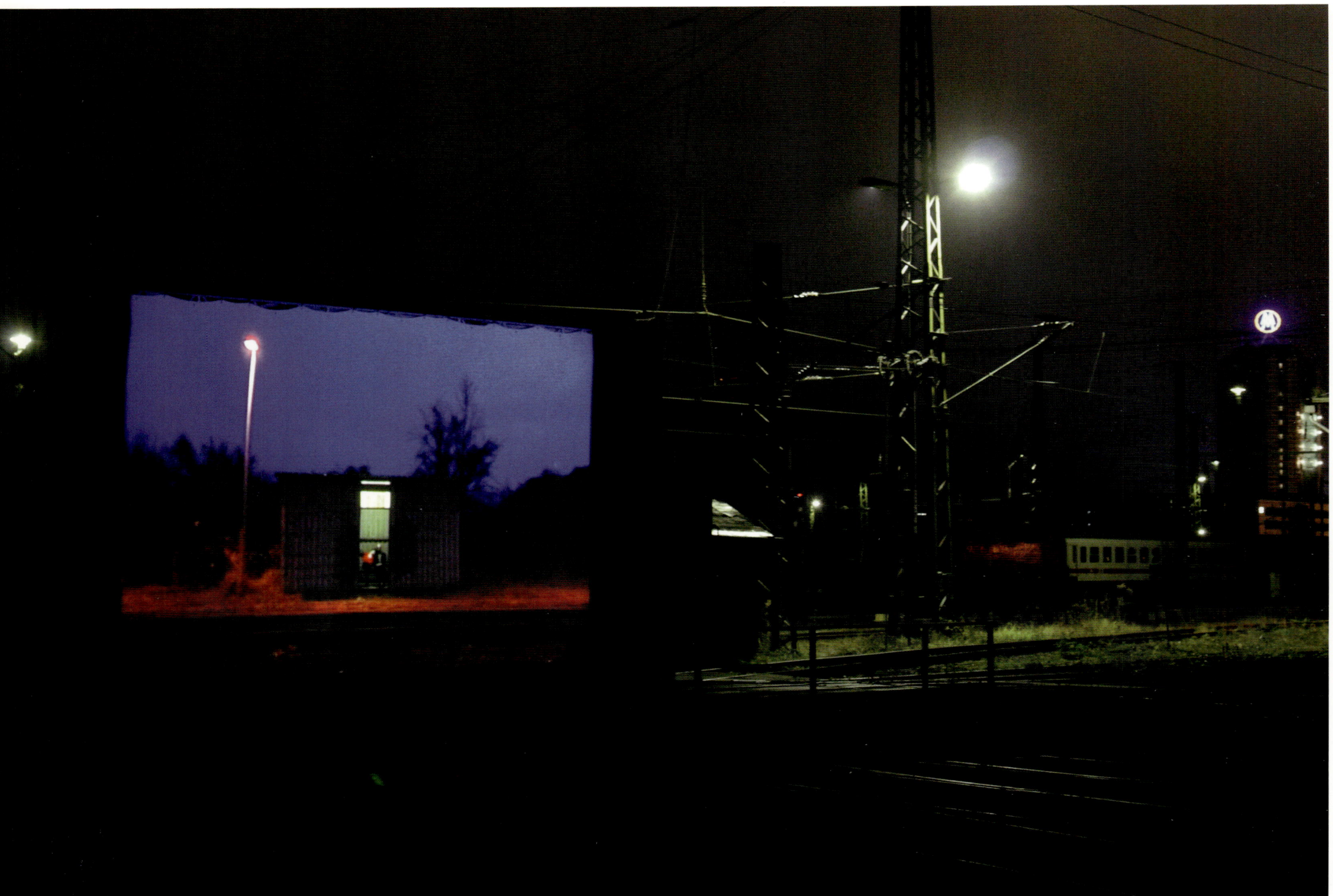

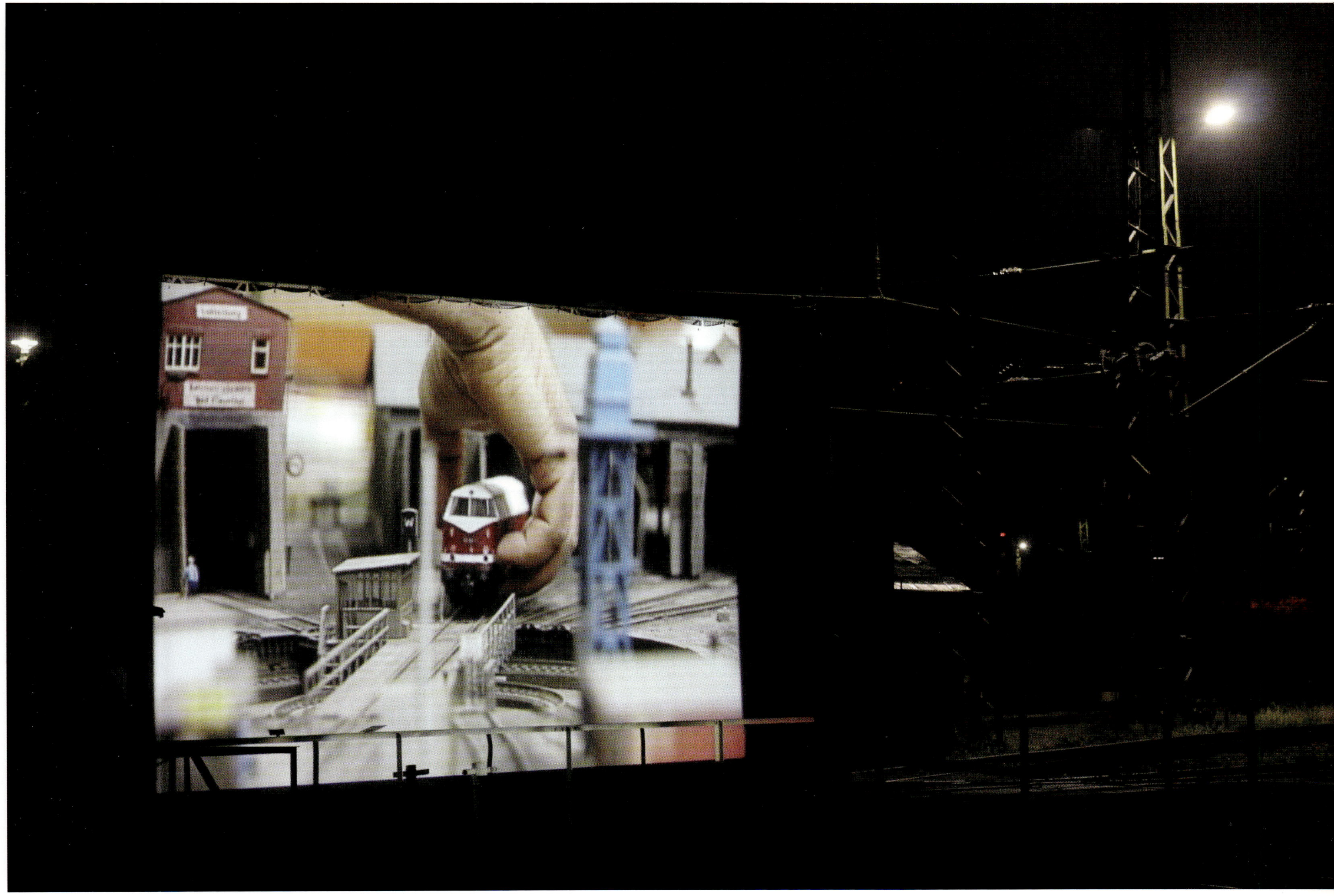

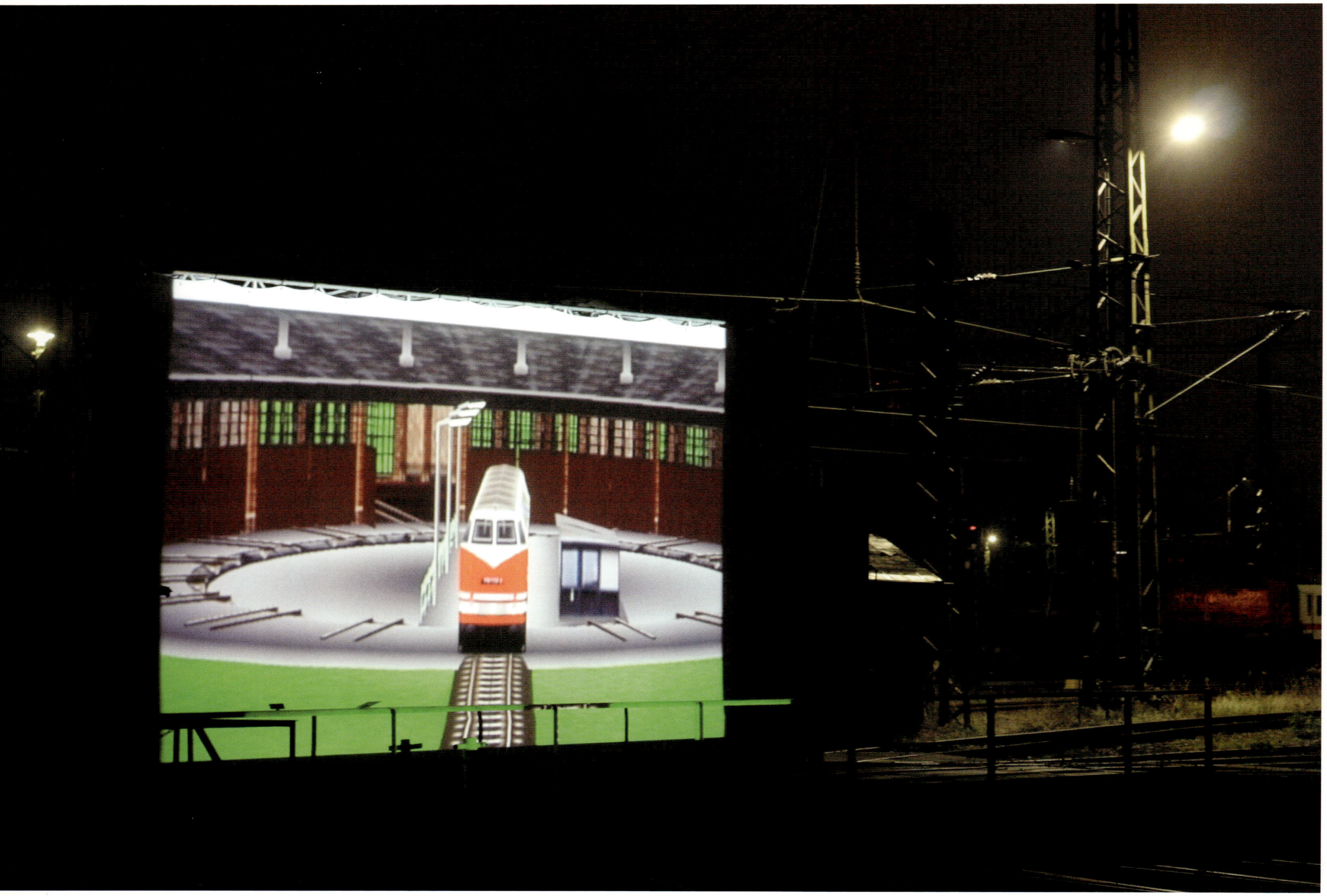

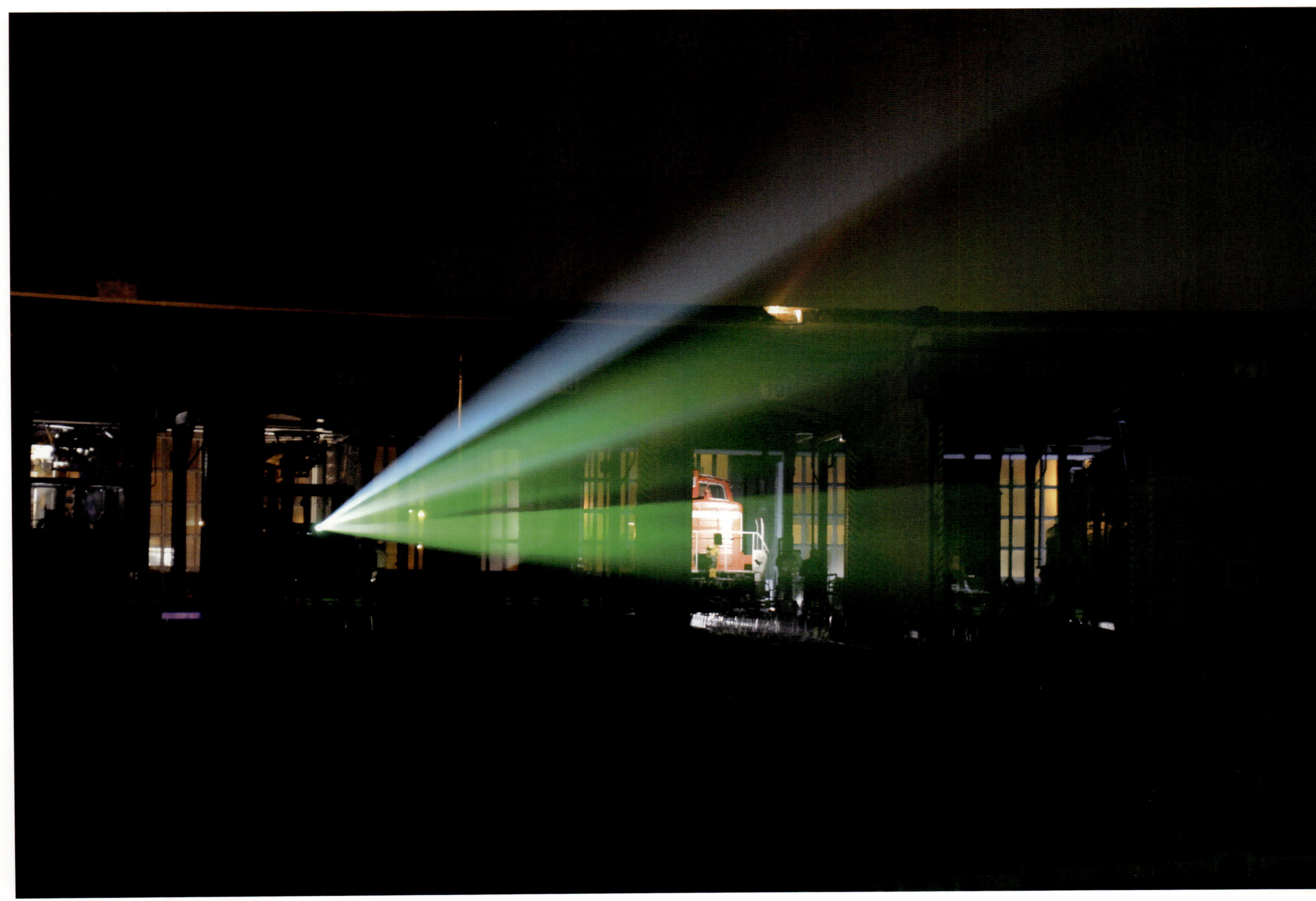

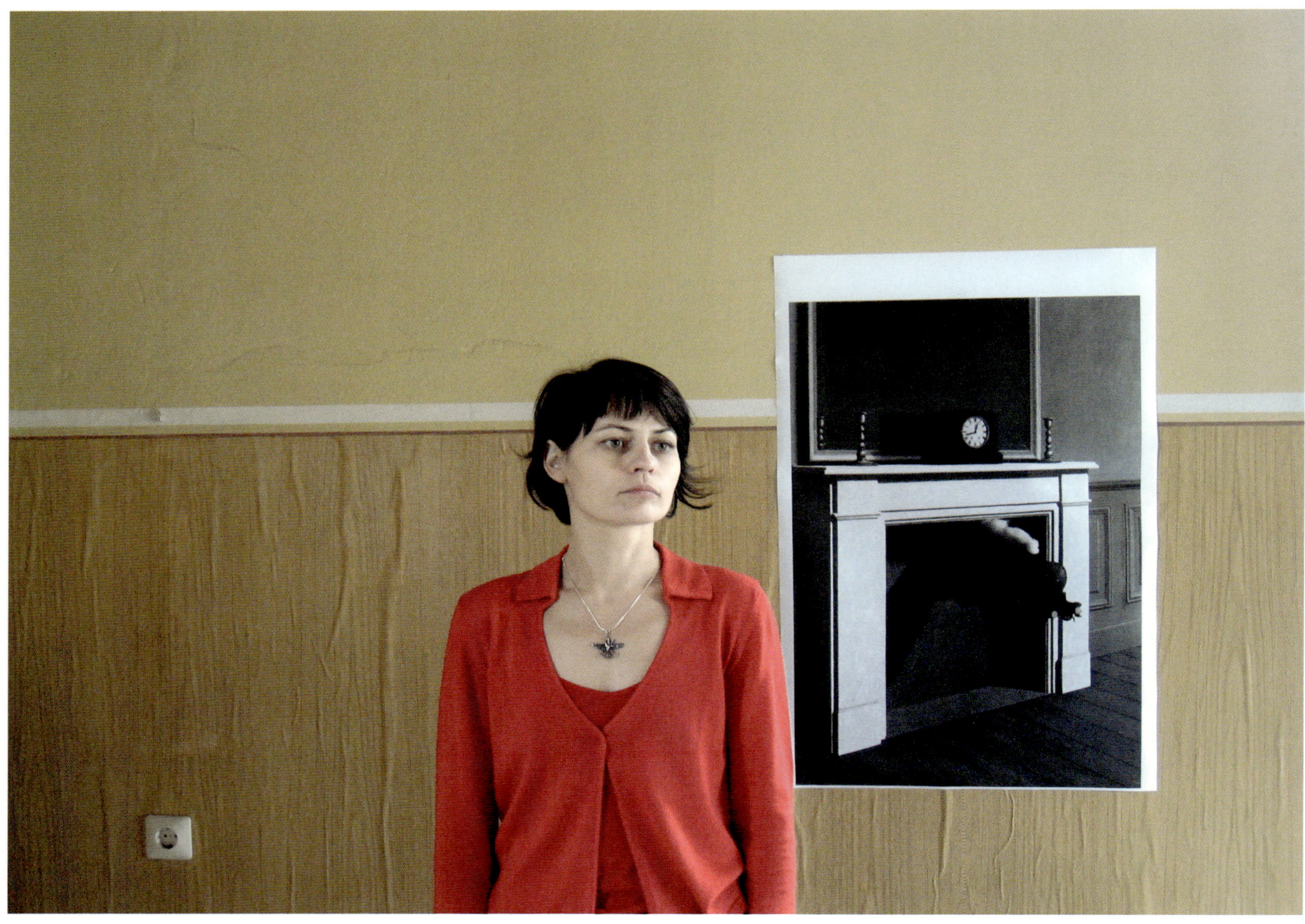

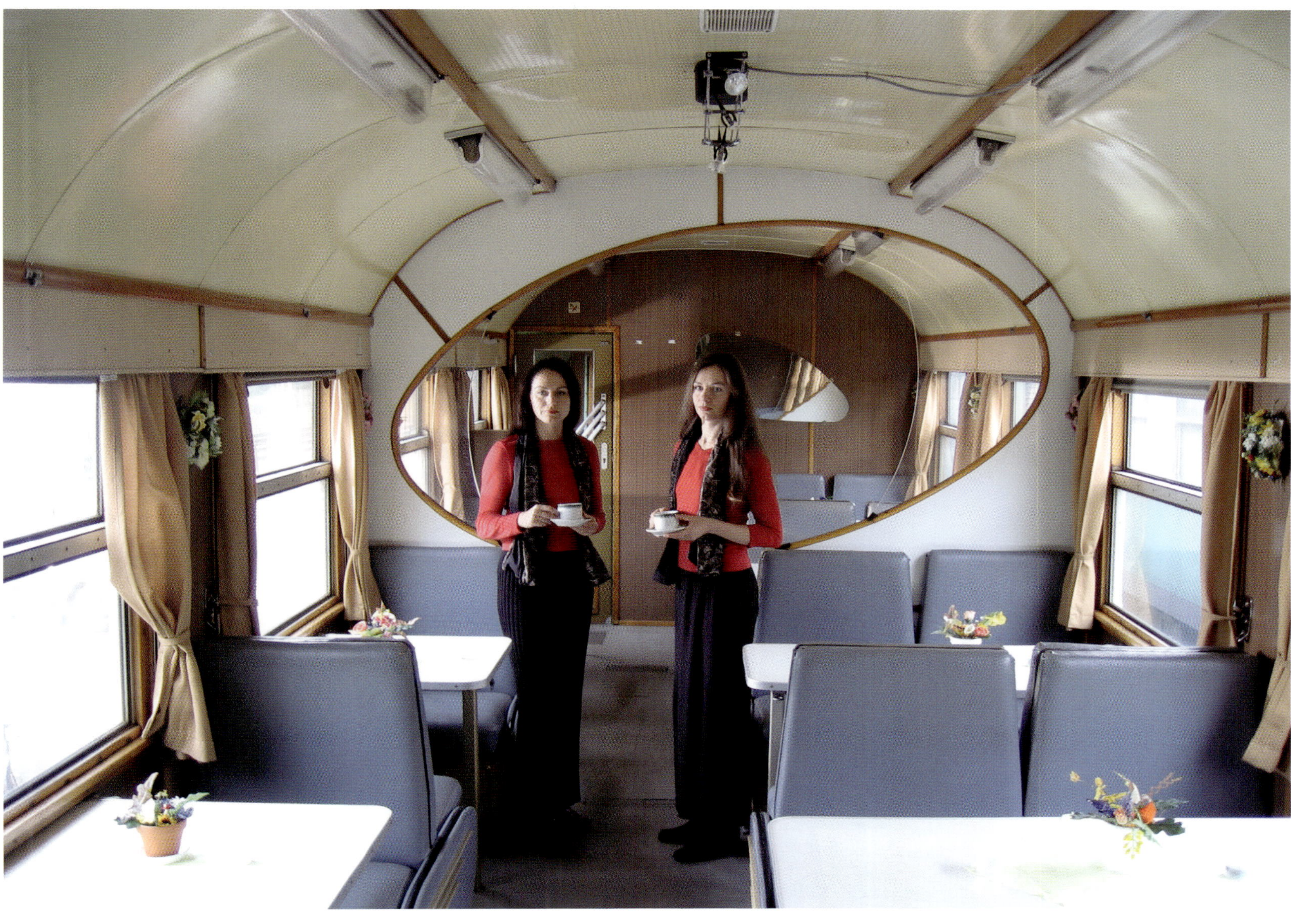

subfiction1

S

Der schweigende Stern war der erste Science-Fiction-Film der DDR gewesen, der im Jahr 1960 in die Kinos gelangte. Im Gegensatz zur Vorlage des polnischen Autors Stanislaw Lem, dem Roman *Die Astronauten* (1951), beginnt die Handlung im Jahr 1970. Wissenschaftler finden eine verschlüsselte Botschaft in der Wüste Gobi, die von der Venus stammt. Das Raumschiff „Kosmokrator" wird zu dem „schweigenden Stern" geschickt. Zu seiner Crew gehört neben einem Amerikaner, Russen und Deutschen auch ein chinesischer Linguist und Biologe. Bemerkenswert ist, dass in der Filmhandlung eine Zukunft beschrieben wird, die nur ganze zehn Jahre von der Zeit der Filmproduktion entfernt lag!

Der schweigende Stern (The Silent Star) was the first East German science fiction film to run in cinemas in 1960. In a deviation from the script by Polish author Stanislaw Lem, the story begins in the year 1970. Scientists find a coded message in the Gobi Desert. It comes from Venus. The spaceship "Kosmokrator" is sent to the "silent star." The crew includes an American, Russians, and Germans as well as a Chinese linguist and biologist. The strange thing is that the movie tells a story in a future only ten years distant from the time of production!

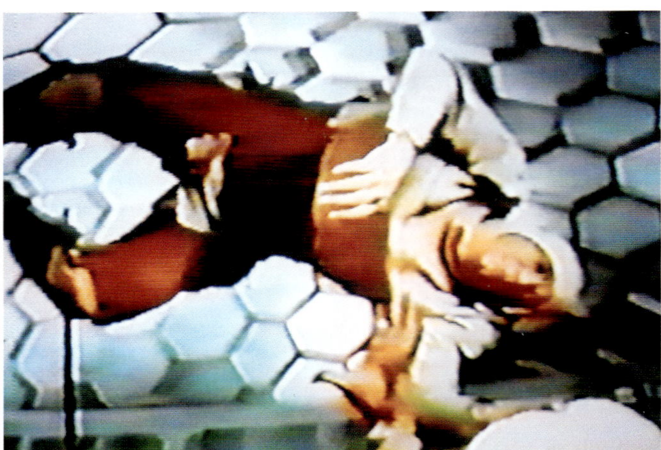

2000

Installation
Cities in Amnesia, Festival of Visions – Berlin/Hong Kong

Filmplakat

Modell

Film (2001)
DV auf DVD-PAL
60 min
Regie, Kamera, Montage: Maix Mayer
Darsteller: The Two Rainbows

2000

Installation
Cities in Amnesia, Festival of Visions – Berlin/Hong Kong

Film poster

Model

Film (2001)
DV on DVD-PAL
60 min
Directed by, Camera, Editing: Maix Mayer
Actors: The Two Rainbows

Raumschiffkuppel-Modell
Für die Installation *subfiction1* baute die ehemalige Assistentin des DEFA-Filmdesigners Alfred Hirschmeier ein verkleinertes Modell ihrer damaligen Filmarchitektur nach. Diese wabenförmige Struktur bildet den Hintergrund für den schwerelos im Raumschiff schwebenden chinesischen Darsteller und wurde als Filmstill für das Filmplakat verwendet.

Spaceship dome model
The former assistant of film designer Alfred Hirschmeier constructed a downscaled model of his original movie set for the installation *subfiction1*. This beehive-like structure forms the backdrop for the Chinese actor drifting in zero gravity and was used as a still for the movie poster.

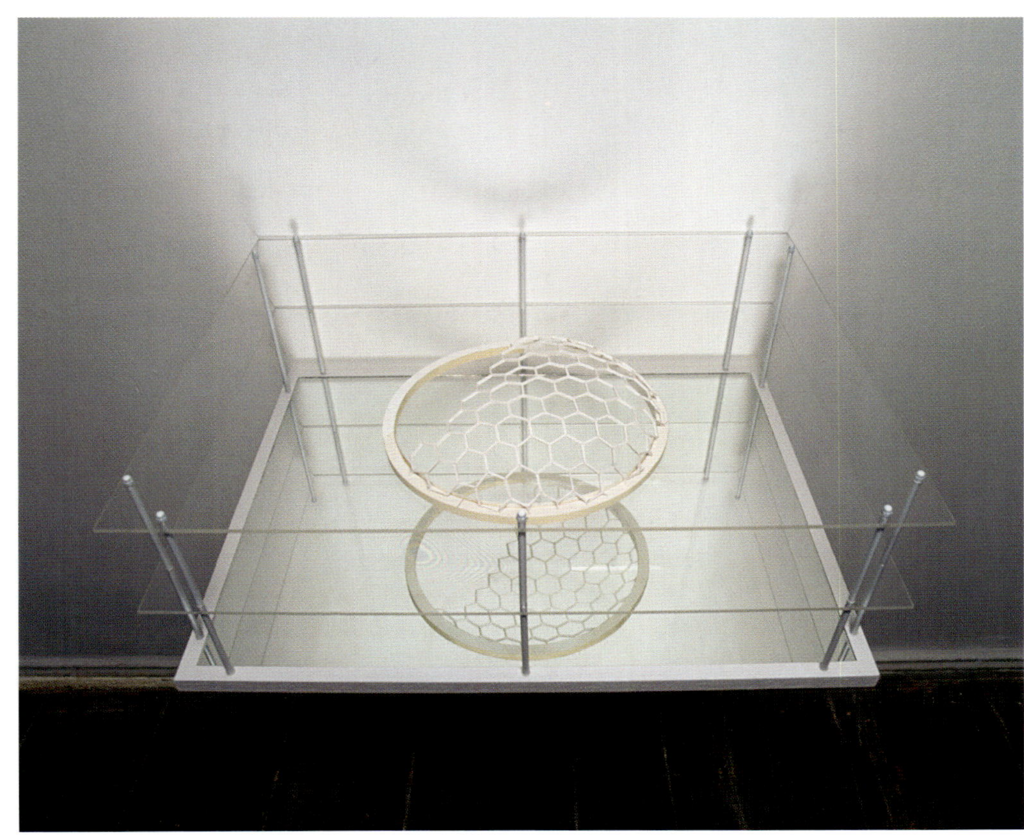

Rückübersetzung

Die DDR-Filmproduktion DEFA hatte damals für den Linguisten und Biologen in *Der schweigende Stern* keinen chinesischen Schauspieler gefunden. Man entschied sich deshalb, die Rolle mit einem damals in Ostberlin lebenden Austauscharbeiter aus China zu besetzen. Dieser Mann verstand kein Deutsch und kannte auch nicht die Filmhandlung. Die bei den Filmaufnahmen gesprochenen chinesischen Sätze konnte niemand am Set verstehen. Was sagte der chinesische Arbeiter im Film? Diese Frage bildete den Ausgangspunkt für die Arbeit *subfiction1*, die eine Dokumentation der Geschichte von Übersetzungsschritten ist:

1. Alle Filmsequenzen, in denen der chinesische Linguist in dem Science-Fiction-Film spricht, wurden zusammengeschnitten.
2. In Hongkong engagierte der Künstler einen taubstummen chinesischen Lippenleser, der diese Filmausschnitte simultan in Zeichensprache übersetzte.
3. Später wurde das Video mit dem Lippenleser an gleicher Stelle einer chinesischen Zeichensprachlehrerin vorgeführt, die diese Zeichen simultan in ihre Sprache übertrug.
4. Nach dieser Rückübersetzung erfolgte unter gleichen Bedingungen eine Übersetzung ins Englische.

Retro-translation

The East German film production company DEFA could not find a Chinese actor to play the linguist and biologist. It was therefore decided to fill the role with a guest worker from China then living in East Berlin. This man did not understand German and did not know what was going on in the story. No-one on the set could understand the Chinese sentences spoken during filming. What did the Chinese worker in the movie say? This question formed the basis for the work *subfiction1*, which is a documentation of the history of translations:

1. All the film sequences, in which the Chinese linguist speaks were cut together.
2. The artist went to Hong Kong, where he hired a deaf and dumb Chinese lip-reader to translate these sequences into sign language.
3. Later, video of the lip-reader was shown to a Chinese sign language teacher, also in Hong Kong. She simultaneously translated the signs into Chinese.
4. After this retro-translation, an English translation was made under the same conditions.

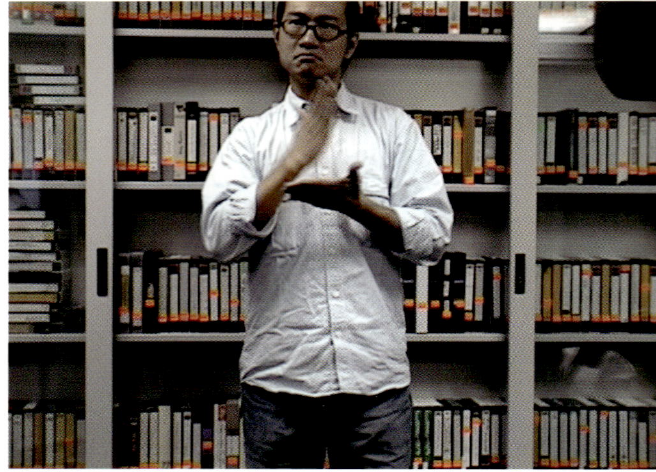
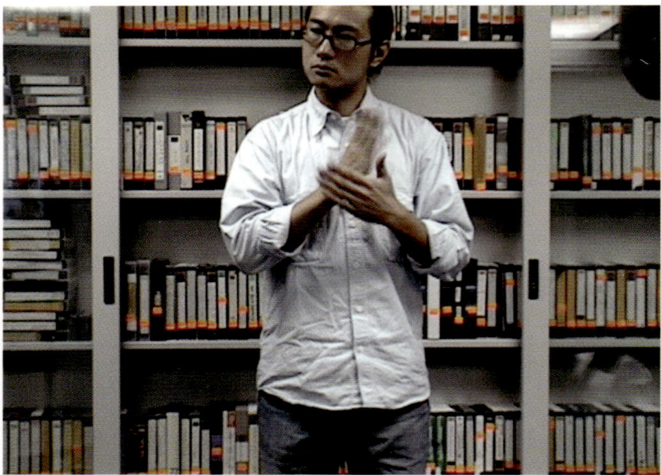

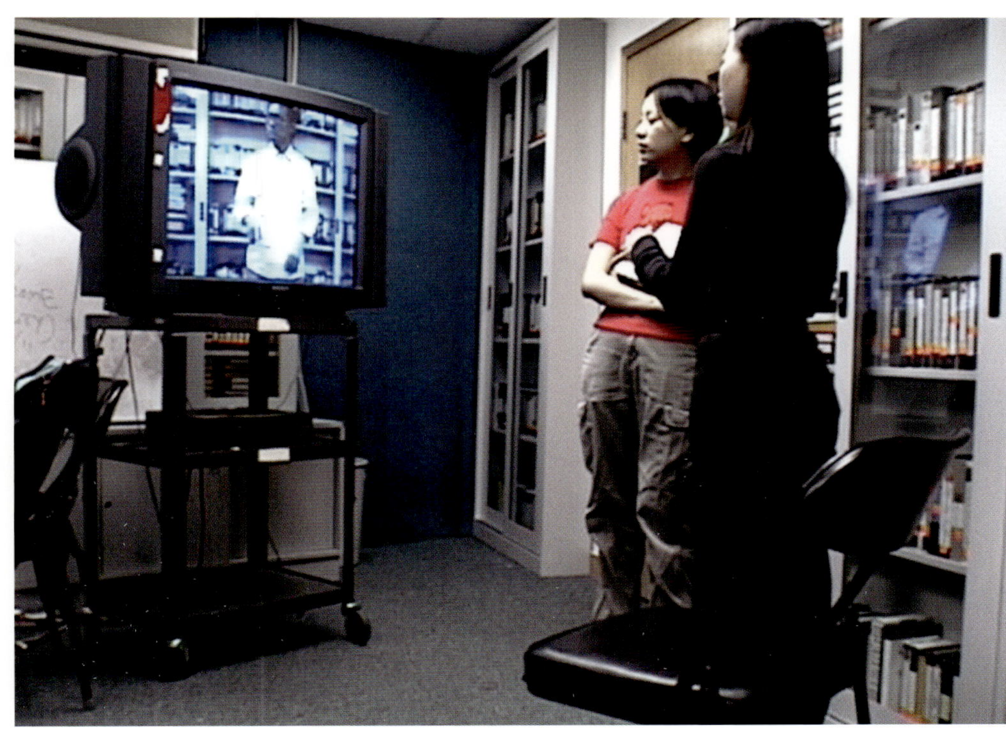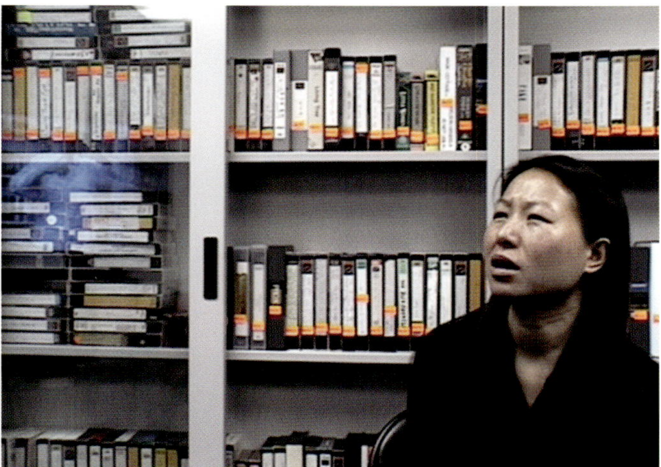

Malerei, 280 × 240 cm
Painting, 110.2 × 94.5 in.

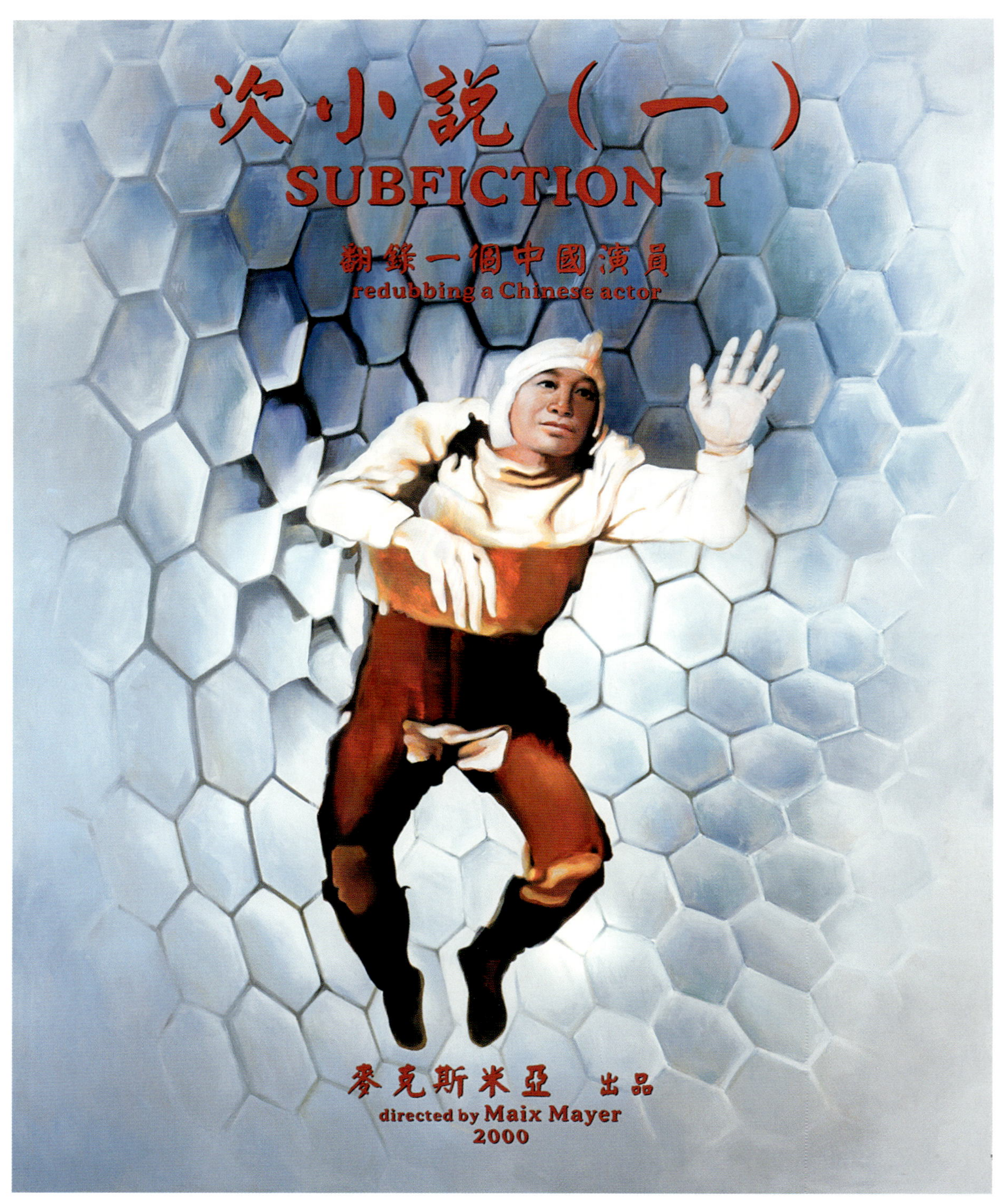

Filmplakat

Zur Dokumentation der Übersetzungsprozesse bei *subfiction1* wurde der Auftrag für das Filmplakat vergeben, das ehemalige Kinoplakatmaler Hongkongs herstellten. Die Vorlage bildete ein Filmstill des in der Raumschiffkuppel schwebenden chinesischen Darstellers, wobei die Malerei im Gegensatz zur unscharfen Vorlage ein genau ausgeführtes Porträt von diesem zeigte. Die Plakatmaler setzten hierfür an die Leerstelle des kleinen Ausgangsfotos ein für sie typisches chinesisches Gesicht. Wie bei den Lippenbewegungen im Film und den folgenden Rückübersetzungen vollzog sich hier eine Art Rückübersetzung im Visuellen.

Nach der Fertigstellung des Plakats fand ein Interview mit den beiden Malern über ihr persönliches Verhältnis zum Kino und dem Medium Film statt.

Film poster

For the documentation of the translation process in *subfiction1*, the commission for the film poster was given to a firm of old movie poster painters in Hong Kong. Their model was a still from the movie in which the Chinese actor floats through the dome of the space ship. The painting shows a detailed portrait of the actor, in contrast to the out-of-focus still. The poster painters put in a face they considered typically Chinese. Just as with the lip movements in the film and the subsequent retro-translation, a kind of visual retro-translation had taken place here. After the poster was finished, the two painters were interviewed about their personal relationship with cinema and the medium of film.

Alle an *subfiction1* Beteiligten erhielten für Ihre Aufgaben keinerlei Hintergrundinformationen. Während man normalerweise eine möglichst objektive Übersetzung anstrebt, sollten bei *subfiction1* gerade persönliche und subjektive Kontexte in den Ergebnissen sichtbar werden.

None of those involved in *subfiction1* were given any kind of background information on their tasks. Normally, translators aim for the most objective translation possible. But in "subfiction 1" it was personal and subjective contexts which became visible in the results.

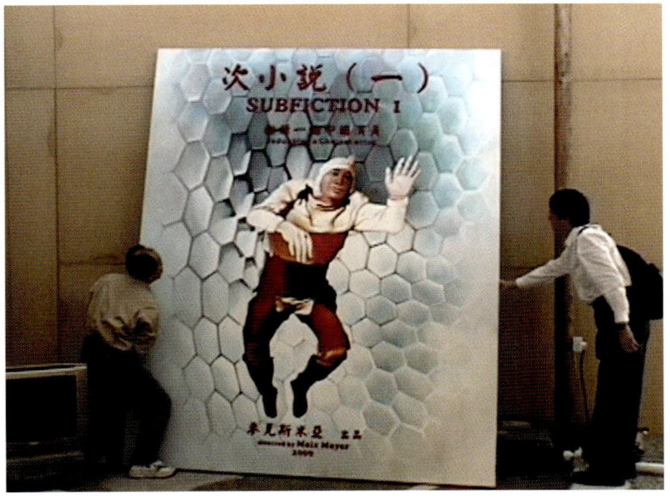

subfiction2

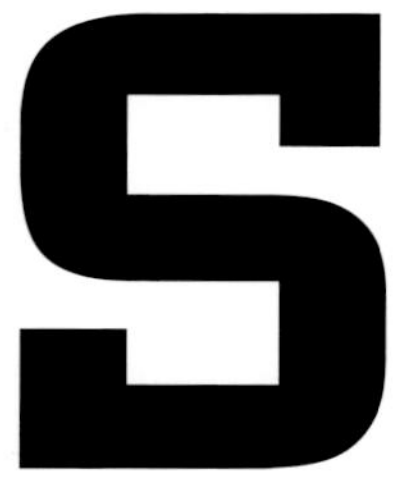

2001

Mendelsohnhaus, Berlin (2002)

Film
DV auf DVD-PAL
20 min (Doppelprojektion)
Regie: Maix Mayer
Kamera: Jens Pfuhler, Maix Mayer
Montage: Katja Schößler
Sound: Simone Danaylowa,
Rastermusic
Darsteller: Tina, Anastasia, Martha,
Jörg, Ata, Julius

2001

Mendelsohnhaus, Berlin (2002)

Film
DV on DVD-PAL
20 min (double projection)
Directed by: Maix Mayer
Camera: Jens Pfuhler, Maix Mayer
Editing: Katja Schößler
Sound: Simone Danaylowa,
Rastermusic
Actors: Tina, Anastasia, Martha,
Jörg, Ata, Julius

Der französische Filmemacher Chris Marker produzierte 1962 den Schwarz-Weiß-Kurzfilm *La Jetée*. Fast ausschließlich aus Standbildern bestehend (laut eigenem Vorspann ein „Fotoroman"), handelt er von Zeitreisen in die Vergangenheit und Zukunft, Kindheitserinnerungen, einer Kriegskatastrophe, surrealen Räumen, Visionen und Ängsten. Dabei ist ein zentraler Ort der Filmhandlung der Pariser Flughafen Orly, wo sich die Protagonisten bei ihren Zeitreisen begegnen.

Der deutsche Titel *Am Rande des Rollfelds* bildet den poetischen Ausgangspunkt für die Doppelprojektion *subfiction2*, die eine Rückübersetzung des Originalfilms in persönliche Kontexte darstellt. Für den Künstler war der Flughafen im Norden Leipzigs nicht nur in der Zeit der internationalen Leipziger Messe ein Tor zu anderen Welten, sondern von dort aus war er auch im Jahr 1966 das erste Mal geflogen. Heute ist das Gebiet vom Quelle-Versandzentrum und der Neuen Messe mit ihrer gigantischen Zentralhalle fast vollständig überbaut.

Im stillgelegten Flughafentower wurden von *La Jetée* inspirierte Motive dargestellt. Die Szenen handeln von persönlichen wie familiären Erinnerungen, wobei die Kinder des Künstlers als Statisten bei dieser Performance agieren.

Wie kann man sich an Vergangenes, das man nicht selbst erlebt hat, erinnern? Sind es nur übernommene Zitate fremden Lebens? Bei Chris Marker wurde das Zitieren von Texten und Bildern zum Produktionsprinzip seiner Arbeiten über das Erinnern. *Subfiction2* wiederum zitiert Texte von und über Chris Marker: „Ich glaube an die Wirklichkeit der Bilder und an die Bilder der Wirklichkeit. Das, was der Betrachter bei diesem Film auf die Leinwand projiziert sieht, der Fiktion, der er beiwohnt, ist die Geschichte der Prozesse selbst, die er in Gang setzen muss, um den Film zu verstehen, um sich die Fiktion anzueignen."

In 1962, Chris Marker produced the black-and-white short film *La Jetée*. The movie, which consists almost exclusively of freeze-frames, deals with time journeys into the past and the future, childhood memories, a war disaster, surreal spaces, visions, and fears. A central place for these happenings is the Orly airport in Paris, where the protagonists meet on their time travels. The German title of *La Jetée*, *Am Rande des Rollfeldes*, (At the Edge of the Runway) forms the poetic starting point for the double projection *subfiction2*, which represents a retro-translation of the original film in personal contexts. For the artist, the airport north of Leipzig was not just a door to other worlds during the international Leipzig trade fair; it is also the place he first flew from in 1966. Today, the old airfield has been almost completely built over by the Quelle distribution center and the new trade fair complex with its gigantic central hall. Motifs inspired by *La Jetée* were acted out in the decommissioned control tower of the old airfield. The scenes are of personal and family memories, and the artist's children have parts as extras in this performance. How can you remember a past that you have not personally experienced? Are these merely adopted citations from other lives? For Chris Marker, the citing of text and images became a production principle of his works about remembrance. *subfiction2* in turn cites texts by and about Chris Marker: "I believe in the reality of images and in the images of reality. That which the observer of this film sees projected on the screen, the fiction he is experiencing, is the history of the process itself which he must set in motion to understand the film and to make the fiction his own."

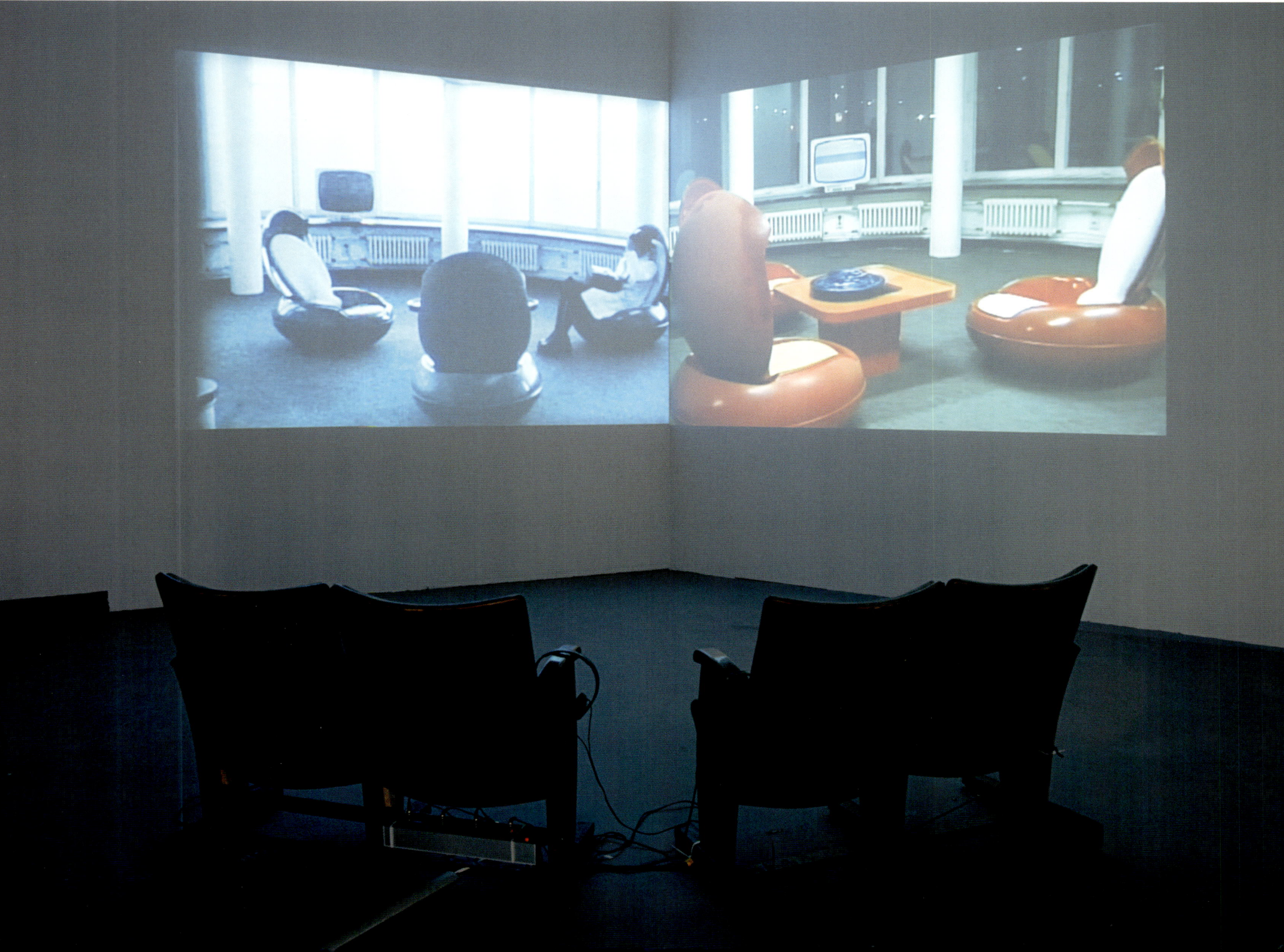

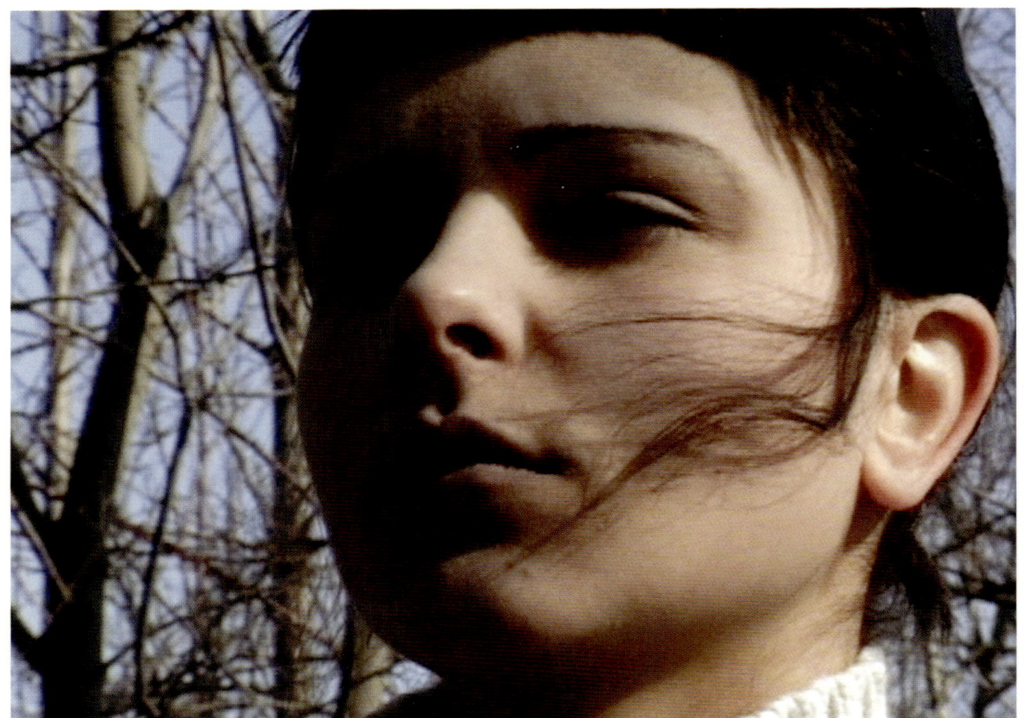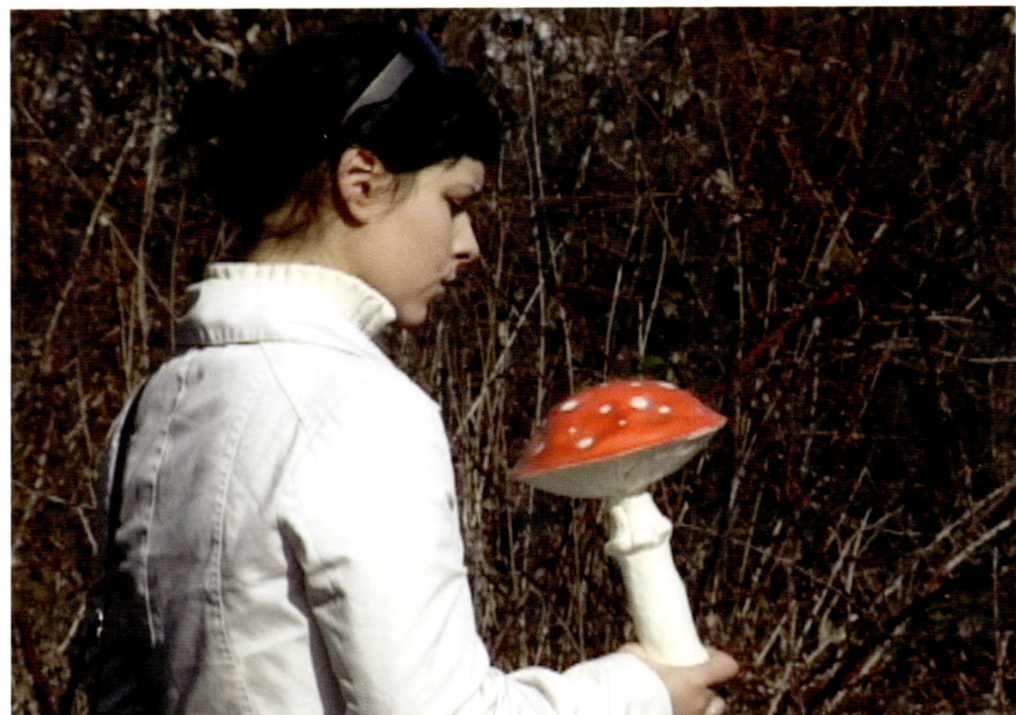

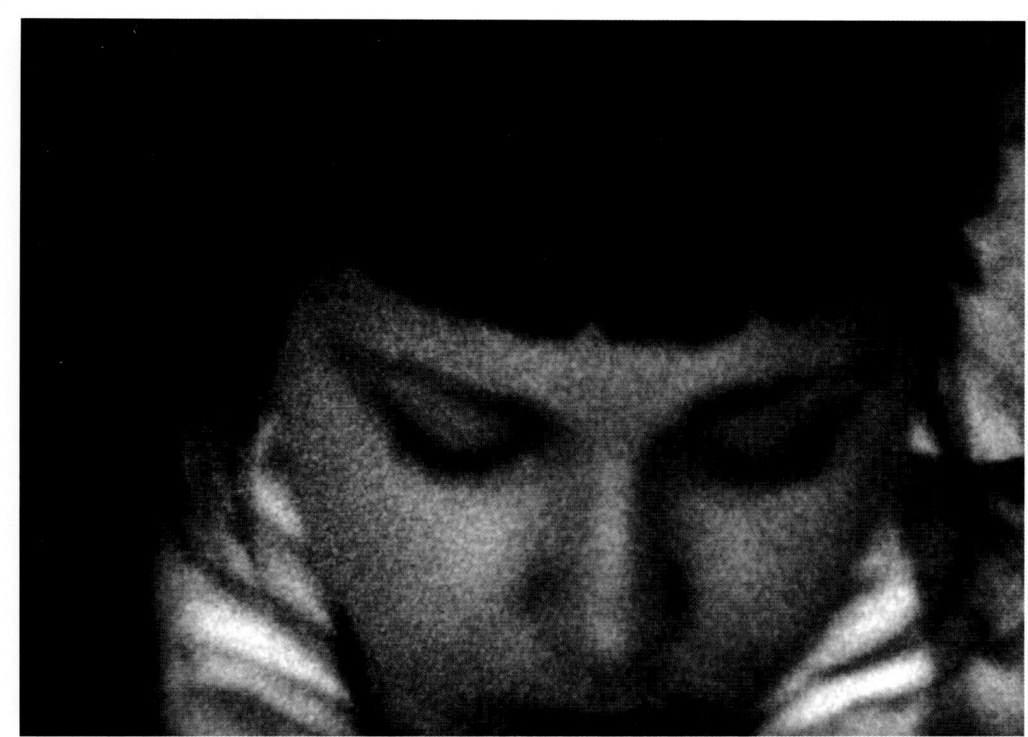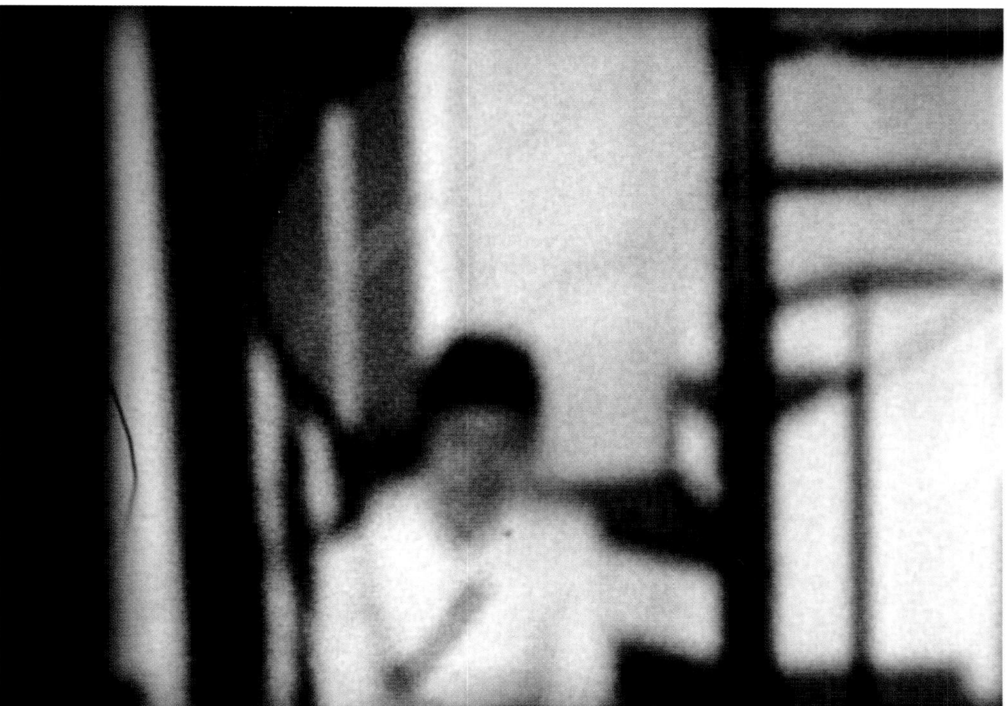

Filmstill
Movie still

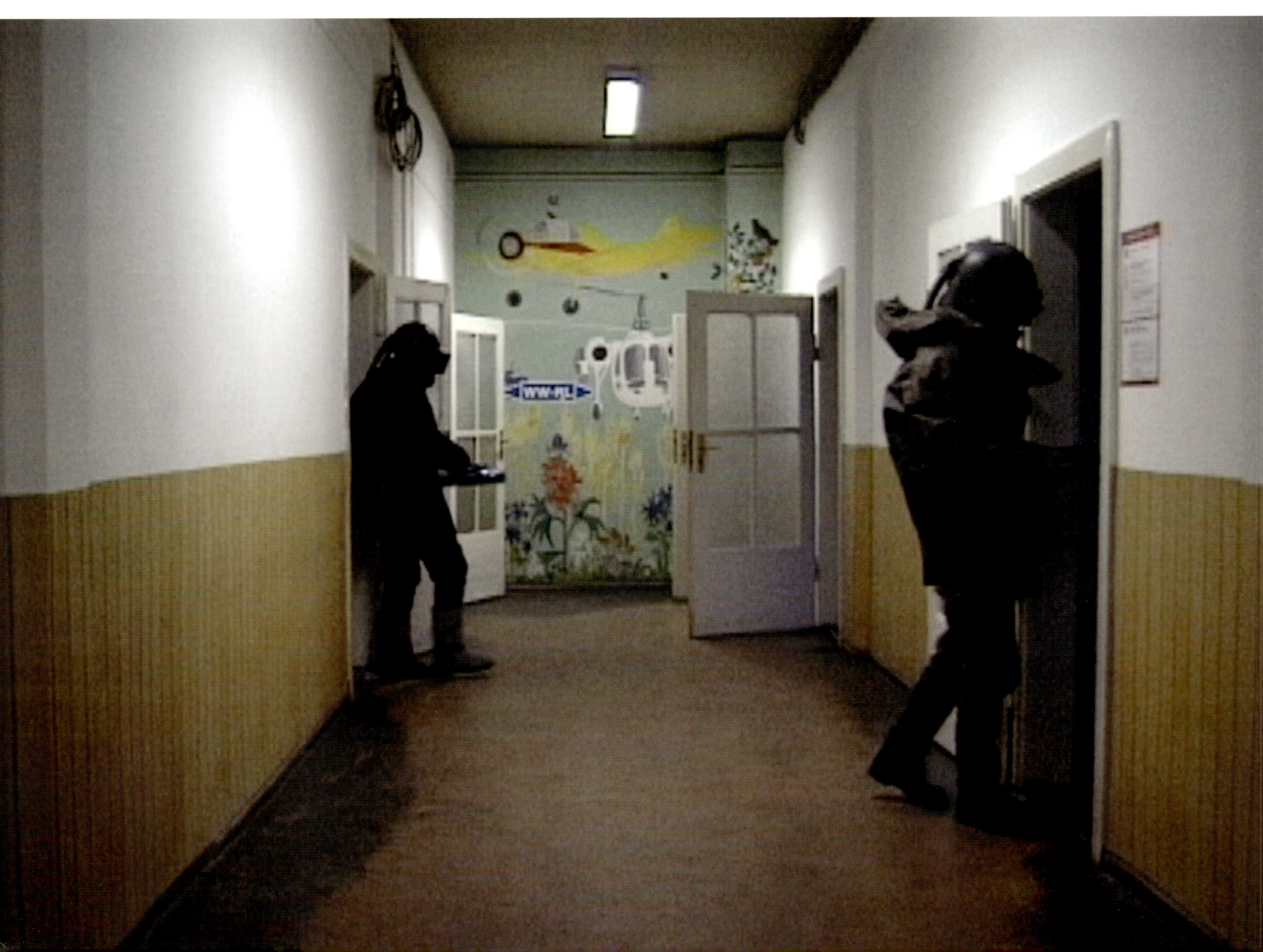

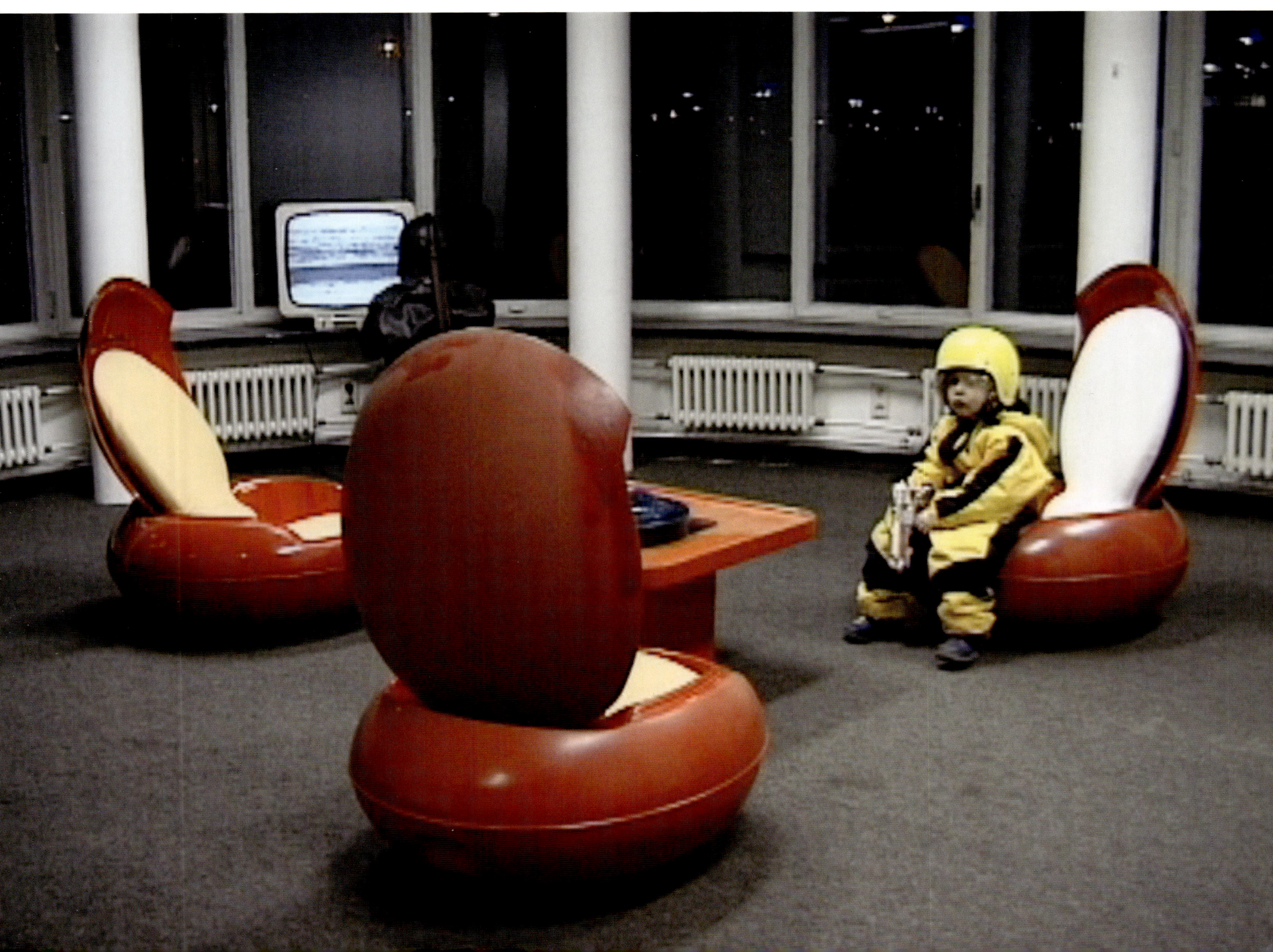

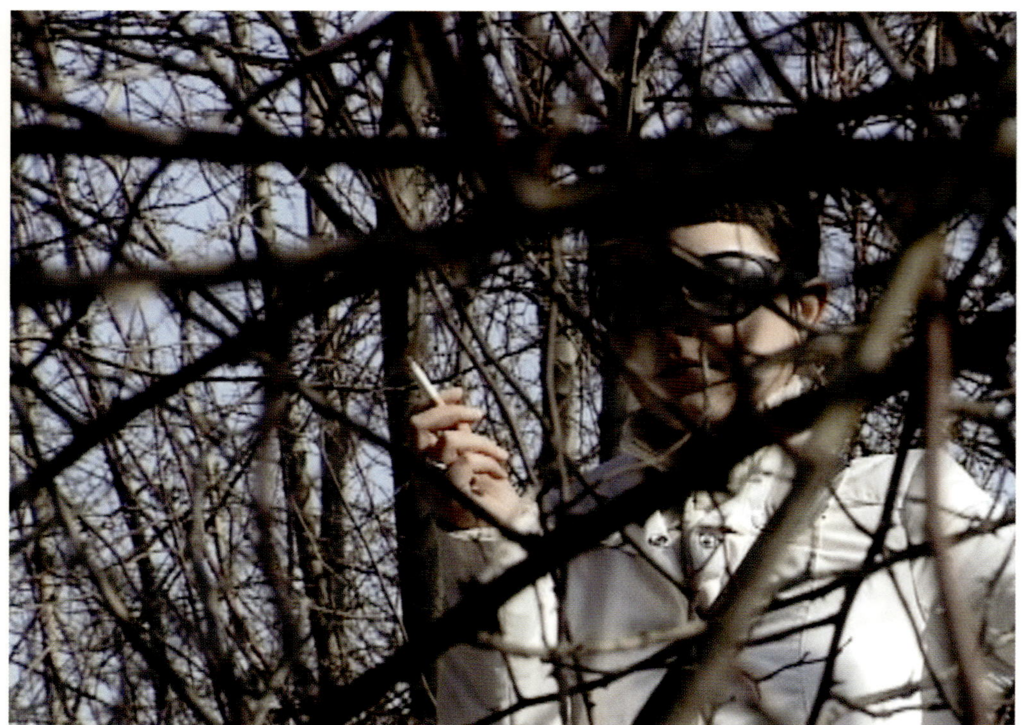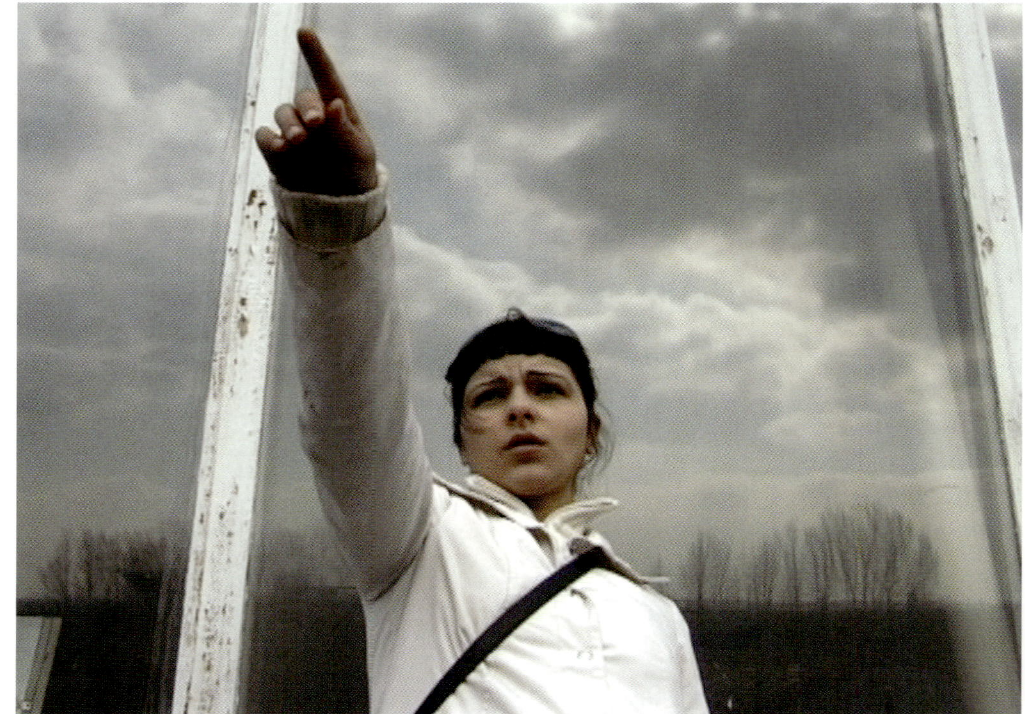

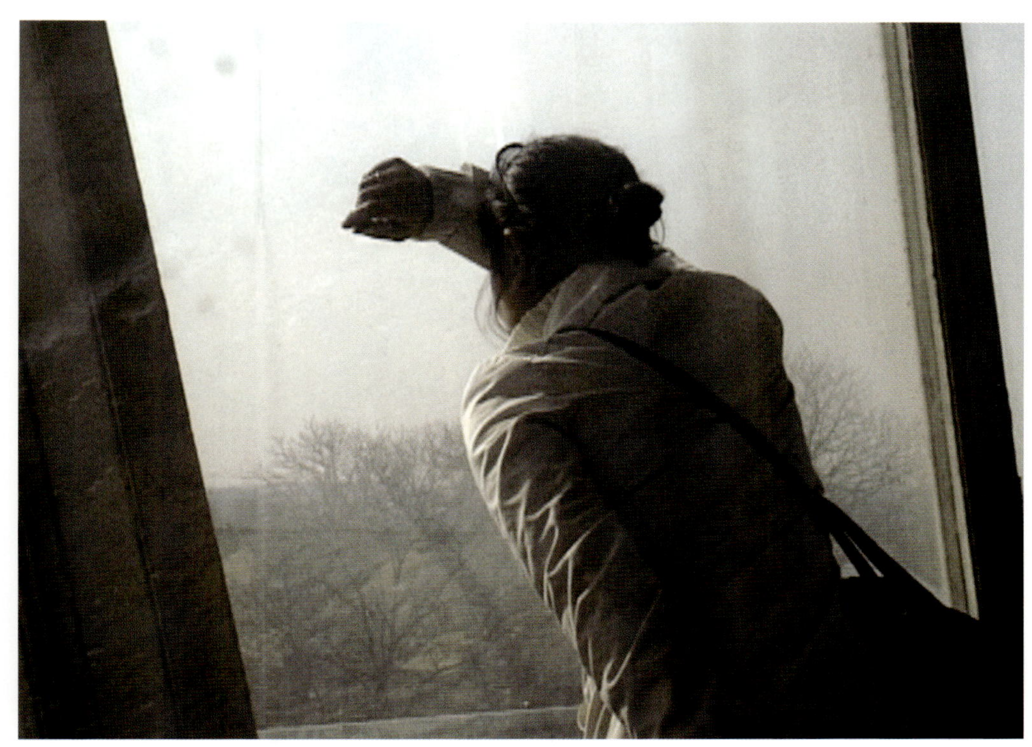

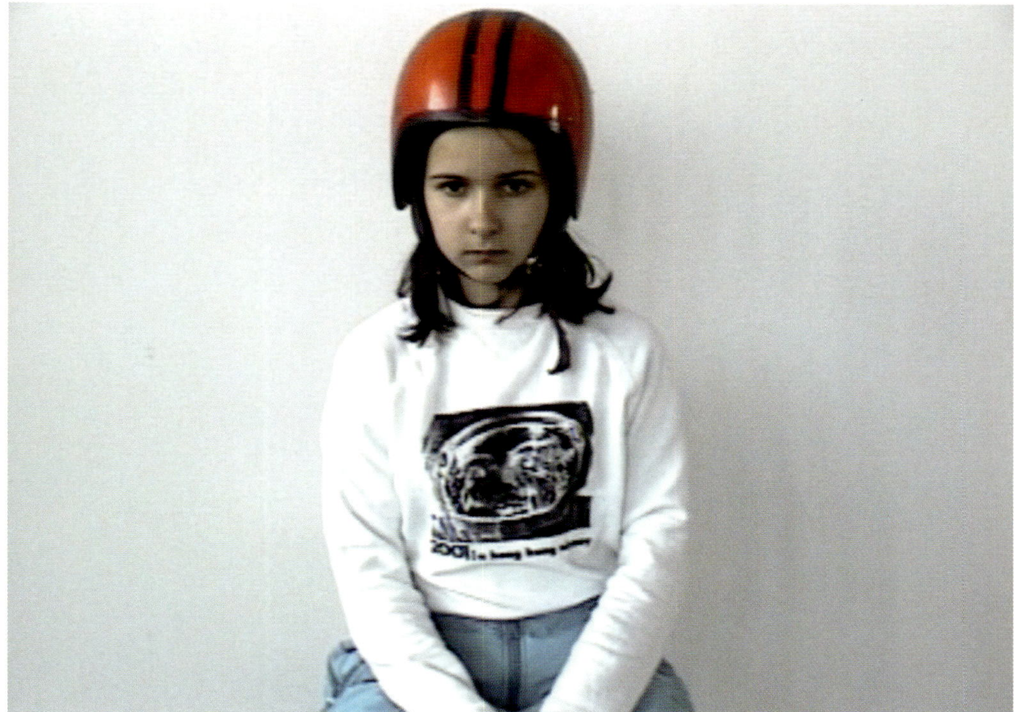

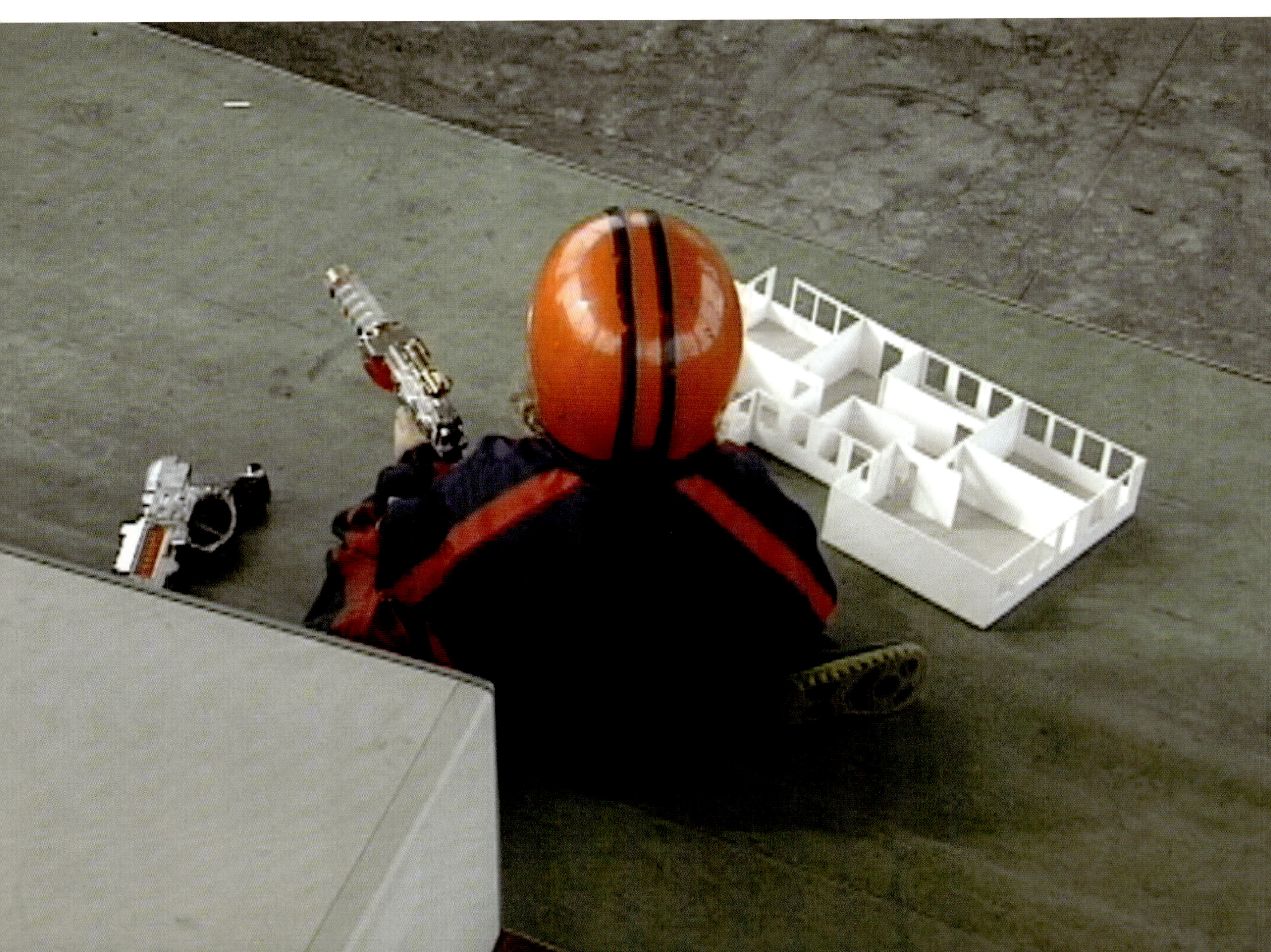

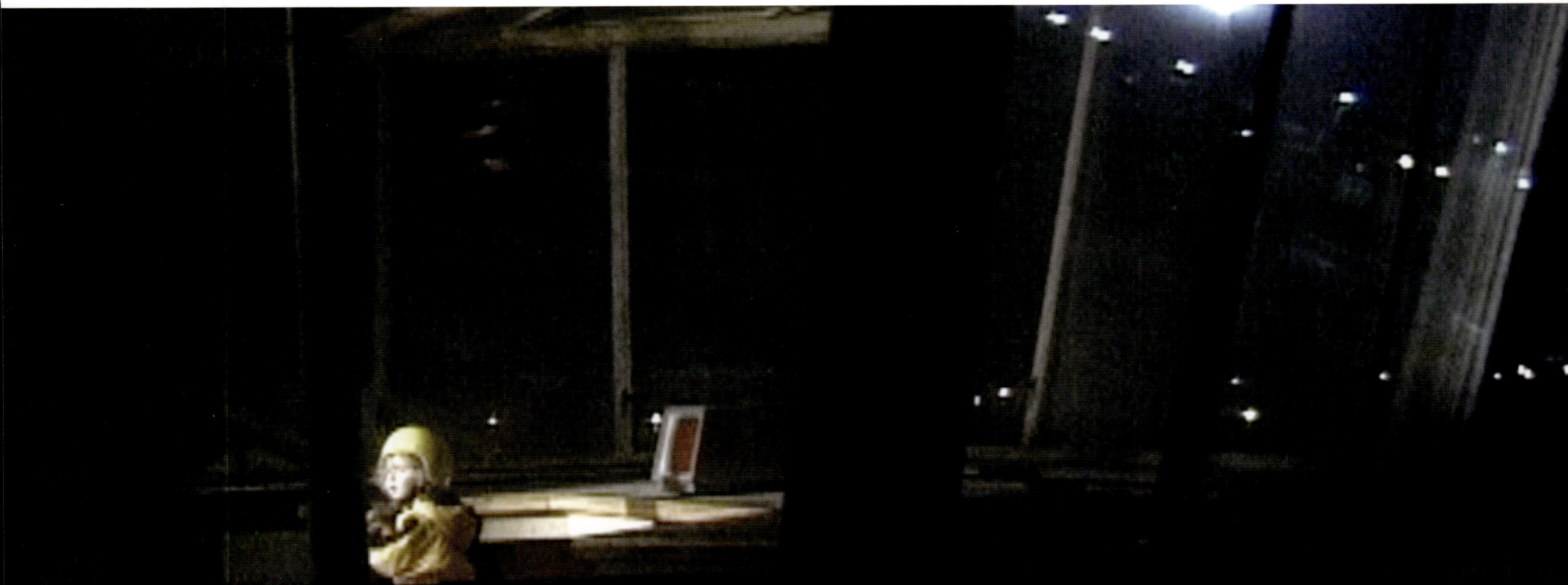

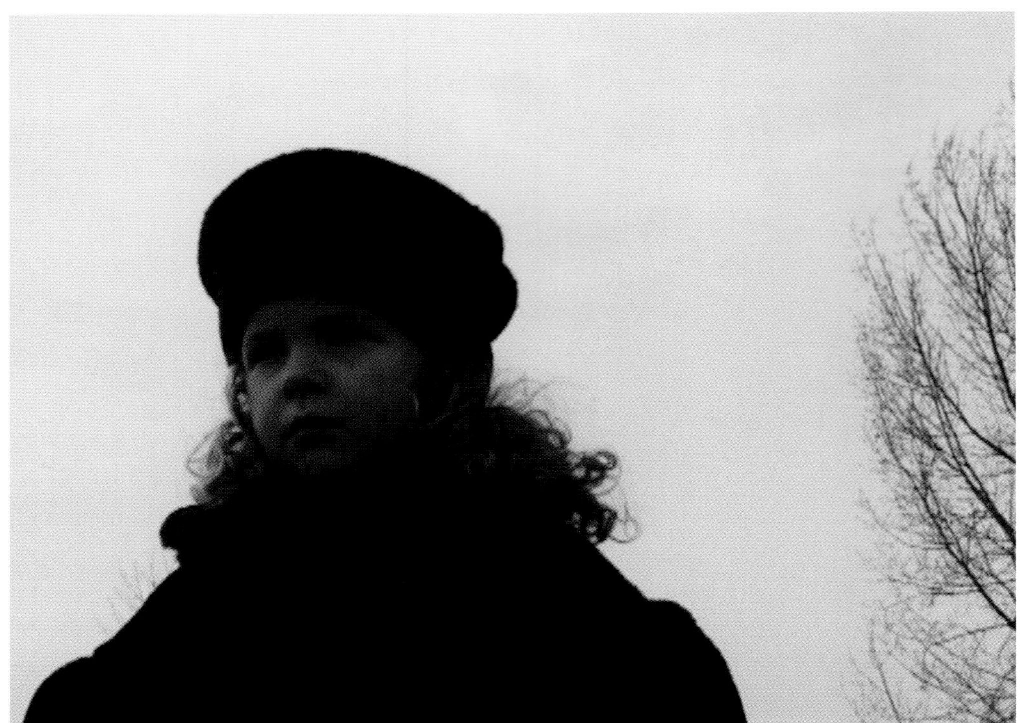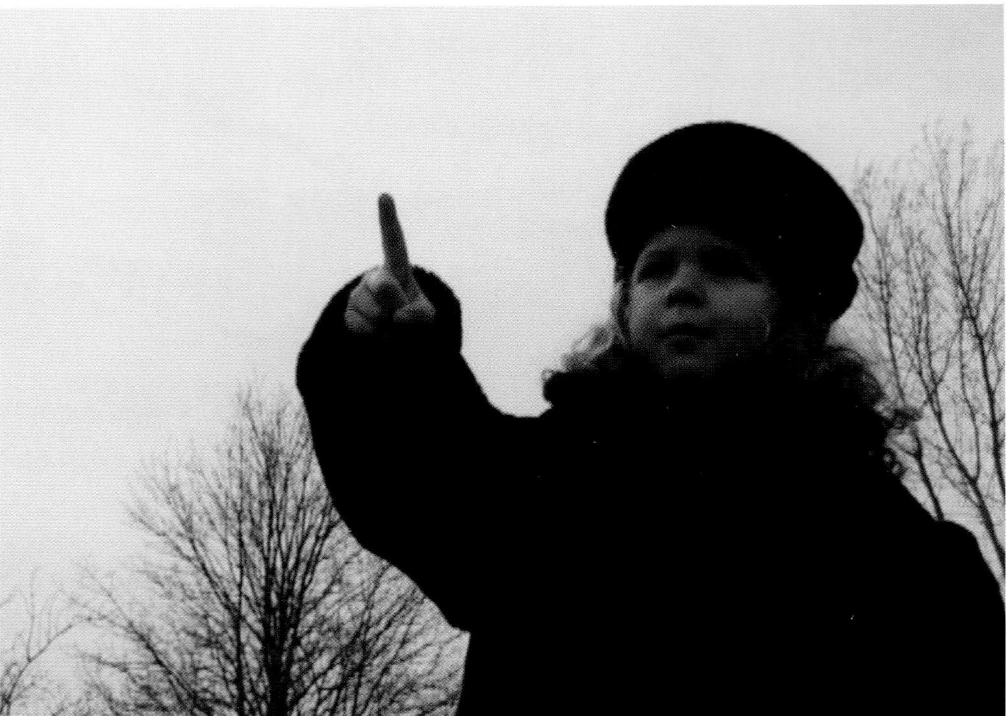

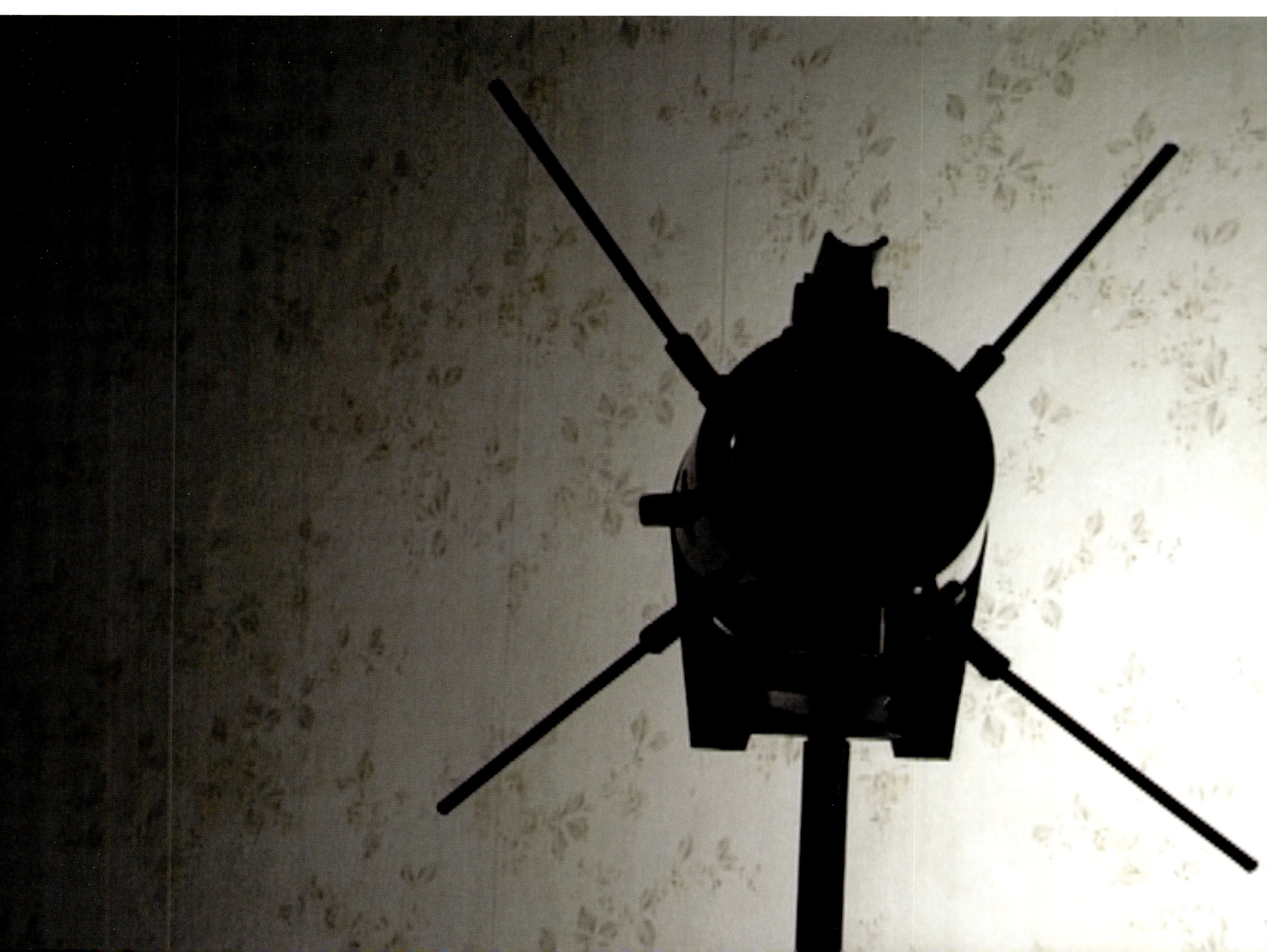

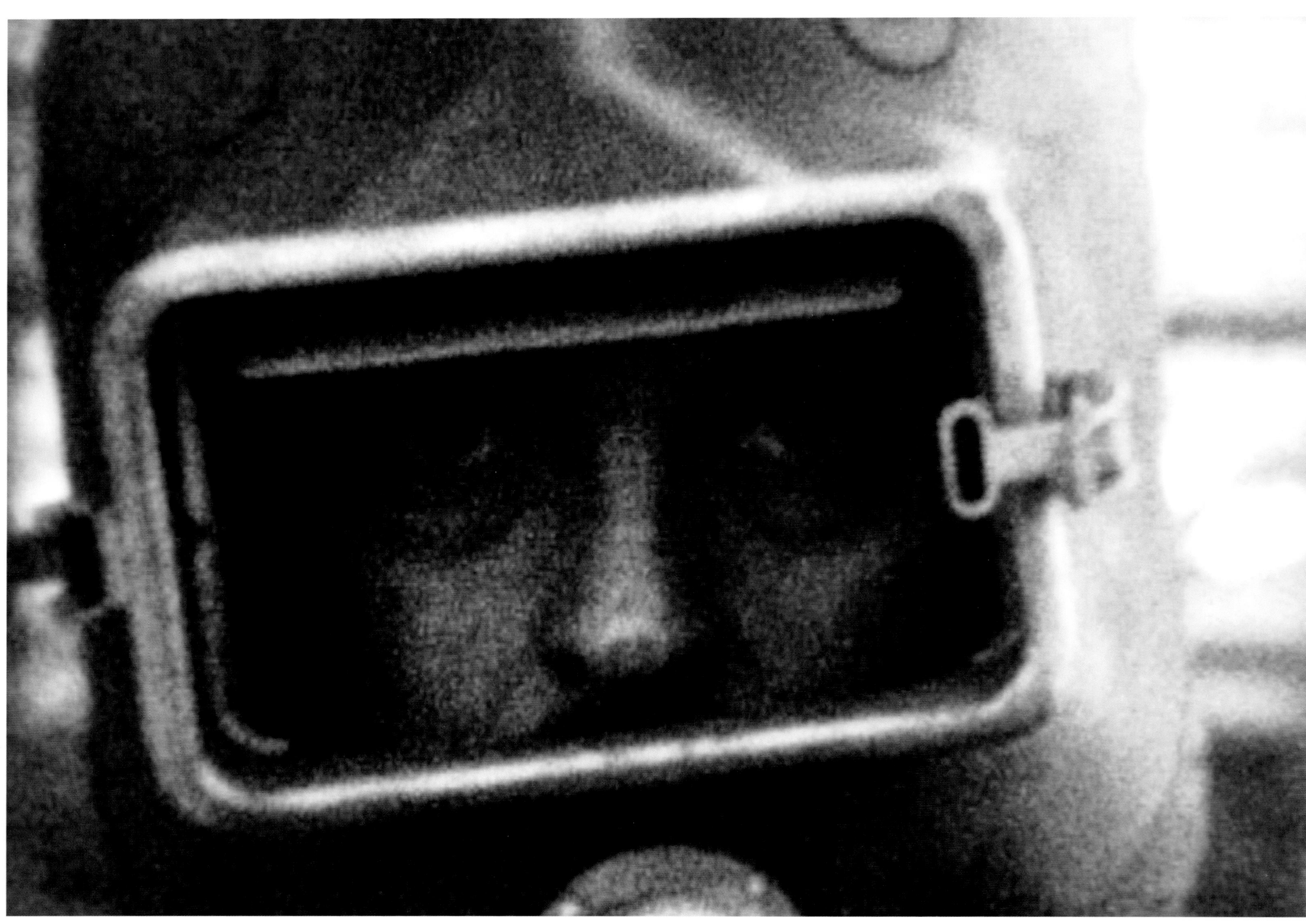

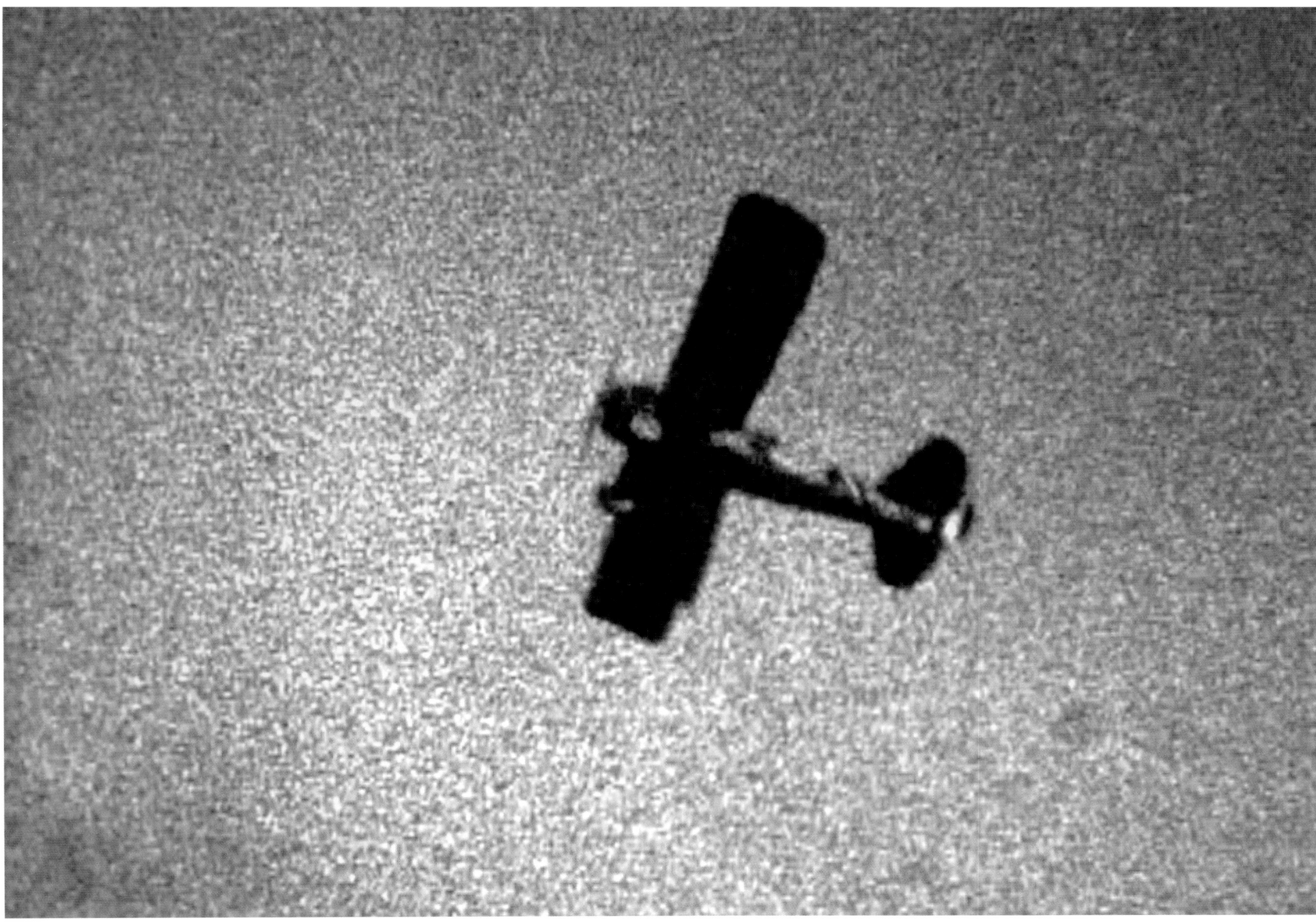

transarchitektur

(oder Psycho in Dresden)

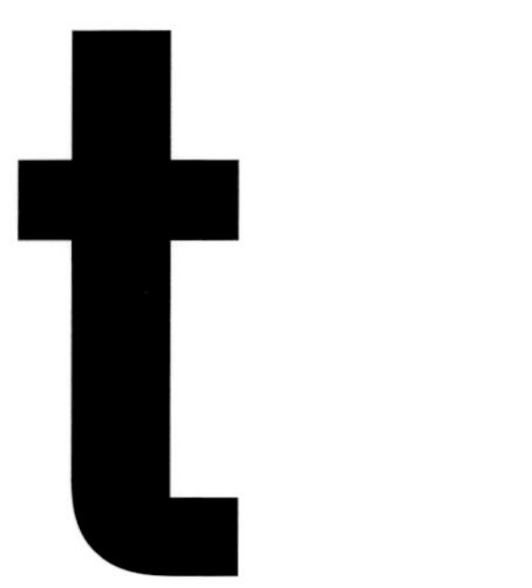

1997

Kunstmuseum Wolfsburg (1999)

Film
DV auf DVD-PAL
17 min
Regie: Maix Mayer
Kamera: Jens Pfuhler
Montage: Kai Böge
Sound: Simone Danaylowa

1997

Kunstmuseum Wolfsburg (1999)

Film
DV on DVD-PAL
17 min
Directed by: Maix Mayer
Camera: Jens Pfuhler
Editing: Kai Böge
Sound: Simone Danaylowa

Die Architektengruppe Coop Himmelb(l)au (Wolf D. Prix und Helmut Swiczinsky) erarbeitete das avantgardistische Konzept des „offenen Hauses und der offenen Architektur" auf der Grundlage einer Filmhandlung und beschäftigte sich auch mit eigenen Filmproduktionen. Von dieser Gruppe stammt der Entwurf für das Großraumkino UFA-Palast in der Prager Straße, Dresden (1998).

In den ersten Szenen von *transarchitektur* sind Originaltöne von der Grundsteinlegung des UFA-Palastes und aus der Loos-Bar in Wien zu hören. Coop Himmelb(l)au erregte erstmals internationale Aufmerksamkeit mit der Gestaltung von zwei anderen Restaurants in dieser Stadt. Adolf Loos, Verfasser der Streitschrift *Ornament und Verbrechen* aus dem Jahr 1908, hatte seine Karriere wie die Architektengruppe selbst mit der Gestaltung von Inneneinrichtungen begonnen, bevor er u. a. ein viel beachtetes Wohnhaus mit ornamentloser Fassade am Michaelerplatz in Wien realisierte. Bei weiteren Recherchen entdeckte der Künstler Maix Mayer eine Rezension der DDR-Zeitschrift *Farbe und Raum*, in der die Frage gestellt wurde: „Wie ehrlich sind unsere Oberflächen?".

Die Hochhäuser, Wasserspiele und Grünanlagen der Prager Straße wurden zwischen 1965 und 1978 im Stil der Architekturmoderne als Beispiel für eine sozialistische DDR-Großstadt errichtet. Zu dem aufwendig mit Ornamenten gestalteten Ensemble gehörten ein Rundkino (1970–1972), Kaufhäuser und Hotelbauten, deren Fassaden man in den letzten Jahren gravierend veränderte oder die wie das Centrum Warenhaus vollständig abgerissen wurden. Der Film entstand während der Bauzeit des neuen UFA-Palastes 1997/98, ohne das Gebäude abzubilden, wobei die Bildsequenzen durch die sich öffnenden oder schließenden Vorhänge des alten Rundkinos gegliedert werden. Die Szenen, teilweise in Standeinstellung, teilweise in langsamer Kamerafahrt gefilmt, konzentrieren sich auf das Umfeld des neuen Kinopalastes und dokumentieren die (noch) vorhandene Raumaufteilung bzw. die Bewegung der Bewohner innerhalb dieses Stadtteils.

The COOP HIMMELB(L)AU group of architects developed the avant-garde concept of the "open house and open architecture" on the basis of a film script and set about making films. The group has designed, among other things, the UFA Palast cinema in Dresden's Prager Strasse.

In the opening scenes of *transarchitektur*, the original sound is of the laying of the foundation stone of the UFA Palast and sound bites from the Loos-Bar in Vienna. COOP HIMMELB(L)AU first drew international attention with its designs for two other restaurants in that city. Adolf Loos, the author of the controversial *Ornament and Crime*, published in 1908, began his career, like COOP HIMMELB(L)AU, with interior decoration designs, before he built – among other things – a widely admired apartment block with an undecorated facade in Vienna. While carrying out further research, the artist discovered a review in the East German magazine *Farbe und Raum*, in which the question was asked: "How genuine are our surfaces?"

The high-rise buildings, fountains, and gardens in Dresden's Prager Strasse were created between 1965 and 1978 in a modern style as an example of an East German socialist city. This elaborate ensemble of ornaments included a circular cinema, called the Rundkino (1970-72), department stores, and hotels, whose facades have been fundamentally altered in recent years. Some, like the Centrum Warenhaus, have been demolished completely. The film was made during the construction of the new UFA Palast (1997-98) but does not show the building itself. The sequences are given structure by the opening and closing of the curtains of the old Rundkino. The scenes, some of which are static, some of which are slow pans, focus on the surroundings of the new cinema and document the (still) existing layout of the space as well as the movement of the people living in this part of the city.

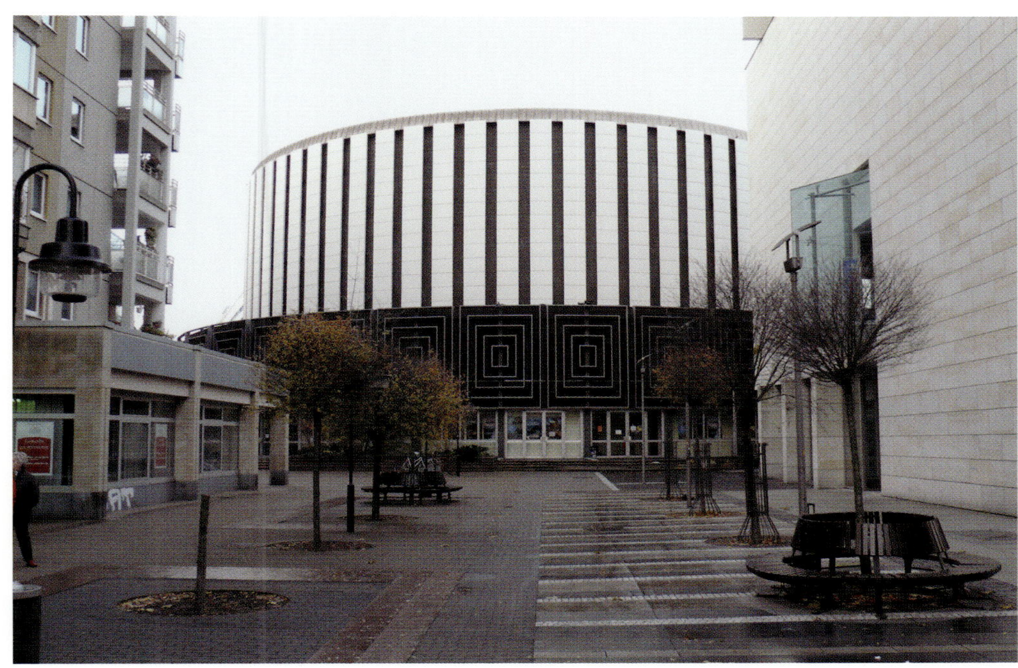

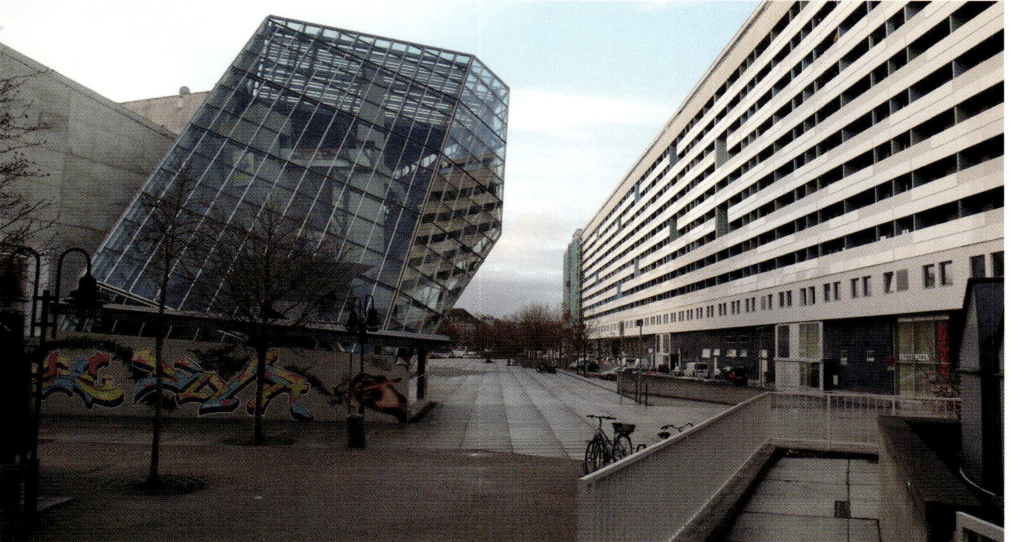

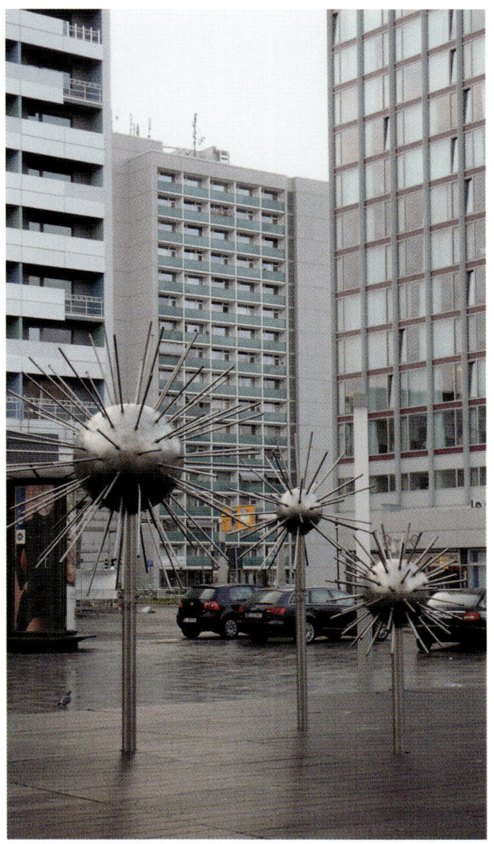

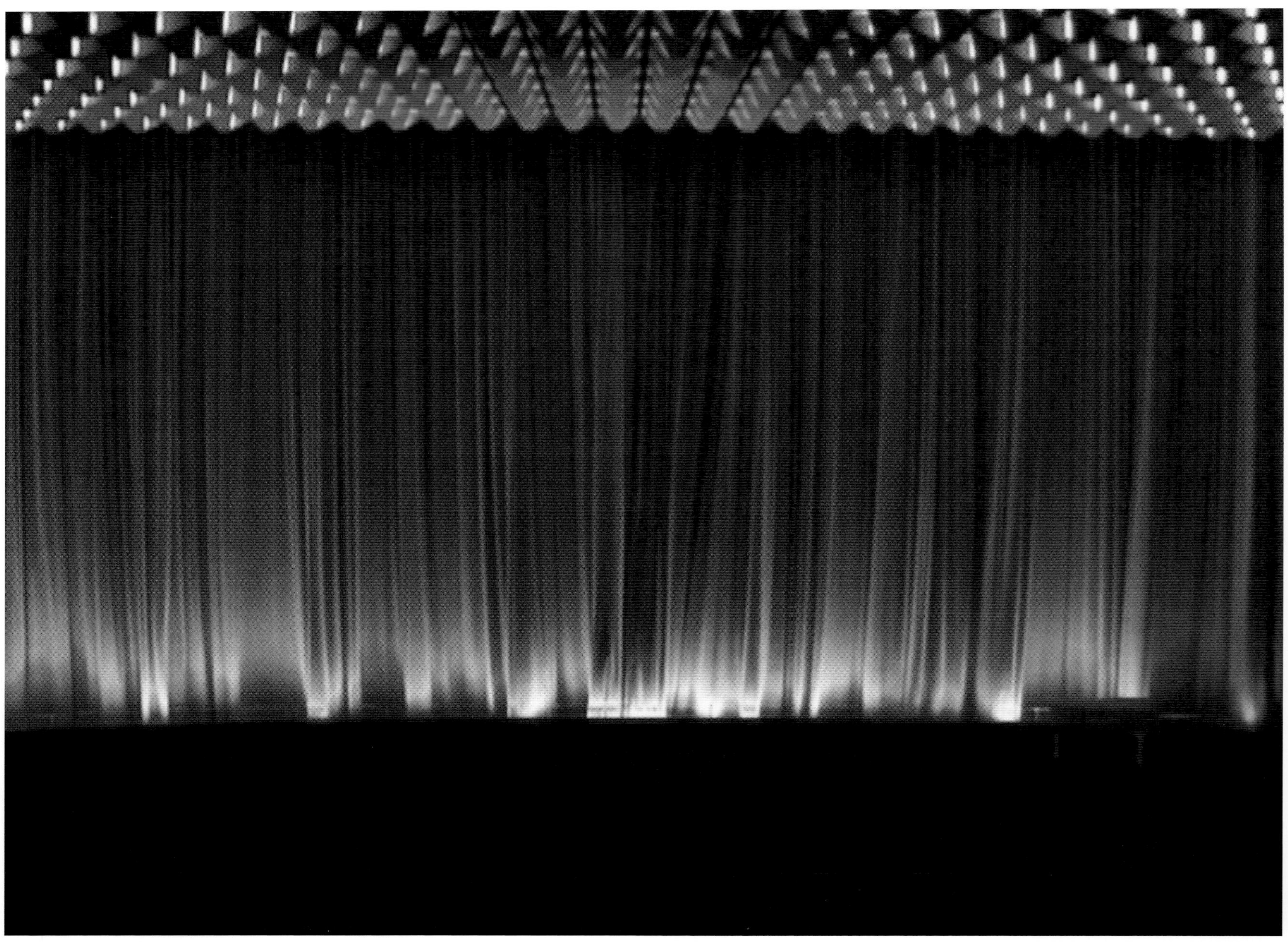

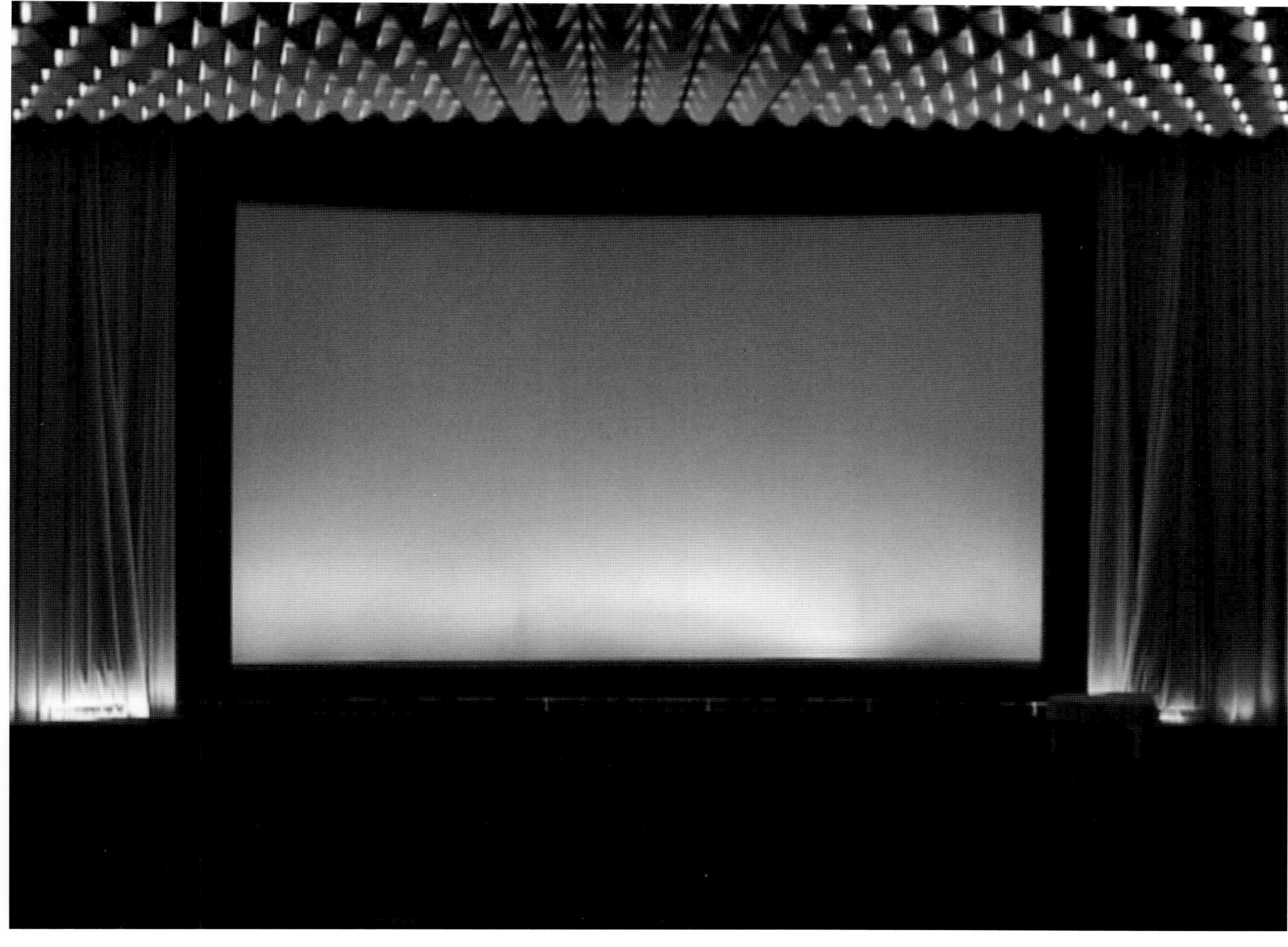

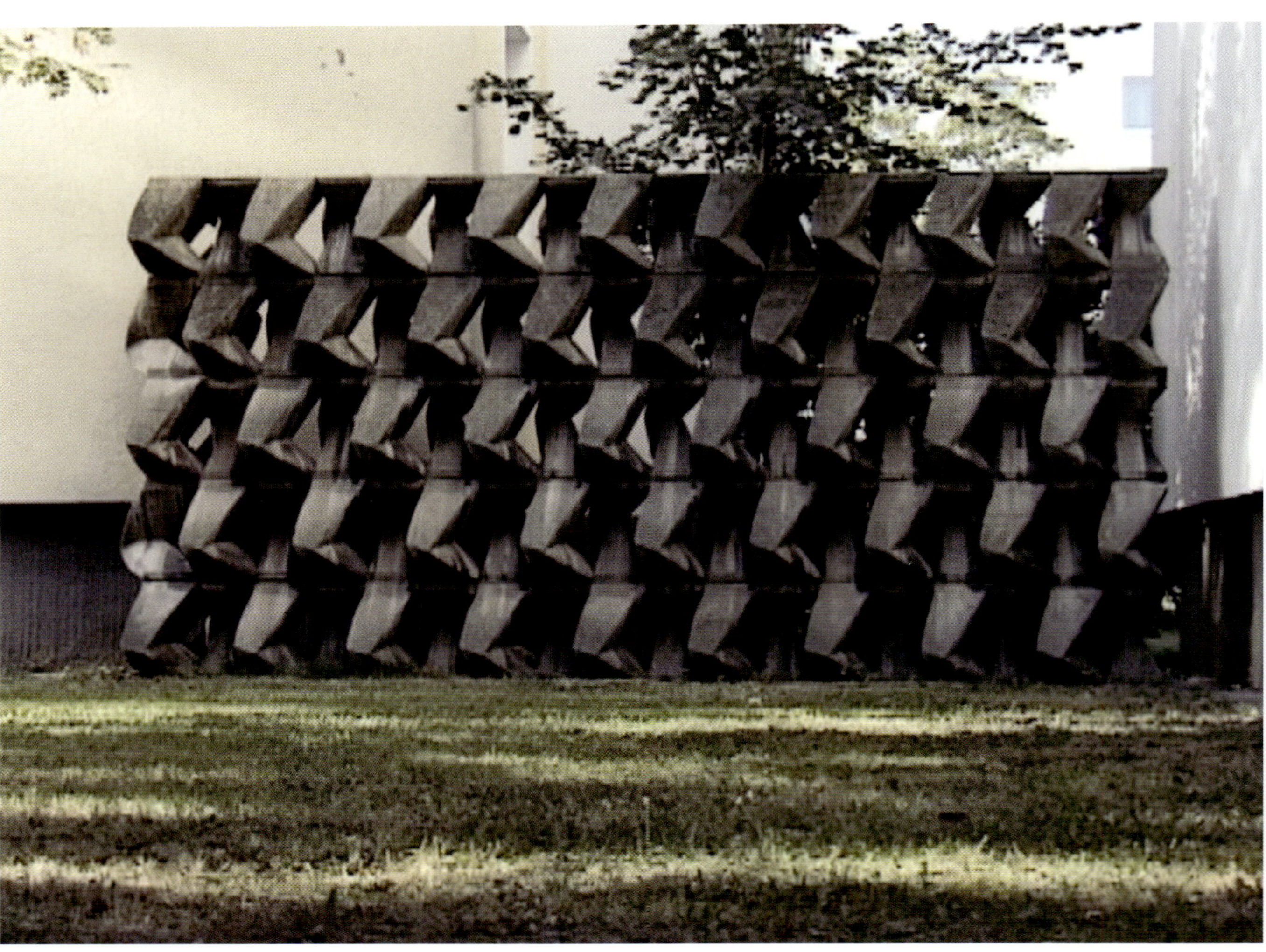

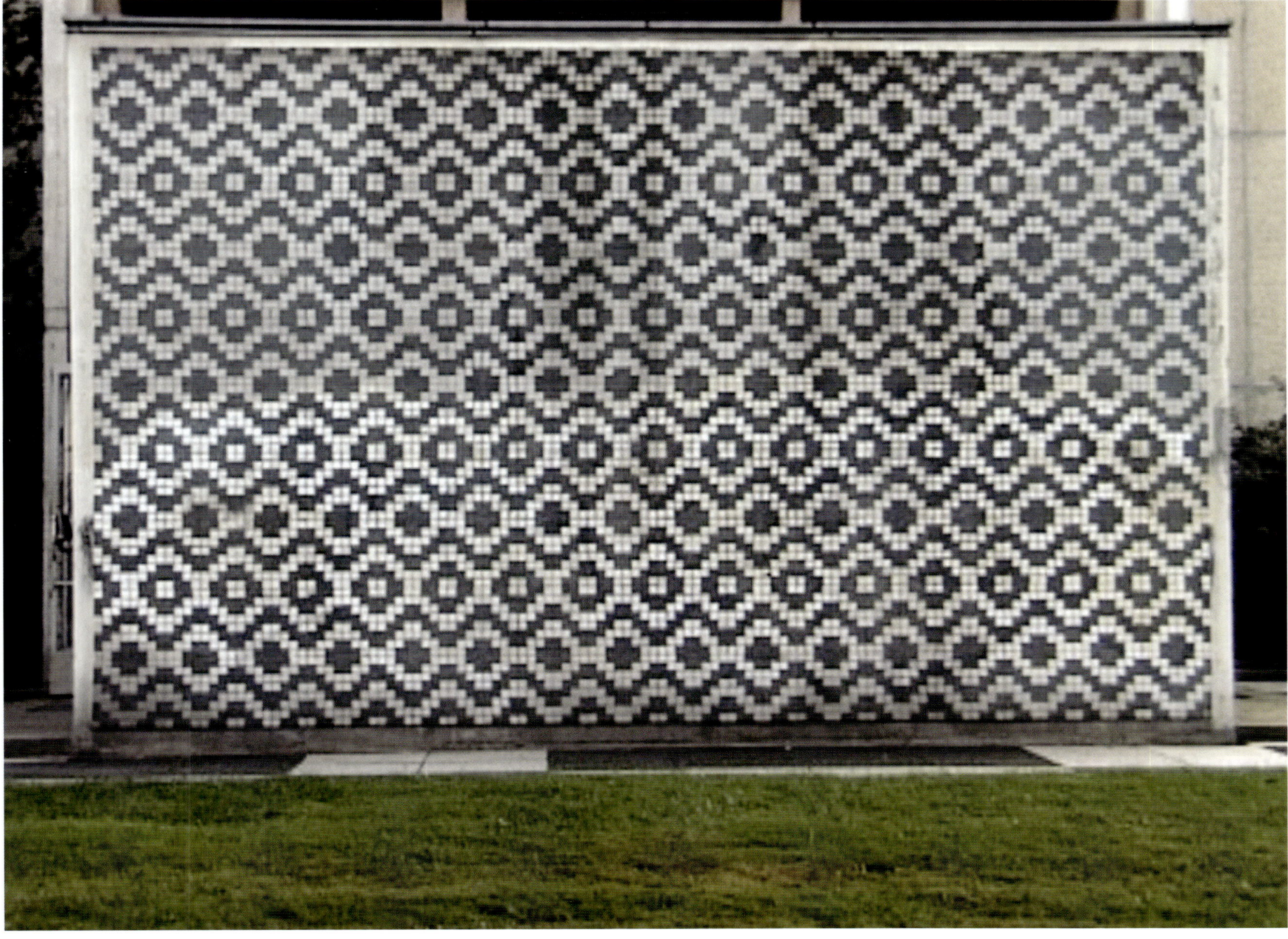

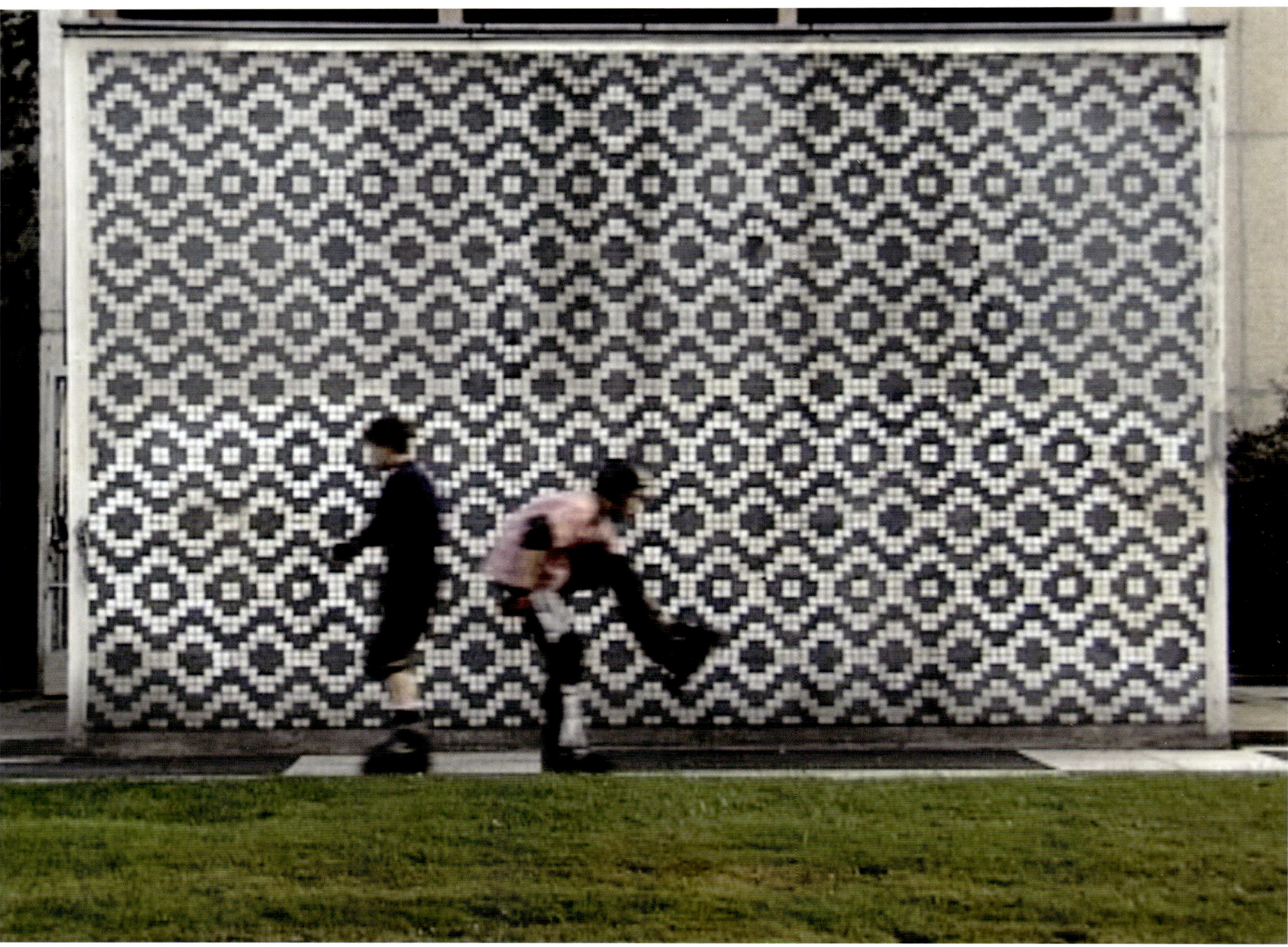

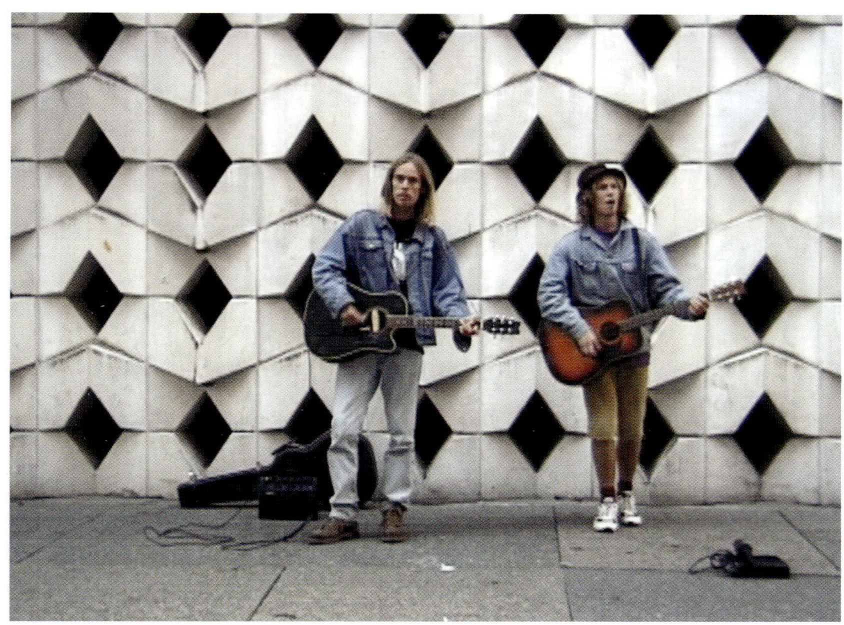 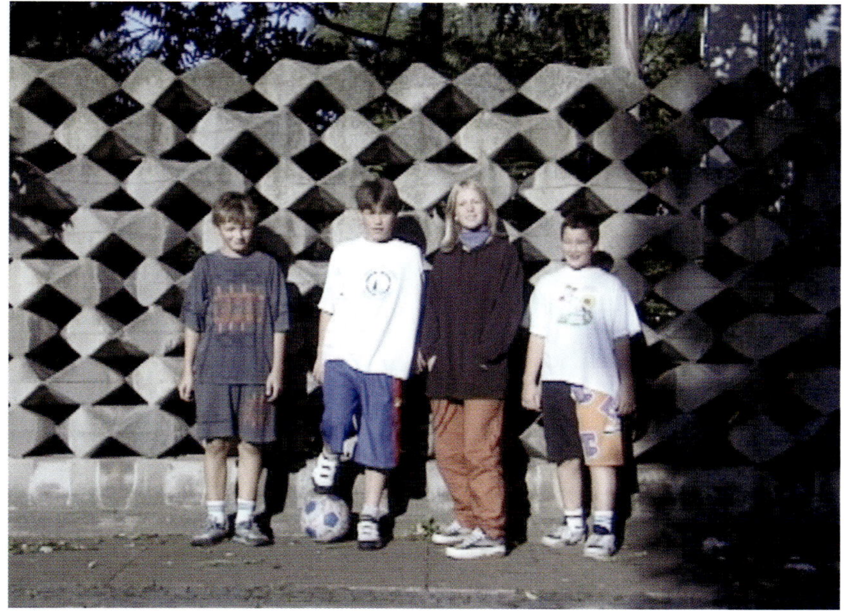

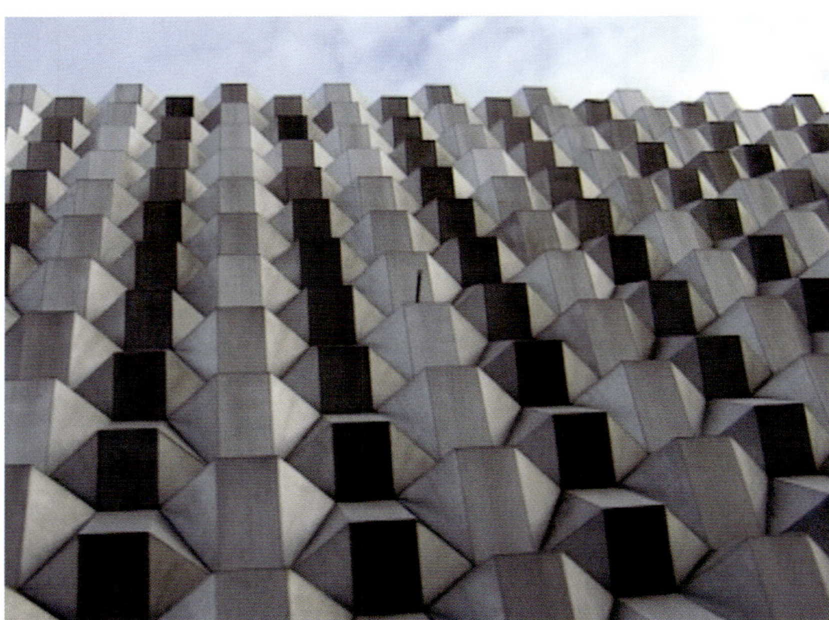 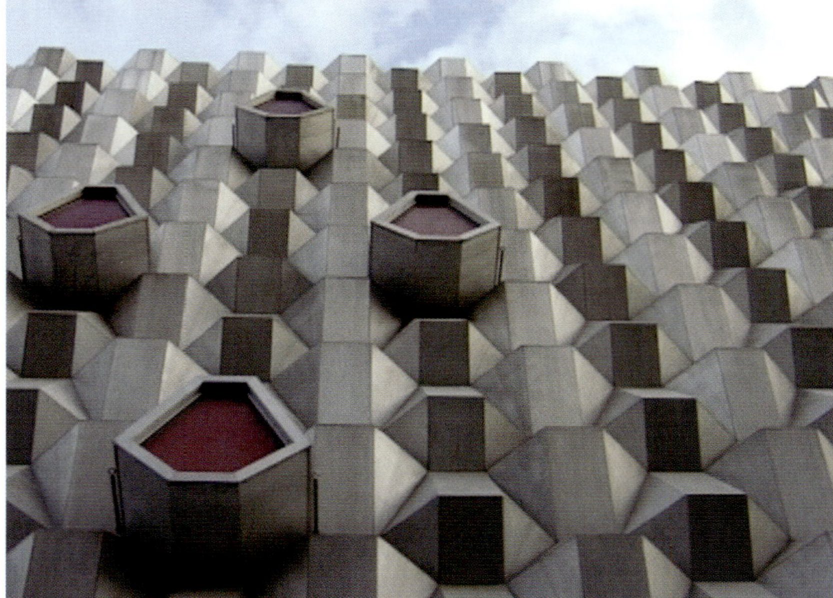

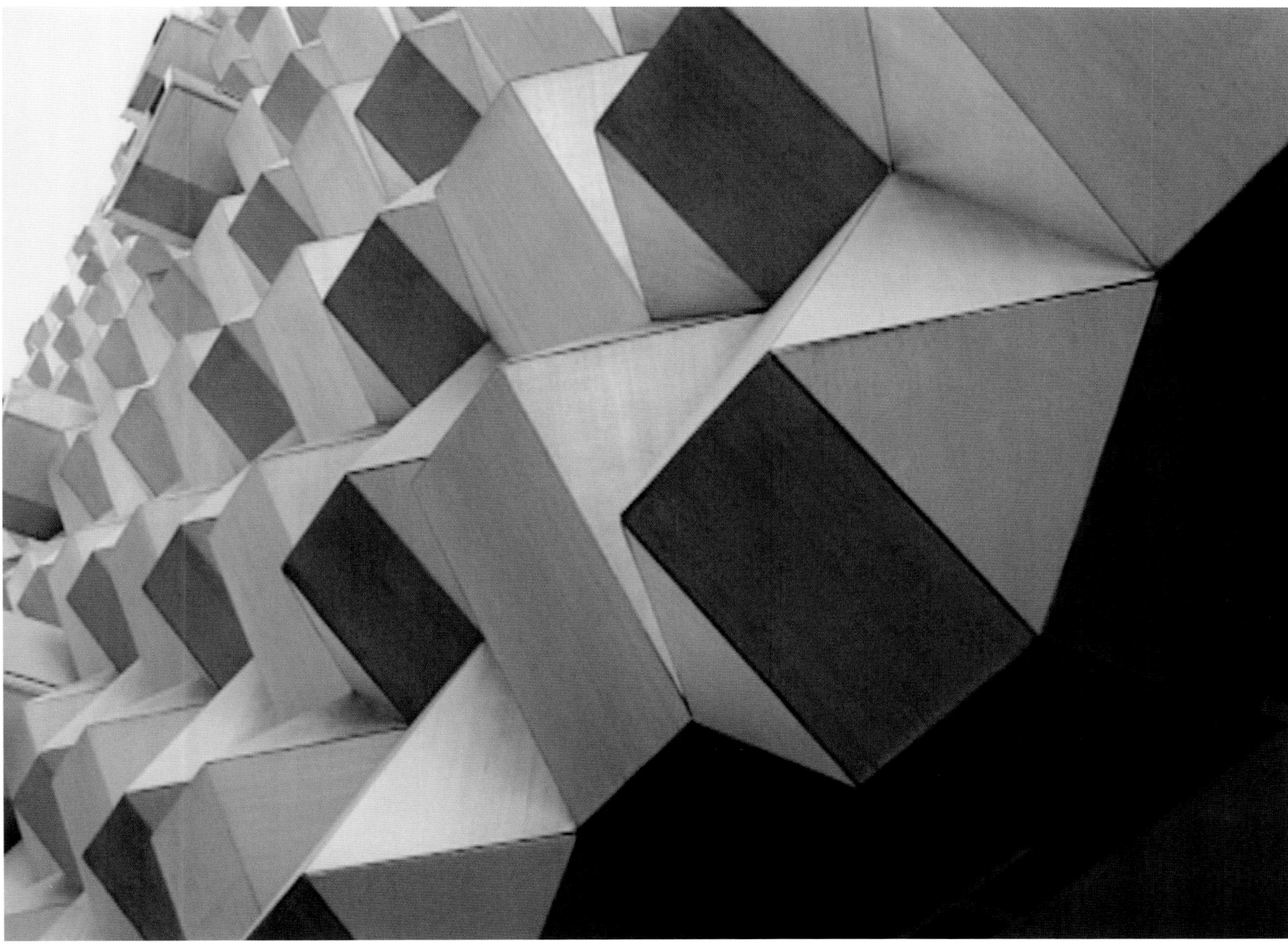

Filmstill
Movie still

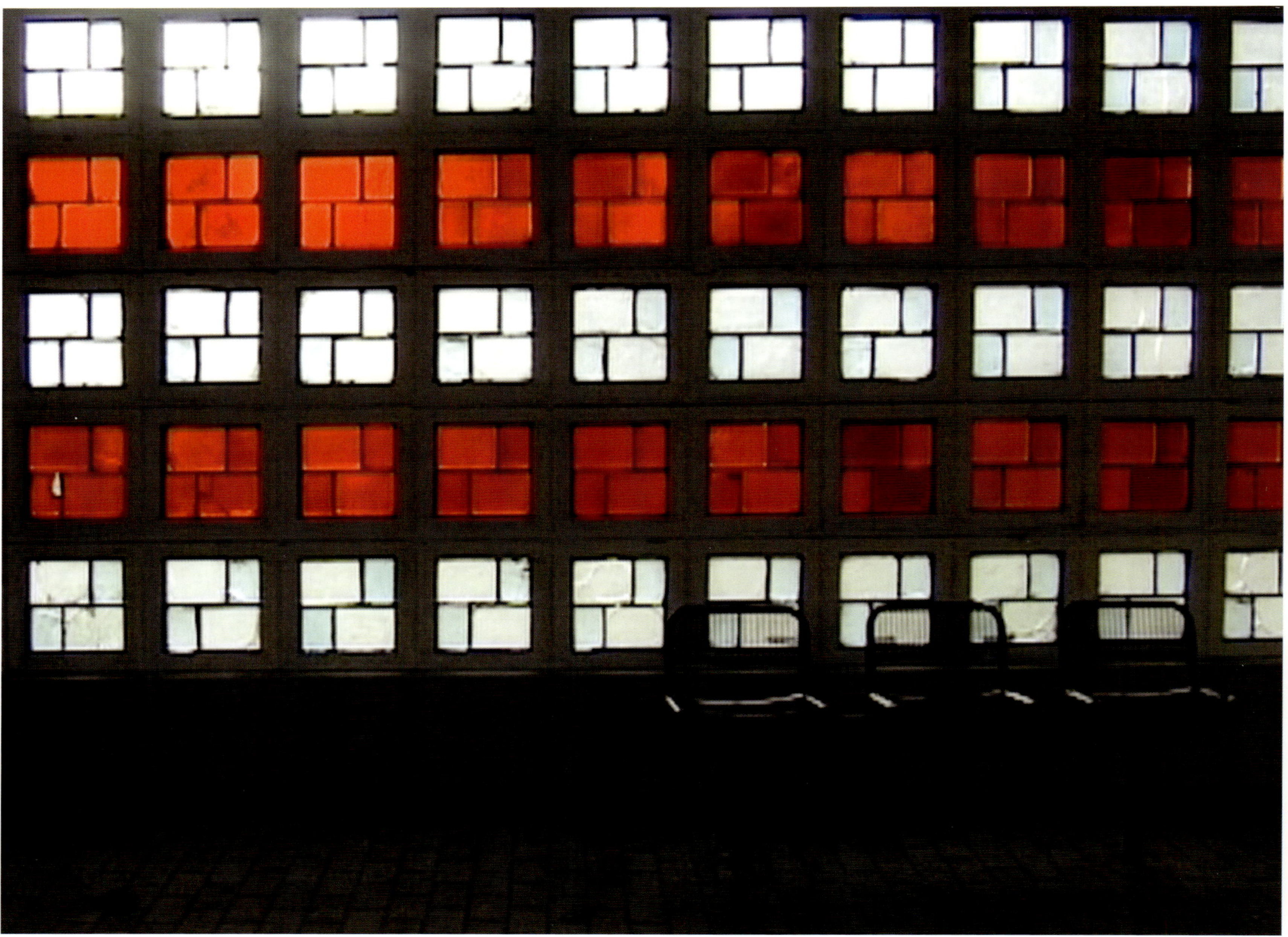

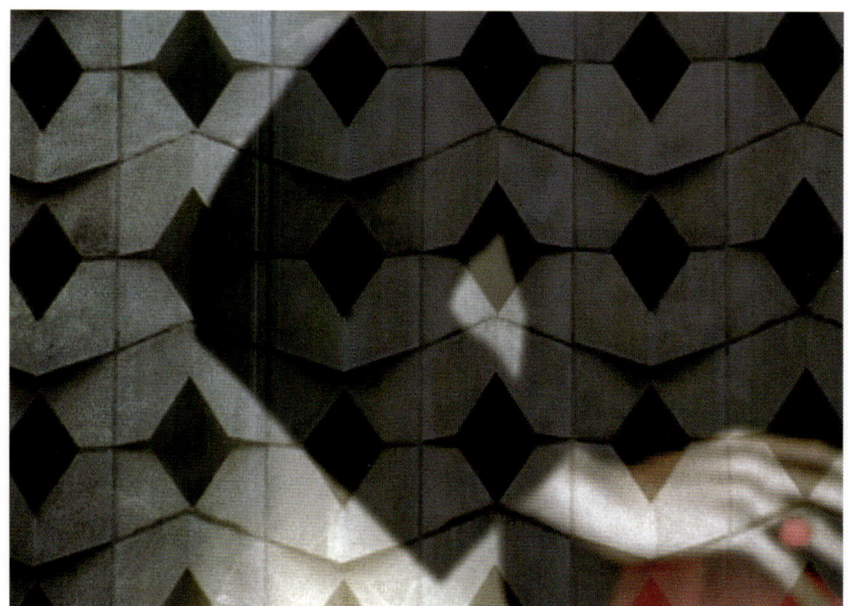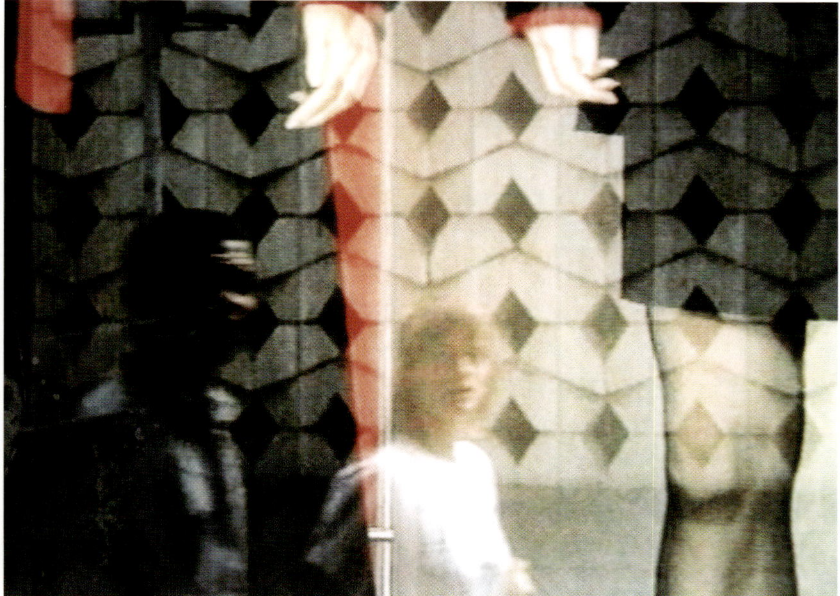

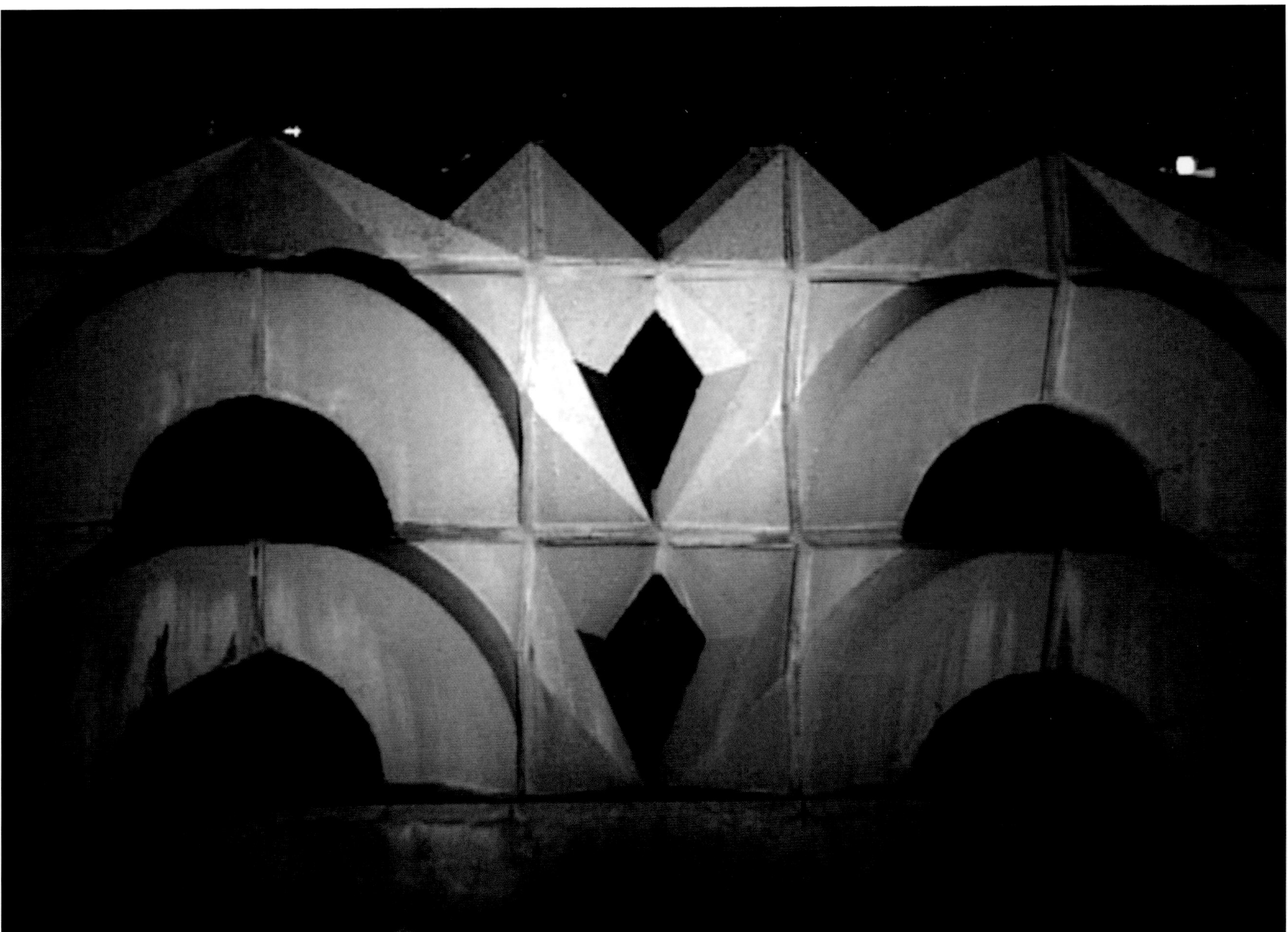

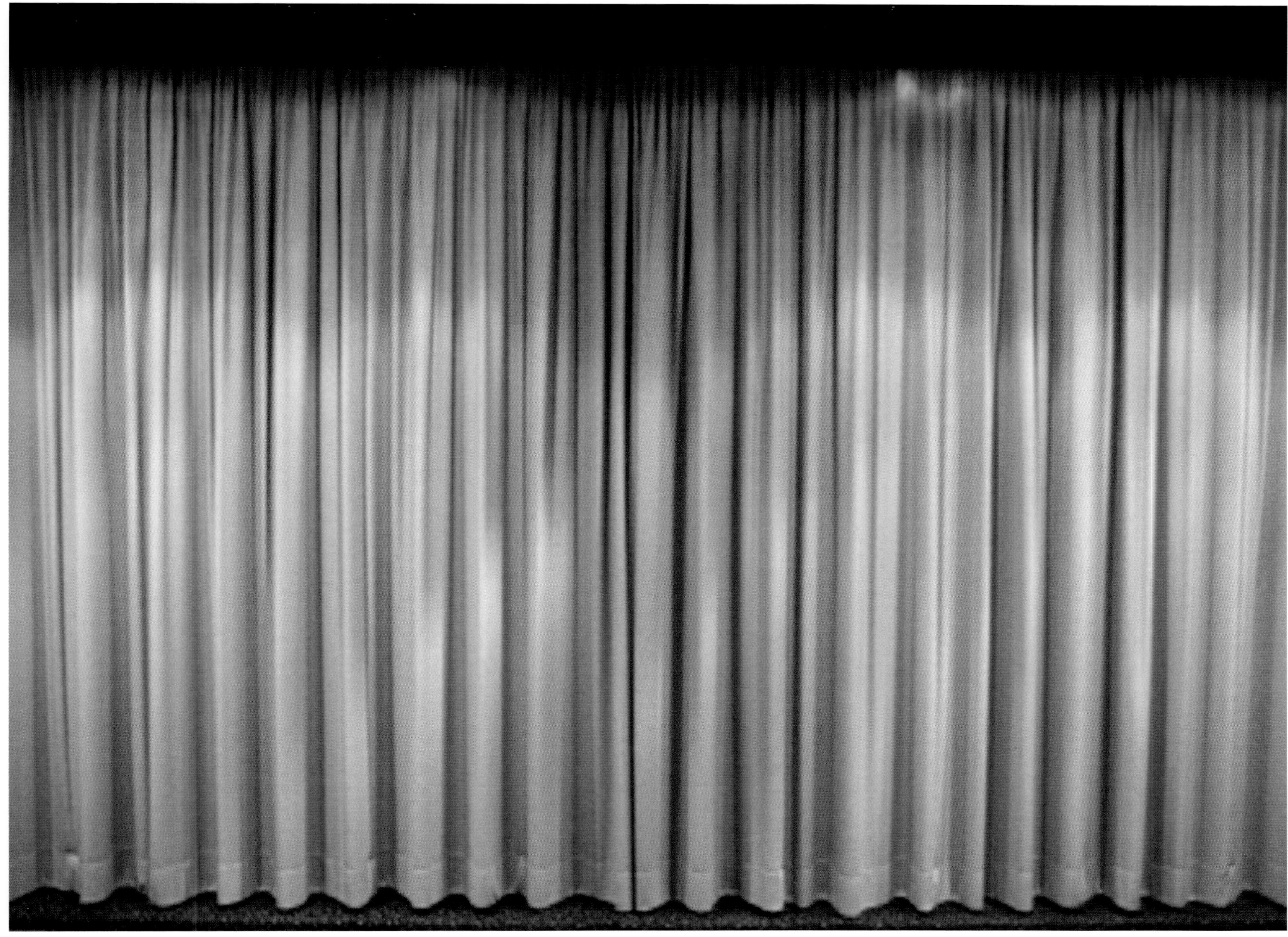

trope, die strategie

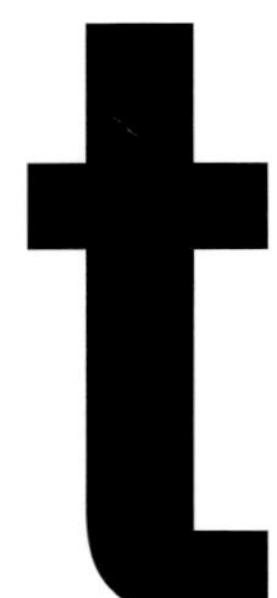

1998

Installation
Galerie EIGEN+ART, Berlin

Filmplakate

Film
Tropist
DV auf DVD-PAL/4:3
10 min
Regie: Maix Mayer
Kamera: Jens Pfuhler
Montage: Kai Böge
Sound: Simone Danaylowa

1998

Installation
Galerie EIGEN+ART, Berlin

Cinema posters

Film
Tropist
DV on DVD-PAL/4:3
10 min
Directed by: Maix Mayer
Camera: Jens Pfuhler
Editing: Kai Böge
Sound: Simone Danaylowa

Bei diesem Langzeitprojekt (1993–1998) begleitete der Künstler das Gebäude der KPMG-Niederlassung in Leipzig vom Entwurf des Architekturbüros Schneider + Schumacher in Frankfurt am Main bis zum Einzug der Auftraggeber in den Neubau. Im Unterschied zu vielen Projekten der „Kunst am Bau" bestand das Ziel nicht darin, Entwürfe für eine vorgegebene Architektur zu liefern, vielmehr wurde hier eine andere Perspektive eingenommen – die Beobachtung des Bauens selbst, seiner Akteure und der damit verbundenen Prozesse.

Einzelne Ergebnisse wurden für die Installation *trope, die strategie* in der Berliner Galerie EIGEN+ART verwendet. In der Umkehrung der Ausgangssituation des Langzeitprojekts lud der Künstler dazu die Architekten des Leipziger KPMG-Gebäudes ein, die Ausstellung mit den Arbeiten des Künstlers über ihr eigenes Architekturprojekt zu konzipieren.

This long-term project (1993–98) saw the artist following the new building of KPMG's headquarters in Leipzig by the architects Schneider + Schumacher (Frankfurt am Main), right up to the point where the business could move in to the building. In contrast to many comparable projects, the aim here was not to provide designs for a predetermined building. This project took a different perspective – observing the building process itself, those taking part in it, and the processes associated with it.

Some of the results of the project were used for the installation *trope, die strategie* at the Berlin gallery EIGEN+ART. In a turnaround of the basic premise of the long-term project, the artist invited the architects of the Leipzig KPMG building to design the exhibition using the artists' work whose subject was their own architecture project.

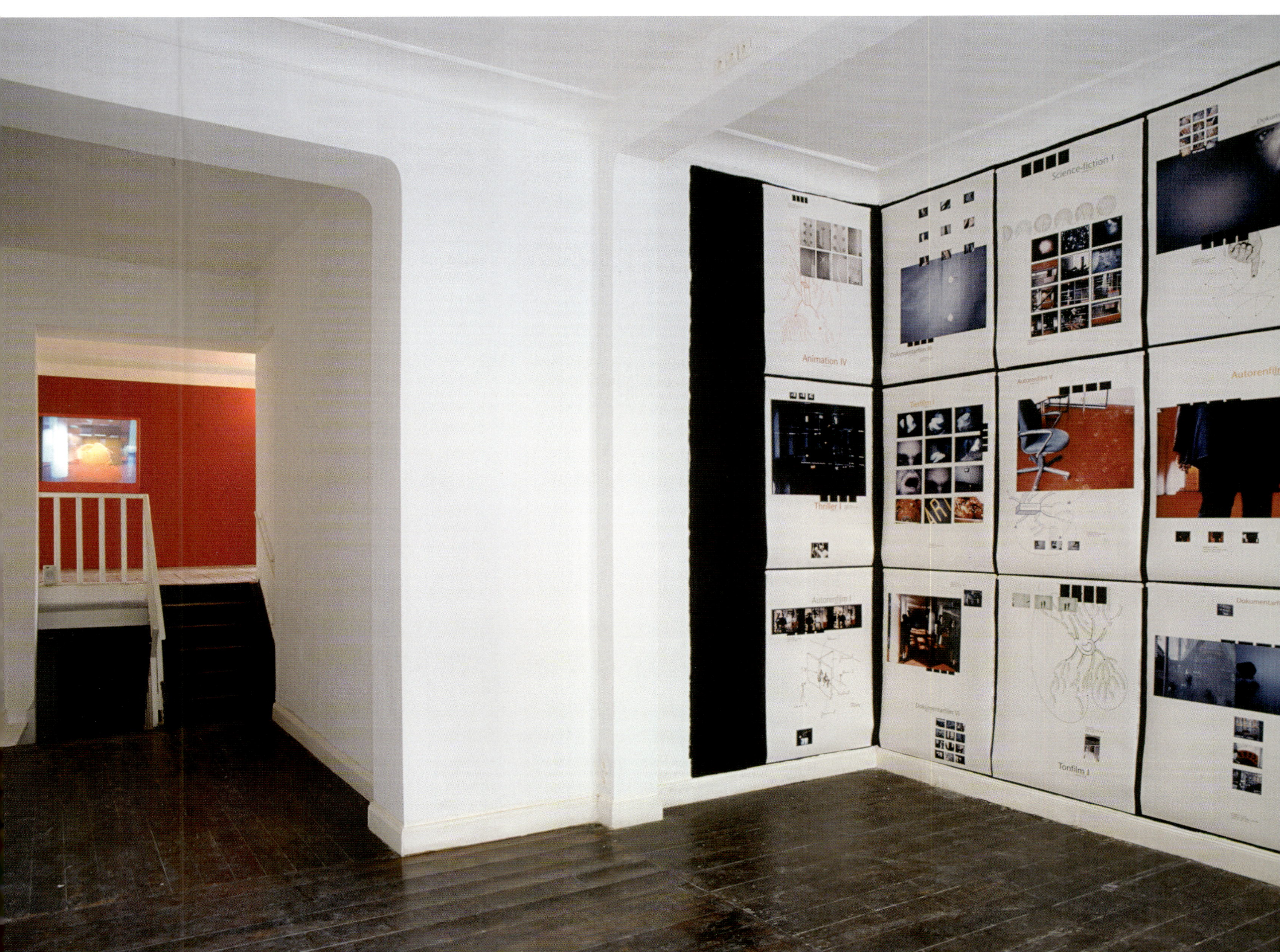
Science-fiction I
Animation IV
Autorenfilm V
Autorenfilm
Thriller I
Autorenfilm I
Dokumentarfilm VI
Tonfilm I

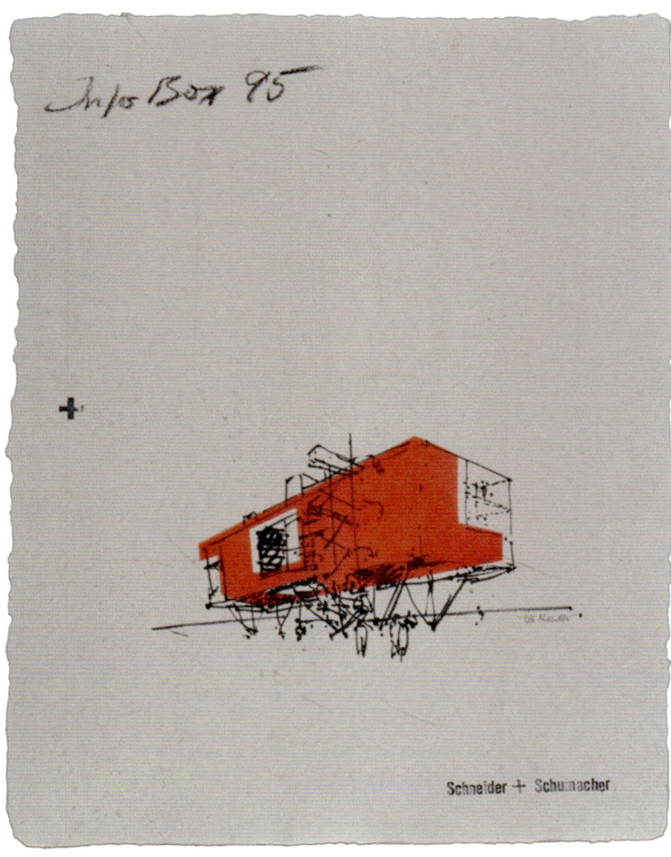
Info Box 95
Schneider + Schumacher

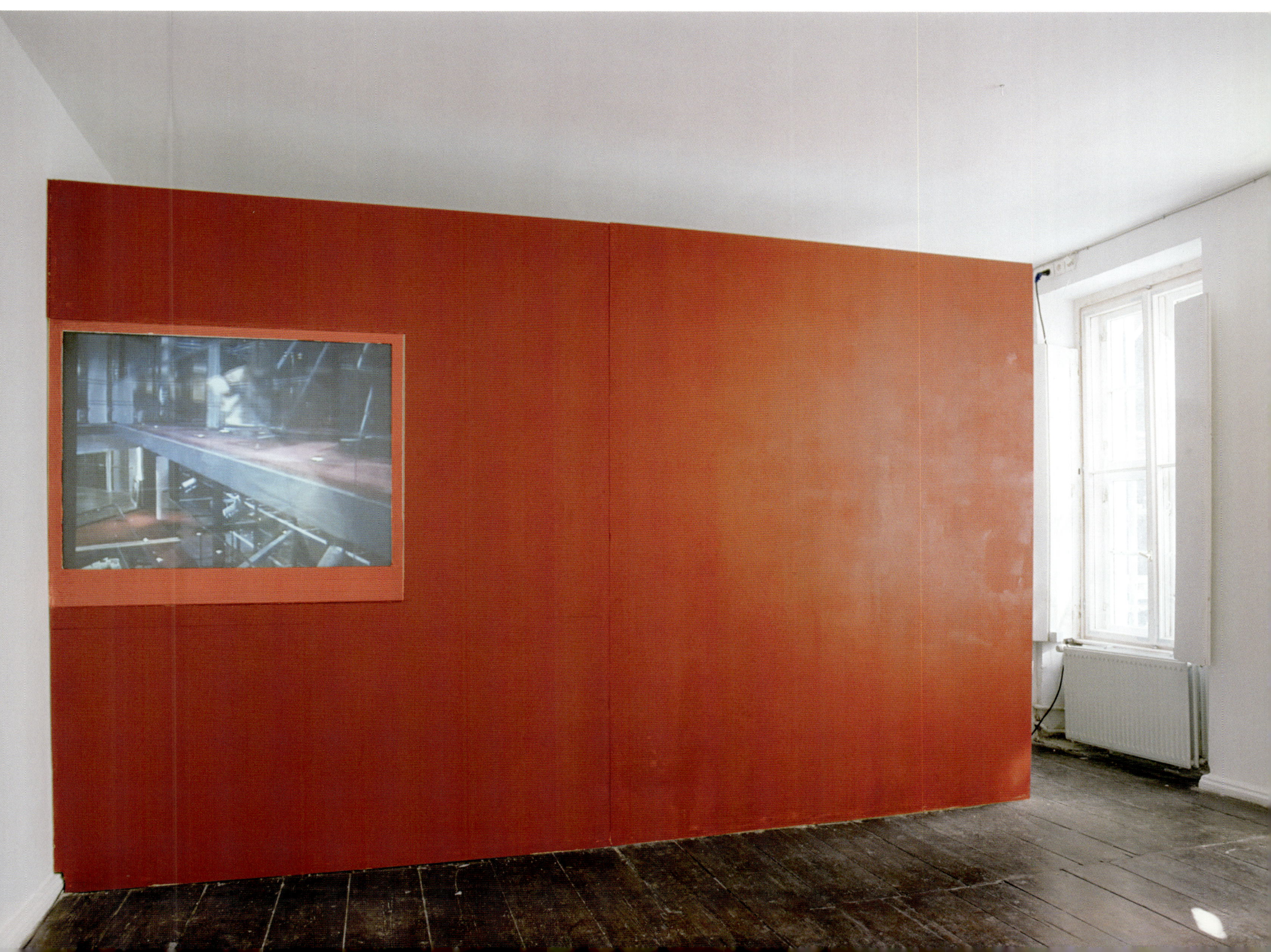

Filmstill
Movie still

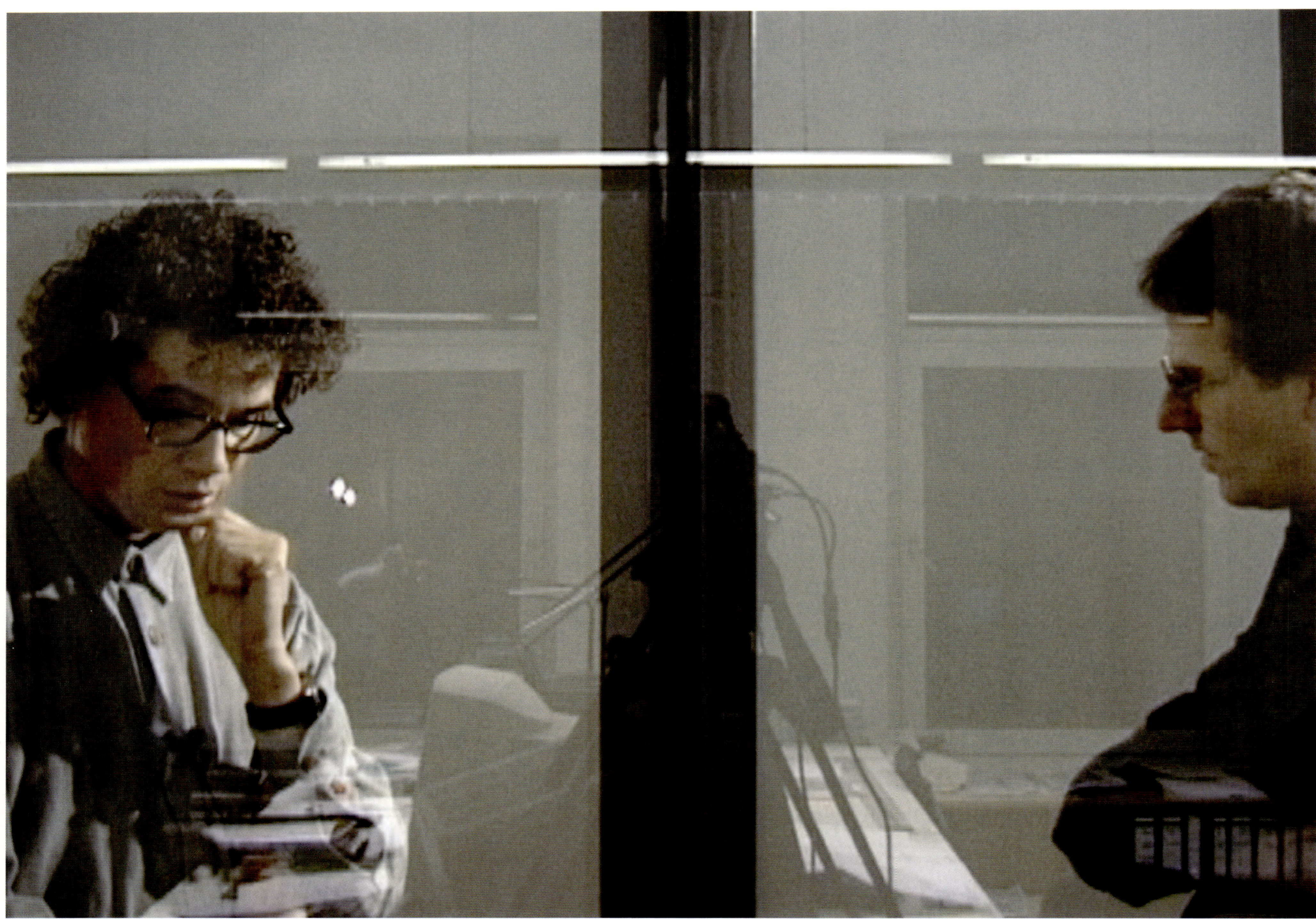

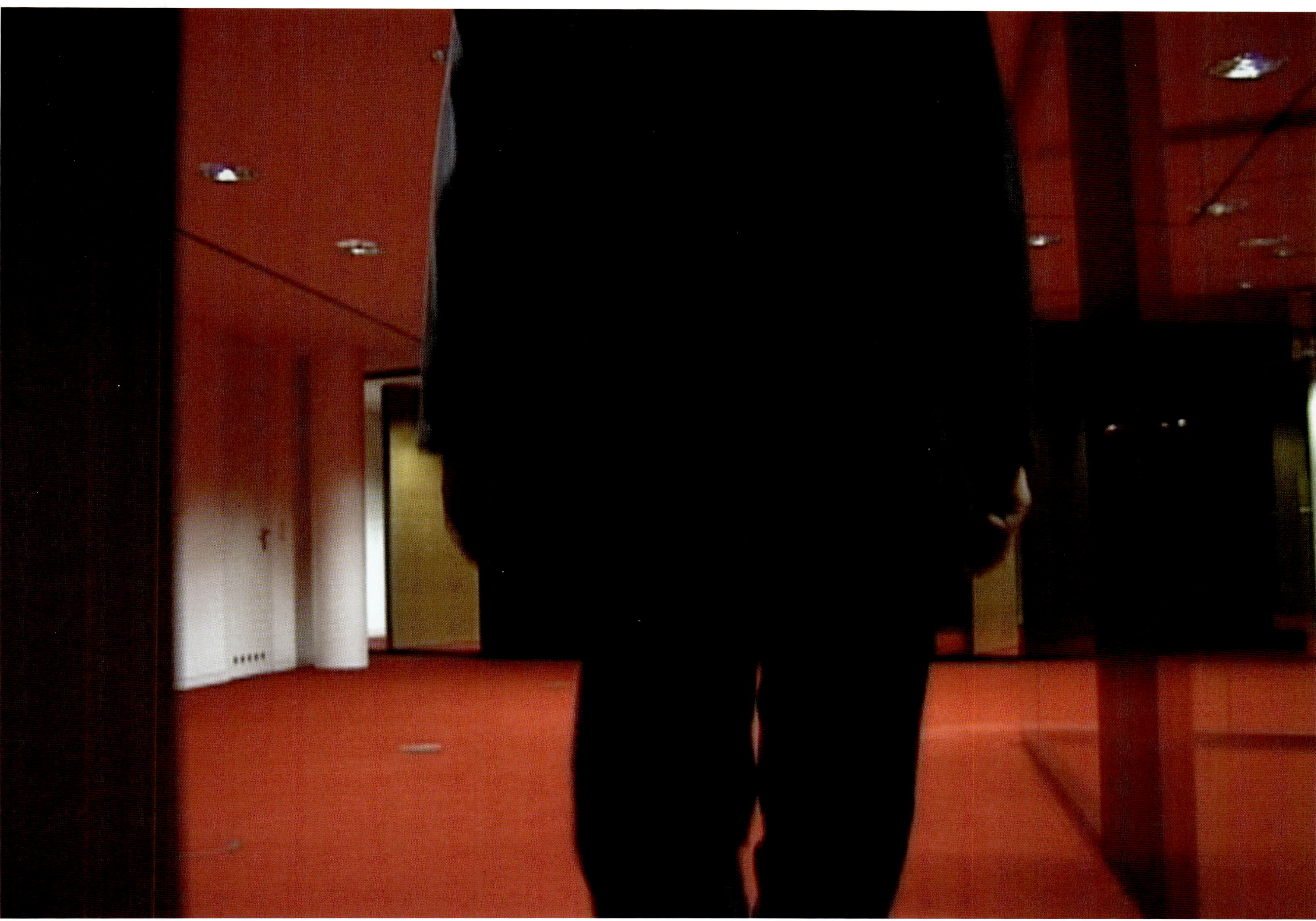

Filmplakate

Wie konnte das filmische Material, das in dem Langzeitprojekt entstand, geordnet und bewertet werden? In Zusammenarbeit mit einem Grafikdesigner wurden zwanzig Filmplakate entworfen. Im Gegensatz zu ihrem Einsatz als Massenprodukte der Filmindustrie waren dies Unikate. Sie sind mit einer Indexnummer (z. B. *Tropist Nr. 15*), einer Genrebezeichnung („Autorenfilm") und einer Wertungskategorie („Cinema", „B-Movie") versehen, die Differenzierungen nach subjektiven und funktionalen Kriterien ermöglichten.

Film posters

How could the film material from the long-term project be arranged and evaluated? Twenty movie posters were designed in cooperation with a graphic designer. Unlike regular movie posters produced by the film industry, each one is unique. They have an index number (e.g. *Tropist Nr. 15*), a genre description (e.g. writer-director's film) and a category ("Cinema," "B-movie"), which makes it possible to differentiate them according to subjective and functional criteria.

Tropist Nr. 3

Eine langsame Kamerafahrt begleitet den Niederlassungsleiter der KPMG-Leipzig durch den fertiggestellten Neubau. Sein Monolog beschreibt die Funktionen des Gebäudes, einzelne Raumnutzungen sowie das eigene Verhältnis zur Architektur. Die Kameraperspektive zeigt während des gesamten Films die Rückenansicht des Sprechenden, der teilweise die Sicht auf die Innenräume des Gebäudes verdeckt.

Tropist Nr. 3

The camera follows the manager of KPMG Leipzig through the company's freshly-completed new building. His monologue describes the building's function, the use of individual rooms, as well as his own relationship with the architecture. The camera perspective shows the speaker from behind during the entire film; in places, his back obscures the view of the building's interiors.

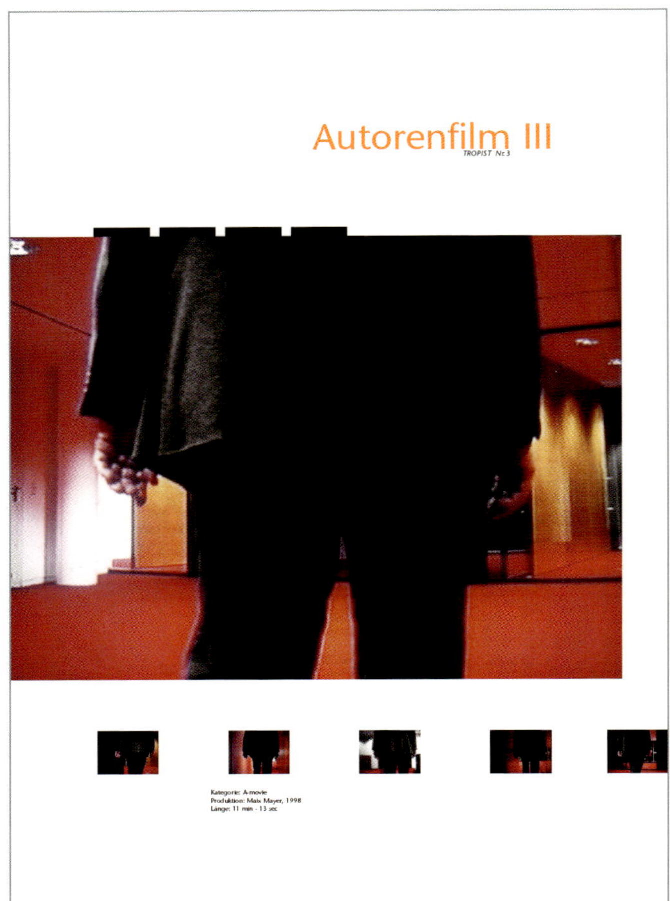

Tropist Nr. 1

Mit den Begriffen „Transparenz" und „Kommunikation" charakterisieren die Architekten Till Schneider und Michael Schumacher ihren Entwurf des gläsernen Bürogebäudes der KPMG-Niederlassung Leipzig. Vor diesem Hintergrund wurde in ihrem eigenen „gläsernen" Architekturbüro in Frankfurt am Main eine Interviewsituation konstruiert: Drei Glaswände trennten die beiden Architekten dabei voneinander, wodurch sie sich sehen, aber nicht hören konnten. Auf die gestellten Fragen antwortete immer einer von ihnen, während gleichzeitig der zweite seine Vermutungen äußerte, was der Partner antworten würde. Die räumliche Situation zeichnete eine bewegliche Kamera auf. Für das Interview wurden drei feste Kamerapositionen benutzt:
1. Kamera aus der Perspektive des Fragestellers (Maix Mayer)
2. Kamera aus der Perspektive von Michael Schumacher
3. Kamera aus der Perspektive Till Schneiders.
Die Bilder der Kamera 2 und 3 zeigen jeweils die andere Person, zeichnen aber akustisch das eigene Statement auf.
Zwei Jahre später wurden die Architekten gebeten, eine visuelle Beschreibung dieses Interviews herzustellen. Die Skizze, die für die Herstellung des Plakats zu diesem Film dienen sollte, basierte auf dem Motiv „Rücken an Rücken", obwohl sie sich bei dem Doppelinterview ursprünglich gegenüber gestanden hatten.

Tropist Nr. 1

The architects Schneider + Schumacher use the words "transparency" and "communication" to characterize their design of the glass office building of the Leipzig offices of KPMG. An interview situation was set up in front of this background in their own "glass" offices in Frankfurt am Main.
Three glass walls separated the two architects. They could see each other but not hear each other. One of them would answer a question, while the other would simultaneously talk about what he imagined his partner would say in response to that question.
A moving camera recorded the three-dimensional situation. Three static cameras recorded the interview:
Camera 1 from the perspective of the interviewer (Maix Mayer)
Camera 2 from the perspective of Michael Schumacher
Camera 3 from the perspective of Till Schneider.
The pictures on cameras 2 and 3 always show the other person, but record one's own statement.

Two years later, the architects were asked to make a visual description of this interview. The sketch – which is to be used in the poster for this film – is based on the "back to back" motif, even though during the double interview, they originally stood opposite one another.

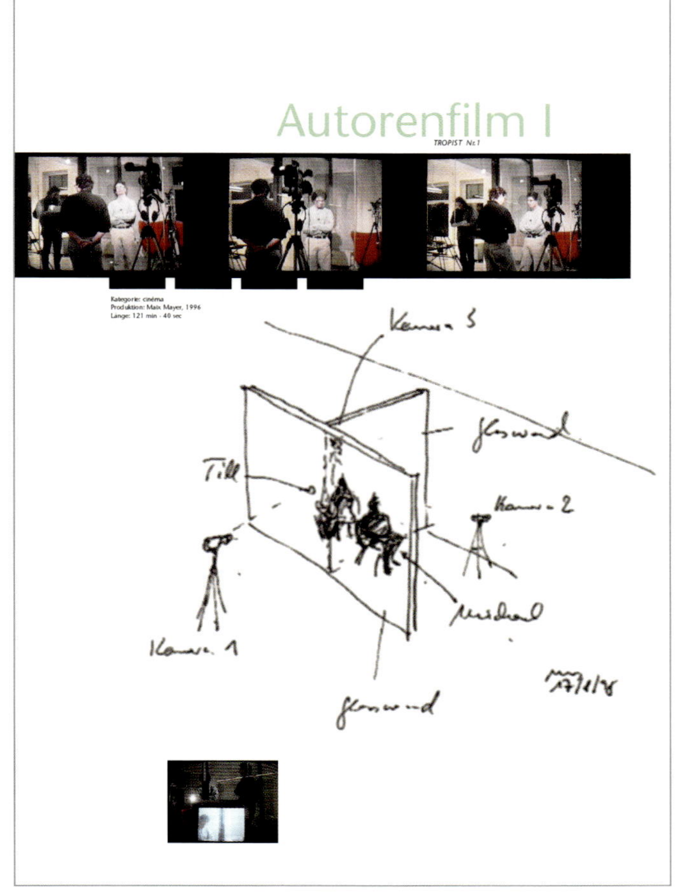

vakuole

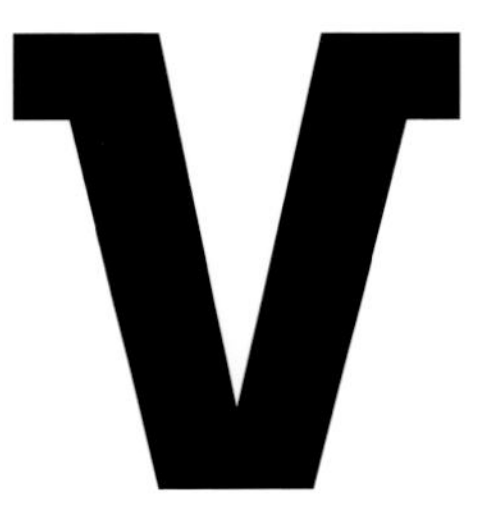

2001
Installation
Hospitalhofkirche, Stuttgart

2001
Installation
Hospitalhofkirche, Stuttgart

Im Mittelschiff der Stuttgarter Hospitalkirche befand sich eine Leinwand, wodurch ein kleines Kino mit Kirchenbänken im Sakralraum entstand. Jeder Besucher musste diesen Raum („Vakuole" – eigentlich ein in einer Zelle liegender größerer Raum) passieren, um in den Altarbereich zu gelangen. In dieser räumlichen Anordnung sind u. a. die Momente des Lichts und der Dunkelheit, die Erleuchtung des Altars wie der Kinoleinwand in der Zentralperspektive des Zuschauers oder das Öffnen wie Schließen von Vorhängen an beiden Orten – Kino wie Kirche – enthalten. Auf die Rückseite der Leinwand wurde ein Dia projiziert. Dabei handelt es sich um eine Doppelbelichtung, die sowohl den Ausstellungsort Hospitalkirche Stuttgart und die St. Brendan Church in Los Angeles zeigt.
Diese sakralen Räume werden heute in verschiedener Weise genutzt. In der Hospitalkirche zeigt man zeitgenössische Kunst, und St. Brendan dient als Location für die Filmindustrie Hollywoods. Dort drehte man u. a. im Jahr 1953 die Schluss-Szenen des Science-Fiction-Filmes *Kampf der Welten* nach dem Roman von H. G. Wells. Im international konzipierten Stadtmarketing von Los Angeles werden die authentischen Drehorte Hollywoods zu Tourismuszielen ausgebaut und die Filmgeschichte zu dem bestimmenden Element der Geschichtsschreibung dieser Stadt.
In dem Film *Kampf der Welten* bildet diese reale Kirche die Filmkulisse für den letzten Zufluchtsort der wenigen Menschen, die eine Invasion der Außerirdischen überlebten. Nach Horror und Angst endet er, wie viele andere Produktionen Hollywoods, mit der Erlösung der ganzen Menschheit. Das Kino formuliert in Ästhetik, Architektur und Geschichten Ansprüche, die auch in der Religion enthalten sind, und gelegentlich wirkt Hollywood selbst wie eine weltumspannende Religion.

A screen was placed in the central nave of the Hospitalkirche (hospital church) in Stuttgart, which created a small cinema with pews within the church. Every visitor had to pass through this space to get to the altar area. In this arrangement of space, there were moments of light and darkness, the illumination of the altar and the cinema screen in the central perspective of the observer, and the opening and closing of the curtains in both places – which were both cinema and church at the same time. A slide image was projected onto the back of the screen. It was a double exposure, showing both the exhibition location – the Hospitalkirche Stuttgart – and St. Brendan Church in Los Angeles. These church rooms are today used in various ways. At the Hospitalkirche, contemporary art is shown, and St. Brendan serves as a location for the Hollywood film industry. In 1953, it was used for the shooting of the final scenes of the science fiction movie *War of the Worlds*. In internationally oriented Los Angeles, the authentic locations of Hollywood movies have been turned into tourist destinations, and movie history becomes a key element in the historical chronicle of the city.
In *War of the Worlds*, the real St. Brendan became the set for the last refuge of the few people to survive the invasion of the aliens. After horror and fear, the movie ends, like so many other Hollywood productions, with the salvation of all mankind. In its aesthetics, architecture, and its stories, cinema formulates demands that also exist in religion, and frequently, Hollywood itself is like a religion spanning the world.

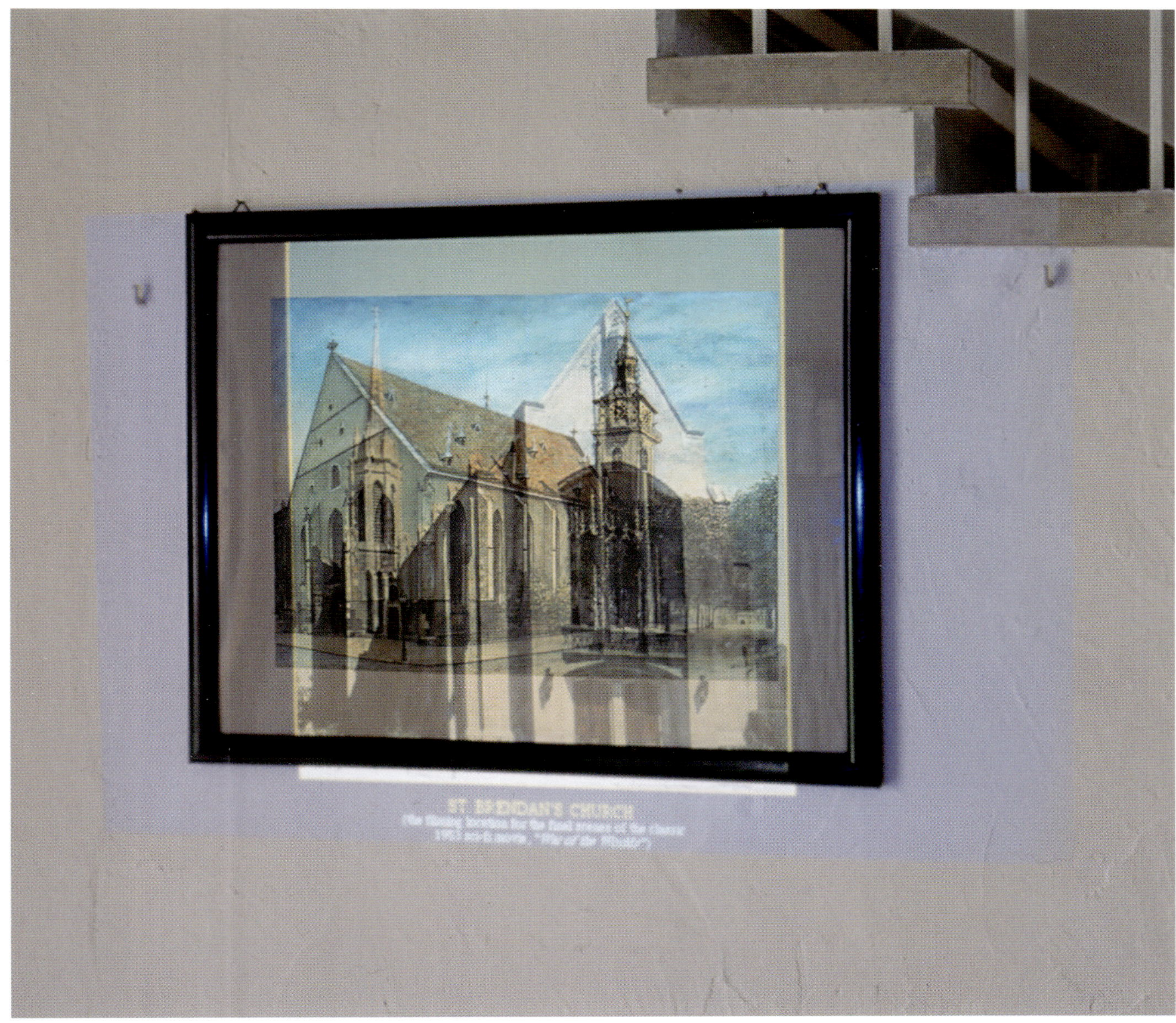
ST. BRENDAN'S CHURCH
(the filming location for the final scenes of the classic
1953 sci-fi movie, "War of the Worlds")

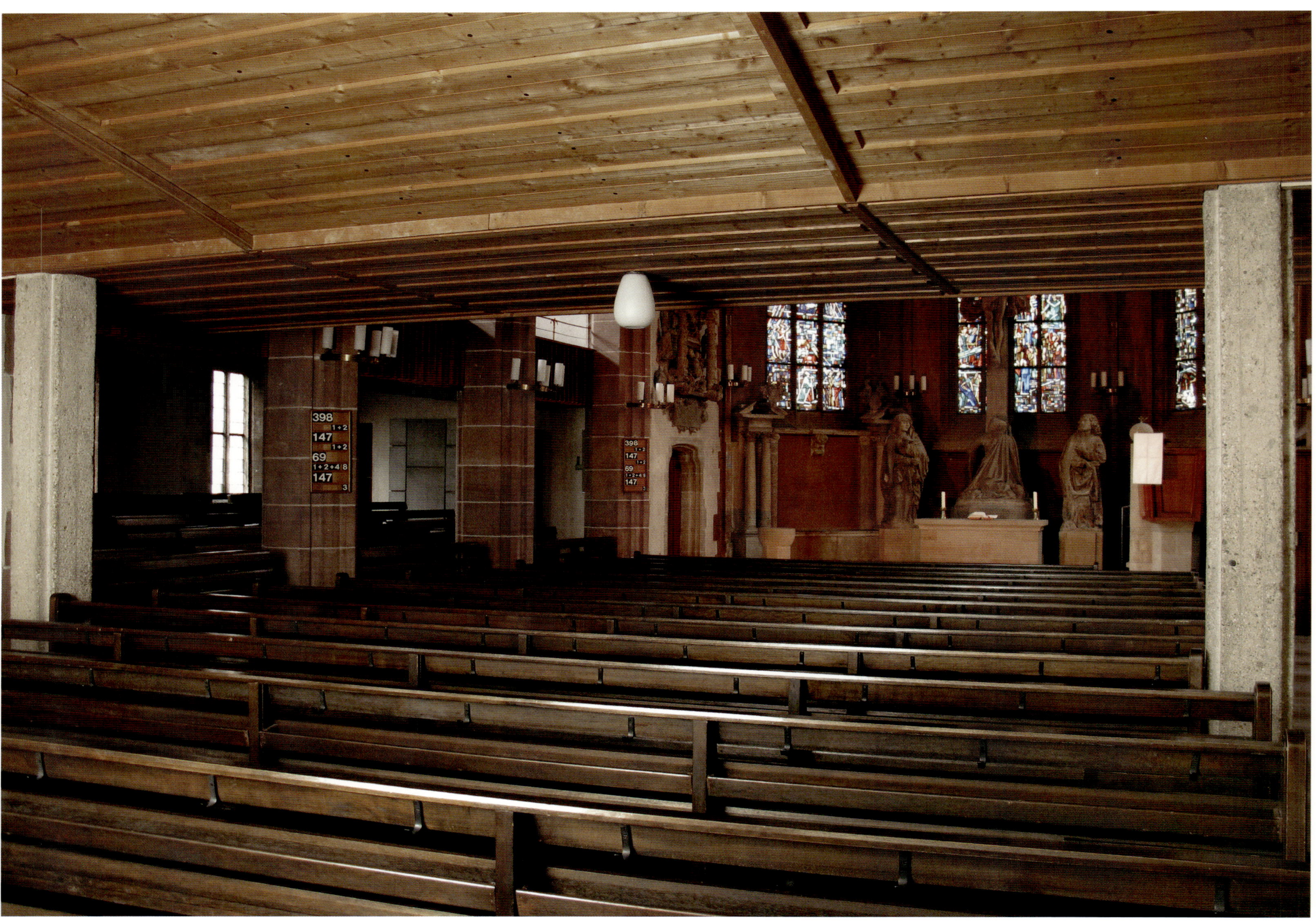

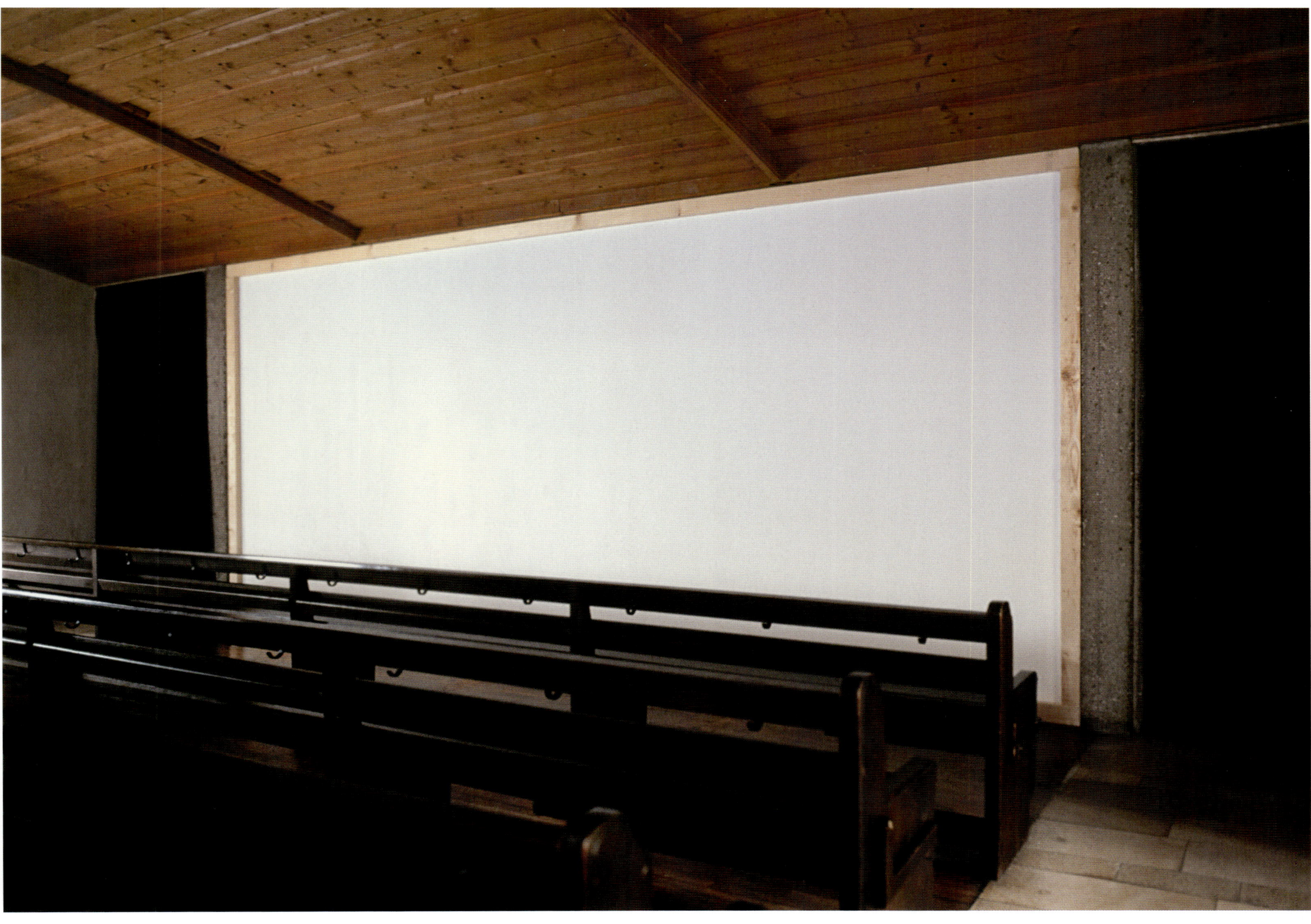

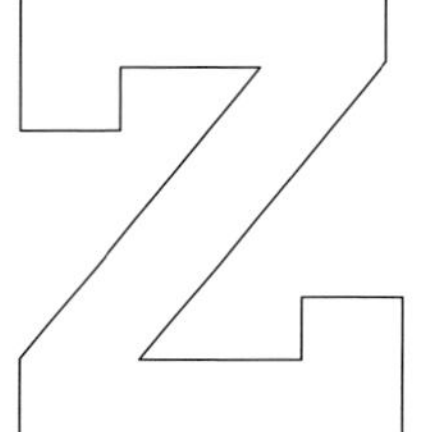

zeitkino

Jan Kuhlbrodt Machen wir einen Uhrenvergleich, 11 nach 10, oder was sagt Deine Uhr?

Maix Mayer Ich besitze seit vielen Jahren keine mehr, aber was sagt die Bahnhofsuhr …? Ich glaube nicht, dass die lineare Zeit unsere Zeiterfahrungen reflektieren kann.

JK Warum hast Du den Bahnhof und ein nicht mehr existierendes Kino als Gesprächsort ausgewählt?

MM Unser Thema, die Verbindung von Architektur und Film, wird hier eingelöst. Gleichzeitig demonstriert das Verschwinden solcher Orte, die gewaltigen Transformationen der letzten Jahre. Die Verbindung der Begriffe Kopfbahnhof und Zeitkino stellt für mich eine modellhafte Verknüpfung her. Mit dem transitorischen Ort des Bahnhofs und dem Zeitkino verbinde ich auch biografische Momente, die z. B. die Amerikaner wahrscheinlich eher im Autokino hatten.

JK Kino und Zug sind doch schon am Anfang der Filmgeschichte aneinander gekoppelt, wenn ich da an die auf die Zuschauer zurasende Lokomotive denke, bei der alle schreiend hinausliefen.

MM Auch Alexander Medevkins Kinozug-Projekt war revolutionär, ein Zug als mobiles Studio mit anschließender Postproduktion und Präsentation, am Morgen wurde gedreht und am Abend der Film gezeigt.

JK Im Moment gibt es ja das City Tunnel-Projekt in Leipzig, das die Stadt unterirdisch erweitert und den Umbau des Bahnhofs fortsetzt.

MM Der Bahnhof bildet auch jetzt schon eine Stadt in der Stadt, und man fragt sich: Wo fängt die Stadt an, und wo hört das Gebäude auf.

JK Deine Protagonisten sind immer auch auf Reisen, mit dem Auto, Zug, dem Flugzeug.

MM Sie sind Passagiere der Gegenwart, die sich permanent in den Zonen des Übergangs befinden, wo Raum- und Zeiterfahrungen miteinander verschmelzen. Diese Erfahrung ist auch in den für Leipzig so typischen Passagen des Stadtzentrums angelegt. Schon Walter Benjamin ging in seinem *Passagen-Werk* davon aus, dass Passagen Häuser und Gänge besitzen, die keine Außenseite haben, wie der Traum. Dies wurde dann erweitert zu einer Theorie von der Traumstruktur des Stadtbildes – die architektonische Gestalt als analoge Ausdrucksform des Unbewussten.

JK Das Zentrum von Leipzig bildet einen klassischen kreisförmigen Ring. Was sind Deine persönlichen Erfahrungen mit diesem Bild?

MM Extrem habe ich diese städtebauliche Situation als Handlungsraum der Montagsdemos im Herbst 1989 in Erinnerung. Da bekam das Umrunden des Zentrums eine psychotherapeutische Qualität der (Selbst-) Befreiung, eine Art rituelle Umwanderung.

JK Du verwendest in Deinen Filmen oft Bilder der Städte, Poster, Modelle, Bücher, Zeitschriften, Werbung etc.

MM Dies ist wie eine Sammlung von Stadtbildern ohne Sammlungsziel und der Verzicht auf eine Hierarchie innerhalb dieser Sammlung. Ich interessiere mich sehr für den Gebrauch von „niederen" Medien in urbanen Kontexten. Sie bilden ein großes Reservoir an direkten Ausdrucksformen in urbanen Räumen, die man mit den selbst generierten Eigenbildern der Stadt abgleichen kann.

JK Lass uns doch zu den Rändern der Stadt begeben, zu den Tagebaulandschaften. Woher kommt Deine Affinität zum Geografischen und Geologischen?

MM Abgesehen davon, dass speziell der Südraum von Leipzig schon lange durch landschaftliche Transformationsprozesse geprägt wurde, stellte ich schon in der Schule mit Vorliebe Gipsmodelle der eiszeitlichen Veränderungen der Leipziger Tieflandsbucht her. Tagebau war für mich primär durch die Tätigkeiten des Freilegens, Verschiebens und als ein Ort der Speicherung von Information interessant. Begriffe wie Halde, Abraum, Findling und Endmoräne besitzen ein eigenes Potenzial für eine poetische Aneignung. Der Tagebau ist nicht so sehr ein Raum- als eher ein Zeitloch und ermöglicht das Erleben der Gleichzeitigkeit, der Koexistenz von Dingen und der Verdichtung von Zeit im Raum. Ich betrachte meine Arbeit auch als ständige Neuordnung von Sedimentiertem und auch Flüchtigem am Rande eines solchen Tagebauloches.

JK Was kann ich mir unter dem Flüchtigem vorstellen?

MM Eine mediale Fixierung von Atmosphären, die man wie ein Jäger aufspürt. Dies findet sich auch in der Konstruktion von sozialen Beziehungen innerhalb dieser verflüchtigten Räume wieder, auch wenn zurzeit die Freizeitgesellschaft von diesen mit Wasser gefüllten Räumen vorläufig Besitz ergriffen hat. Im Grunde bin ich ein moderner Archäologe von Raumbildern. Wie schon Siegfried Kraucauer in den 1920er-Jahren feststellte, die Raumbilder sind die Träume der Gesellschaft, und immer wenn diese Raumhieroglyphen entziffert werden, bieten sie einen Grund der sozialen Wirklichkeit dar.

JK   Nicht nur in Deinem letzten Film, der auf zwei Inseln spielt, bildet das Meer ein zentrales Thema, sondern Du hast ja auch Meeresbiologie studiert?

MM   Die Filme des französischen Meeresforschers Jacques-Yves Cousteau hatten mich so beeinflusst, dass ich unbedingt Meeresbiologe werden wollte. Parallel dazu erweckten die Illustrationen in den Schul- und Jugendbüchern eine baldige reale Kolonisation des Meeres mit futuristischen Architekturen von Unterwasserstädten und Raumstationen. Diese Kraft der Bilder übte einen starken Einfluss auf die Vorstellung von Zukunft bei mir aus. An diesem Beispiel sieht man sehr deutlich, wie die Vorstellung von Zukunft immer das gegenwärtige Handeln bestimmt. Auch die Wohnmaschinen von Le Corbusier benutzen die Schiffsmetapher. Sie wirken wie gestrandete Tanker, Monumente einer alten Epoche, die die Navigationsinstrumente über Bord geworfen haben.

JK   Ich erinnere mich auch an Fotografien von Fischen. Aber wie kommen wir von Deinen Bildern mit Kampffischen zurück zur Architektur?

MM   Kampffische besitzen ein spezielles Labyrinthorgan, womit sie Sauerstoff direkt aufnehmen können. Sie bauen aus Luftblasen und einem eigenen Sekret ein Schaumnest an der Wasseroberfläche. Ich sehe große Ähnlichkeiten zu den Architekturen von Frei Otto, wie dem Dach des Münchener Olympiastadions, den Bubble-Architekturen der letzten Jahre und auch zur Blasenfolie, dem beliebten Verpackungsmedium für Bilder im Kunstbetrieb. Mir gefällt besonders der temporäre, instabile Charakter der Schaumnester, mit deren Beobachtung ich viel Zeit verbrachte. Auch das Labyrinth als solches ist eine starke architektonische Metapher.

JK   Ein zentraler Begriff zieht sich für mich durch Deine Arbeit, und das ist der des Modells: das Modell des Modells, das Reale als Modell etc.

MM   Nach Abschluss meines Studiums der Meeresbiologie verdiente ich mein Geld zum Leben mit Modell-Stehen an der Kunsthochschule, der HGB Leipzig. Diese nach Zeit bezahlte Tätigkeit implizierte alle andere Modellformen.

JK   Mir scheint, Deine Arbeiten sind eine Form von Versuchsanordnungen, deren räumliche Grundfigurationen prozesshafte Beobachtungen zeitlicher Dimensionen ermöglichen.

MM   Es sind Formen von Exkursionen mit dem Handgepäck, dessen Träger sich permanent selbst versichern muss, dass seine Exkursionen nicht nur im Kopf stattfinden. Oft kann ich nicht selbst erkennen, ob ich Träger oder Getragenes bin. Der Prozess an sich beinhaltet immer mehrere Zeitzonen. Vielleicht lässt sich die Position als Beobachtungsposten am Rande einer Zeitzone am besten beschreiben.

JK   Mir fällt auf, wir beobachten Deine Protagonisten beim Sehen, doch ihre Blicke treffen sich selten, entweder schauen sie in die Landschaft, sind in sich selbst versunken oder sind getrennt durch architektonische Elemente wie Glasscheiben.

MM   Auch ich schaue meinen Protagonisten beim Sehen zu, beim Akt des Schauens, der ein wieder erkennendes Sehen darstellen kann, das sich von der alltäglichen Seherfahrung nicht unterscheidet oder ein „sehendes" Sehen, das eine nicht anders erfahrbare Differenz ausdrücken kann. Die Glas- oder Spiegelflächen innerhalb der Filme sind eine Form von Filtern, Membranen, die den Austausch, die metabolischen Prozesse zwischen den einzelnen Einstellungen, in einen Selbstbeobachtungsprozess überführen.

JK   Deine Figuren agieren oft sehr statisch, und Du verzichtest auch auf eine direkte sprachliche Ebene in Deinen Filmen. Gehört das Schweigen zum System?

MM   Durch den Verzicht auf direkte sprachliche Äußerungen nähere ich mich wieder einem gewissen vorsprachlichen Zustand an. Das Schweigen ist der Grenzfall eines Sprechens. Andererseits könnte dies auch als Erzählung eines Identifikationsversuchs gedeutet werden, einer Lacanschen Verkennung, der Versuch eines Mannes, als Erwachsener in der Welt seiner Kindheit zu leben.

JK   Warum arbeitest Du nur mit Laien als Darstellern?

MM   Mit Brecht könnte man sagen, dass Laiendarsteller die fiktionale Figur nicht verkörpern, sondern nur zitieren sollen. Genau dies bezwecke ich mit ihrem Einsatz.

JK   In Deinen Arbeiten tauchen häufig die futuristischen Hausmodelle der Vergangenheit auf, was repräsentieren sie für Dich?

MM   Das Auftauchen ist die präzise Beschreibung eines Prozesses, der mit dem Traum oder traumatischen Zuständen verbunden ist. Das Auftauchen bedingt ein zuvor erfolgtes Eintauchen. Meine Hausmodelle und Protagonisten agieren dabei in einer Art Unterwasserlandschaft, in der die Bewegungen verlangsamt und durch die unterschiedliche Brechung des Lichtes die Proportionen verschoben werden. Auch der akustische Raum wird hier anders wahrgenommen. Die Hausmodelle führen nur zu einer Vorstellung des Bewohnens, eines nur imaginierten, antizipierten experimentellen Verhaltens, das die Kamera erfasst und kartografiert.

JK   In Deinen Arbeiten kann ich keine expliziten politischen Botschaften erkennen, empfindest Du Dich trotzdem als politischen Künstler?

MM   Meine Haltung findet sich teilweise in der meiner Figuren wieder. Aktives Nichthandel ist auch eine Form von Handeln. Das Politische ist durch den Gebrauch der Medien überfiktionalisiert. Da stimme ich mit der Haltung von James Graham Ballard überein, der behauptet, die beste Methode sich mit unserer Welt auseinanderzusetzen, bestehe in der Annahme, dass sie lediglich eine Fiktion ist, bzw. umgekehrt, dass die Reste der Realität, die uns noch bleibt, sich im Innern unserer Köpfe befinden. Vielleicht stehen deshalb meine Protagonisten auf Jahrmillionen alten Steinen, die über tausende Kilometer transportiert wurden. Diese Findlinge sind Repräsentanten eines „Rest-Realen" in unserer Welt. Wie der Name „Findling" schon andeutet, müssen sie gefunden werden.

JK   Deine Kurzfilme sind bisher immer geloopt, hat dies eine besondere Funktion?

MM   Die narrative Struktur gelooper Filme weist einige Besonderheiten auf. Sie müssen sich nicht dem klassischen linearen Erzählmuster unterordnen, sondern beinhalten eine Aufforderung zu mehrmaligem Sehen. In der Filmgeschichte gibt es auch ein frühes Beispiel, das die geloopte Form vorwegnimmt: Hitchcocks Thriller *Vertigo* (1958), der gewissermaßen aus zwei Teilen besteht, die sich beim mehrmaligen Sehen immer neu kontextualisieren. Das auch mich interessierende Motiv der Verdopplung und des Doppelgängers sind darin mehrfach verschränkt.

JK   Dann ist es wohl auch kein Zufall, dass in *canyon* (vgl. S. 34) die Darstellerin in der verspiegelten Toilette aus einer Flasche trinkt, die mit „Vertigoheel" beschriftet ist?
MM   Das war ein Medikament meiner Mutter, das den Gleichgewichtssinn wieder stabilisieren sollte und das bei einer Architekturposition, die behauptet, die räumliche Wahrnehmung zu verschieben, wohl sehr angebracht ist, oder? Auch deshalb wird die Protagonistin nicht vom Schwanken des Raumes erfasst, sondern vom Taumel der Zeit.

JK   Was interessiert Dich an der filmischen Fiktion?
MM   Meine Kinder fragten mich kürzlich, Papa, warum weinst Du nicht bei den Filmen (z. B. *Titanic*)? Solange ich ihnen die Frage nicht befriedigend beantworten kann, werde ich mich meinen eigenen Filmprojekten widmen und die feuchten Augen in einem unbeobachteten Moment abtupfen.

In East Germany, "Zeitkino" (literally "time cinema") was the name given to newsreel cinemas in the 1950s. Here, the artist refers to the one in Leipzig's remarkable central station.

Jan Kuhlbrodt   Let's synchronize watches – eleven past ten – or what does your watch say?
Maix Mayer   I haven't owned a watch for years, but what does the station clock say…? I don't think that linear time can reflect our experience of time.

JK   Why did you choose the railway station and a cinema that no longer exists as the place for our talk?
MM   Our subject, the link between architecture and film comes into its own here. At the same time, it demonstrates the disappearance of such places, the tremendous transformations of recent years. To me, linking up the concepts "railway terminus" and "Zeitkino" represents a perfect connection. I also connect biographical moments with the transi-

tory locations of the railway and the Zeitkino, in the way that Americans probably tend to do with drive-in cinemas.

JK   Cinema and trains have been linked ever since the beginning of film history. I'm thinking of the engine racing towards the audience that made everyone scream and run away.
MM   Alexander Medevkin's cinema project was revolutionary, too: a train as a mobile studio with postproduction and presentation following immediately. They shot in the morning and showed the movie in the evening.

JK   Right now there's the City Tunnel project: extending the city underground and continuing the renovating of the station.
MM   The railway station already forms a city within a city, and you ask yourself where the city begins and where does the station building end.

JK   Your protagonists are always on journeys: by car, train, plane.
MM   They are passengers of the present who constantly find themselves in transitional zones, where the perceptions of space and time blend into one another. This experience is also there in the arcades so typical of the center of Leipzig. Even Walter Benjamin assumed in his *Passagen-Werk* that such arcades have houses and corridors that have no exits, like in a dream. This is then expanded to a theory of the dream structure of the cityscape. The architectural form as an analogue expression of the unconscious.

JK   The center of Leipzig is laid out in a classic round ring. What are your personal impressions of this image?
MM   My strongest personal memories of this feature of the city date from the time when it became the scene of the Monday demonstrations in the autumn of 1989. Going around the ring took on a therapeutic psychological quality of (self-)liberation, a kind of ritual circular pilgrimage.

JK   You often use images of cities in your films – posters, models, books, magazines, advertising, etc.
MM   That is like a collection of city images without any goal in the collecting and a lack of hierarchy within the collection.

I am very interested in the use of the "lower" media in urban contexts. They form a large reservoir of direct forms of expression in urban spaces which one can use to balance out the self-generated self-portraits of the city.

JK   Let us go to the edges of the city, to the landscape of the open-cast mines. Where does your affinity with the geographical and the geological come from?
MM   Apart from the fact that the land south of Leipzig has been marked by landscape transformation processes for a long time, even when I was at school I loved to make plaster models of the changes made by the ice age in the Leipzig lowlands. To me, open-cast mines were primarily interesting for their value as places of uncovering, shifting, and as places where information was stored. Terms like slag heap, overburden, erratic blocks, and terminal moraine all have their own potential for use in poetry. Open-cast mining is not so much a hole in space as a hole in time, and it makes it possible to experience contemporaneousness, the coexistence of things and the compression of time in space. And I consider my work as a continuous reorganization of the sedimented and of the transitory at the edge of such an open pit.

JK   What should I imagine when you say transitory?
MM   A fixation of atmospheres that one tracks down like a hunter. This also occurs in the construction of social relationships within these disappearing spaces, even if today's leisure society has filled them with water and taken temporary possession of them. Basically, I am a modern archaeologist of images of three dimensions. As Siegfried Kraucauer said as early as the 1920s, images of spaces are the dreams of the society, and whenever these three-dimensional hieroglyphs are deciphered, they offer a foundation for social reality.

JK   Not only is the sea a central theme in your last film, which takes place on two islands, but you also studied marine biology?
MM   The films of the French marine researcher Jacques-Yves Cousteau impressed me so much that I absolutely wanted to become a marine biologist. At the same time, the illustrations in the schoolbooks and other books of my youth soon led to a real colonization of the sea with futuristic architecture, of undersea cities and space stations. This power of images

exercised a strong influence on my visions of the future. This example shows clearly how the envisioning of the future always determines one's present actions.

Le Corbusier's Machines for Living also had their origins in the metaphor of the ship. They appeared like stranded tankers, monuments of an older age that had thrown the navigational instruments overboard.

JK   I remember photographs of fish as well. But how do we get from your images of fighting fish back to architecture?

MM   Fighting fish have a special labyrinth organ with which they can directly absorb oxygen. Using air bubbles and their own secretion, they build a foam nest on the surface of the water. I see great similarities with the architecture of Frei Otto; the roof of the Munich Olympic Stadium, the bubble architecture of recent years, and with bubble wrap, the popular packaging for paintings in the art world. I particularly like the temporary, unstable nature of the foam nests, which I spent a long time observing. The labyrinth, too, is a powerful architectural metaphor.

JK   I see a central concept running through your work, and it is that of the model; the model of the model, the real as a model, etc.

MM   After finishing my studies in marine biology, I earned my money as a model at the art school, the Leipzig Academy of Visual Arts. This modeling, paid by the hour, led to my interest in all the other forms of models.

JK   It seems to me that your works are always a kind of trial arrangement whose three-dimensional basic configurations make it possible to make a process of observing temporal dimensions?

MM   They are forms of excursions with hand luggage whose carriers have to keep ensuring themselves that the excursion is not just happening in his head. Often I cannot myself recognize whether I am carrying or being carried. The process in itself always contains a number of time zones. Perhaps the position of observer at the edge is the one that can best be described.

JK   I notice that we observe your protagonists while they are looking, but our glances rarely ever cross; either they are looking at the landscape, are lost in themselves, or are separated by architectural elements such as panes of glass.

MM   I also look at my protagonists while they are looking at something, are in an act of looking which can represent a fresh recognition in seeing that is no different from the everyday experience of seeing, or is a "seeing" seeing that can express a difference which cannot be expressed any other way. The glass and mirror surfaces within the films are a kind of filter, membranes that convert the metabolic processes between the individual views into a process of self-observation.

JK   Your characters are often very static and you choose not to have a directly spoken level in your films. Is silence part of the system?

MM   Deciding not to have directly spoken voices allows me to get closer to a certain pre-language state. A failure to speak is the borderline of a speaking. On the other hand, this could be seen as a story of an attempt at identification, a failure to recognize in the sense of Lacan, the attempt of a man to live his childhood as an adult in the world.

JK   Why do you only work with amateurs as actors?

MM   With Brecht you could say the amateur actor cannot embody the fictional figure but only cite it. That is exactly what I aim to achieve.

JK   The futuristic architectural models of the past often pop up in your work. What do they represent to you?

MM   That they pop up is a precise description of a process linked to dreams or traumatic conditions.

Popping up means there must have been a prior submersion. My building models and protagonists are all located in a kind of submerged landscape which slows down movement and shifts the proportions via the different breaking of the light. The acoustic space, too, is perceived differently here. The building models only lead to a vision of habitation, a merely imagined anticipation of experimental behavior that the camera records and maps.

JK   I can find no explicit political message in your works. Do you nevertheless regard yourself as a political artist?

MM   My attitude can partly be seen in the attitude of my characters. Active non-action is also a form of action.

The political is over-fictionalized by use of the media. I agree with the opinion expressed by J. Ballard, who says the best method of engaging with our world is to assume that it is simply a fiction, or rather, the opposite: that the last remains of reality left to us are inside our own heads. Perhaps that is why so many of my protagonists love stones that are millions of years old and are transported over thousands of kilometers. These erratic blocks are representatives of the remains of reality in our world. And as their German name "Findling" says – they have to be found.

JK   Your short films have always been looped up to now. Is there a particular function in that?

MM   The narrative structure of looped films exhibits a number of special features. They don't have to submit to the classic linear narrative pattern, rather they contain an invitation to watch them several times. There is an early example in film history that anticipates the looped form, Hitchcock's *Vertigo*, which is more or less made up of two parts that place themselves in a different context when seen more than once. And a motif that interests me – of doubling and of doppelgangers – comes up over and over in *Vertigo*.

JK   Then it's probably no accident that in *canyon* (see p. 34) the actress in the mirrored toilet drinks from a bottle marked "Vertigoheel?"

MM   That was medicine my mother took to stabilize her sense of balance. Taken from an architectural point of view that seeks to shift three-dimensional perception, that's rather appropriate, don't you think? It's another reason the protagonist is not caught up by the swaying of the room, but by the dizziness of time.

JK   What interests you about fiction in film?

MM   My children recently asked me, daddy, why don't you cry over movies (e.g. *Titanic*)? As long as I don't have a satisfactory answer to that question, I will dedicate myself to my film projects and dab at my damp eyes in a quiet moment when I am not observed.

Biografie / Biography

1960 — geboren born in Leipzig

1987 — Diplom der Marinen Ökologie, Universität Rostock Diploma of Marine Biology, University of Rostock

2002 — Diplom der Bildenden Kunst, Hochschule für Grafik und Buchkunst Leipzig (HGB) Diploma of Fine Arts, Academy of Visual Arts Leipzig

2005-07 — Gastprofessur an der Hochschule für Grafik und Buchkunst Leipzig, Fachbereich Medienkunst Visiting Professor, Academy of Visual Arts Leipzig, Department of Media Art

Lebt und arbeitet Lives and works in Leipzig

Preise und Stipendien / Awards and Scholarships

2004 — Kulturstiftung Sachsen Saxonia, Stipendium Scholarship

2004 — 1. Preis des internationalen Wettbewerbs *Olympischer Sport und Kunst* des NOK (Nationales Olympisches Kommittee) und der DOG (Deutsche Olympische Gesellschaft) in der Kategorie Grafik/Malerei mit der Arbeit *matrix Matrix* wins the painting/graphic art category of the national phase of the Olympic Sport and Art Contest sponsored by the German Olympic Society DOG and the National Olympic Committee NOK

2001/02 — Preisträger *Kunstfenster Neue Medien* der Deutschen Volksbanken und Raiffeisenbanken *Kunstfenster Neue Medien* art award sponsored by Deutsche Volksbanken und Raiffeisenbanken

2001 — Preisträger des Architektur-Soap-Opera Wettbewerbs Winner of the competition „Gute Architektur - Schlechte Architektur" (Good Architecture - Bad Architecture)

1999 — Preisträger Winner of *Kunst für den Bundesrat* (Art for the Upper House of the German Parliament): *housemapping*

1998/99 — Athena Stiftung, Liechtenstein, Stipendium Scholarship

1997 — Preisträger des Wettbewerbs *Kunst am Bau* für den Neubau des naturwissenschaftlichen Gymnasiums Gustav Hertz in Leipzig: *blow up* Winner of the competition *Kunst am Bau* for the new schoolhouse Gustav Hertz in Leipzig: *blow up*

1997 — Kunstfonds e. V., Bonn, Stipendium Scholarship

1996-98 — Günther-Peill-Stiftung, Düren Duren, Stipendium Scholarship

1996 — Villa Massimo, Casa Baldi, Rom Rome, Stipendium Scholarship

1994-96 — Karl-Schmidt-Rottluff Stipendium Scholarship

1994 — Preisträger Winner of *Fotografie als Kunst*, Sparkasse Pforzheim

Preisträger Saar Ferngas Förderpreis Junge Kunst Winner of Saar Ferngas subsidy award Young Art

1992 — Kulturfonds e. V., Berlin, Stipendium Scholarship

1991 — Preisträger Winner of Vordemberge-Gildewartstiftung, Schweiz Switzerland

Ausstellungen / Exhibitions

2008 — *Architektur als Denkraum Architecture as Space for Thought*, Triennale Wismar

Kongress der Futurologen II Congress of the Futurologists II, Institute for Contemporary Art, Dunaujvaros

Archipel Archipelago, Lindenau-Museum Altenburg

Festival Videoformes, Clermont-Ferrand

Kunstmuseum Olten

The Armory Show, New York

habitat, Galerie EIGEN+ART, Leipzig

2007 — *Foto.Kunst. Zeitgenössische Fotografie aus der Sammlung Essl Contemporary photography from the Essl Collection*, Essl Museum, Klosterneuburg

1980-2005 Objekte, *Skulpturen*, *Installationen*, Museum Junge Kunst, Frankfurt/Oder

architectdocuments, Kasseler Architekturzentrum im Kulturbahnhof, Kassel

Leerräume des Erzählens, Wilhelm-Lehmbruck-Museum, Duisburg

Altenburg: Provinz in Europa, Lindenau-Museum Altenburg

Art Unlimited, Art Basel

Made in Leipzig, Sammlung Essl, Schloss Hartenfels, Torgau

change of place, Medienkunst aus Media art from Leipzig, Atelierfrankfurt, Frankfurt/Main

2006 — *contos dixitais*, Centro Galego de Arte Contemporánea, Santiago de Compostela

Wohin fahren wir eigentlich?, Ludwig Forum für Internationale Kunst, Aachen

canyon, Galerie EIGEN+ART, Berlin

Arbeiten, Steirischer Herbst, Haus der Architektur, Graz

Tapetenwechsel - Die Neue Sammlung, KPMG, Berlin

Made in Leipzig - Bilder aus einer Stadt, Essl Museum, Klosterneuburg

Artists from Leipzig, Arario Beijing, Peking Beijing

Big City Lab, Art Forum Berlin

Landschaft, Galerie EIGEN+ART, Berlin

Leipzig und die Fotografie/ 2, Kunsthalle der Sparkasse Leipzig

CYNETart_06 human, Kunsthaus Dresden, Festspielhaus Hellerau

2005 *raumgleiter*, Museum der bildenden Künste Leipzig

sound train berlin, Salonost, Berlin

Now's time, Kunsthaus Graz

2raum, Heimspiel, Frankfurt/Main

Portrait, Galerie EIGEN+ART, Berlin

Surface charge, VCUarts Anderson Gallery, Richmond, VA

Motorenhalle, Projektzentrum für zeitgenössische Kunst, Dresden

I want to entertain you, Mobile Kunsthallen, Mainz

Blinklichter, Galerie der Hochschule für Grafik und Buchkunst Leipzig Gallery of the Academy of Visual Arts Leipzig

2004 *Extreme Häuser/Xtreme Houses*, Lothringer Dreizehn, München Munich/Stiftung Federkiel, Leipzig

hanoi/haneu, Galerie EIGEN+ART, Berlin

1:1, Bernhard von Lindenau, Lindenau-Museum Altenburg

Überreichweiten, ACC Galerie, Weimar

2003 5th International Contemporary Art Exhibition, National Museum, Szczecin, Polen Poland

Kunst/Bergbau/Kunst, Festspielhaus Hellerau

Kollektion Lindenau, Urban Leipzig

10. Leipziger Jahresausstellung, Messehof Leipzig

InOut - International Festival of Digital Images, Galerie Karolinum, Prag Karolinum Gallery, Prague

Sommer bei EIGEN+ART, Galerie EIGEN+ART, Berlin

Fiktion Berlin, Kunst- und Medienzentrum Adlershof, Berlin

Lust am Verbrechen - Ornamentales in der Kunst, Mode, Architektur, Design, Luitpold Lounge, München Munich

2002 *tuning 70*, Govett Brewster Art Gallery, New Plymouth, Neuseeland New Zealand

the invisible and the visible as an indivisible unity, Mencelsohnhaus, Berlin

double, Galerie EIGEN+ART, Leipzig

2001 Museum of New Art, Detroit

gut_2, Galerie Fiebach & Minninger, Köln Cologne

Gute Architektur - Schlechte Architektur, Studiohaus, Galerie für Zeitgenössische Kunst Leipzig

vakuole, Hospitalhof, Stuttgart

mind map, Galerie Fiebach & Minninger, Köln Cologne

Feature: Art, Life and Cinema, Govett Brewster Art Gallery, New Plymouth

2000 *Trace of the Soul*, Gallery Chika, Tokio Tokyo

Kunstmuseum Wolfsburg

Screening, Galerie EIGEN+ART, Leipzig

split screen, Leopold-Hoesch-Museum Düren Duren

kondensation, Centre for Contemporary Art, Warschau Warsaw

Cities in Amnesia, Festival of Visions - Berlin/Hong Kong, Hongkong Hong Kong

1999 *Studiocity*, Institute for Contemporary Art, Wien Vienna

Humboldts Wiederkehr, Goethe Institut, Caracas

Galerie Waltraud Matt, Eschen, Liechtenstein

Mind. Map. Rap. III, Galerie F. M. Schwarz, Köln Cologne

Mind. Map. Remix, Biennial Art Invitational, Los Angeles

schwarz-weiß?, Kunstverein Museum Schloss Morsbroich, Leverkusen

German Open, Kunstmuseum Wolfsburg

1998 *Karl Schmidt - Rottluff Stipendiaten*, Kunsthalle Düsseldorf Dusseldorf

go east, Wollongong City Gallery, Wollongong

Plaza Gallery, Tokio Tokyo

ZaMoca Foundation, Tokio Tokyo

trope, die strategie, Galerie EIGEN+ART, Berlin

Mütter, ACC Galerie, Weimar

1997 *Papertrail*, Pierogie 2000, New York

Für Lidice, Museum of Contemporary Art, Prag Prague

In der Zeit, Kunstverein Schloss Plüschow

Last und Lust, Museum der bildenden Künste Leipzig

Fotografie als Geste, Stadtgeschichtsmuseum, Schwerin

Bordbuch, Förderkoje Art Cologne, Köln Cologne

Trope XXL, Galerie EIGEN+ART, Leipzig

1996 *unikumok*, Ernst Múzeum, Budapest

Idee & Idylle, Kunsthaus Dresden

Der Fleck in der Geschichte, Galerie am Körnerplatz, Berlin

Der Blick ins 21ste, Kunstverein Düsseldorf Dusseldorf

T.W.I.S.T., Galerie EIGEN+ART, Berlin

1995 *Naturkunst* Symposium, Gyeongju, South Korea

Gullivers Reisen/Biographische Architektur, Galerie EIGEN+ART, Berlin, Galerie Weißer Elefant, Berlin

1994 Vordemberge-Gildewartstiftung, Museum Wiesbaden

Künstlerwerkstatt Lothringer Straße, München Munich

Otto-Dix-Preis '94, Kunstsammlung Gera

Pfalz Galerie, Kaiserslautern

Brandenburgische Kunstsammlung, Cottbus

Museum Junge Kunst Frankfurt/Oder

Minima Media, Medienbiennale Leipzig

Leerstand, Galerie für Zeitgenössische Kunst Leipzig

Museum Schaffhausen

Goethe-Institut, Paris

Die Domestizierung ist noch nicht abgeschlossen, Galerie Etienne Ficheroulle, Brüssel Brussels

Goethe-Institut, Lyon

Australian Centre of Contemporary Art, Melbourne

1993 Galerie EIGEN+ART, New York

Zeitreisende in Appenzell, Appenzell

sui generis, Gothaer Kunstforum, Köln Cologne

1992 *Kandidaten des Otto-Dix-Preises 1992*, Otto-Dix Haus, Gera

2. Internationale 2nd International Photo-Triennale Esslingen, Villa Merkel, Esslingen

Humpty Dumpty's Kaleidoscope: A new generation of German Artists, Museum of Contemporary Art, Sydney

1991 *Junge Kunst aus Sachsen*, Frankfurter Kunstverein, Frankfurt/Main

Preisträger der Vordemberge-Gildewartstiftung 1991, Stadtmuseum Dresden

Kunst-Werke, Berlin

2007   *Prototyp 10*, Pawlitzky & Saeltzer GmbH, Jena

2006   *Tapetenwechsel – Die neue Sammlung*, KPMG, Berlin

2006   *Karst (delirious landscape)*, Amt für Stadterneuerung department
for urban renewal, Leipzig

2005   Einladungswettbewerb durch das Kulturamt Dresden: Augustbrü-
cke, Dresden Invited to compete by Kulturamt Dresden: August
Bridge, Dresden

2004   Konzeption und Realisierung des Projects *soundtrain* (Zusammenarbeit mit dem Soundkünstler Scanner, London) Concept and
realisation of the *soundtrain* project (collaboration with the artist
Scanner, London)

2003   Einladungswettbewerb durch das Stadtplanungsamt Leipzig:
Tiefgarage Thomaskirchhof, Leipzig Invited to compete by Leipzig
department of city planning: Thomaskirchhof underground car
park, Leipzig

2002/03 Einladungswettbewerb: *Kunst/Bergbau/Kunst* in Oelsnitz/Erzgebir-
ge, gefördert durch die Kulturstiftung Sachsen Invited to compete:
Kunst/Bergbau/Kunst in Oelsnitz/Erzgebirge, funded by Kulturstiftung Sachsen

Einladungswettbewerb: *urban 2* in Leipzig (Zusammenarbeit mit
dem Architekten Stefan Rettich, Leipzig, mehrstufige Konzeption,
Kollektion Lindenau) Invited to compete: *urban 2* in Leipzig (cooperation with the architect Stefan Rettich, Leipzig, multi-layered
conception, Kollektion Lindenau)

2001-03 Konzeption und Umsetzung der Neugesteltung des Mauritianum
(Naturkundemuseum) Altenburg Conception and realisation of the
Mauritianum (Museum of Natural Science) Altenburg

2002   Einladungswettbewerb: *Wasserzeichen – Kunst im öffentlichen
Raum* durch Kunsträume e. V. Leipzig Invited to compete: *Wasserzeichen – art in the public area* through Kunsträume e. V. Leipzig

Einladungswettbewerb: Neubau Mediencampus durch die Medien-
stiftung der Sparkasse Leipzig (Zusammenarbeit mit Architekten
Weis & Volkmann, Leipzig) Invited to compete: building Mediencampus through the Media-Foundation of the Sparkasse Leipzig
(cooperation with Weis & Volkmann architects, Leipzig)

2001   Einladungswettbewerb: Neubau BMW-Werk Leipzig durch BMW (Zusammenarbeit mit Karo-Architekten, Leipzig) Invited to compete:
new building of BMW-Werk Leipzig through BMW (cooperation with
KARO architects, Leipzig)

Einladungswettbewerb: Otto-Runcki Platz in Leipzig durch Stiftung
Lebendige Stadt (Zusammenarbeit mit den Architekten Prof. Ingo
Andreas Wolf und Prof. Henning Rambow, Leipzig) Invited to
compete: Otto-Runcki Place in Leipzig through Stiftung Lebendige
Stadt (coorporation with the architects Prof. Ingo Andreas Wolf
und Prof. Henning Rambow, Leipzig)

1997   Einladungswettbewerb: Kunst am Bau für den Neubau des natur-
wisenschaftlichen Gymnasiums Gustav Hertz, Leipzig, *Blow Up*
Invited to compete: Kunst am Bau for the new Gustav Hertz school
building in Leipzig, *Blow Up*

1994-98 Kunst am Bau, Projekt in Zusammenarbeit mit den Architekten
Schneider + Schumacher für den Neubau des KPMG-Gebäudes
in Leipzig, *trope* Kunst am Bau, project in cooperation with
Schneider + Schumacher architects for the new KPMG building
in Leipzig, *trope*

Altenburg, Lindenau-Museum
Berlin, Deutscher Bundestag
Berlin, KPMG
Bonn, Sammlung des Bundes
Bonn, Sammlung Deutsche Ausgleichsbank
Dresden, Kunstfonds des Freistaates Sachsen
Düsseldorf Dusseldorf, Provenzial Rheinland Versicherung AG
Frankfurt/Main, DG Bank
Frankfurt/Main, Helaba Landesbank Hessen-Thüringen
Frankfurt/Main, Sammlung Deutsche Bank AG
Frankfurt/Oder, Museum Junge Kunst
Gera, Museum für angewandte Kunst
Gera, Sparkasse
Klosterneuburg, Sammlung Essl
Leipzig, Museum der bildenden Künste
Leipzig, Sachsen LB
Leipzig, Stadtgeschichtliches Museum
New Plymouth, Govett-Brewster Art Gallery
Pforzheim, Sparkasse
Richmond, Virginia Commonwealth University Anderson Gallery
Stuttgart, Staatsgalerie
Sydney, Museum of Contemporary Art

Frank Eckart

Kulturwissenschaftler, Berlin
Studium der Philosophie, Soziologie und Pädagogik in Leipzig
1995 Dissertation zu Junger Kunst in der DDR der 1980er Jahre
Mitglied des Internationalen Kunstkritikerverbandes
Arbeit mit Medienkonzepten - Schwerpunkt: Text - Recherche - Archiv

Specialist in the Humanities, Berlin.
Studied philosophy, sociology, and education in Leipzig. In 1995, he completed his dissertation on art in 1980s East Germany. Member of the international association of art critics (AICA). He works with media concepts, focusing
on text - research - archives.

Jan Kuhlbrodt

Studium der Philosophie in Frankfurt/Main und am Deutschen Literaturinstitut Leipzig. Lebt in Leipzig. Seit 2007 Geschäftsführer der Literaturzeitschrift eDit. Veröffentlichungen in Zeitschriften und Anthologien (eDit,
Jahrbuch der Lyrik).
Publikationen: *Platon und die Spülmaschine*, Leipzig (Gustav Kiepenheuer
Verlag) 2002. - *Verzeichnis. Gedichte*, München (Buch & Media) 2006. - *Wagnis Warteschleife. Gedichte*, München (Buch & Media) 2007.

Studied philosophy in Frankfurt am Main and at the Deutsches Literaturinstitut Leipzig, lives in Leipzig, has publications in magazines and anthologies
(eDit, Jahrbuch der Lyrik).
Publications include *Platon und die Spülmaschine*, Leipzig 2002; *Verzeichnis.
Gedichte*, Munich 2006; *Wagnis Warteschleife. Gedichte*, Munich 2007.
Manager of literature magazine eDit since 2007.

Winfried Pauleit

Studium der Kunstwissenschaft, Filmwissenschaft und Literaturwissenschaft
in Berlin, London und Chicago. Professor für Film- und Medientheorie am
Institut für Kunstwissenschaft und Kunstpädagogik der Universität Bremen mit
dem Forschungsprofil „Bild - Raum - Vermittlung".
Publikation: *Filmstandbilder. Passagen zwischen Kunst und Kino*, Frankfurt/
Main, Basel (Stroemfeld Verlag) 2004.

Professor of film and media theory at the Institute of Art and Art Education
at the University of Bremen, where his research profile is Image - Space
- Communication. He studied art, film, and literature in Berlin, London, and
Chicago.
Publications include *Filmstandbilder: Passagen zwischen Kunst und Kino*,
Frankfurt am Main, Basel 2004.

Marc Ries

Promotion am Institut für Philosophie der Universität Wien. Seit 1989 Forschung, Lehre, Projekte und Publikationen zu Medien, Kultur, Architektur und
Kunst. Vertretungsprofessor für Kunstgeschichte und Medientheorie an der
Hochschule für Grafik und Buchkunst Leipzig.
Publikation: *Medienkulturen*, Wien (Sonderzahl Verlag) 2002.

Deputizing professor of art history and media theory at the Leipig Academy
of Visual Arts. Doctorate completed at the Institute of Philosophy at the
University of Vienna. Since 1989 he has been involved in research, teaching,
projects, and writing on the media, culture, architecture, and art.
Publications include Medienkulturen, Vienna 2002.

Andreas Spiegl

Studium der Kunstgeschichte an der Universität Wien. Seit 1990 Lehrbeauftragter am Institut für Kunst- und Kulturwissenschaften der Akademie der
bildenden Künste Wien, an der er seit 2003 auch die Funktion als Vizerektor
für Lehre und Forschung innehat.
Freier Kurator und Kunstkritiker. Zahlreiche Publikationen zur zeitgenössischen Kunst und Kunsttheorie. 1999 Gründung des Büros für kognitiven
Urbanismus (gemeinsam mit Christian Teckert), 2002 von math.space, einem
Verein für Mathematik als kulturelle Errungenschaft im Wiener MuseumsQuartier (gemeinsam mit Rudolf Taschner und Johannes Wallner).
Publikationen: Andreas Spiegl, Christian Teckert (Hrsg.), *Prospekt - Büro für
kognitiven Urbanismus*, Köln (Verlag der Buchhandlung König) 2003.

Studied art history at the University of Vienna. He has been teaching at the
Institute of Art and Culture at the Academy of Fine Arts, Vienna, where he
has also held the position of pro-vice-chancellor for teaching and research
since 2003.
He also works as a freelance curator and art critic. He has numerous
publications on contemporary art and art theory to his name. In 1999, he
co-founded the office for cognitive urbanism with Christian Teckert. In 2002,
he founded math.space, an association supporting mathematics as a cultural
achievement, in the Vienna MuseumsQuartier (together with Rudolf Taschner
and Johannes Wallner.)
Publications include *Prospekt: Büro für kognitiven Urbanismus*, Cologne 2003.

AC Hottich: 158
Nicole Ahland: 49-51, 113
Uwe Frauendorf: 161-167
Travis Fullerton: 151
Bryan James: 99 r.,109-111, 141
Birte Kleemann: 100
Frank Patitz: 101
Klaus Pfotenhauer: 213-215
Schneider + Schuhmacher: 206
Uwe Walter: 35, 61, 99 m., 103, 171, 174, 177, 205, 207
Bettina Vissmann: 63, 65

Impressum
Imprint

Herausgeber Editor:
Galerie EIGEN+ART Leipzig/Berlin

Lektorat Copyediting:
Dagmar Lutz (Deutsch German),
Anne Bohle (Englisch English)

Übersetzungen Translations:
Mitch Cohen, Amanda Crain

Grafische Gestaltung und Satz
Graphic design and typesetting:
Tom Unverzagt, Leipzig

Schriften Typefaces:
City, Antique Olive, Avant Garde
Gothic, Storno

Reproduktionen Reproductions:
Bernd Fraedrich

Druck und Bindung Printing and
Binding: Messedruck, Leipzig

Papier Paper:
Hello Silk, 170 g/m²

© 2008 Hatje Cantz Verlag, Ostfildern, und Autoren and authors

© 2008 für die abgebildeten Werke
von Maix Mayer for the reproduced
works by Maix Mayer:
Maix Mayer,
Galerie EIGEN+ART Leipzig/Berlin

Alle Arbeiten All works courtesy
Galerie EIGEN+ART Leipzig/Berlin,
www.eigen-art.com

Erschienen im Published by
Hatje Cantz Verlag
Zeppelinstraße 32
73760 Ostfildern
Deutschland Germany
Tel. +49 711 4405-200
Fax +49 711 4405-220
www.hatjecantz.com

Hatje Cantz books are available internationally at selected bookstores.
For more information about our distribution partners please visit our
homepage at www.hatjecantz.com.

ISBN 978-3-7757-2128-8

Printed in Germany